普通高等教育土建类"十三五"规划教材

建设工程法规概论

⦿ 陈东佐　主编

化学工业出版社
·北京·

内 容 简 介

本书以市场经济法规为基础，对我国工程建设领域内现行的法律法规，从建设工程法规体系和法律责任、城乡规划的制定、实施法律制度，建设工程用地法律制度，建设工程勘察设计法律制度，建设工程从业许可法律制度，建设工程发包与承包、招标与投标法律制度，建设工程安全生产管理法律制度，建设工程质量管理法律制度，建设工程合同法律制度，建设工程监理法律制度，建设工程纠纷处理，建设工程环境保护、文物保护法律制度，建设工程消防、节能法律制度，建设工程劳动保护和劳动合同法律制度等方面的法律法规进行了较为系统的阐述。

本书按照最新颁布或修订的法律法规进行编写，内容与时俱进，新颖精炼；语言通俗易懂，便于自学。同时本书提供了章后复习思考题参考答案与解析、我国工程建设领域的相关法律法规文件，可扫描书中二维码查看。

本书可作为本科学校土木建筑类专业及相关专业建设法规课程的教材，也可作为建设系统机关工作人员、企事业单位管理人员、工程技术人员学习了解建设工程法律法规的参考用书。

图书在版编目（CIP）数据

建设工程法规概论/陈东佐主编．—北京：化学工业出版社，2020.1
ISBN 978-7-122-35405-1

Ⅰ.①建… Ⅱ.①陈… Ⅲ.①建筑法-中国-教材 Ⅳ.①D922.297

中国版本图书馆 CIP 数据核字（2019）第 231116 号

责任编辑：李仙华　　　　　　　　　　　文字编辑：李　瑾
责任校对：宋　玮　　　　　　　　　　　装帧设计：史利平

出版发行：化学工业出版社（北京市东城区青年湖南街13号　邮政编码100011）
印　　刷：北京市振南印刷有限责任公司
装　　订：北京国马印刷厂
787mm×1092mm　1/16　印张 21½　字数 554 千字　2020 年 11 月北京第 1 版第 1 次印刷

购书咨询：010-64518888　　　　　　　　售后服务：010-64518899
网　　址：http://www.cip.com.cn

凡购买本书，如有缺损质量问题，本社销售中心负责调换。

定　价：49.80元　　　　　　　　　　　　　　　　　　版权所有　违者必究

编写委员会名单

主　编　陈东佐
参　编　任晓菲　李华志　乔传福　陈　源　赵克超　田　蓉
主　审　高　平

前 言

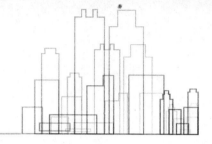

我国实行社会主义市场经济。从某种意义上说，市场经济就是法制经济。没有社会主义法制来保障，就不可能建立完善的运行通畅的社会主义市场经济。

我国实行市场经济以来，建筑业、房地产业、铁路公路、市政公用事业等建设工程领域中的市场机制已经基本完善和规范，因而涉及建设领域的法律法规也得到了不断的建立和完善，特别是《中华人民共和国建筑法》《中华人民共和国招标投标法》《中华人民共和国城乡规划法》《建设工程质量管理条例》《建设工程勘察设计管理条例》《建设工程安全生产管理条例》等法律法规的发布与实施，使得我国建设工程领域的法制建设出现了一个全新的局面。

土木建筑类专业的毕业生，将来担负着国家和地方土木建筑工程建设的伟大重任，不仅要求学生掌握扎实的专业知识，而且要求学生掌握建设工程相关的法律知识，因此建设法规课程就成为土木建筑类专业具有重要地位与意义的课程。另一方面，随着我国社会主义市场经济的发展和土木建筑业参与国际建筑市场竞争的需要，作为土木工程、工程管理、工程造价、建筑学、城市规划等土建类专业的学生，都应当学习和掌握工程建设领域方面的法律知识。为此，我们编写了本书。

本书以市场经济法律法规为基础，以《建筑法》《招标投标法》和三个建设工程《管理条例》为主线，结合其他相关的法律、行政法规、规定、司法解释，对我国建设工程领域的法律制度作了精炼而全面的介绍，对违反建筑法律法规应负的法律责任也作了必要的阐述。为了增强教学效果和便于学生自学，在每章中都精心设计了案例，在每章后均设计了复习思考题。因此，内容新颖、完整精练、实用性强是本书的特色。

本书由陈东佐教授任主编，参加编写的有任晓菲副教授、李华志副教授、乔传福副教授、陈源教授级高级工程师、赵克超博士和田蓉硕士。全书内容共13章，具体编写分工为：陈东佐（第6~7章、第9章），任晓菲（第3章、第4章），李华志（第2章、第10章），乔传福（第1章、第8章），陈源（第11章、第13章），赵克超（第12章），田蓉（第5章）。全书由主编陈东佐教授统稿。

本书由山西平朔房地产开发有限公司副总经理高平高级工程师主审。高老师审稿认真仔细，提出了许多中肯的意见，谨此表示衷心感谢。

本书的编写工作，参考了国内相关教材和相关文献，同时也得到了太原大学、西安航空学院、河南工程学院、中国铁路总公司、山西平朔房地产开发有限公司以及化学工业出版社的大力支持，在此一并致谢。

本书提供有章后复习思考题参考答案与解析、我国工程建设领域的相关法律法规文件，可扫描书中二维码查看，同时本书还配套了免费的电子课件，可登录www.cipedu.com.cn下载。

由于成书时间仓促和编者水平所限，书中不足之处在所难免，敬请读者在使用过程中给予指正并提出宝贵意见。

编者
2020年3月

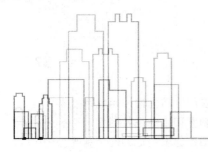

目 录

第1章 建设法规概述 　　1

1.1 法律基础知识 …………………… 1
1.1.1 法的概念和作用 …………… 1
1.1.2 法律体系 …………………… 2
1.1.3 法的形式和效力层级 ……… 3
1.2 建设工程法律关系 …………… 6
1.2.1 建设工程法律关系的概念 … 6
1.2.2 建设工程法律关系的构成要素 ……………… 6
1.2.3 建设工程法律关系的产生、变更和解除 ……… 8
1.3 建设工程法律责任 …………… 9
1.3.1 建设工程行政法律责任 …… 9
1.3.2 建设工程民事法律责任 …… 10
1.3.3 建设工程刑事法律责任 …… 11
复习思考题 ……………………… 13

第2章 城市及乡镇规划法规 　　16

2.1 城乡规划法概述 ……………… 16
2.1.1 城乡和城乡规划的概念 …… 16
2.1.2 《城乡规划法》的立法概况及适用范围 ……… 16
2.2 城乡规划的制定 ……………… 17
2.2.1 城乡规划的制定原则 ……… 17
2.2.2 城乡规划的分类 …………… 18
2.2.3 城乡规划的编制和审批 …… 20
2.3 城市新区开发和旧区改建 …… 21
2.3.1 城市新区开发 ……………… 21
2.3.2 城市旧区改建 ……………… 22
2.4 城乡规划的实施和修改 ……… 22
2.4.1 城乡规划公布制度 ………… 22
2.4.2 城乡规划实施制度 ………… 23
2.4.3 城市国有土地使用权出让、转让规划管理制度 ……… 26
2.4.4 规划设计单位及从业人员的资格许可制度 ……… 27
2.4.5 城乡规划修改制度 ………… 29
2.5 历史文化名城保护 …………… 30
2.5.1 申报历史文化名城名镇名村的条件 ……………… 31
2.5.2 历史文化名城的保护规划和措施 ……………… 31
2.6 法律责任 ……………………… 32
2.6.1 建设单位的法律责任 ……… 32
2.6.2 城乡规划行政主管部门工作人员的法律责任 ……… 33
2.6.3 城乡规划编制单位的法律责任 ……………… 33
复习思考题 ……………………… 35

第3章 建设工程用地法规　　37

- 3.1 ▶ 土地管理法概述 ………… 37
  - 3.1.1 土地管理的立法概况 ………… 37
  - 3.1.2 《土地管理法》的主要内容 … 37
- 3.2 ▶ 土地所有权和使用权 ………… 39
  - 3.2.1 土地所有权 ………… 39
  - 3.2.2 土地使用权 ………… 41
- 3.3 ▶ 建设用地法律制度 ………… 43
  - 3.3.1 建设用地的概念 ………… 43
  - 3.3.2 农用地转为建设用地审批制度和土地征收制度 ………… 44
  - 3.3.3 国有建设用地的使用制度 …… 44
  - 3.3.4 乡（镇）村建设用地的使用制度 ………… 46
  - 3.3.5 工程建设用地的具体管理 …… 47
- 3.4 ▶ 法律责任 ………… 48
- 复习思考题 ………… 49

第4章 建设工程许可法规　　51

- 4.1 ▶ 建设工程施工许可法律制度 …… 51
  - 4.1.1 施工许可证的申请主体与范围 ………… 51
  - 4.1.2 申请领取施工许可证的条件与程序 ………… 53
  - 4.1.3 施工许可证的管理 ………… 53
- 4.2 ▶ 建设工程从业单位资格许可法律制度 ………… 54
  - 4.2.1 建设工程从业单位的条件 …… 55
  - 4.2.2 建筑业企业资质管理制度 …… 56
  - 4.2.3 工程勘察设计企业资质管理制度 ………… 61
  - 4.2.4 工程监理企业资质管理制度 … 61
  - 4.2.5 工程造价咨询企业资质管理制度 ………… 61
- 4.3 ▶ 建设工程专业技术人员执业资格法律制度 ………… 62
  - 4.3.1 注册建筑师执业资格管理制度 ………… 62
  - 4.3.2 注册结构工程师执业资格管理制度 ………… 65
  - 4.3.3 注册建造师执业资格管理制度 ………… 66
  - 4.3.4 注册土木工程师（岩土）执业资格管理制度 ………… 70
  - 4.3.5 注册土木工程师（港口与航道工程）执业资格管理制度 ………… 71
  - 4.3.6 注册监理工程师执业资格管理制度 ………… 72
  - 4.3.7 注册造价工程师执业资格管理制度 ………… 74
- 4.4 ▶ 法律责任 ………… 77
  - 4.4.1 在办理施工许可证或开工报告中的违法行为及其应承担的法律责任 ………… 77
  - 4.4.2 建设工程勘察设计等企业和资质许可机关在资质许可中的法律责任 ………… 78
  - 4.4.3 注册建造师等注册人员的法律责任 ………… 78
- 复习思考题 ………… 80

第5章 建设工程勘察设计法规　　82

- 5.1 ▶ 建设工程勘察设计法律制度概述 ………… 82
  - 5.1.1 建设工程勘察设计的基本原则 ………… 82
  - 5.1.2 建设工程勘察设计企业从业资质管理 ………… 83

5.1.3 建设工程勘察设计从业
　　　人员资格管理 ………… 84
5.1.4 建设工程勘察设计的发
　　　包与承包制度 ………… 84
5.2 ▶ 建设工程勘察设计文件编制 …… 85
5.2.1 建设工程勘察设计文件编
　　　制的原则和依据 ……… 85
5.2.2 建设工程勘察设计文件的
　　　基本内容和要求 ……… 85
5.3 ▶ 建设工程勘察设计质量
　　　监督管理 ………………………… 87
5.3.1 勘察工作的质量管理 …… 87

5.3.2 施工图设计文件审查制度 …… 87
5.4 ▶ 法律责任 ………………………… 89
5.4.1 建设单位的违法行为及
　　　法律责任 ……………… 89
5.4.2 勘察设计单位的违法行
　　　为及法律责任 ………… 89
5.4.3 勘察设计执业人员的违法
　　　行为及法律责任 ……… 90
5.4.4 国家机关工作人员的违法
　　　行为及法律责任 ……… 90
复习思考题 ……………………………… 91

第6章　建设工程发包与承包法规　　92

6.1 ▶ 建设工程发包管理制度 ………… 92
6.1.1 建设工程发包的方式 …… 92
6.1.2 建设工程发包的行为规范 … 93
6.2 ▶ 建设工程承包管理制度 ………… 94
6.2.1 承包单位的资质管理 …… 94
6.2.2 建设工程总承包的规定 … 95
6.2.3 建设工程共同承包管理制度 … 97
6.2.4 建设工程分包管理制度 … 98
6.3 ▶ 建筑市场信用体系建设 ………… 100
6.3.1 建筑市场诚信行为信息
　　　的分类 ………………… 100
6.3.2 建筑市场施工单位不良
　　　行为记录认定标准 …… 101

6.3.3 工程质量不良行为认定
　　　标准 …………………… 101
6.3.4 注册建造师不良行为记
　　　录的认定标准 ………… 102
6.4 ▶ 法律责任 ………………………… 103
6.4.1 发包单位违法行为及其
　　　法律责任 ……………… 103
6.4.2 承包单位违法行为及其
　　　法律责任 ……………… 103
6.4.3 索赔、受贿、行贿的
　　　法律责任 ……………… 104
复习思考题 ……………………………… 104

第7章　建设工程招标投标法规　　107

7.1 ▶ 建设工程招标投标概述 ………… 107
7.1.1 建设工程招标投标法规
　　　立法概况 ……………… 107
7.1.2 招标投标活动应遵循的
　　　基本原则 ……………… 108
7.1.3 强制招标制度 ………… 108
7.2 ▶ 招标 ……………………………… 109
7.2.1 招标人 ………………… 109
7.2.2 招标方式 ……………… 110
7.2.3 自行招标和代理招标 … 111

7.2.4 招标程序 ……………… 112
7.2.5 招标公告和资格预审公告
　　　的发布方式及内容 …… 112
7.2.6 ▶ 对潜在投标人或者投标人
　　　的资格审查 …………… 113
7.2.7 招标文件的编制
　　　和发售 ………………… 114
7.3 ▶ 投标 ……………………………… 118
7.3.1 投标人 ………………… 118
7.3.2 投标文件的编制 ……… 119

7.3.3 共同投标 …………………… 119
7.3.4 投标文件的送达
      和拒收 ………………… 120
7.3.5 招标投标活动中的禁
      止性规定 ……………… 120
7.4 ▶ 开标、评标和中标 ………… 121
  7.4.1 开标 …………………… 122
  7.4.2 评标委员会 …………… 122
  7.4.3 评审指标和评标标准 … 124
  7.4.4 投标评审 ……………… 124
7.4.5 中标 …………………… 125
7.4.6 招标人和中标人订立合同 … 126
7.4.7 招标投标备案制度 …… 127
7.4.8 招标投标的投诉与处理 …… 127
7.5 ▶ 法律责任 ………………… 128
  7.5.1 招标投标活动中的违法行为
        及其法律责任 ………… 128
  7.5.2 中标无效的情况及其
        法律后果 ……………… 133
复习思考题 ……………………… 134

第8章 建设工程合同法规　　　　　　　　　138

8.1 ▶ 合同法原理 ……………… 138
  8.1.1 合同的特征与分类 …… 138
  8.1.2 合同法 ………………… 139
  8.1.3 合同的订立 …………… 140
  8.1.4 合同的效力 …………… 143
  8.1.5 合同的履行 …………… 145
  8.1.6 合同的担保 …………… 147
  8.1.7 合同的变更、转让和终止 … 149
  8.1.8 违约责任 ……………… 151
8.2 ▶ 建设工程合同 …………… 153
  8.2.1 建设工程合同概述 …… 153
  8.2.2 建设工程勘察设计合同 …… 155
8.2.3 建设工程施工合同 …… 157
8.2.4 建设工程委托监理合同 …… 158
8.3 ▶ FIDIC《施工合同条件》
      简介 ……………………… 159
  8.3.1 FIDIC合同条件的发展过
        程及特点 ……………… 160
  8.3.2 FIDIC《施工合同条件》主要
        内容简介 ……………… 161
  8.3.3 FIDIC《施工合同条件》
        的具体应用 …………… 162
复习思考题 ……………………… 163

第9章 建设工程监理法规　　　　　　　　　166

9.1 ▶ 工程监理企业的资质
      管理制度 ………………… 166
  9.1.1 工程监理企业资质的类别 …… 166
  9.1.2 工程监理企业资质的等级 …… 167
  9.1.3 工程监理各资质企业的
        业务范围 ……………… 168
  9.1.4 工程监理企业的资质许
        可制度 ………………… 168
9.2 ▶ 建设工程监理的实施 …… 169
9.2.1 建设工程监理的依据
      和范围 ………………… 169
9.2.2 建设工程监理的内容
      和权限 ………………… 170
9.2.3 建设工程监理的原则
      和程序 ………………… 172
9.3 ▶ 法律责任 ………………… 173
复习思考题 ……………………… 173

第10章 建设工程质量管理法规　　　　　　　176

10.1 ▶ 建设工程质量标准
       化管理制度 …………… 176
10.1.1 工程建设标准的分
       级和分类 ……………… 176

10.1.2 工程建设强制性标准
　　　 的实施与监督 …………… 178
10.2 ▶ 建设行为主体质量
　　　 责任制度 ……………… 181
　10.2.1 建设单位的质量责
　　　　 任与义务 ………………… 181
　10.2.2 工程勘察设计单位的质
　　　　 量责任与义务 …………… 183
　10.2.3 施工单位的质量责任
　　　　 与义务 …………………… 184
　10.2.4 工程建设监理单位的
　　　　 量责任与义务 …………… 186
　10.2.5 政府部门工程质量监督
　　　　 管理制度 ………………… 187
10.3 ▶ 建设工程竣工验收制度 …… 188
　10.3.1 竣工验收的条件和类型 … 188
　10.3.2 竣工验收的范围和标准 … 190
　10.3.3 竣工验收的程序 ………… 190
　10.3.4 规划、消防、节能、环保等
　　　　 相关部门的验收制度 …… 191
　10.3.5 建设工程竣工结算法律
　　　　 制度 ……………………… 193
　10.3.6 竣工验收备案制度 ……… 195
10.4 ▶ 建设工程质量保修制度 …… 196

10.4.1 建筑工程质量的保修范围
　　　 及保修期限 ……………… 196
10.4.2 建设工程保修的经济责任 … 197
10.4.3 建设工程保修的程序 …… 197
10.4.4 建设工程质量保证金 …… 198
10.5 ▶ 住宅室内装饰装修质
　　　 量管理制度 …………… 198
　10.5.1 室内装饰装修活动的
　　　　 一般规定 ………………… 199
　10.5.2 室内环境质量控制制度 … 199
　10.5.3 室内装饰装修工程竣工验
　　　　 收与保修制度 …………… 200
10.6 ▶ 法律责任 ……………… 200
　10.6.1 建设单位的违法行为及
　　　　 其法律责任 ……………… 200
　10.6.2 施工单位的违法行为及
　　　　 其法律责任 ……………… 202
　10.6.3 工程监理单位的违法行为
　　　　 及其法律责任 …………… 202
　10.6.4 工程质量直接主管人员和直接责
　　　　 任人员的法律责任 ……… 202
　10.6.5 其他情况的违法行为
　　　　 和法律责任 ……………… 203
复习思考题 ……………………… 204

第11章　建设工程安全生产管理法规　　　208

11.1 ▶ 建设工程安全生产管理
　　　 基本制度 ……………… 209
　11.1.1 建设工程安全生产认
　　　　 证制度 …………………… 209
　11.1.2 建设工程安全生产教
　　　　 育培训制度 ……………… 211
　11.1.3 施工单位负责人施工现
　　　　 场带班制度 ……………… 212
　11.1.4 重大隐患治理挂牌督
　　　　 办制度 …………………… 213
　11.1.5 建设工程安全生产保
　　　　 险制度 …………………… 213
　11.1.6 建设工程安全伤亡事故报告
　　　　 制度和责任追究制度 …… 214
11.2 ▶ 建设工程安全生产责任体系 … 214

11.2.1 建设单位的安全责任 …… 214
11.2.2 勘察、设计、工程监理单位
　　　 的安全责任 ……………… 216
11.2.3 建设工程施工企业的安全
　　　 责任 ……………………… 217
11.2.4 机械设备、检验检测等单
　　　 位的安全责任 …………… 222
11.2.5 建设工程从业人员安全生
　　　 产的权利和义务 ………… 223
11.3 ▶ 建设工程施工过程中的安
　　　 全生产管理 …………… 225
　11.3.1 施工现场的安全生产
　　　　 管理基本制度 …………… 225
　11.3.2 施工现场安全防护管
　　　　 理制度 …………………… 227

11.3.3 施工现场的消防管理制度 … 228
11.3.4 房屋拆除的安全管理制度 … 230
11.4 ▶ 建设工程安全事故的应急救援和调查处理 …………… 231
　11.4.1 安全事故应急救援预案的制定 ………………… 231
　11.4.2 安全事故的报告制度 …… 232
　11.4.3 安全事故调查 …………… 235
　11.4.4 安全事故处理 …………… 236
11.5 ▶ 法律责任 ……………………… 237
　11.5.1 《安全生产法》规定的法律责任 ……………… 237
　11.5.2 《建设工程安全生产管理条例》规定的法律责任 ……… 240
　11.5.3 《安全生产许可证条例》规定的法律责任 ………… 244
　11.5.4 《生产安全事故报告和调查处理条例》规定的法律责任 …… 245
复习思考题 ………………………… 246

第12章　建设工程纠纷处理法规　250

12.1 ▶ 建设工程纠纷的主要类型和法律解决途径 …………… 250
　12.1.1 建设工程纠纷的主要类型 … 250
　12.1.2 建设工程纠纷的法律解决途径 ………………… 251
12.2 ▶ 和解与调解 ………………… 251
　12.2.1 和解 ……………………… 251
　12.2.2 调解 ……………………… 252
12.3 ▶ 仲裁 ………………………… 255
　12.3.1 仲裁的概念、范围、特点和制度 ……………… 255
　12.3.2 仲裁协议 ………………… 257
　12.3.3 仲裁受理 ………………… 258
　12.3.4 仲裁审理程序 …………… 259
　12.3.5 仲裁裁决的执行 ………… 260
　12.3.6 仲裁时效 ………………… 261
12.4 ▶ 民事诉讼 …………………… 261
　12.4.1 民事诉讼的概念和特点 … 261
　12.4.2 民事诉讼的法院管辖 …… 262
　12.4.3 民事诉讼的当事人、代理人及诉讼回避制度 ………… 265
　12.4.4 民事诉讼时效 …………… 266
　12.4.5 民事诉讼的审判程序 …… 267
　12.4.6 民事诉讼的执行程序 …… 271
12.5 ▶ 行政强制、行政复议和行政诉讼 …………………… 272
　12.5.1 行政强制的种类和法定程序 ………………… 272
　12.5.2 行政复议 ………………… 275
　12.5.3 行政诉讼 ………………… 277
　12.5.4 行政侵权的赔偿责任 …… 279
12.6 ▶ 证据的保全和应用 ………… 280
　12.6.1 证据的种类 ……………… 280
　12.6.2 证据的保全 ……………… 282
　12.6.3 证据的应用 ……………… 282
12.7 ▶ 建设工程施工合同纠纷案件的司法解释 …………… 285
　12.7.1 解除建设工程施工合同问题 ………………… 285
　12.7.2 建设工程质量不符合约定的责任承担问题 ………… 286
　12.7.3 对竣工日期的争议问题 … 288
　12.7.4 对工程价款结算的争议问题 ……………………… 288
　12.7.5 对工程量的争议问题 …… 290
　12.7.6 建设工程价款优先受偿权问题 ………………… 290
复习思考题 ………………………… 291

第13章　有关工程建设的其他法规知识　295

13.1 ▶ 环境保护法规中与工程建设相关的内容 …………… 295
　13.1.1 环境保护"三同时"制度 … 295
　13.1.2 环境噪声污染防治法律制度 ………………… 296
　13.1.3 水污染防治法律制度 …… 298

13.1.4 大气污染防治法律制度 …… 299
13.1.5 固体废物污染防治法律制度 …………… 300
13.1.6 环境保护违法行为应承担的法律责任 …………… 301

13.2 ▶ 节约能源法规中与工程建设相关的内容 …………… 301
13.2.1 建设工程项目的节能制度 … 302
13.2.2 新建建筑和既有建筑的节能规定 …………… 302
13.2.3 节能中的违法行为及其法律责任 …………… 303

13.3 ▶ 劳动法规中与工程建设相关的内容 …………… 306
13.3.1 劳动合同的概念和类型 … 307
13.3.2 劳动合同的订立 ………… 308
13.3.3 劳动合同的履行、变更 … 309
13.3.4 劳动合同的解除、终止与经济补偿 …………… 310

13.3.5 关于集体合同、劳务派遣、非全日制用工的法律规定 ……… 313
13.3.6 劳动保护法律制度 ………… 315
13.3.7 劳动争议的解决 …………… 319
13.3.8 劳动合同及劳动保护中的违法行为及其法律责任 ……… 321

13.4 ▶ 文物保护法规中与工程建设相关的内容 …………… 323
13.4.1 在文物保护单位保护范围内和建设控制地带内从事建设活动的规定 …………… 323
13.4.2 历史文化名城名镇名村的保护 …………… 324
13.4.3 施工中发现文物进行报告和予以保护的规定 …………… 324
13.4.4 违法行为应承担的法律责任 …………… 325

复习思考题 …………… 327

参考文献 …………… **330**

二维码资源目录

序号	资源名称	页码
二维码 1	第 1 章答案与解析	15
二维码 2	城乡规划法.2019 年修订	16
二维码 3	第 2 章答案与解析	36
二维码 4	土地管理法.2019 年修订	37
二维码 5	第 3 章答案与解析	50
二维码 6	建筑法.2019 年修订	51
二维码 7	第 4 章答案与解析	81
二维码 8	建设工程勘察设计管理条例.2017 年修订	82
二维码 9	第 6 章答案与解析	106
二维码 10	招标投标法.2017 年修订	107
二维码 11	招标投标法实施条例.2017 年修订	107
二维码 12	第 7 章答案与解析	137
二维码 13	合同法:建设工程合同.1999 年发布	138
二维码 14	第 8 章答案与解析	164
二维码 15	第 9 章答案与解析	175
二维码 16	建设工程质量管理条例.2017 年修订	176
二维码 17	第 10 章答案与解析	207
二维码 18	安全生产法.2014 年修订	209
二维码 19	建设工程安全生产管理条例.2004 年发布	209
二维码 20	第 11 章答案与解析	249
二维码 21	第 12 章答案与解析	294
二维码 22	第 13 章答案与解析	329

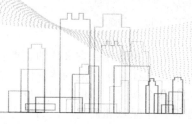

第 1 章 建设法规概述

 教学目标

通过本章的学习，使学生掌握建设法规的表现形式和作用；掌握建设工程法律关系的构成；掌握建设工程法律关系的产生、变更和终止。掌握建设工程法律责任的类型以及每一种法律责任的承担方式。能解释法的体系、法的形式和效力层级；能解释建设工程法律关系的产生、变更与终止；能解释建设工程法律责任的主要内容。

1.1 法律基础知识

1.1.1 法的概念和作用

1.1.1.1 法的概念

法是由国家制定或认可的，并由国家强制力保证实施的规范体系；它反映着被一定物质生活条件决定的掌握国家政权的阶级的意志；它通过规定人们在社会关系中的权利和义务，实现国家对社会的管理，保护和发展有利于统治阶级的社会关系和社会秩序。

法和法律又有什么根本区别呢？在汉语中，"法"和"律"二字最初是分开使用，含义不同。"法"，代表公平；而"律"，意指一致遵循的格式或准则。从秦汉时起，"法""律"合用。在一般所指中，可以理解为同义，但从严格意义上讲是有区别的。一般说，法的范围较大，往往指整个制度或一个学科研究体系。法律则较具体，一般指具体的明确的规范法则。所以，法律是具体的、应用性的事。从应用性的角度看，大家更应该了解法律。

1.1.1.2 法的作用

法的作用可以分为法的规范作用和法的社会作用。

（1）法的规范作用

法的规范作用可以分为五种。①指引作用：是指法律具有指引人们如何行为的功能；②评价作用：是指法可以为人们提供判断、衡量他人行为是否合法或违法以及违法的性质和程度的标准；③教育作用：是指通过法的实施对人们今后行为可发生的某种影响；④预测作用：是指人们可以依据法律规范事先预计到人们相互间行为的结果；⑤强制作用：是指通过法的强制力来制裁、处罚违法犯罪行为，预防违法犯罪行为，增进全社会的安全感。

（2）法的社会作用

在阶级对立的社会中，法的社会作用大致可归纳为以下两个方面：①维护统治阶级的阶级统治；②执行社会公共事务。

(3) 我国社会主义法的主要作用

我国社会主义法的主要作用表现在以下几个方面：①维护和加强人民民主专政的国家制度和社会秩序；②保障和促进经济建设和经济体制改革的顺利进行；③保障和促进精神文明建设；④保障和促进广泛的民主氛围和政治体制改革；⑤执行社会各种公共事务；⑥保障和促进我国的对外开放和交往的顺利进行。

1.1.2 法律体系

在现代汉语中，体系是指若干有关事物或者某些意识互相发生联系而构成的一个整体，如国民经济体系、思想理论体系、法律体系等。

法律体系也称法的体系，通常指由一个国家的全部现行法律规范分类组合为不同的法律部门而形成的有机联系的统一整体。

我国的法律体系是以宪法为统帅，以宪法相关法、民法商法等多个法律部门的法律为主干，由法律、行政法规、地方性法规等多个层次的法律规范构成。

(1) 宪法及宪法相关法

宪法是国家的根本大法，是特定社会政治经济和思想文化条件综合作用的产物，集中反映各种政治力量的实际对比关系，确认革命胜利成果和现实的民主政治，规定国家的根本任务和根本制度，即社会制度、国家制度的原则和国家政权的组织以及公民的基本权利义务等内容。

宪法相关法，是指《全国人民代表大会组织法》《地方各级人民代表大会和地方各级人民政府组织法》《全国人民代表大会和地方各级人民代表大会选举法》《中华人民共和国国籍法》《中华人民共和国国务院组织法》《中华人民共和国民族区域自治法》等法律。

(2) 民法商法

民法是规定并调整平等主体的公民间、法人间及公民与法人间的财产关系和人身关系的法律规范的总称。商法是调整市场经济关系中商人及其商事活动的法律规范的总称。我国采用的是民商合一的立法模式。商法被认为是民法的特别法和组成部分。

《中华人民共和国民法通则》《中华人民共和国合同法》《中华人民共和国公司法》《中华人民共和国招标投标法》《中华人民共和国物权法》《中华人民共和国侵权责任法》等属于民法商法。

(3) 行政法

行政法是调整行政主体在行使行政职权和接受行政法制监督过程中而与行政相对人、行政法制监督主体之间发生的各种关系，以及行政主体内部发生的各种关系的法律规范的总称。

作为行政法调整对象的行政关系，主要包括行政管理关系、行政法制监督关系、行政救济关系、内部行政关系。

《中华人民共和国行政处罚法》《中华人民共和国行政复议法》《中华人民共和国行政许可法》《中华人民共和国环境影响评价法》《中华人民共和国城市房地产管理法》《中华人民共和国城乡规划法》《中华人民共和国建筑法》等属于行政法。

(4) 经济法

经济法是调整在国家协调、干预经济运行的过程中发生的经济关系的法律规范的总称。

《中华人民共和国节约能源法》《中华人民共和国土地管理法》《中华人民共和国标准化法》《中华人民共和国统计法》《中华人民共和国税收征收管理法》《中华人民共和国预算法》《中华人民共和国审计法》《中华人民共和国政府采购法》《中华人民共和国反垄断法》等属

于经济法。

(5) 社会法

社会法是调整劳动关系、社会保障和社会福利关系的法律规范的总称。

社会法是在国家干预社会生活过程中逐渐发展起来的一个法律门类，所调整的是政府与社会之间、社会不同部分之间的法律关系。

《中华人民共和国安全生产法》《中华人民共和国矿山安全法》《中华人民共和国劳动法》《中华人民共和国劳动合同法》《中华人民共和国残疾人保障法》《中华人民共和国职业病防治法》等属于社会法。

(6) 刑法

刑法是关于犯罪和刑罚的法律规范的总称。《中华人民共和国刑法》（以下简称《刑法》）是这一法律部门的主要内容。

(7) 诉讼与非诉讼程序法

诉讼法指的是规范诉讼程序的法律的总称。我国有三大诉讼法，即《中华人民共和国民事诉讼法》《中华人民共和国刑事诉讼法》《中华人民共和国行政诉讼法》。

非诉讼的程序法主要是《中华人民共和国仲裁法》。

1.1.3 法的形式和效力层级

1.1.3.1 法的形式

法的形式是指法律创制方式和外部表现形式。它包括四层含义：①法律规范创制机关的性质及级别；②法律规范的外部表现形式；③法律规范的效力等级；④法律规范的地域效力。

法的形式决定于法的本质。我国法的形式是制定法形式，具体可分为以下七类。

(1) 宪法

宪法是由全国人民代表大会依照特别程序制定的具有最高效力的根本法，其主要功能是制约和平衡国家权力，保障公民权利。宪法是我国的根本大法，在我国法律体系中具有最高的法律地位和法律效力，是我国最高的法律形式。

(2) 法律

法律是指由全国人民代表大会和全国人民代表大会常务委员会制定颁布的规范性法律文件，即狭义的法律。==法律分为基本法律和一般法律（又称非基本法律、专门法）两类==。基本法律是由全国人民代表大会制定的调整国家和社会生活中带有普遍性的社会关系的规范性法律文件的统称，如刑法、民法、诉讼法以及有关国家机构的组织法等法律。一般法律是由全国人民代表大会常务委员会制定的调整国家和社会生活中某种具体社会关系或其中某一方面内容的规范性文件的统称。

建设法律既包括专门的建设领域的法律，也包括与建设活动相关的其他法律。例如，前者有《中华人民共和国建筑法》《中华人民共和国城乡规划法》《中华人民共和国城市房地产管理法》等，后者有《中华人民共和国民法通则》《中华人民共和国合同法》《中华人民共和国行政许可法》等。

(3) 行政法规

行政法规是国家最高行政机关国务院根据宪法和法律就有关执行法律和履行行政管理职权的问题，以及依据全国人民代表大会及其常务委员会特别授权所制定的规范性文件的总称。

现行的建设行政法规主要有《建设工程质量管理条例》《建设工程安全生产管理条例》

《建设工程勘察设计管理条例》《城市房地产开发经营管理条例》等。

(4) 地方性法规

地方性法规是指省、自治区、直辖市以及省级人民政府所在地的市、经济特区所在地的市和经国务院批准的较大的市（国务院1984年12月5日发文批准唐山市、大同市、包头市、大连市、鞍山市、抚顺市、吉林市、齐齐哈尔市、青岛市、无锡市、淮南市、洛阳市、重庆市13市，1988年3月5日批准宁波市，1992年7月25日批准邯郸市、本溪市、淄博市为较大的市）的人民代表大会以及常委会制定的，只在本行政区域内具有法律效力的规范性文件。

地方性法规可以就下列事项作出规定：①为执行法律、行政法规的规定，需要根据本行政区域的实际情况作具体规定的事项；②属于地方性事务需要制定地方性法规的事项。经济特区所在地的省、市的人民代表大会及其常务委员会根据全国人民代表大会的授权决定，制定法规，在经济特区范围内实施。

目前，各地方都制定了大量的规范建设活动的地方性法规、自治条例和单行条例，如《北京市建筑市场管理条例》《天津市建筑市场管理条例》《山西省建筑市场管理条例》《山东省城市房屋拆迁管理条例》等。

(5) 民族自治条例和单行条例

民族自治条例和单行条例是指民族自治地方的人民代表大会依照当地民族的政治、经济和文化的特点，制定的自治条例和单行条例。自治区的自治条例和单行条例，报全国人民代表大会常务委员会批准后生效。自治州、自治县的自治条例和单行条例，报省、自治区、直辖市的人民代表大会常务委员会批准后生效。如《新疆维吾尔自治区建筑市场管理条例》等。

自治条例和单行条例可以依照当地民族的特点，对法律和行政法规的规定作出变通规定，但不得违背法律或者行政法规的基本原则，不得对宪法和民族区域自治法的规定以及其他有关法律、行政法规专门就民族自治地方所作的规定作出变通规定。

(6) 部门规章

部门规章是指国务院各部、委员会、中国人民银行、审计署和具有行政管理职能的直属机构，可以根据法律和国务院的行政法规、决定、命令，在本部门的权限范围内，制定规章。

部门规章规定的事项应当属于执行法律或者国务院的行政法规、决定、命令的事项，其法律地位和效力低于宪法、法律和行政法规。

部门规章的名称可以是"规定""办法"和"实施细则"等。目前，大量的建设法规是以部门规章的方式发布，如住房和城乡建设部发布的《房屋建筑和市政基础设施工程质量监督管理规定》《房屋建筑和市政基础设施工程竣工验收备案管理办法》《市政公用设施抗灾设防管理规定》，国家发展和改革委员会发布的《招标公告发布暂行办法》《工程建设项目招标范围和规模标准规定》等。

涉及两个以上国务院部门职权范围的事项，应当提请国务院制定行政法规或者由国务院有关部门联合制定规章。目前，国务院有关部门已联合制定了一些规章，如2001年7月，国家计委、国家经贸委、建设部、铁道部、交通部、信息产业部、水利部联合发布《评标委员会和评标方法暂行规定》（2013年4月修订）等。

(7) 地方政府规章

省、自治区、直辖市和较大的市的人民政府，可以根据法律、行政法规和本省、自治区、直辖市的地方性法规，制定规章。

地方政府规章可以就下列事项作出规定：①为执行法律、行政法规、地方性法规的规定需要制定规章的事项；②属于本行政区域的具体行政管理事项。

目前，省、自治区、直辖市和较大的市的人民政府都制定了大量地方规章，如《重庆市建设工程造价管理规定》《安徽省建设工程造价管理办法》《山西省建筑工程招标投标管理办法》《宁波市建设工程造价管理办法》等。

(8) 国际条约

国际条约是指我国与外国缔结、参加、签订、加入、承认的双边、多边的条约、协定和其他具有条约性质的文件。国际条约的名称，除条约外，还有公约、协议、协定、议定书、宪章、盟约、换文和联合宣言等。除我国在缔结时宣布持保留意见不受其约束的以外，这些条约的内容都与国内法具有一样的约束力，所以也是我国法的形式。例如，我国加入世界贸易组织（WTO）后，WTO中与工程建设有关的协定也对我国的建设活动产生约束力。

我国现行的建设法规主要是：1997年11月1日第八届全国人大常委会第二十八次会议通过，2011年4月22日修订的《中华人民共和国建筑法》（以下简称《建筑法》）；1999年8月30日第九届全国人大常委会第十一次会议通过，2017年12月27日修订的《中华人民共和国招标投标法》（以下简称《招标投标法》）；2000年1月30日国务院第279号令发布施行的《建设工程质量管理条例》；2000年9月25日国务院令第293号公布，2015年6月12日修订的《建设工程勘察设计管理条例》；2003年11月24日国务院第393号令发布施行的《建设工程安全生产管理条例》，以及2011年12月20日国务院第613号令发布施行，2017年3月1日修订的《中华人民共和国招标投标法实施条例》。

1.1.3.2 法的效力层级

法的效力层级，是指法律体系中的各种法的形式，由于制定的主体、程序、时间、适用范围等的不同，具有不同的效力，形成法的效力等级体系。

(1) 宪法至上

宪法是具有最高法律效力的根本大法，具有最高的法律效力。宪法作为根本法和母法，还是其他立法活动的最高法律依据。任何法律、法规都必须遵循宪法而产生，无论是维护社会稳定、保障社会秩序，还是规范经济秩序，都不能违背宪法的基本准则。

(2) 上位法优于下位法

在我国法律体系中，法律的效力是仅次于宪法而高于其他法的形式。行政法规的法律地位和法律效力仅次于宪法和法律，高于地方性法规和部门规章。地方性法规的效力，高于本级和下级地方政府规章。省、自治区人民政府制定的规章的效力，高于本行政区域内的较大的市人民政府制定的规章。自治条例和单行条例依法对法律、行政法规、地方性法规作变通规定的，在本自治地方适用自治条例和单行条例的规定。经济特区法规根据授权对法律、行政法规、地方性法规作变通规定的，在本经济特区适用经济特区法规的规定。部门规章之间、部门规章与地方政府规章之间具有同等效力，在各自的权限范围内施行。

(3) 特别法优于一般法

特别法优于一般法，是指公法权力主体在实施公权力行为中，当一般规定与特别规定不一致时，优先适用特别规定。《中华人民共和国立法法》（以下简称《立法法》）规定，同一机关制定的法律、行政法规、地方性法规、自治条例和单行条例、规章，特别规定与一般规定不一致的，适用特别规定。

(4) 新法优于旧法

新法、旧法对同一事项有不同规定时，新法的效力优于旧法。《立法法》规定，同一机关制定的法律、行政法规、地方性法规、自治条例和单行条例、规章，新的规定与旧的规定不一致的，适用新的规定。

1.1.3.3 需要由有关机关裁决适用的特殊情况

① 法律之间对同一事项的新的一般规定与旧的特别规定不一致，不能确定如何适用时，由全国人民代表大会常务委员会裁决。

② 行政法规之间对同一事项的新的一般规定与旧的特别规定不一致，不能确定如何适用时，由国务院裁决。

③ 地方性法规、规章之间不一致时，由有关机关依照下列规定的权限作出裁决：

a. 同一机关制定的新的一般规定与旧的特别规定不一致时，由制定机关裁决。

b. 地方性法规与部门规章之间对同一事项的规定不一致，不能确定如何适用时，由国务院提出意见，国务院认为应当适用地方性法规的，应当决定在该地方适用地方性法规的规定；认为应当适用部门规章的，应当提请全国人民代表大会常务委员会裁决。

c. 部门规章之间、部门规章与地方政府规章之间对同一事项的规定不一致时，由国务院裁决。根据授权制定的法规与法律规定不一致，不能确定如何适用时，由全国人民代表大会常务委员会裁决。

1.2 建设工程法律关系

1.2.1 建设工程法律关系的概念

建设工程法律关系是指由建设工程法律规范所确认的，在建设业管理和建设协作过程中所产生的权利与义务关系，是建设工程法律规范在社会主义国家经济建设与生活中实施的结果，只有当社会组织按照建设工程法律规范进行建设活动，形成具体的权利和义务关系时才构成建设工程法律关系。

1.2.2 建设工程法律关系的构成要素

建设工程法律关系的构成要素是指建设工程法律关系不可缺少的组成部分。任何法律关系都是由法律关系主体、法律关系客体和法律关系内容三个要素构成，缺少其中一个要素就不能构成法律关系。由于三要素的内涵不同，则组成不同的法律关系，诸如民事法律关系、行政法律关系、劳动法律关系、经济法律关系等。同样，变更其中一个要素就不再是原来的法律关系。

建设工程法律关系则是由建设工程法律关系主体、建设工程法律关系客体和建设工程法律关系内容构成的。

1.2.2.1 建设工程法律关系主体

建设工程法律关系主体是指参加建设活动，受建设工程法律规范调整，在法律上享有权利、承担义务的人。主要有国家机关、法人、非法人组织和自然人。

（1）国家机关

国家机关可分为国家权力机关和国家行政机关。国家权力机关是指全国人民代表大会及其常务委员会和地方各级人民代表大会及其常务委员会。国家权力机关参加建设工程法律关系的职能是审查批准国家建设计划和国家预决算，制定和颁布建设工程法律，监督检查国家各项建设工程法律的执行。

国家行政机关是依照国家宪法和法律设立的依法行使国家行政职权，组织管理国家行政事务的机关。它包括国务院及其所属各部、各委、地方各级人民政府及其职能部门。

(2) 法人

法人是具有民事权利能力和民事行为能力，依法独立享有民事权利和承担民事义务的组织。依据 2017 年 10 月 1 日生效的《中华人民共和国民法总则》（以下简称《民法总则》）第 58 条的规定："法人应当依法成立。法人应当有自己的名称、组织机构、住所、财产或者经费。"《民法总则》第 60 条同时规定："法人以其全部财产独立承担民事责任。"

建设工程法律关系主体中的法人主要有建设单位、勘察设计单位、施工企业和工程监理企业等。

① 建设单位。建设单位是指进行工程建设的企业或事业单位。由于建设项目的多样化，作为建设单位的社会组织也是种类繁多的。有工交企业、农牧企业、商业企业、文化教育部门、医疗卫生单位、国家各机关等。建设单位作为工程的需要方，是建设投资的支配者，也是工程建设的组织者和监督者。

② 勘察设计单位。勘察设计单位是指从事工程勘察设计工作的各类设计院、所等。我国有勘察设计合一的机构，也有分立的勘察和设计机构。

③ 施工企业。施工企业是指由主管部门批准并在国家工商行政管理机关登记注册的从事建设工程施工安装活动的组织。

(3) 非法人组织

非法人组织是不具有法人资格，但是能够依法以自己的名义从事民事活动的组织。非法人组织包括个人独资企业、合伙企业、不具有法人资格的专业服务机构等。

(4) 自然人

自然人是基于出生而成为民事法律关系主体的有生命的人。自然人包括公民、外国人和无国籍的人。自然人作为民事法律关系的主体应当具有相应的民事权利能力和民事行为能力。民事权利能力是法律规定民事主体享有民事权利和承担民事义务的资格，自然人的民事权利能力始于出生，终于死亡，是国家法律直接赋予的。而民事行为能力是指民事主体以自己的行为参与民事法律关系，从而取得享受民事权利和承担民事义务的资格。法律行为主体只有取得了相应的民事权利能力和行为能力以后作出的民事行为法律才能认可。

根据《民法总则》，自然人民事行为能力的类型有三种：

① 完全民事行为能力人。这类人能够依自己的意志进行活动，独立享有权利、承担义务和责任。完全民事行为能力人包括两种：a. 年满 18 周岁且智力与精神状态正常的成年人，可以独立进行民事活动，具有完全民事行为能力，可以独立进行民事活动，是完全民事行为能力人。b. 16 周岁以上不满 18 周岁的公民，以自己的劳动收入为主要生活来源的，视为完全民事行为能力人。

② 限制民事行为能力人。这类人能够在法律许可的范围内或者经法定代理人同意，独立进行民事活动。他们也包括两种：a. 8 周岁以上的未成年人。这种人可以进行与他的年龄、智力相适应的民事活动。b. 不能完全辨认自己行为的精神病人。这种人可以进行与他的精神健康状况相适应的民事活动；其他民事活动由他的法定代理人代理，或者征得他的法定代理人的同意。

③ 无民事行为能力人。从理论上讲，这类人不能实施任何民事行为。他们也包括两种：a. 不满 8 周岁的未成年人。这种人由他的法定代理人代理民事活动。b. 不能辨认自己行为的精神病人。这种人也由他的法定代理人代理民事活动。

1.2.2.2 建设工程法律关系客体

建设工程法律关系客体是指参加建设工程法律关系的主体享有的权利和承担的义务所共同

指向的事物。在通常情况下，建设主体都是为了某一客体，彼此才设立一定的权利、义务，从而产生建设工程法律关系，这里的权利、义务所指向的事物，便是建设工程法律关系的客体。

法学理论上，一般客体分为财、物、行为和非物质财富。建设工程法律关系客体也不外乎四类。

① 表现为财的客体。财一般指资金及各种有价证券。在建设工程法律关系中表现为财的客体主要是建设资金，如基本建设贷款合同的标的，即一定数量的货币。

② 表现为物的客体。法律意义上的物是指可为人们控制的并具有经济价值的生产资料和消费资料。在建设工程法律关系中表现为物的客体主要是建筑材料，如钢材、木材、水泥等，及其构成的建筑物，还有建筑机械等设备。各个具体基本建设项目是建设工程法律关系中的客体。

③ 表现为行为的客体。法律意义上的行为是指人的有意识的活动。在建设工程法律关系中，行为多表现为完成一定的工作，如勘察设计、施工安装、检查验收等活动。勘察设计合同的标的，即完成一定的勘察设计任务。建筑工程承包合同的标的，即按期完成一定质量要求的施工行为。

④ 表现为非物质财富的客体。法律意义上的非物质财富是指人们脑力劳动的成果或智力方面的创作。也称智力成果。在建设工程法律关系中，如设计单位提供的具有创造性的设计图纸，该设计单位依法可以享有专有权，使用单位未经允许不能无偿使用。

1.2.2.3 建设工程法律关系的内容

建设工程法律关系的内容即是建设工程法律关系的主体对他方享有的权利和负有的义务，这种内容要由相关的法律或合同来确定。如开发权、所有权、经营权以及保证工程质量的经济义务和法律责任都是建设工程法律关系的内容。根据建设工程法律关系主体地位不同，其权利义务关系表现为两种不同情况。一是基于主体双方地位平等基础上的对等的权利义务关系，二是主体双方地位不平等基础上产生的不对等的权利义务关系，如政府有关部门对建设单位和施工企业依法进行的监督和管理活动所形成的法律关系。我国建设工程法规中大部分的规定都是建设工程法律关系的内容。

1.2.3 建设工程法律关系的产生、变更和解除

(1) 建设工程法律关系的产生

建设工程法律关系的产生是指建设工程法律关系的主体之间形成了一定的权利和义务关系。建设单位与施工单位签订了建筑工程承包合同，主体双方产生了相应的权利和义务。此时，受建设工程法规调整的建设工程法律关系即告产生。

(2) 建设工程法律关系的变更

建设工程法律关系的变更是指建设工程法律关系的三个要素发生变化。

① 主体变更。主体变更是指建设工程法律关系主体数目增多或减少。在建设工程合同中客体不变，相应权利义务也不变，此时主体改变也称为合同转让。

② 客体变更。客体变更是指建设工程法律关系中权利义务所指向的事物发生变化。客体变更可以是其范围变更，也可以是其性质变更。

③ 内容变更。建设工程法律关系主体与客体的变更，必然导致相应的权利和义务的变更，即内容的变更。

(3) 建设工程法律关系的解除

建设工程法律关系的解除是指建设工程法律关系主体之间的权利义务不复存在，彼此丧

失了约束力。解除可分为：自然解除、协议解除和违约解除。

① 自然解除。建设法律工程关系自然解除是指某类建设工程法律关系所规范的权利义务顺利得到履行，取得了各自的利益，从而使该法律关系达到完结。

② 协议解除。建设工程法律关系协议解除是指建设工程法律关系主体之间协商解除某类建设工程法律关系规范的权利或义务，致使该法律关系归于消灭。

③ 违约解除。建设工程法律关系违约解除是指建设工程法律关系主体一方违约，或发生不可抗力，致使某类建设工程法律关系规范的权利不能实现。

(4) 建设工程法律关系产生、变更和解除的原因

建设工程法律关系并不是由建设工程法律规范本身直接产生的，它只有在一定的情况下才能产生，而这种法律关系的变更和解除也是由一定的情况决定的。这种引起建设工程法律关系产生、变更和解除的情况，即是人们通常所称谓的建设工程法律事实。建设工程法律事实是建设工程法律关系产生、变更和解除的原因。

法律事实按是否包含当事人的意志为依据分为两类。

① 事件。事件是指不以当事人意志为转移而产生的法律事实，包括自然事件、社会事件、意外事件。

② 行为。行为是指人的有意识的活动。行为包括积极的作为和消极的不作为。

在建设工程活动中，行为通常表现为以下几种：

a. 合法行为。合法行为是指实施了建筑法规所要求或允许做的行为，或者没有实施建筑法规所禁止做的行为。合法行为要受到法律的肯定和保护，产生积极的法律后果，如根据批准的可行性研究报告进行的初步设计的行为、依法签订建设工程承包合同的行为等。

b. 违法行为。违法行为是指受法律禁止的侵犯其他主体的权利和义务的行为。违法行为要受到法律的矫正和制裁，产生消极的法律后果，如违反法律规定或因过错不履行建设工程合同；没有国家批准的建设计划，擅自动工建设等行为。

c. 行政行为。行政行为是指国家授权机关依法行使对建设工程管理权而发生法律后果的行为。

d. 立法行为。立法行为是指国家机关在法定权限内通过规定的程序，制定、修改、废止建设工程法律规范性文件的活动。如国家制定、颁布建设工程法律、法规、条例、标准定额等行为。

e. 司法行为。司法行为是指国家司法机关的法定职能活动。如人民法院对建设工程纠纷案件作出判决的行为。

1.3 建设工程法律责任

建设工程法律责任根据不同性质的违法行为划分为行政法律责任、民事法律责任和刑事法律责任。

1.3.1 建设工程行政法律责任

行政法律责任简称行政责任，是指行政法律关系的主体因违反行政法律规范但尚未构成犯罪的违法行为而依法应承担的消极性法律后果。行政法律责任一般分为行政处分和行政处罚两类。

(1) 行政处分

行政处分是国家行政机关依照行政隶属关系对违法失职的公务员给予的惩戒。如果国家

公务员犯有《中华人民共和国公务员法》](以下简称《公务员法》)中所列的违纪行为,尚未构成犯罪的,或者虽然构成犯罪但是依法不追究刑事责任的,应当给予行政处分;违纪行为情节轻微,经过批评教育后改正的,也可以免予行政处分。

依据《公务员法》,行政处分分为:警告、记过、记大过、降级、撤职、开除。

公务员在受处分期间不得晋升职务和级别,其中受记过、记大过、降级、撤职处分的,不得晋升工资档次。受撤职处分的,按照规定降低级别。公务员受开除以外的处分,在受处分期间有悔改表现,并且没有再发生违纪行为的,处分期满后,由处分决定机关解除处分并以书面形式通知本人。解除处分后,晋升工资档次、级别和职务不再受原处分的影响。但是,解除降级、撤职处分的,不视为恢复原级别、原职务。

(2) 行政处罚

行政处罚是指特定的国家行政机关对违反行政管理法规的单位或者个人依法给予的制裁。行政处罚是行政法律责任的核心,是国家法律责任制度的重要组成部分,是行政机关依法管理的重要手段之一。

在我国工程建设领域,对于建设单位、勘察、设计单位、施工单位、工程监理单位等参建单位而言,行政处罚是更为常见的行政责任形式。《中华人民共和国行政处罚法》(以下简称《行政处罚法》)是规范和调整行政处罚的设定和实施的法律依据。

《行政处罚法》为了使行政处罚做到科学化、规范化,对目前法律、法规中的行政处罚依照上述标准进行规范,将行政处罚明确为七种:①警告;②罚款;③没收违法所得,没收非法财物;④责令停产停业;⑤暂扣或者吊销许可证,暂扣或者吊销执照;⑥行政拘留;⑦法律、行政法规规定的其他行政处罚。

1.3.2 建设工程民事法律责任

民事法律责任,简称民事责任,是指民事主体违反民事法律上的约定或规范规定的义务所应承担的对其不利的法律后果,即由《中华人民共和国民法通则》(以下简称《民法通则》)规定的对民事违法行为人依法采取的以恢复被损害的权利为目的,并与一定的民事制裁措施相联系的国家强制形式。其目的主要是恢复受害人的权利和补偿权利人的损失。

(1) 民事责任的特点

① 民事责任是一种救济责任。民事责任的功能主要在于救济当事人的权利,赔偿或补偿当事人的损失。当然,民事责任也执行惩罚的功能,违约金就含有惩罚的意思。

② 民事责任是一种财产责任。

③ 民事责任是一方当事人对另一方的责任,在法律允许的条件下,多数民事责任可以由当事人协商解决。

(2) 民事责任的种类

我国《民法通则》根据民事责任的承担原因将民事责任主要划分为两类,即违约责任和侵权责任。

① 违约责任。违约责任是指公民、法人等合同当事人违反法律规定或合同约定的义务所应承担的责任。

② 侵权责任。侵权责任是指公民、法人因故意或过失而侵犯国家、集体、他人的合法权利,致使国家、集体或他人的财产权利或人身权利受到损害而应承担的责任,以及虽然没有过错,但在造成损害以后,依法应当承担的责任。

(3) 承担民事责任的方式

《民法通则》第134条规定,承担民事责任的方式主要有:①停止侵害;②排除妨碍;

③消除危险;④返还财产;⑤恢复原状;⑥修理、重作、更换;⑦赔偿损失;⑧支付违约金;⑨消除影响、恢复名誉;⑩赔礼道歉。

以上承担民事责任的方式,可以单独适用,也可以合并适用。

(4) 建设民事责任的主要承担方式

① 返还财产。当建设工程施工合同无效、被撤销后,应当返还财产。执行返还财产的方式是折价返还,即承包人已经施工完成的工程,发包人按照"折价返还"的规则支付工程价款。主要是两种方式:一是参照无效合同中的约定价款;二是按当地市场价、定额量据实结算。

② 修理。施工合同的承包人对施工中出现质量问题的建设工程或者竣工验收不合格的建设工程,应当负责返修。

③ 赔偿损失。赔偿损失,是指合同当事人由于不履行合同义务或者履行合同义务不符合约定,给对方造成财产上的损失时,由违约方依法或依照合同约定应承担的损害赔偿责任。

④ 支付违约金。违约金是指按照当事人的约定或者法律规定,一方当事人违约的,应向另一方支付的金钱。

1.3.3 建设工程刑事法律责任

刑事法律责任,简称刑事责任,是指行为人实施了刑法所禁止的犯罪行为而必须承担的法律后果。认定一个行为是否构成犯罪,要从行为是否违反刑法规定,是否侵害了刑法所保护的社会关系,是否具有了刑事责任能力,以及是否具有主观上的过错等方面进行考察。

(1) 刑事责任的特点

① 行为人的行为具有严重的危害性,达到犯罪的程度。

② 刑事责任是犯罪人向国家所负的一种法律责任。它是一种惩罚性责任,因而是所有法律责任中最严厉的一种。

③ 刑事法律是追究刑事责任的唯一法律依据,罪行法定。

④ 刑事责任基本上是一种个人责任。

(2) 刑事责任的承担方式

刑事责任的承担方式主要是刑罚,也包括一些非刑罚的处罚方法。

《中华人民共和国刑法》(以下简称《刑法》)规定,刑罚分为主刑和附加刑。主刑只能单独适用,不能附加适用。一个罪只能适用一个主刑,不能同时适用两个以上主刑。附加刑是指补充主刑适用的刑罚方法。附加刑可以附加主刑适用,也可以单独适用。

① 主刑。主刑是基本的刑罚方法,只能独立适用,不能附加适用,对一个罪只能适用一个主刑,不能同时适用两个或两个以上的主刑。主刑有管制、拘役、有期徒刑、无期徒刑和死刑五种类型。

a. 管制。管制是对罪犯不予关押,但限制其一定自由,由公安机关执行和群众监督改造的刑罚方法。管制具有一定的期限,管制的期限为 3 个月以上 2 年以下,数罪并罚时不得超过 3 年。管制的刑期从判决执行之日起计算,判决前先行羁押的,羁押 1 日折抵刑期 2 日。

数罪并罚是指人民法院对一人犯数罪分别定罪量刑,并根据法定原则与方法决定应当执行的刑罚。

b. 拘役。拘役是短期剥夺犯罪人自由,就近实行劳动的刑罚方法。拘役的期限为 1 个月以上 6 个月以下,数罪并罚时不得超过 1 年。拘役的刑期从判决执行之日起计算,判决执行前先行羁押的，羁押1日折抵刑期1日。

拘役由公安机关在就近的拘役所、看守所或者其他监管场所执行。在执行期间，受刑人每月可以回家一天至两天。参加劳动的，可以酌量发给报酬。

c. 有期徒刑。有期徒刑是剥夺犯罪人一定期限的自由，实行强制劳动改造的刑罚方法。有期徒刑的犯罪人拘押于监狱或其他执行场所。有期徒刑的基本内容是对犯罪人实行劳动改造。《刑法》第46条规定，被判处有期徒刑、无期徒刑的犯罪分子，在监狱或者其他执行场所执行；凡有劳动能力的，都应当参加劳动，接受教育和改造。

有期徒刑的刑期为6个月以上15年以下，数罪并罚时不得超过20年。刑期从判决执行之日起计算，判决执行以前先行羁押的，羁押1日折抵刑期1日。

d. 无期徒刑。无期徒刑是剥夺犯罪人终身自由，实行强迫劳动改造的刑罚方法。无期徒刑的基本内容也是对犯罪人实施劳动改造。无期徒刑不可能孤立适用，即对于被判处无期徒刑的犯罪分子，应当附加剥夺政治权利终身。而对于被判处管制、拘役、有期徒刑的犯罪分子，不是必须附加剥夺政治权利。

e. 死刑。死刑是剥夺犯罪人生命的刑罚方法，包括立即执行与缓期二年执行两种情况。死刑是刑法体系中最为严厉的刑罚方法。

② 附加刑。附加刑是既可以独立适用又可以附加于主刑适用的刑罚方法。对一个罪可以适用一个附加刑，也可以适用多个附加刑。附加刑有罚金、剥夺政治权利、没收财产和驱逐出境四种。

a. 罚金。罚金是人民法院判处犯罪分子向国家交纳一定数额金钱的刑罚方法。《刑法》第52条规定，判处刑罚，应当根据犯罪情节决定罚金数额。

b. 剥夺政治权利。剥夺政治权利，是指剥夺犯罪人参加管理国家和政治活动的权利的刑罚方法。剥夺政治权利时同时剥夺下列权利：选举权与被选举权；言论、出版、集会、结社、游行、示威自由的权利。

c. 没收财产。没收财产是将犯罪人所有财产的一部分或者全部强制无偿收归国有的刑罚方法。没收财产与没收犯罪物品有本质区别，没收财产是没收犯罪人合法所有并且没有用于犯罪的财产。

《刑法》第59条规定，判处没收财产时，既可以判处没收犯罪人的全部财产，也可以判处没收犯罪人所有的部分财产。没收全部财产的，应当对犯罪分子个人及其抚养的家属保留必要的生活费用。

d. 驱逐出境。《刑法》第35条规定，对于犯罪的外国人，可以独立适用或者附加适用驱逐出境。

(3) 建设工程领域常见的刑事法律责任

① 重大责任事故罪。《刑法》［刑法修正案（九）］第134条规定，在生产、作业中违反有关安全管理的规定，因而发生重大伤亡事故或者造成其他严重后果的，处3年以下有期徒刑或者拘役；情节特别恶劣的，处3年以上7年以下有期徒刑。

强令他人违章冒险作业，因而发生重大伤亡事故或者造成其他严重后果的，处五年以下有期徒刑或者拘役；情节特别恶劣的，处五年以上有期徒刑。

根据《最高人民法院、最高人民检察院关于办理危害矿山生产安全刑事案件具体应用法律若干问题的解释》，具有下列情形之一的，属于重大伤亡事故或者其他严重后果：a. 造成死亡1人以上，或者重伤3人以上的；b. 造成直接经济损失100万元以上的；c. 造成其他严重后果的情形。

② 重大劳动安全事故罪。《刑法》［刑法修正案（九）］第135条规定，安全生产设施

或者安全生产条件不符合国家规定，因而发生重大伤亡事故或者造成其他严重后果的，对直接负责的主管人员和其他直接责任人员，处 3 年以下有期徒刑或者拘役；情节特别恶劣的，处 3 年以上 7 年以下有期徒刑。

③ **工程重大安全事故罪**。《刑法》[刑法修正案（九）]第 137 条规定，建设单位、设计单位、施工单位、工程监理单位违反国家规定，降低工程质量标准，造成重大安全事故的，对直接责任人员处 5 年以下有期徒刑或者拘役，并处罚金；后果特别严重的，处 5 年以上 10 年以下有期徒刑，并处罚金。

④ **串通投标罪**。《刑法》[刑法修正案（九）]第 223 条规定，投标人相互串通投标报价，损害招标人或者其他投标人利益，情节严重的，处 3 年以下有期徒刑或者拘役，并处或者单处罚金。

投标人与招标人串通投标，损害国家、集体、公民的合法利益的，依照前款的规定处罚。

复习思考题

一、单项选择题

1. 行政法规的制定主体是（　　）。
   A. 全国人民代表大会　　　　　B. 国务院
   C. 全国人民代表大会常务委员会　D. 最高人民法院
2. 下列规范性文件中，效力最低的是（　　）。
   A. 行政法规　　　　　　　　　B. 地方政府规章
   C. 地方性法规　　　　　　　　D. 法律
3. 地方性法规与部门规章之间对同一事项的规定不一致，不能确定如何适用时，由（　　）提出意见，其认为应当适用地方性法规的，应当决定在该地方适用地方性法规的规定。
   A. 全国人民代表大会　　　　　B. 国家发改委
   C. 全国人民代表大会常务委员会　D. 国务院
4. 发电厂甲与施工单位乙签订了价款为 5000 万元的固定总价建设工程承包合同，则这笔 5000 万元工程价款是（　　）。
   A. 法律关系主体　　　　　　　B. 法律关系客体
   C. 法律关系内容中的义务　　　D. 法律关系内容中的权利
5. 消费者王某从某房地产开发公司开发的小区购买别墅一栋，半年后发现屋顶漏水，于是向该公司提出更换别墅。在这个案例中，法律关系的主体是（　　）。
   A. 该小区　　　　　　　　　　B. 王某购买的别墅
   C. 别墅的屋顶　　　　　　　　D. 王某和该房地产开发公司
6. 某工程施工中出现重大安全事故，建设行政主管部门对有关监理公司作出的行政处罚不能包括（　　）。
   A. 罚款　　　　　　　　　　　B. 责令停工
   C. 吊销资质证书　　　　　　　D. 行政处分
7. 某开发商在 A 大型商场项目的开发建设中，违反国家规定，擅自降低工程质量标准，因而造成重大安全事故。该事故责任主体应该承担的刑事责任是（　　）。
A. 重大责任事故罪　　　　　B. 重大劳动安全事故罪
C. 串通投标罪　　　　　　　D. 工程重大安全事故罪

二、多项选择题

1. 下列国家机关中，有权制定地方性法规的有（　　）。
A. 省、自治区、直辖市的人民代表大会及其常委会
B. 省、自治区、直辖市的人民政府
C. 省级人民政府所在地的市级人民代表大会及其常委会
D. 省级人民政府所在地的市级人民政府
E. 国务院各部委

2. 建设工程法律关系的主体包括（　　）。
A. 法人　　　　　　　　　　B. 债务
C. 权利义务　　　　　　　　D. 行为
E. 自然人

3. 建设工程法律关系的内容是指（　　）。
A. 法律权利　　　　　　　　B. 客体
C. 标的　　　　　　　　　　D. 价款
E. 法律义务

4. 建设工程法律关系的变更包括（　　）。
A. 合同形式的变更　　　　　B. 法律关系主体的变更
C. 法律关系客体的变更　　　D. 纠纷解决方式的变更
E. 法律关系内容的变更

5. 引起建设工程法律关系发生、变更、终止的情况称为法律事实，按照是否包含当事人的意志，法律事实可以分为（　　）。
A. 事件　　　　　　　　　　B. 不可抗力事件
C. 无意识行为　　　　　　　D. 意外事件
E. 行为

6. 法律意义上的非物质财富是指人们脑力劳动的成果或智力方面的创作，也称智力成果。下列选项中属于非物质财富的是（　　）。
A. 股票　　　　　　　　　　B. 太阳光
C. 建筑设计图纸　　　　　　D. 建筑材料的商标
E. 100元人民币

7. 下列责任中，属于行政处罚的有（　　）。
A. 责令停产停业　　　　　　B. 罚金
C. 暂扣或者吊销执照　　　　D. 赔偿损失
E. 行政拘留

8. 与工程建设关系比较密切的刑事犯罪有（　　）。
A. 重大责任事故罪　　　　　B. 受贿罪
C. 重大劳动安全事故罪　　　D. 渎职罪
E. 工程重大安全事故罪

9. 工程重大安全事故罪是指（　　）违反国家规定，降低工程质量标准，造成重大安全事故的行为。

A. 建设单位　　　　　　　　B. 设计单位
C. 管理单位　　　　　　　　D. 施工单位
E. 工程监理单位

10. 重大劳动安全事故犯罪客观方面表现为（　　）的行为。
A. 违反劳动规定　　　　　　B. 违反国家规定
C. 降低工程质量标准　　　　D. 安全生产设施不符合国家规定
E. 安全生产条件不符合国家规定

三、简答题

1. 简述法的体系、法的形式和效力层级。
2. 简述建设工程法律关系的概念及构成要素。
3. 引起建设工程法律关系产生、变更与终止的条件有哪些？
4. 简述建设工程法律责任的形式，以及每种形式所包含的内容。

第1章答案与解析

第 2 章 城市及乡镇规划法规

教学目标

通过本章的学习，使学生了解城乡规划法的基本框架和内容；熟悉城乡规划的分类、编制和审批；熟悉城市新区开发和旧区改建制度；掌握城乡规划实施的基本规定；掌握城乡规划实施中的"一书两证"制度；熟悉历史文化名城名镇名村的保护。能应用《中华人民共和国城乡规划法》相关知识依法从事工程建设活动。

2.1 城乡规划法概述

2.1.1 城乡和城乡规划的概念

（1）城乡概念

城乡规划法.2019年修订

城市，是人类社会空间的一种基本形式，是指国家按行政建制设立的直辖市、市、镇。乡村，是中国最低一级政权单位，县以下的农村行政区域，农村村民居住和从事各种生产的聚居点。

（2）城乡规划的概念

城乡规划是政府对一定时期内城市、镇、乡、村庄的建设布局、土地利用以及经济和社会发展有关事项的总体安排和实施措施，是政府指导和调控城乡建设和发展的基本手段之一。城乡规划是以促进城乡经济社会全面协调可持续发展为根本任务、促进土地科学使用为基础、促进人居环境根本改善为目的，涵盖城乡居民点的空间布局规划。

《中华人民共和国城乡规划法》（以下简称《城乡规划法》）中所称的城乡规划，包括城镇体系规划、城市规划、镇规划、乡规划和村庄规划。

2.1.2 《城乡规划法》的立法概况及适用范围

（1）《城乡规划法》的立法概况

为了加强城乡规划管理，协调城乡空间布局，改善人居环境，促进城乡经济社会全面协调可持续发展，制定出台《中华人民共和国城乡规划法》。

《城乡规划法》于 2007 年 10 月 28 日第十届全国人民代表大会常务委员会第三十次会议通过，自 2008 年 1 月 1 日起施行。2015 年 4 月 24 日第十二届全国人民代表大会常务委员会第十四次会议对《城乡规划法》进行了修订。2019 年 4 月 23 日第十三届全国人民代表大会常务委员会第十次会议再次对《城乡规划法》进行了修改。

《城乡规划法》对城乡规划的制定、实施、修改、监督检查和法律责任作了规定，共分为七章70条。第一章"总则"共11条；第二章"城乡规划的制定"共16条；第三章"城乡规划的实施"共18条；第四章"城乡规划的修改"共5条；第五章"监督检查"共7条；第六章"法律责任"共12条；第七章"附则"共1条。

《城乡规划法》的出台，对于提高我国城乡规划的科学性、严肃性、权威性，加强城乡规划监管，协调城乡科学合理布局，保护自然资源和历史文化遗产，保护和改善人居环境，促进我国经济社会全面协调可持续发展具有长远的重要意义。

（2）《城乡规划法》的适用范围

① 制定和实施城乡规划，必须遵守《城乡规划法》。各级人民政府及其城乡规划主管部门都要严格依据法定的事权，及时制定城乡规划，加强规划的实施管理与监督，严格依据法定程序制定和修改城乡规划，严格依据法律规定，充分发挥法定规划对土地使用的指导和调控，促进城乡社会有序发展。

② 在规划区内进行建设活动，必须遵守《城乡规划法》。规划区是指城市、镇和村庄的建成区以及因城乡建设和发展需要，必须实行规划控制的区域。规划区的具体范围由有关人民政府在组织编制的城市总体规划、镇总体规划、乡规划和村庄规划中，根据城乡经济社会发展水平和统筹城乡发展的需要划定。

任何单位和个人在城乡规划区内进行建设，都必须按照《城乡规划法》的规定来约束自己的行为，不能实施违反城乡规划的建设行为，否则就必须承担相应的法律责任。

2.2 城乡规划的制定

2.2.1 城乡规划的制定原则

（1）城乡统筹原则

这是制定城乡规划应当遵循的首要原则。在制定规划的过程中，就要将城市、镇、乡和村庄的发展统筹考虑，适应区域人口发展、国防建设、防灾减灾和公共卫生、公共安全各方面的需要，合理配置基础设施和公共服务设施，促进城乡居民均衡地享受公共服务，改善生态环境，防止污染和其他公害，促进基本形成城乡、区域协调互动发展机制目标的实现。

（2）合理布局原则

规划是对一定区域空间利用如何布局作出安排。合理布局，就是要优化空间资源的配置，维护空间资源利用的公平性，促进资源的节约和利用，保持地方特色、民族特色和传统风貌，保障城市运行安全和效率，促进大中小城镇协调发展，促进城市、镇、乡和村庄的有序健康发展。省域城镇体系规划中的城镇空间布局和规模控制，城市和镇总体规划中的城市、镇的发展布局、功能分区、用地布局都要遵循合理布局的原则。

（3）节约土地的原则

人口多、土地少，特别是耕地少是我国的基本国情。在规划区内进行建设活动，应当遵循土地管理、自然资源和环境保护等法律、法规的规定。要切实改变铺张浪费的用地观念和用地结构不合理的状况，始终把节约和集约利用土地、严格保护耕地作为城乡规划制定与实施的重要目标，要根据产业结构调整的目标要求，合理调整用地结构，提高土地利用效率，促进产业协调发展。

（4）集约发展原则

集约发展是珍惜和合理利用土地资源的最佳选择。编制城乡规划，必须充分认识我国长期面临的土地资源缺乏和环境容量压力大的基本国情，认真分析城镇发展的资源环境条件，推进城镇发展方式从粗放型向集约型转变，建设资源节约环境友好型城镇，促进城乡经济社会全面协调可持续发展。

(5) 先规划后建设原则

"先规划后建设"是《城乡规划法》确定的基本原则。这是根据我国城乡建设快速发展的实际，从保障城镇发展的目标出发而提出的。坚持这一基本原则，一是各级人民政府及其城乡规划主管部门要严格依据法定的事权，及时制定城乡规划，加强规划的实施管理与监督；二是要严格依据法定程序制定和修改城乡规划，保证法定规划的严肃性；三是要严格依据法律规定，充分发挥法定规划对土地使用的指导和调控，促进城乡社会有序发展。

2.2.2 城乡规划的分类

城乡规划，包括城镇体系规划、城市规划、镇规划、乡规划和村庄规划。城市规划、镇规划分为总体规划和详细规划。详细规划分为控制性详细规划和修建性详细规划。在城乡规划体系中，下位规划不得违背上位规划，并要将上位规划确定的规划指导思想、城镇发展方针和空间政策贯彻落实到本层次规划的具体内容中。

2.2.2.1 城镇体系规划

城镇体系规划，是指一定地域范围内，以区域生产力合理布局和城镇职能分工为依据，确定不同人口规模等级和职能分工的城镇的分布和发展规划，是政府综合协调辖区内城镇发展和空间资源配置的依据和手段。《城乡规划法》规定，要制定全国城镇体系规划和省域城镇体系规划。

(1) 全国城镇体系规划的意义

全国城镇体系规划是统筹安排全国城镇发展和城镇空间布局的宏观性、战略性的法定规划，是国家制定城镇化政策、引导城镇化健康发展的重要依据，也是编制、审批省域城镇体系规划和城市总体规划的依据。

制定全国城镇体系规划，有利于坚持有中国特色的城镇化道路，有利于坚持依法行政，有利于加强中央政府对城镇发展的宏观调控。

(2) 全国城镇体系规划内容

全国城镇体系规划应综合考虑全国城镇与乡村，东部、中部、西部的协调发展，包括全国城镇空间布局、国家重大基础设施布局等重要内容，用于指导省域城镇体系规划、城市总体规划的编制。

(3) 省域城镇体系规划的主要内容

省域城镇体系规划是合理配置和保护利用空间资源，统筹全省、自治区城镇空间布局，综合安排基础设施和公共设施建设，促进省域内各级各类城镇协调发展的综合性规划，是落实省、自治区政府的经济社会发展目标和发展战略，引导城镇化健康发展的重要依据和手段，用于指导省域内城市总体规划、镇总体规划的编制。其主要内容包括：

① 省域城镇空间布局和规模控制，明确中心城市的层次和各级中心城市的数量，完善城镇功能、优化城镇布局。

② 重大基础设施的布局，包括高速公路、干线公路、铁路、港口、机场、区域性电厂和高压输电网、天然气主干管、水利枢纽工程等。

③ 为保护生态环境、资源等需要严格控制的区域，包括自然保护区、退耕还林（草）地区、大型湖泊、水源保护区、蓄滞洪区以及其他生态敏感区。

2.2.2.2 城市总体规划、镇总体规划

城市、镇总体规划是对一定时期内城镇的性质、发展目标、发展规模、土地利用、空间布局以及各项建设的综合部署、具体安排和实施措施，是城镇发展与建设的基本依据，是调控各项资源（包括水资源、土地资源、能源等）、保护生态环境、维护社会公平、保障公共安全和公众利益的重要公共政策。

城市、镇总体规划的内容，包括两个方面，即应当包括的内容和强制性内容，强制性内容是必备的内容。

城市、镇总体规划应当包括的内容：城市、镇的发展布局，功能分区，用地布局，综合交通体系，禁止、限制和适宜建设的地域范围，环境保护、商业网点、医疗卫生、绿地系统、历史文化名城保护等各类专项规划。

城市、镇总体规划的强制性内容：规划区范围、规划区内建设用地规模、基础设施和公共服务设施用地、水源地和水系、基本农田和绿化用地、环境保护、自然与历史文化遗产保护以及防灾减灾等内容。

城市总体规划、镇总体规划的规划期限一般为二十年。城市总体规划还应当对城市更长远的发展做出预测性安排。

2.2.2.3 控制性详细规划

控制性详细规划是指以总体规划为依据，确定建设地区的土地使用性质和使用强制性控制指标、道路和工程管线控制性位置以及空间环境控制的规划要求，它是城镇规划实施管理的最直接法律依据，是国有土地使用权出让、开发和建设管理的法定前置条件。

控制性详细规划主要内容有：

① 确定规划范围内不同性质用地的界线，确定各类用地内适建、不适建或者有条件地允许建设的建筑类型。

② 确定各地块建筑高度、建筑密度、容积率、绿地率等控制指标；确定公共设施配套要求、交通出入口方位、停车泊位、建筑后退红线距离等要求。

③ 提出各地块的建筑体量、体型、色彩等城市设计指导原则。

④ 根据交通需求分析，确定地块出入口位置、停车泊位、公共交通场站用地范围和站点位置、步行交通以及其他交通设施。规定各级道路的红线、断面、交叉口形式及渠化措施、控制点坐标和标高。

⑤ 根据规划建设容量，确定市政工程管线位置、管径和工程设施的用地界线，进行管线综合。确定地下空间开发利用具体要求。

2.2.2.4 修建性详细规划

修建性详细规划是指以总体规划或控制性详细规划为依据，制定用以指导各项建筑和工程设施及其施工的规划设计，它一般针对的是某一具体地块，能够直接应用于指导建筑和工程施工，一般包括以下内容：规划地块的建设条件分析和综合经济论证，建筑和绿地的空间布局、景观规划设计，布置总平面图，道路系统规划设计，绿地系统规划设计，工程管线规划设计，竖向规划设计，估算工程量、拆迁量和总造价，分析投资效益。修建性详细规划的成果由规划说明书和图纸组成。

2.2.2.5 乡规划和村庄规划

乡规划和村庄规划，分别是指对一定时期内乡、村庄的经济和社会发展、土地利用、空间布局以及各项建设的综合部署、具体安排和实施措施。

乡规划和村庄规划是做好农村地区各项建设工作的先导和基础,是各项建设管理工作的基本依据,对改变农村落后面貌,加强农村地区生产生活服务设施、公益事业等各项建设,推进社会主义新农村建设具有重大意义。

编制乡村规划应从农村实际出发,尊重村民意愿,体现地方特色和农村特色。

(1) 乡规划

乡规划包括乡域规划和乡驻地规划。

① 乡域规划。乡域规划的主要内容包括:提出乡产业发展目标,落实相关生产设施、生活服务设施以及公益事业等各项建设的空间布局;落实规划期内各阶段人口规模与人口分布情况;确定乡的职能及规模,明确乡政府驻地的规划建设用地标准与规划区范围;确定中心村、基层村的层次与等级,提出村庄集约建设的分阶段目标及实施方案;统筹配置各项公共设施、道路和各项公用工程设施,制定各专项规划,并提出自然和历史文化保护、防灾减灾等要求;提出实施规划的措施和有关建议,明确规划强制性内容。

② 乡驻地规划。乡驻地规划主要内容包括:确定规划区内各类用地布局,提出道路网络建设与控制要求;建立环境卫生系统和综合防灾减灾系统;确定规划区内生态环境保护与优化目标,划定主要水体保护和控制范围;确定历史文化保护区地方传统特色保护的内容及要求;规划建设容量,确定公用工程管线位置、管径和工程设施的用地界线等。

(2) 村庄规划

村庄规划的主要内容包括:安排村庄内的农业生产用地布局及为其配套服务的各项设施;确定村庄居住、公共设施、道路、工程设施等用地布局;畜禽养殖场所等农村生产建设的用地布局;确定村庄内的给水、排水、供电等工程设施及其管线走向、敷设方式;确定垃圾分类及转运方式,明确垃圾收集点、公厕等环境卫生设施的分布、规模;确定防灾减灾设施的分布和规模;对村庄分期建设时序进行安排等。

2.2.3 城乡规划的编制和审批

(1) 城镇体系规划的编制和审批

① 全国城镇体系规划由国务院城乡规划主管部门会同国务院有关部门组织编制,由国务院城乡规划主管部门报国务院审批。

② 省域城镇体系规划由省、自治区人民政府组织编制,报国务院审批。

(2) 城市总体规划的编制和审批

城市人民政府组织编制城市总体规划。直辖市的城市总体规划由直辖市人民政府报国务院审批。省、自治区人民政府所在地的城市以及国务院确定的城市的总体规划,由省、自治区人民政府审查同意后,报国务院审批。其他城市的总体规划,由城市人民政府报省、自治区人民政府审批。

(3) 镇总体规划的编制和审批

县人民政府组织编制县人民政府所在地镇的总体规划,报上一级人民政府审批。其他镇的总体规划由镇人民政府组织编制,报上一级人民政府审批。

县人民政府所在地镇是整个县的经济、文化的中心,必须由县人民政府直接组织编制。县人民政府组织编制的镇总体规划应报上一级人民政府批准,这里的上一级人民政府主要是设区的市人民政府。

除县人民政府所在地镇以外的其他镇的总体规划则由镇人民政府组织编制,报上一级人民政府审批,这主要是指县人民政府,包括不设区的市人民政府。

(4) 城市控制性详细规划的编制和审批

城市人民政府城乡规划主管部门根据城市总体规划的要求，组织编制城市的控制性详细规划，经本级人民政府批准后，报本级人民代表大会常务委员会和上一级人民政府备案。

(5) 镇控制性详细规划的编制和审批

镇人民政府根据镇总体规划的要求，组织编制镇的控制性详细规划，报上一级人民政府审批。县人民政府所在地镇的控制性详细规划，由县人民政府城乡规划主管部门根据镇总体规划的要求组织编制，经县人民政府批准后，报本级人民代表大会常务委员会和上一级人民政府备案。

(6) 修建性详细规划的编制和审批

城市、县人民政府城乡规划主管部门和镇人民政府可以组织编制重要地块的修建性详细规划。修建性详细规划应当符合控制性详细规划。

修建性详细规划的对象是重要地块，因此，修建性详细规划不是一定要编制的，实践中可以对那些确有需要的重要地块编制。《城乡规划法》并没有规定修建性详细规划应经批准或备案，主要是因为修建性详细规划是用以指导某一具体地块的建筑或工程的设计和施工，已经属于控制性详细规划的具体落实，再报经批准或备案的意义也就不大了。

(7) 乡规划和村庄规划的编制和审批

乡、镇人民政府组织编制乡规划、村庄规划，报上一级人民政府审批。村庄规划在报送审批前，应当经村民会议或者村民代表讨论同意。

并不是所有乡、村庄都编制规划，只有那些县级以上地方人民政府根据当地农村经济社会发展水平，按照因地制宜、切实可行的原则，认为应当制定乡、村庄规划的区域才制定乡、村庄规划，其他区域也可以制定规划，但法律并没有作强制性要求。

乡规划由乡人民政府组织编制，报送县级人民政府审批。村庄规划应以行政村为单位，由所在地的镇或乡人民政府组织编制，村委会应指定人员参与村庄规划编制过程，村庄规划成果完成后，必须经村民会议或者村民代表讨论同意后，方可由所在地的镇或乡人民政府报县级人民政府审批。

2.3 城市新区开发和旧区改建

城市新区开发和旧区改建必须坚持统一规划、合理布局、因地制宜、综合开发、配套建设的原则。各项建设工程的选址、定点，不得妨碍城市的发展，危害城市的安全，污染和破坏城市环境，影响城市各项功能的协调。

2.3.1 城市新区开发

城市新区开发，是指随着城市经济与社会的发展，为满足城市建设的需要，按照城市总体规划的部署，在城市现有建成区以外的地段，进行集中成片、综合配套的开发建设活动。

在新区的开发建设中，必须注意以下问题：

① 合理确定建设规模和时序。城市新区的开发和建设应当根据土地资源、水资源等承载能力，量力而行，妥善处理近期建设与长远发展的关系，合理确定开发建设的规模和强度，防止盲目性，要坚持集约用地和节约用地的原则。

② 充分利用现有市政基础设施和公共服务设施。城市新区的开发和建设还应根据城市的社会经济发展状况，结合现有基础设施和公共服务设施，合理确定各项交通设施的布局，合理配套建设各类公共服务设施和市政基础设施，防止讲排场、搞形式，盲目追求形象和高标准。

③ 严格保护自然资源和生态环境。城市新区的开发和建设应当坚持保护好大气环境、河湖水系等水环境和绿化植被等生态环境和自然资源，要避开地下文物埋藏区，保护好历史文化资源，防止破坏现有的历史文化遗存。

④ 体现地方特色。新区的开发和建设应当充分考虑保护城市的传统特色，要结合城市的历史沿革及地域特点，在规划建设中体现鲜明的地方特色。

⑤ 城市新区的开发和建设应当坚持统一规划和管理，要依法统一组织规划编制和实施，各类开发区要纳入城市的统一规划和管理，城市总体规划、镇总体规划确定的建设用地范围以外，不得设立各类开发区和城市新区。

2.3.2 城市旧区改建

城市旧区是在长期的历史发展过程中逐步形成的，是城市各历史时期的政治、经济、社会和文化发展的缩影。城市旧区通常历史文化遗存比较丰富，历史格局和传统风貌比较完整，但同时旧区也存在城市格局尺度比较小、人口密度高而且居民中低收入人群占的比例较高、基础设施比较陈旧、道路交通比较拥堵、房屋质量比较差等问题，迫切需要进行更新和完善。因而，结合城市新区的开发，适时逐步推动城市旧区的更新，是保证我国城市建设协调发展的一项重要任务。

旧城区的改建，应当保护历史文化遗产和传统风貌，合理确定拆迁和建设规模，有计划地对危房集中、基础设施落后等地段进行改造。历史文化名城、名镇、名村的保护以及受法律保护建筑物的维护和使用，应当遵守有关法律、行政法规和国务院的规定。

在城市旧区改建中应当注意以下问题：

① 保护历史文化遗产和传统风貌。城市旧区，特别是历史文化名城的老城区，保存着大量优秀的历史文化遗存，是无法替代的、极其珍贵的文化财富。为此，在旧区的规划建设中，要高度关注历史格局、传统风貌、历史文化街区和各级文物的保护，采取渐进式有机更新的方式，防止大拆大建。

② 合理确定拆迁和建设规模，有计划地对危房集中、基础设施落后等地段进行改造。在城市旧区的规划建设中，要合理确定旧区的居住人口规模，重点对危房集中地区进行改建，结合城市新区的开发建设，对旧区功能逐步进行调整，将污染严重、干扰较大的二三类工业用地，仓储用地等逐步搬迁，同时增加交通、居住、各类基础设施和公共服务设施用地，促使城市旧区的功能结构逐步完善。

③ 在城市旧区的规划建设中，要严格依法行政，按照《城乡规划法》规定的程序，以及《中华人民共和国物权法》（以下简称《物权法》）等相关法律、法规的规定进行组织，防止野蛮拆迁等行为导致的不稳定因素。

2.4 城乡规划的实施和修改

2.4.1 城乡规划公布制度

城乡规划关系着各行各业的发展，关系着广大人民群众的切身利益。为了提高政府工作的透明度，促进依法行政，保证规划的顺利实施，提高公众的规划意识、参与意识和知法守法的自觉性，便于公众对规划进行监督，必须及时将依法批准的城乡规划予以公布。

（1）城乡规划的公布机关

城乡规划经依法批准后，有权公布的机关是城乡规划组织编制机关。全国城镇体系规划应当由国务院城乡规划主管部门会同国务院有关部门公布；省域城镇体系规划由省、自治区人民政府公布；城市总体规划由城市人民政府公布；县人民政府所在地镇的总体规划由县人民政府公布，其他镇的总体规划由镇人民政府公布；城市的控制性详细规划由城市人民政府城乡规划主管部门公布；镇的控制性详细规划由镇人民政府公布；县人民政府所在地镇的控制性详细规划，由县人民政府城乡规划主管部门公布；乡规划、村庄规划由乡、镇人民政府公布。

(2) 城乡规划公布的时限

经依法批准的城乡规划，城乡规划组织编制机关应当及时公布，以利于公民、法人和其他组织尽早获得有关规划的信息，并按照规划从事建设活动。

(3) 城乡规划公布的原则

除法律、行政法规规定不得公开的内容外，城乡规划的其他内容都应当公布。

2.4.2 城乡规划实施制度

地方各级人民政府应当根据当地经济社会发展水平，量力而行，尊重群众意愿，有计划、分步骤地组织实施城乡规划。

2.4.2.1 城乡规划实施的基本规定

(1) 城市、镇、乡、村庄的建设和发展

城市的建设和发展，应当优先安排基础设施以及公共服务设施的建设，妥善处理新区开发与旧区改建的关系，统筹兼顾进城务工人员生活和周边农村经济社会发展、村民生产与生活的需要。

镇的建设和发展，应当结合农村经济社会发展和产业结构调整，优先安排供水、排水、供电、供气、道路、通信、广播电视等基础设施和学校、卫生院、文化站、幼儿园、福利院等公共服务设施的建设，为周边农村提供服务。

乡、村庄的建设和发展，应当因地制宜、节约用地，发挥村民自治组织的作用，引导村民合理进行建设，改善农村生产、生活条件。

(2) 城市新区的开发和建设

城市新区的开发和建设应当合理确定建设规模和时序，充分利用现有市政基础设施和公共服务设施，严格保护自然资源和生态环境，体现地方特色。

在城市总体规划、镇总体规划确定的建设用地范围以外，不得设立各类开发区和城市新区。

(3) 旧城区的改建

旧城区的改建，应当保护历史文化遗产和传统风貌，合理确定拆迁和建设规模，有计划地对危房集中、基础设施落后等地段进行改建。

历史文化名城、名镇、名村的保护以及受保护建筑物的维护和使用，应当遵守有关法律、行政法规和国务院的规定。

(4) 风景名胜区的规划建设

城乡建设和发展，应当依法保护和合理利用风景名胜资源，统筹安排风景名胜区及周边乡、镇、村庄的建设。风景名胜区的规划、建设和管理，应当遵守有关法律、行政法规和国务院的规定。

(5) 城市地下空间的开发和利用

城市地下空间的开发和利用，应当与经济和技术发展水平相适应，遵循统筹安排、综合开发、合理利用的原则，充分考虑防灾减灾、人民防空和通信等需要，并符合城市规划，履行规划审批手续。

（6）城乡规划确定的铁路、公路等公共服务设施的用地

城乡规划确定的铁路、公路、港口、机场、道路、绿地、输配电设施及输电线路走廊、通信设施、广播电视设施、管道设施、河道、水库、水源地、自然保护区、防汛通道、消防通道、核电站、垃圾填埋场及焚烧厂、污水处理厂和公共服务设施的用地以及其他需要依法保护的用地，禁止擅自改变用途。

2.4.2.2 城乡规划实施的"一书两证"规划管理制度

《城乡规划法》规定，我国城镇规划的管理实行"一书两证"（选址意见书、建设用地规划许可证和建设工程规划许可证）的规划管理制度，我国乡村规划管理实行乡村建设规划许可证制度。

选址意见书是城乡规划主管部门依法审核建设项目选址的法定凭证；建设用地规划许可证是经城乡规划主管部门依法审核，建设用地符合城乡规划要求的法律凭证；建设工程规划许可证是经城乡规划主管部门依法审核，建设工程符合城乡规划要求的法律凭证；乡村规划许可证是经城乡规划主管部门依法审核，在集体土地上有关建设工程符合城乡规划要求的法律凭证。

城乡规划实施管理制度的建立对引导、协调和控制各类实施城乡规划的活动，保障城乡规划得到有效实施，以及维护公共利益和社会秩序，保护公民、法人和其他组织的合法权益等，都具有十分重要的意义。

（1）选址意见书制度

按照国家规定需要有关部门批准或者核准的建设项目，以划拨方式提供国有土地使用权的，建设单位在报送有关部门批准或核准前，应当向城乡规划主管部门申请核发选址意见书。选址意见书是城乡规划主管部门依法审核建设项目选址的法定凭证。

① 建设项目选址意见书的意义。建设项目的选址不仅对建设项目本身的成败起着决定性的作用，而且对城市的布局和发展将产生深远的影响。一个选址合理的建设项目可以对城市长远的发展起到促进作用，同样，一个选址失败的建设项目也会阻碍城市的发展。

在建设项目可行性研究阶段，通过对建设项目选址的宏观管理，一方面，可将各项建设的安排纳入城乡规划的轨道，使单个建设项目的安排也能从城市的全局和长远利益出发，经济、合理地使用土地。另一方面，可通过政府宏观调控，调整不合理的用地布局，改善城乡环境质量，为城乡经济运行和社会活动及人民生产、生活提供理想的空间环境。

通过建设项目选址意见书的核发，既可以从规划上对建设项目加以引导和控制，充分合理利用现有土地资源，避免各自为政，无序建设；又可为项目审批或核准提供依据，对于促进从源头上把好项目开工建设关，维护投资建设秩序，促进国民经济又好又快发展有重要意义。

② 选址意见书适用范围。建设项目选址意见书适用于按国家规定需要有关部门进行批准或核准、通过行政划拨方式取得土地使用权的建设项目，其他建设项目则不需要申请选址意见书。

其中，按照国家规定需要有关部门批准或者核准的建设项目主要是指列入《国务院关于投资体制改革的决定》之中关系国计民生的重大建设项目。土地使用权划拨是指县级以上人民政府依法批准，在土地使用者交纳补偿、安置等费用后将该幅土地交付其使用，或者将土地使用权无偿交给土地使用者使用的行为。

我国建设单位的土地使用权获得方式有两种：土地使用权无偿划拨和有偿出让。划拨用

地包括四大类：国家机关用地和军事用地，城市基础设施用地和公益事业用地，国家重点扶持的能源、交通、水利等基础设施用地，依据法律、行政法规规定的其他用地。土地使用权出让，是指国家将国有土地使用权在一定年限内出让给土地使用者，由土地使用者向国家支付土地使用权出让金的行为。土地使用权出让可以采取招标、拍卖、挂牌出让或者双方协议的方式。根据现行法规政策规定，凡商业、旅游、娱乐和商品住宅等各类经营性用地，必须以招标、拍卖或者挂牌方式出让。

对于建设单位或个人通过有偿出让方式取得土地使用权的，出让地块必须附具城乡规划主管部门提出的规划条件，规划条件要明确规定出让地块的面积、使用性质、建设强度、基础设施、公共设施的配置原则等相关要求。由此可见，通过有偿出让方式取得土地使用权的建设项目本身就具有与城乡规划相符的明确的建设地点和建设条件，不再需要城乡规划主管部门进行建设地址的选择和确认。

③ 建设项目选址意见书的内容。建设项目选址意见书的内容包括：a. 建设项目的基本情况，主要指建设项目的名称、性质、用地与建设规模，供水与能源的需求量，采取的运输方式与运输量，以及废水、废气、废渣的排放方式和排放量；b. 建设项目规划选址的依据；c. 建设项目选址、用地范围和具体规划要求；d. 建设项目地址和用地范围的附图和明确有关问题的附件。

④ 选址意见书办理程序。从实施城乡规划的要求看，城乡规划管理首先应对其用地情况按照批准的城乡规划进行确认或选择，保证建设项目的选址、定点符合城乡规划，有利于城乡统筹发展和城乡各项功能的协调，才能办理相关规划审批手续。

选址意见书作为法定审批项目和划拨土地的前置条件，建设单位在报送有关部门批准或核准前，应当向城乡规划主管部门申请核发选址意见书。省、市、县人民政府城乡规划主管部门收到申请后，应当根据有关法律法规规章和依法制定的城乡规划，在法定的时间内对其申请做出答复。对于符合城乡规划的选址，应当颁发建设项目选址意见书；对于不符合城乡规划的选址，不予核发建设项目选址意见书并说明理由，给予书面答复。

（2）建设用地规划许可证制度

建设用地规划许可证是建设单位在向土地管理部门申请征用、划拨土地前，经城乡规划行政主管部门确认建设项目位置和范围符合城乡规划的法定凭证，是建设单位用地的法律凭证。没有此证的用地单位属非法用地，不能领取房地产权属证件。

① 在划拨用地的情况下，建设用地规划许可证的核发程序。建设单位在取得人民政府城乡规划主管部门核发的建设项目选址意见书后，建设项目经有关部门批准、核准后，向城市（县）人民政府城乡规划主管部门送审建设工程设计方案，申请建设用地规划许可证。

城市（县）人民政府城乡规划主管部门应当审核建设单位申请建设用地规划许可证的各项文件、资料、图纸等是否完备，并依据控制性详细规划，审核建设用地的位置、面积及建设工程总平面图，确定建设用地范围。对于具备相关文件且符合城乡规划的建设项目，应当核发建设用地规划许可证；对于不符合法定要求的建设项目，不予核发建设用地规划许可证并说明理由，给予书面答复。

建设单位只有在取得建设用地规划许可证，明确建设用地范围及界线之后，方可向县级以上地方人民政府土地主管部门申请用地，经县级以上人民政府审批后，由土地主管部门划拨土地。

② 在出让土地情况下，建设用地规划许可证的核发程序。在土地使用权出让前，城市、县人民政府城乡规划主管部门应当依据控制性详细规划，提出出让地块的位置、使用性质、开发强度等规划条件，作为国有土地使用权有偿出让合同的附件。以出让方式取得国有土

使用权的建设项目，建设单位在取得建设项目的批准、核准、备案文件和签订国有土地使用权出让合同后，向城市、县人民政府城乡规划主管部门领取建设用地规划许可证。

城市、县人民政府城乡规划主管部门，应当审核建设单位申请建设用地规划许可证的各项文件、资料、图纸等是否完备，并依据依法批准的控制性详细规划，对国有土地使用权出让合同中规定的规划设计条件进行核验，审核建设用地的位置、面积及建设工程总平面图，确定建设用地范围。对于具备相关文件且符合城乡规划的建设项目，应当核发建设用地规划许可证；对于不符合法定要求的建设项目，不予核发建设用地规划许可证并说明理由，给予书面答复。

(3) 建设工程规划许可证制度

建设工程规划许可证是城乡规划主管部门依法核发的，确认有关建设工程符合规划要求的法律凭证，是建设活动中接受监督检查时的法定依据。没有此证的建筑是违章建筑。

① 实行建设工程规划许可证制度的意义。实行建设工程规划许可证制度的意义包括：a. 可以确认城市中有关建设活动符合法定规划的要求，确保建设主体的合法权益；b. 可以作为建设活动进行过程中接受监督检查时的法定依据；c. 可以作为城乡建设档案的重要内容。

② 建设工程规划许可证的办理程序。建设单位或者个人办理建设工程规划许可证，应当向所在地城市、县人民政府城乡规划主管部门或者经省级人民政府确定的镇人民政府提出申请，并提交使用土地的有关证明文件、建设工程设计方案图纸，需要编制修建性详细规划的还应当提供修建性详细规划及其他相关材料。

城市、县人民政府城乡规划主管部门受到建设单位或者个人的申请后，应当在法定期限内对申请人的申请及提交的资料进行审核。审核的具体内容包括：一是要审核申请人是否符合法定资格，申请事项是否符合法定程序和法定形式，申请材料、图纸是否完备等；二是依据控制性详细规划、相关的法律法规以及其他具体要求，对申请事项的内容进行审核；三是依据控制性详细规划对修建性详细规划进行审定。对于符合条件的申请，审查机关要及时给予审查批准，并在法定的期限内颁发建设工程规划许可证；经审查认为不合格并决定不予许可的，应说明理由，并给予书面答复。

2.4.3 城市国有土地使用权出让、转让规划管理制度

《城乡规划法》明确规定，规划条件必须作为国有土地使用权出让合同的组成部分，未确定规划条件的地块，不得出让国有土地使用权。对于规划条件未纳入国有土地使用权出让合同的，应当认定该国有土地使用权出让合同无效。

为适应土地供给的逐步市场化，切实加强和改进国有土地使用权出让的规划管理，在国有土地使用权出让过程中，城乡规划主管部门必须充分发挥综合调控作用，加强对国有土地使用权出让的指导和调控，保障法定城乡规划的有效实施，进而促进城乡经济社会的有序发展。

(1) 城市国有土地使用权出让、转让规划管理体制

① 国务院城市规划行政主管部门负责全国城市国有土地使用权出让、转让规划管理的指导工作。

② 省、自治区、直辖市人民政府城市规划行政主管部门负责本省、自治区、直辖市行政区域内城市国有土地使用权出让、转让规划管理指导工作。

③ 直辖市、市和县人民政府城市规划行政主管部门负责城市规划区内城市国有土地使用权出让、转让的规划管理工作。

(2) 城市国有土地使用权出让、转让规划管理的基本规定

① 城市国有土地使用权出让的投放量应当与城市土地资源、经济社会发展和市场需求相适应。

② 土地使用权出让、转让应当与建设项目相结合。

③ 城市规划行政主管部门和有关部门要根据城市规划实施的步骤和要求，编制城市国有土地使用权出让规划和计划，包括地块数量、用地面积、地理位置、出让步骤等。

④ 保证城市国有土地使用权的出让有规划、有步骤、有计划地进行。

⑤ 出让城市国有土地使用权，出让前应当制定控制性详细规划。

⑥ 城市国有土地使用权出让、转让必须签订出让、转让合同，合同必须附具规划设计条件和附图。

规划设计条件包括：地块面积、土地使用性质、容积率、建筑密度、建筑高度、停车泊位、主要出入口、绿地比例，须配置的公共设施、工程设施、建筑界限、开发期限及其他要求。

附图包括：地块区域及现状、地块坐标、标高、出入口位置、建筑界限以及地块周围地区环境与基础设施条件。

2.4.4 规划设计单位及从业人员的资格许可制度

城乡规划组织编制机关应当委托具有相应资质等级的单位承担城乡规划的具体编制工作。

从事城乡规划编制工作应当具备一定条件，并经国务院城乡规划主管部门或者省、自治区、直辖市人民政府城乡规划主管部门依法审查合格，取得相应等级的资质证书后，方可在资质等级许可的范围内从事城乡规划编制工作。

2.4.4.1 城乡规划编制单位资质标准

根据《城乡规划编制单位资质管理规定》，城乡规划编制单位分为甲、乙、丙三级。

(1) 甲级城乡规划编制单位应具备的条件

甲级城乡规划编制单位资质标准：

① 有法人资格；

② 注册资本金不少于100万元人民币；

③ 专业技术人员不少于40人，其中具有城乡规划专业高级技术职称的不少于4人，具有其他专业高级技术职称的不少于4人（建筑、道路交通、给排水专业各不少于1人）；具有城乡规划专业中级技术职称的不少于8人，具有其他专业中级技术职称的不少于15人；

④ 注册规划师不少于10人；

⑤ 具备符合业务要求的计算机图形输入输出设备及软件；

⑥ 有400平方米以上的固定工作场所，以及完善的技术、质量、财务管理制度。

(2) 乙级城乡规划编制单位应具备的条件

① 有法人资格；

② 注册资本金不少于50万元人民币；

③ 专业技术人员不少于25人，其中具有城乡规划专业高级技术职称的不少于2人，具有高级建筑师不少于1人，具有高级工程师不少于1人；具有城乡规划专业中级技术职称的不少于5人，具有其他专业中级技术职称的不少于10人；

④ 注册规划师不少于4人；

⑤ 具备符合业务要求的计算机图形输入输出设备；

⑥ 有200平方米以上的固定工作场所，以及完善的技术、质量、财务管理制度。

（3）丙级城乡规划编制单位应具备的条件

① 有法人资格；

② 注册资本金不少于20万元人民币；

③ 专业技术人员不少于15人，其中具有城乡规划专业中级技术职称的不少于2人，具有其他专业中级技术职称的不少于4人；

④ 注册规划师不少于1人；

⑤ 专业技术人员配备计算机达80%；

⑥ 有100平方米以上的固定工作场所，以及完善的技术、质量、财务管理制度。

2.4.4.2 城乡规划单位的业务范围

城市规划编制单位的资质等级与业务承接范围如表2-1所示。

表2-1 城市规划编制单位的资质等级与业务承接范围

资质等级	业务承接范围
甲级	承担城乡规划编制业务的范围不受限制
乙级	可以在全国承担下列任务：(1)镇、20万现状人口以下城市总体规划的编制；(2)镇、登记注册所在地城市和100万现状人口以下城市相关专项规划的编制；(3)详细规划的编制；(4)乡、村庄规划的编制；(5)建设工程项目规划选址的可行性研究
丙级	可以在全国承担下列业务：(1)镇总体规划（县人民政府所在地镇除外）的编制；(2)镇、登记注册所在地城市和20万现状人口以下城市的相关专项规划及控制性详细规划的编制；(3)修建性详细规划的编制；(4)乡、村庄规划的编制；(5)中、小型建设工程项目规划选址的可行性研究

2.4.4.3 城乡规划编制单位资质申请与审批

申请城乡规划编制资质的单位，应当提出申请，填写《资质证书》申请表。

城乡规划编制单位甲级资质许可，由国务院城乡规划主管部门实施。申请单位可以向登记注册所在地省、自治区、直辖市人民政府城乡规划主管部门提交申请材料，由省、自治区、直辖市人民政府城市规划行政主管部门初审，国务院城乡规划行政主管部门审批，核发《资质证书》。

申请乙级、丙级资质的，由所在地市、县人民政府城乡规划行政主管部门初审，省、自治区、直辖市人民政府城乡规划行政主管部门审批，核发《资质证书》，并报国务院城乡规划行政主管部门备案。

城乡规划编制单位初次申请，其申请资质等级最高不超过乙级。

乙级、丙级城乡规划编制单位取得资质证书满2年后，可以申请高一级别的城乡规划编制单位资质。

《资质证书》有效期为5年。资质证书有效期届满，城乡规划编制单位需要延续资质证书有效期的，应当在资质证书有效期届满前3个月，申请办理资质延续手续。

对在资质证书有效期内遵守有关法律、法规、规章、技术标准，信用档案中无不良行为记录，满足资质标准要求的城乡规划编制单位，经资质许可机关同意，有效期延续5年。

2.4.4.4 注册城市规划师执业资格制度

注册城市规划师是指通过全国统一考试，取得注册城市规划师执业资格证书，并经注册登记后从事城市规划业务工作的专业技术人员。

注册城市规划师执业资格考试实行全国统一大纲、统一命题、统一组织的办法。原则上每年举行一次。

注册城市规划师执业资格考试合格者，由各省、自治区、直辖市人事部门颁发人事部统一印制、人事部和建设部用印的中华人民共和国注册城市规划师执业资格证书。

取得注册城市规划师执业资格证书申请注册的人员，可由本人提出申请，经所在单位同意后报所在地省级城市规划行政主管部门审查，统一报建设部注册登记。经批准注册的申请人，由建设部核发《注册城市规划师注册证》。

申请注册的人员必须同时具备以下条件：
① 遵纪守法，恪守注册城市规划师职业道德；
② 取得注册城市规划师执业资格证书；
③ 所在单位考核同意；
④ 身体健康，能坚持在注册城市规划师岗位上工作。

注册城市规划师每次注册有效期为 3 年。有效期满前 3 个月，持证者应当重新办理注册登记。再次注册者，应经单位考核合格并有参加继续教育、业务培训的证明。

2.4.5 城乡规划修改制度

城乡规划不是一旦制定就永不改变，制定规划的期限一般是 20 年，也就是说，城乡规划只是对未来 20 年的发展进行空间布局的规划，这是一种预测的行为。由于人类认识的局限性，随着时间的推移，原先的预测可能就变得不那么科学了。因此，规划制定后，要定期对其进行评估，确认规划是否还符合实际发展的需要，是否还具有科学性，是否还具有指导和规范的意义。如果经过评审城乡规划确需修改的，就应当按照相应的程序进行修改。

近年来，不少地方出于局部的、眼前的利益需要，违反法定程序随意修改法定规划的现象比较普遍，这不仅导致了资源的不合理利用、环境的破坏，而且对公众的合法权益构成侵害，造成了社会不稳定因素。针对这种状况，国务院提出了一系列明确要求和措施，以切实加强《城乡规划法》的科学性和严肃性，全过程把关，以促进城乡建设的可持续发展。《城乡规划法》设立"城乡规划的修改"一章，其目的就是从法律上明确严格的规划修改制度，防止随意修改法定规划的问题。

(1) 城乡规划修改条件和审批程序

省域城镇体系规划、城市总体规划、镇总体规划的组织编制机关，应当组织有关部门和专家定期对规划实施情况进行评估，并采取论证会、听证会或者其他方式征求公众意见，向本级人民代表大会常务委员会、镇人民代表大会和原审批机关提出评估报告并附具征求意见的情况。

有下列情形之一的，组织编制机关方可按照规定的权限和程序修改省域城镇体系规划、城市总体规划、镇总体规划：
① 上级人民政府制定的城乡规划发生变更，提出修改规划要求的；
② 行政区划调整确需修改规划的；
③ 因国务院批准重大建设工程确需修改规划的；
④ 经评估确需修改规划的；
⑤ 城乡规划的审批机关认为应当修改规划的其他情形。

修改省域城镇体系规划、城市总体规划、镇总体规划前，组织编制机关应当对原规划的实施情况进行总结，并向原审批机关报告；修改涉及城市总体规划、镇总体规划强制性内容的，应当先向原审批机关提出专题报告，经同意后，方可编制修改方案。修改后的规划的报批程序同制定规划的报批程序一致。

(2) 控制性详细规划修改

控制性详细规划是城市、镇实施规划管理最直接的法律依据，更是国有土地使用权出让、开发和建设的法定前置条件，直接决定着土地的市场价值和利益相关人的切身利益。因此，修改控制性详细规划，必须严格按法定程序进行。

修改控制性详细规划，组织编制机关应当对修改的必要性进行论证，征求规划地段内利害关系人的意见，并向原审批机关提出专题报告，经原审批机关同意后，方可编制修改方案。

修改后的控制性详细规划，经本级人民政府批准后，报本级人民代表大会常务委员会和上一级人民政府备案。

控制性详细规划的修改必须符合城市、镇总体规划。控制性详细规划修改涉及城市、镇总体规划强制性内容的，应当按法定程序先修改总体规划。在实际工作中，为提高行政效能，如果控制性详细规划的修改不涉及城市或镇总体规划强制性内容，可以不必等总体规划完成后，再修改控制性详细规划。

(3) 乡规划、村庄规划修改

乡规划、村庄规划经批准后，应当严格执行，不得随意改变。因客观情况发生，确实需要修改的，修改乡规划、村庄规划必须依照相应的编制规划的审批程序进行报批。乡、镇人民政府组织修改乡规划、村庄规划，报上一级人民政府审批。修改后的村庄规划在报送审批前，应当经村民会议或村民代表会议讨论同意。

(4) 修改近期建设规划

近期建设规划是对已经依法批准的城市、镇总体规划的分阶段实施安排和行动计划，是对城市、镇近期建设进行控制和指导的一种规划安排。

修改近期建设规划，首先必须符合城市、镇总体规划。近期建设规划内容的修改，只能在总体规划的内容限定范围内，对实施时序、分阶段目标和重点等进行调整。任何超出依法批准的城市、镇总体规划内容的近期建设规划内容，不具有法定效力。

近期建设规划的修改由城市、县、镇人民政府组织进行。修改后的近期建设规划要依法报城市、镇总体规划批准机关备案。

(5) 规划修改造成损失的补偿原则

《城乡规划法》规定，在核发有关许可后，因依法修改城乡规划给被许可人合法权益造成损失的，应依法给予补偿。

必须依法对当事人给予补偿的原则：一是在选址意见书、建设用地规划许可证、建设工程规划许可证或者乡村建设规划许可证发放后，因依法修改城乡规划给被许可人合法权益造成损失的，应当依法给予补偿。二是经依法审定的修建性详细规划、建设工程设计方案的总平面图不得随意修改；确需修改的，城乡规划主管部门应当采取听证会等形式，听取利害关系人的意见；因修改给利害关系人合法权益造成损失的，应当依法给予补偿。

2.5 历史文化名城保护

历史文化名城是指保存文物特别丰富，具有重大历史价值和革命意义并经法定程序获得政府核准公布的城市，从行政区划看，历史文化名城并非一定是"市"，也可能是"县"或"区"。

历史文化名城是我国历史文化遗产的重要组成部分，是中华民族悠久历史、灿烂文化、文明历程和光荣革命传统的真实载体，是城市发展的珍贵记忆，是宝贵的不可再生的文化遗产。保护利用好这一历史文化遗产，对传承祖国优秀文化，教育激励人民群众民族精神和爱国主义热情，提高人民文化品位，促进精神文明的建设具有重要的作用。

2.5.1 申报历史文化名城名镇名村的条件

《历史文化名城名镇名村保护条例》经 2008 年 4 月 2 日国务院第 3 次常务会议通过，自 2008 年 7 月 1 日起施行。《历史文化名城名镇名村保护条例》第 7 条规定，具备下列条件的城市、镇、村庄，可申报历史文化名城、名镇、名村。

① 保存文物特别丰富；
② 历史建筑集中成片；
③ 保留着传统格局和历史风貌；
④ 历史上曾经作为政治、经济、文化、交通中心或者军事要地，或者发生过重要历史事件，或者其传统产业、历史上建设的重大工程对本地区的发展产生过重要影响，或者能够集中反映本地区建筑的文化特色、民族特色。

申报历史文化名城的，在所申报的历史文化名城保护范围内还应当有 2 个以上的历史文化街区。

历史文化街区应具备以下条件：有比较完整的历史风貌；构成历史风貌的历史建筑和历史环境要素基本上是历史存留的原物；用地面积不小于 1 公顷；街区内文物古迹和历史建筑的用地面积宜达到保护区内建筑总用地的 60% 以上。

2.5.2 历史文化名城的保护规划和措施

(1) 历史文化名城保护规划

历史文化名城保护规划是城市总体规划的一项专项规划，应该符合城市总体规划。但历史文化名城保护规划在编制过程中遇到的城市发展方向、用地布局等需要在城市总体规划中综合考虑，城市总体规划应做出调整或补充以有利于历史文化名城的保护工作。

历史文化名城人民政府组织编制历史文化名城保护规划，历史文化名镇、名村所在地县级人民政府组织编制历史文化名镇、名村保护规划；省、自治区、直辖市人民政府审批；报国务院建设部门和国务院文物主管部门备案。

我国历史文化遗产保护体系包含历史文化名城、历史文化街区、文物保护单位的保护三个层次，因此，名城保护规划应在三个层次上分别对历史城区、历史地段、文物古迹制定切实可行的保护规划方案。其中，文物保护单位是指，古文化遗址、古墓葬、古建筑、石窟寺、石刻、壁画、近代现代重要史迹和代表性建筑等不可移动文物，根据它们的历史、艺术、科学价值，可以分别确定为全国重点文物保护单位，省级文物保护单位，市、县级文物保护单位。

(2) 历史文化名城保护措施

① 在历史文化名城、名镇、名村保护范围内从事建设活动，应当符合保护规划的要求，不得损害历史文化遗产的真实性和完整性，不得对其传统格局和历史风貌构成破坏性影响。

② 在历史文化名城、名镇、名村保护范围内禁止进行下列活动：开山、采石、开矿等破坏传统格局和历史风貌的活动；占用保护规划确定保留的园林绿地、河湖水系、道路等；修建生产、储存爆炸性、易燃性、放射性、毒害性、腐蚀性物品的工厂、仓库等；在历史建筑上刻划、涂污。

③ 在历史文化名城、名镇、名村保护范围内进行下列活动，应当保护其传统格局、历史风貌和历史建筑；制定保护方案，经城市、县人民政府城乡规划主管部门会同同级文物主管部门批准，并按照有关法律、法规的规定办理相关手续：改变园林绿地、河湖水系等自然状态的活动；在核心保护范围内进行影视摄制、举办大型群众性活动；其他影响传统格局、历史风貌或者历史建筑的活动。

④ 历史文化街区、名镇、名村建设控制地带内的新建建筑物、构筑物，应当符合保护规划确定的建设控制要求。

⑤ 历史文化街区、名镇、名村核心保护范围内的历史建筑，应当保持原有的高度、体量、外观形象及色彩等；在历史文化街区、名镇、名村核心保护范围内，不得进行新建、扩建活动，但是，新建、扩建必要的基础设施和公共设施除外；在历史文化街区、名镇、名村核心保护范围内，拆除历史建筑以外的建筑物、构筑物或者其他设施的，应当经城市、县人民政府城乡规划主管部门会同同级文物主管部门批准；历史文化街区、名镇、名村核心保护范围内的消防设施、消防通道，应当按照有关的消防技术标准和规范设置。

⑥ 城市、县人民政府应当对历史建筑设置保护标志，建立历史建筑档案。历史建筑的所有权人应当按照保护规划的要求，负责历史建筑的维护和修缮。

⑦ 建设工程选址，应当尽可能避开历史建筑；因特殊情况不能避开的，应当尽可能实施原址保护。对历史建筑实施原址保护的，建设单位应当事先确定保护措施，报城市、县人民政府城乡规划主管部门会同同级文物主管部门批准。

2.6 法律责任

2.6.1 建设单位的法律责任

① 未取得建设工程规划许可证或者未按照建设工程规划许可证的规定进行建设的，由县级以上地方人民政府城乡规划主管部门责令停止建设；尚可采取改正措施消除对规划实施的影响的，限期改正，处建设工程造价5%以上10%以下的罚款；无法采取改正措施消除影响的，限期拆除；不能拆除的，没收实物或者违法收入，可以并处建设工程造价10%以下的罚款。

② 在乡、村庄规划区内未依法取得乡村建设规划许可证或者未按照乡村建设规划许可证的规定进行建设的，由乡、镇人民政府责令停止建设、限期改正；逾期不改正的，可以拆除。

③ 建设单位或者个人有下列行为之一的，由所在地城市、县人民政府城乡规划主管部门责令限期拆除，可以并处临时建设工程造价1倍以下的罚款：

a. 未经批准进行临时建设的；

b. 未按照批准内容进行临时建设的；

c. 临时建筑物、构筑物超过批准期限不拆除的。

④ 建设单位未在建设工程竣工验收后6个月内向城乡规划主管部门报送有关竣工验收资料的，由所在地城市、县人民政府城乡规划主管部门责令限期补报；逾期不补报的，处1万元以上5万元以下的罚款。

⑤ 城乡规划主管部门作出责令停止建设或者限期拆除的决定后，当事人不停止建设或者逾期不拆除的，建设工程所在地县级以上地方人民政府可以责成有关部门采取查封施工现场、强制拆除等措施。

2.6.2 城乡规划行政主管部门工作人员的法律责任

① 对依法应当编制城乡规划而未组织编制，或者未按法定程序编制、审批、修改城乡规划的，由上级人民政府责令改正，通报批评；对有关人民政府负责人和其他直接责任人员依法给予处分。

② 城乡规划组织编制机关委托不具有相应资质等级的单位编制城乡规划的，由上级人民政府责令改正，通报批评；对有关人民政府负责人和其他直接责任人员依法给予处分。

③ 镇人民政府或者县级以上人民政府城乡规划主管部门有下列行为之一的，由本级人民政府、上级人民政府城乡规划主管部门或者监察机关依据职权责令改正，通报批评；对直接负责的主管人员和其他直接责任人员依法给予处分：

a. 未依法组织编制城市的控制性详细规划、县人民政府所在地镇的控制性详细规划的；

b. 超越职权或者对不符合法定条件的申请人核发选址意见书、建设用地规划许可证、建设工程规划许可证、乡村建设规划许可证的；

c. 对符合法定条件的申请人未在法定期限内核发选址意见书、建设用地规划许可证、建设工程规划许可证、乡村建设规划许可证的；

d. 未依法对经审定的修建性详细规划、建设工程设计方案的总平面图予以公布的；

e. 同意修改修建性详细规划、建设工程设计方案的总平面图前未采取听证会等形式听取利害关系人的意见的；

f. 发现未依法取得规划许可或者违反规划许可的规定在规划区内进行建设的行为，而不予查处或者接到举报后不依法处理的。

④ 县级以上人民政府有关部门有下列行为之一的，由本级人民政府或者上级人民政府有关部门责令改正，通报批评；对直接负责的主管人员和其他直接责任人员依法给予处分：

a. 对未依法取得选址意见书的建设项目核发建设项目批准文件的；

b. 未依法在国有土地使用权出让合同中确定规划条件或者改变国有土地使用权出让合同中依法确定的规划条件的；

c. 对未依法取得建设用地规划许可证的建设单位划拨国有土地使用权的。

2.6.3 城乡规划编制单位的法律责任

① 城乡规划编制单位有下列行为之一的，由所在地城市、县人民政府城乡规划主管部门责令限期改正，处合同约定的规划编制费1倍以上2倍以下的罚款；情节严重的，责令停业整顿，由原发证机关降低资质等级或者吊销资质证书；造成损失的，依法承担赔偿责任：

a. 超越资质等级许可的范围承揽城乡规划编制工作的；

b. 违反国家有关标准编制城乡规划的。

未依法取得资质证书承揽城乡规划编制工作的，由县级以上地方人民政府城乡规划主管部门责令停止违法行为，依照前款规定处以罚款；造成损失的，依法承担赔偿责任。

以欺骗手段取得资质证书承揽城乡规划编制工作的，由原发证机关吊销资质证书，依照本条第一款规定处以罚款；造成损失的，依法承担赔偿责任。

② 城乡规划编制单位取得资质证书后，不再符合相应的资质条件的，由原发证机关责令限期改正；逾期不改正的，降低资质等级或者吊销资质证书。

【案例2-1】 城市规划区内的宅基地建房案

案情

小王突然接到一份行政处罚决定书,他怎么也想不到在村宅基地(城市规划区内)上建房,并有与村里签订的用地合同也会受到处罚。2018年3月10日小王在未办理任何建设许可证的情况下,开始在村里租给自己的地上盖砖瓦房五间,花去他4万多元。城市管理行政执法局在依法调查终结后,认为该行为已影响城市规划,遂于2018年6月16日对其作出了罚款6000元,限期补办准建手续的行政处罚。

问题

(1)小王有与村里签订的用地合同,其建设行为是否违法,为什么?
(2)城市管理行政执法局的处罚是否合法,为什么?

评析

(1)违法。依据《中华人民共和国城乡规划法》,在城市规划区内进行建设必须办理选址意见书、建设用地规划许可证、建设工程规划许可证,小王没有上述证件,其建设属违法行为。

(2)不合法。依据《中华人民共和国城乡规划法》第六十四条之规定,未取得建设工程规划许可证,尚可采取改正措施的,责令限期改正,并处建设工程造价5%~10%的罚款。小王的房屋造价4万多元,罚款数额应在2000元到4000元之间,案例中执法队员对其罚了6000元超出了法定范围。

 【案例2-2】 规划村镇建设用地改变用途案

 案情

位于某市城市规划区内的一个乡养鸡场的规划村镇建设用地上,改为建设一所敬老院,建筑面积4000平方米,2~3层主要为供老人的住宿、食堂、活动室、医疗保健室等,还有一些工作人员用房。

问题

这种土地使用性质改变要不要办理建设用地规划许可证?

 评析

只要该土地在城市规划区内而且进行建设活动,就应该办理建设用地规划许可证,并对其建设也应该提出规划设计条件,审查其建设方案。这与养鸡场改为果树基地或变为养鱼场之类的情况不同,那是农业结构调整,与城市规划行政主管部门无关。现在是将养鸡场改为敬老院,有建设活动,又在城市规划区内,就与城市规划行政主管部门的职能有关了,不但应核发建设用地规划许可证,还应核发建设工程规划许可证。如果该乡不办理"两证",那就是违法了。

一、单项选择题

1. 《城乡规划法》所称城乡规划，包括城镇体系规划、城市规划、镇规划和（　　）。
   A. 乡村规划　　　　　　　　　B. 村庄规划
   C. 乡规划　　　　　　　　　　D. 乡规划和村庄规划

2. 城市规划、镇规划分为（　　）。
   A. 控制性详规和修建性详规　　B. 总体规划和建设规划
   C. 总体规划和详细规划　　　　D. 分区规划和详细规划

3. 城市总体规划、镇总体规划的规划期限一般为（　　）年。
   A. 10　　　　　　　　　　　　B. 15
   C. 20　　　　　　　　　　　　D. 25

4. 城市和镇近期建设规划的规划期限一般为（　　）年。
   A. 3　　　　　　　　　　　　 B. 5
   C. 10　　　　　　　　　　　　D. 15

5. 修建性详细规划应当符合（　　）。
   A. 城镇总体规划　　　　　　　B. 城镇详细规划
   C. 城镇体系规划　　　　　　　D. 控制性详细规划

6. 按照国家规定需要有关部门批准或者核准的建设项目，以划拨方式提供国有土地使用权的，建设单位在报送有关部门批准或者核准前，应当向城乡规划主管部门申请核发（　　）。
   A. 选址意见书　　　　　　　　B. 建设用地规划许可证
   C. 建设工程规划许可证　　　　D. 规划条件通知书

7. 在乡、村庄规划区内进行乡镇企业、乡村公共设施和公益事业建设的，建设单位或个人应当向乡镇人民政府提出申请，由乡镇人民政府报市、县人民政府城乡规划主管部门核发（　　）。
   A. 建设用地规划许可证　　　　B. 建设工程规划许可证
   C. 规划条件通知书　　　　　　D. 乡村建设规划许可证

8. 建设单位或个人未经批准进行临时建设的，由所在地城市、县人民政府城乡规划主管部门责令限期拆除，可以_____临时建筑工程造价_____以下的罚款。（　　）
   A. 处、200%　　　　　　　　　B. 并处、200%
   C. 处、100%　　　　　　　　　D. 并处、100%

二、多项选择题

1. 关于《城乡规划法》的说法，正确的是（　　）。
   A. 《城乡规划法》更有利于协调城乡空间布局
   B. 《城乡规划法》能更有力促进城乡经济社会的全面协调可持续发展
   C. 保护和改善人民居住的自然环境和社会环境是《城乡规划法》立法宗旨之一
   D. 《城乡规划法》决定了城镇化应走先发展、后保护、先污染、后治理的道路

2. 关于临时建设项目，应由城市、县人民政府城乡规划主管部门责令限期拆除，并

可以处临时建设工程造价 1 倍以下罚款的行为有（　　）。
A. 未经批准进行临时建设的
B. 未按照批准内容进行建设的
C. 临时建筑物、构筑物超过批准期限不拆除的
D. 占用绿地建设的

3. 城市总体规划的编制依据包括（　　）。
A. 国民经济和社会发展计划　　　B. 全国城镇体系规划
C. 省域城镇体系规划　　　　　　D. 土地利用总体规划

4. 控制性详细规划的编制依据为（　　）。
A. 城镇体系规划　　　　　　　　B. 城市总体规划
C. 镇总体规划　　　　　　　　　D. 近期建设规划

5. 下列选项属城市总体规划、镇总体规划的强制性内容的有（　　）。
A. 规划区范围，规划区内建设用地规模
B. 基础设施和公共服务设施用地，水源地和水系
C. 基本农田和绿化用地，环境保护
D. 自然与历史文化遗产保护，防灾减灾等

三、简答题

1. 《城乡规划法》的制定原则是什么？
2. 简述城乡规划实施管理制度。
3. 选址意见书的适用范围是什么？
4. 简述建设用地规划许可证核发程序。
5. 简述城市规划编制单位的资质等级与业务承接范围。
6. 省域城镇体系规划，城市、镇总体规划的修改条件是什么？
7. 历史文化名城、名镇、名村的保护措施有哪些？
8. 简述《城乡规划法》规定的法律责任。

第 2 章答案与解析

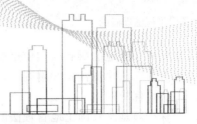

第3章 建设工程用地法规

教学目标

通过本章的学习，使学生掌握土地使用权有偿出让和划拨的法律制度；掌握农用地转为建设用地的法律制度；掌握国家征用土地制度；掌握国有建设用地和乡(镇)村建设用地的使用制度；熟悉工程建设用地的具体管理程序；熟悉在工程建设用地中的违法行为及其法律责任。能够正确运用土地管理法规和相关建设工程法规的基本知识解决工程建设用地中的相关法律问题，依法从事工程建设活动。

3.1 土地管理法概述

土地是人类赖以生存和发展的活动场所，它具有固定性、不可替代性和有限性的特征。所以，世界各国都把它视为最为重要的自然资源，尽量合理开发利用，不断提高其经济价值和社会价值。

土地管理法.2019年修订

3.1.1 土地管理的立法概况

我国土地制度的基本模式是土地公有，即国家所有和集体所有。城市及其郊区的土地、山脉、矿藏、草原以及河流、交通要道等属于国家所有，农村耕地及宅基地基本上是农村集体所有。改革开放前，土地的使用一般都是无偿的，或分配，或划拨，不体现商品价值规律，而且使用者在使用某块土地时，往往都没有期限的限制。这种土地制度是我国长期高度集中的计划经济体制的产物，在实践中出现了种种弊端，已严重阻碍了社会经济的发展，特别是随着改革开放的深入及社会主义市场经济体制的建立，这些弊端日渐突出。为此，我国先后制定了一系列法律、法规对土地制度进行改革。1986年6月，第六届全国人大常委会审议通过了《中华人民共和国土地管理法》（以下简称《土地管理法》），并于1988年12月、1998年8月、2004年8月和2019年8月进行了四次修订；1986年的《民法通则》也专门对土地所有关系和流转关系作了规定，使土地成为民法的调整对象；从1987年起，国务院先后颁布了多部有关土地管理的条例、办法，主要有：《中华人民共和国城镇国有土地使用权出让和转让暂行条例》《外商投资开发经营成片土地暂行管理办法》《基本农田保护条例》和《中华人民共和国土地管理法实施条例》（以下简称《土地管理法实施条例》）等。

3.1.2 《土地管理法》的主要内容

根据2019年8月26日第4次修订后公布的《中华人民和国土地管理法》，该法共8章：

①总则;②土地的所有权和使用权;③土地利用总体规划;④耕地保护;⑤建设用地;⑥监督检查;⑦法律责任;⑧附则。其主要内容概括如下:

(1) 保护耕地

保护耕地是我国土地管理法的核心内容。主要包括:

① 确立了耕地总量动态平衡制度,明确了省级政府保护耕地的责任。规定:省、自治区、直辖市人民政府应当严格执行土地利用总体规划和土地利用年度计划,采取措施,确保本行政区内耕地总量不减少。

② 确立了耕地占用平衡制度,规定非农业建设经批准占用耕地的,必须按照"占多少,垦多少"的原则,由占用耕地的单位负责开垦与所占用耕地的数量和质量相当的耕地。

③ 将基本农田保护制度上升为法律,规定国家实行基本农田保护制度,各省、自治区、直辖市划定的基本农田应当占本行政区域内耕地的80%以上,并对基本农田保护区内的耕地实行特殊保护。

④ 加强了对建设用地总量和城市建设用地规模的控制,规定下级土地利用总体规划中的建设用地总量不得超过上级土地利用总体规划确定的控制指标;城市建设用地规模应当符合国家规定的标准等。

(2) 实行土地用途管制制度

现行的土地用途管制制度将我国土地资源分为农用地、建设用地和未利用地三类。

实行土地用途管制制度,可以严格控制建设用地总量,促进集约利用,提高资源配置效率,有利于建设用地市场的正常化和规范化;可以严格控制农用地流向建设用地,有利于从根本上保护耕地。同时,通过增设农用地转用审批环节,为土地利用总体规划的有效实施提供保证。

(3) 合理划分各级政府的土地管理职权

《土地管理法》依据我国《宪法》第3条确立的划分中央与地方国家机构职权的原则,按照市场经济和用途管制的要求,明确了各级政府的土地管理职责。凡涉及土地管理全局性的决策权,如土地利用总体规划的审批权、农用地转用和土地征用的审批权、耕地开垦的监督权、土地供应总量的控制权由中央与省两级政府行使;凡涉及土地管理执行性的权力,如土地登记权、规划和计划的执行权、在已经批准的建设用地区域内具体项目用地的审批权、土地违法案件的查处权等,由市县政府行使。

(4) 对农民的土地财产权利给予法律保护

土地制度是最基本的财产制度之一,实行严格的用途管制,从根本上来说是调动人民群众珍惜土地、保护耕地的积极性,并保护农民的土地财产权。

(5) 强化国家土地所有权权益

《土地管理法》规定:"国家管理的土地的所有权由国务院代表国家行使。"这为国有土地资产产权代表的确立提供了法律基础。同时,《土地管理法》还确立了土地收益分配的新机制,规定"自本法施行之日起,新增建设用地的土地有偿使用费,30%上缴中央财政,70%留给有关地方人民政府,专项用于耕地开发"。这些规定既维护了国家所有权益,又从机制上改变了地方政府"多卖地,多收益"的做法。

(6) 对土地违法行为的处罚

《土地管理法》赋予土地行政主管部门履行监督检查职责,赋予土地行政主管部门直接行政处分权,对非法转让土地、非法审批土地、非法占用土地以及土地行政主管部门工作人员的违法行为规定了法律责任。

3.2 土地所有权和使用权

3.2.1 土地所有权

3.2.1.1 土地所有权的概念

土地所有权是指土地所有者依法占有、使用、处分土地,从土地上取得收益,并排除他人干涉的权利。土地所有权是土地所有制在法律上的体现,一定社会的所有权法律制度,是一定社会形态的所有制经济制度在法律上的反映。

我国社会主义经济制度的基础是生产资料的社会主义公有制,即全民所有制和劳动群众集体所有制。土地作为一种最重要的国民经济的生产资料,《宪法》中明文规定(第10条)只能属于国家和集体所有,这是我国实行土地公有制的宪法依据。据此,《土地管理法》第2条规定:"中华人民共和国实行土地的社会主义公有制,即全民所有制和劳动群众集体所有制。"第9条规定:"城市市区的土地属于国家所有。农村和城市郊区的土地,除由法律规定属于国家所有的以外,属于农民集体所有;宅基地和自留地、自留山,属于农民集体所有。"我国由此在社会主义土地公有制基础上建立了社会主义的土地所有权制度。

3.2.1.2 土地所有权的内容

土地所有权是一个概括权利,它的具体内容包括占有权、使用权、收益权和处分权四个方面,也称四项权能。土地所有权的权能可以与所有权分离,成为独立的权利,这也使得权能的划分及对各项权能内容的界定成为必要。

① 占有权。占有权是指权利主体依法对土地进行实际控制的权利。它是行使土地所有权和使用权的基础。作为所有权的一项权能,占有权既可以由所有权人行使,也可以通过一定方式转移给非所有人行使,这样就产生了土地所有权与占有权的分离。对于土地所有人来说,占有本身并不是最终目的,将占有权分离出去,是为了发挥土地财产的经济效益,这对所有人来说,也是有利的或必要的。

② 使用权。使用权是指按照土地的性能和用途加以利用,从而实现土地所有人权益的权利。拥有所有权的目的,在绝大多数情况下,正是为了对土地加以利用,这是土地所有人实现其对土地的利益的最主要方式。为了使用土地,首先要以占有为前提。农村劳动群众集体组织在其拥有的耕地上种植农作物,就是使用权行使的一种方式。当使用权从所有权中分离出去,即交由非所有人行使,成为非所有人的使用权时,它就成为一种相对独立的民事权利,但此时所有人并不因此而丧失对土地的所有权。

③ 收益权。收益权就是基于对土地的权利而取得经济收入或孳息的权利。收益往往是因为对财产的使用而产生,因此与使用权联系紧密,但是收益权本身又是一项独立的权能,使用权并不能包括收益权。所有人有时不行使使用权,但仍可以享有对土地的收益权。如国家将土地使用权出让而收取出让金,集体经济组织将土地使用权发包给承包者而收取承包费等。

④ 处分权。处分权是土地所有者依法对土地进行处置的权利。它是所有权的核心权能,一般情况下,只能由所有人亲自行使,但所有权人也可以将自己的处分权部分或全部授权非所有权人行使。所有权的各项权能与所有权的分离,也是所有权人行使其处分权的一种方式。土地管理法对土地的处分权有严格的限制,如规定禁止买卖土地或以其他方式非法转让土地。

3.2.1.3 土地所有权的种类

(1) 国家土地所有权

国家土地所有权是指国家对属于全民所有的土地享有占有、使用、收益和处分的权利。

国有土地归国家全体人民共同所有，但这种所有只是一种名义上的所有，因为全体人民无法共同行使所有权。因此，国家土地所有权由国家的代表——政府来行使，具体地说，国家土地所有权是由全民或国家授权县级以上人民政府的土地行政主管部门作为国有土地所有人代表，代为行使所有权。

国家土地所有权的客体为国有土地，具体包括：①城市市区的土地；②农村和城市郊区中依法没收、征用、征收、征购收归国有的土地（依法划定或确定为集体所有的除外）；③国家未确定为集体所有的林地、草地、山岭、荒地、河滩地以及其他土地；④国家依法确定由机关、团体、企事业单位和个人使用的土地；⑤依法规定属于国家所有的其他土地。

（2）集体土地所有权

集体土地所有权是指农村集体经济组织对属于集体所有的土地享有占有、使用、收益和处分的权利。作为集体土地所有权主体的农村集体经济组织有三个层次：乡（镇）农民集体经济组织、村农民集体经济组织和村内部分农民组成的集体经济组织，各级主体分别对其权属范围内的土地享有所有权。

集体土地所有权的客体为集体所有的土地，其范围包括：①农村和城市郊区的土地，除法律规定属于国家所有的之外，属于集体所有；②集体所有的耕地；③集体所有的森林、山岭、草原、荒地、滩涂等占用的土地；④集体所有的建筑物、水库、农田水利设施和教育、科学、文化、卫生、体育设施所占用的土地；⑤集体所有的农、林、牧、渔场以及工业企业使用的土地；⑥农民使用的宅基地和自留地、自留山。

3.2.1.4 土地所有权的限制

土地所有权的范围，一般包括其地上和地下的权利。但是，这一土地权利在我国的法律规定中是不完全的，要受到一定的限制，主要表现在以下两个方面：

① 在行使土地所有权时受到限制。如《宪法》第10条规定："土地不得侵占、买卖和非法转让。"这是对土地所有人处分权的限制。又如《土地管理法》中规定，土地所有人应依法使用土地，不得擅自改变土地的用途，土地使用要符合土地规划和经济建设的要求。再如，集体所有的土地不得出让，不得用于经营性房地产开发，也不得转让、出租用于非农业建设；集体所有的荒地，不得以拍卖、租赁等方式进行非农业建设；集体所有的土地只有被国家依法征用，成为国有土地后，才能进行非农业建设。这是因为，国家在规定土地所有权的行使时，并不仅仅考虑土地所有人的利益和需要，同时也考虑社会整体利益和需要。

② 土地所有权人享有的土地权利有一定的范围规定，超过一定的范围则受到限制，如土地权利的范围有深度和广度的限制。依照《中华人民共和国矿产资源法》的规定，在地下可以铺设石油管道，土地所有人不得妨碍；地下的矿藏归国家所有，任何单位和个人未经国家有关部门批准，不得开采国家的矿藏，包括在矿藏上面享有土地所有权的人。再如《中华人民共和国水法》规定，水资源属于国家所有，国家对直接从地下或江河、湖泊中取水的，实行取水许可证制度；单位或个人可以在土地所有范围内使用少量的水，但是，使用大量的水，必须取得许可，并缴纳水资源费。

3.2.1.5 土地所有权的保护

（1）国家土地所有权的保护

国家土地所有权因其性质特殊，属于全民所有，受到特殊保护，主要表现在以下几个方面：

① 国家所有的土地被他人非法占有，不论占有是直接占有还是间接占有，是恶意占有

还是善意占有，一经发现国家均有追索的权利；

② 不受诉讼时效的限制，根据我国法律的规定，对国有土地的非法占有不管占有时间经过多久，国家的所有权不因时效的超过而消灭；

③ 对土地的所有权有争议或不明确的，均可推定为国家所有。

(2) 集体土地所有权的保护

集体所有的土地，由县级以上人民政府登记造册，核发证书，确认所有权后，依法受到保护，任何单位和个人不得侵犯。集体土地所有权遭到侵害时，不能受到法律的特殊保护，只能以一般诉讼主体请求法院依法保护。人民法院通过适用确认产权、排除妨碍、返还占有、恢复原状、赔偿损失等方式保护集体土地所有权。

3.2.2 土地使用权

3.2.2.1 土地使用权的概念

土地使用权是指土地使用者对其所使用的土地，依法享有实际利用和取得收益的权利。土地使用权是我国土地使用制度在法律上的体现。《民法通则》第80条第1款规定："国家所有的土地可以依法由全民所有制单位使用，也可以依法由集体所有制单位使用，国家保护它的使用、收益的权利，使用单位有管理、保护、合理利用的义务。"《土地管理法》第10条规定："国有土地和集体所有的土地，可以依法确定给单位或者个人使用。使用土地的单位和个人，有保护、管理和合理利用土地的义务。"可见，我国法律确立了土地所有权与土地使用权相分离的土地经营制度。

土地使用权从土地所有权中分离出来成为独立物权，与作为土地所有权权能的使用权不论在内涵上还是外延上都是不同的，它是由合法的非土地所有权人即土地使用权人行使。

3.2.2.2 土地使用权的种类

根据《土地管理法》，我国土地使用权有国有土地使用权和集体土地使用权两类。

(1) 国有土地使用权

国有土地使用权是指公民、法人或非法人组织依法对国有土地所享有的使用权。根据使用人的不同，国有土地使用权又可分为以下几种：①全民所有制单位的国有土地使用权；②集体所有制单位的国有土地使用权；③公民个人的国有土地使用权；④中外合资企业、中外合作企业、外商独资企业享有的国有土地使用权；⑤其他主体所享有的国有土地使用权，如有限责任公司、股份有限公司享有的国有土地使用权。

(2) 集体土地使用权

目前，农村集体所有的土地主要有以下几种土地使用权形式：①农村宅基地使用权；②自留地、自留山的使用权；③土地承包经营权；④乡镇企业用地的使用权；⑤其他形式的集体土地使用权，如农村集体经济组织以其土地使用权作为出资与全民所有制单位、集体所有制单位、公民个人或者外国企业和个人等成立的企业而享有的土地使用权。

3.2.2.3 土地使用权的设立

土地使用权的设立，是指依照法定条件和程序，在特定的国有土地或集体土地上，第一次设立（或取得）土地使用权的法律行为。根据我国有关法律规定，土地使用权的设立有以下几种形式：

① 以行政划拨的方式设立。即由国家土地行政主管部门无偿将国有土地划拨给用地单位使用，用地单位取得土地使用权。这是长期以来在国有土地上设立土地使用权的主要方式。

② 以土地使用权出让合同的方式设立。这是指国家土地行政主管部门以土地所有人的身份与土地使用人签订合同，将一定年限内的国有土地使用权让与土地使用人，而土地使用人则向国家支付一定数额的出让金。这是目前广泛采用的一种方式。

③ 经国家批准使用，再以合同方式设立。是指土地使用人在国家主管机关批准的基础上与国家签订土地使用合同，从而取得土地使用权。这种方式主要适用于中外合资企业、中外合作企业和外商独资企业。

④ 以批准农业开发土地的方式设立。《土地管理法》第40条规定："开发未确定使用权的国有荒山、荒地、滩涂用于农、林、牧、渔业生产的，经县级以上人民政府批准，可以确定给开发单位或者个人长期使用。"这种方式主要适用于农村集体经济组织或个人为开发国有土地而取得土地使用权。

⑤ 以集体土地所有人同意、政府批准的方式设立。这种设立方式适用于农村居民建住宅用地、乡（镇）村企业建设用地、回原籍乡村落户者建住宅用地等情况。首先，用地者必须向乡（镇）或县级人民政府提出申请，然后根据不同情况分别由乡（镇）或县级人民政府批准后取得土地使用权。

⑥ 以订立承包经营合同的方式设立。即农民集体所有的土地，由村或村内集体经济组织与村民签订承包经营合同的方式承包给农民使用，农民因此取得土地使用权，这种土地使用权又叫承包经营权。

⑦ 以承认的方式设立。在《土地管理法》颁布实施以前，公民拥有合法产权的私房占用的土地、外国组织或个人在中国境内拥有的合法房屋占用的土地，国家承认房屋主人对其房屋基地的使用权。

3.2.2.4 土地使用权的变更

土地使用权的变更，是指土地使用权设立后，由于某种法定事实的发生而使土地使用权的主体发生变更。土地使用权的变更仅指权利主体的变更，权利内容本身并不因此而变化。

引起土地使用权变更的情况有以下几种：

① 土地使用权的转让。根据法律规定，以出让方式设立的土地使用权可以依法转让，转让的方式包括出售、交换和赠与。对出让的土地进行转让，必须首先依照法律和合同约定进行一定的投资开发后，方能转让。

② 转移地上建筑物引起土地使用权的变更。土地的使用权与地上建筑物的所有权相一致，地上建筑物的所有权发生变更，土地使用权随之发生变更。在这种情况下，变更土地使用权必须遵守土地使用权变更的有关法律法规，并办理土地使用权变更登记手续。

③ 继承。公民依法取得的土地使用权，在该公民死亡后，一般可以由其继承人继承。但承包经营的土地需经重新签订承包经营合同，才能确定给原承包人的继承人使用。

④ 转包。农村村民通过承包方式取得的土地使用权，可以以转包的方式变更经营主体。但是，转包必须征得发包人的同意，并不得违反相关法律的规定。

3.2.2.5 土地使用权的终止

土地使用权的终止，是指土地使用权人由于某种法律事实的出现而丧失土地使用权，土地使用权重新回到土地所有人手中。引起土地使用权终止的法律事实主要有：

① 土地使用权期限届满。有期限的土地使用权，在期限届满时，回到土地所有权人手中。如出让合同期满、承包合同期满等，土地使用权人均丧失土地使用权。

② 国家征收征用。国家因公共利益需要征用集体所有的土地，使原集体所有土地的使用权人因此丧失土地使用权，同时应依法给予适当的补偿。

③ 土地使用权的收回。根据《土地管理法》及相关法律规定，下列情况下，国家有权收回土地使用权：a. 用地单位已经撤销或者迁移的；b. 土地使用者未经原批准机关同意，连续两年未使用土地的；c. 土地使用者不按批准用途使用土地的；d. 公路、铁路、机场、矿场等经核准报废的；e. 划拨的土地因国家建设需要收回土地使用权的。

④ 因土地灭失而终止土地使用权。主要指由于自然原因（如地震、洪水等）造成原土地性质的彻底改变或者原土地面貌的彻底改变，失去了原土地的使用性质与社会意义，因而国家应据此终止其土地使用权。

3.3 建设用地法律制度

3.3.1 建设用地的概念

建设用地包括土地利用总体规划中已确定的建设用地和因经济和社会发展的需要，由规划中的非建设用地转成的建设用地。前者称为规划内建设用地，后者则可称为规划外建设用地。

（1）规划内建设用地

土地利用总体规划内的建设用地，可用于进行工程项目建设。我国土地分属国家和农民集体所有，所以又有国家所有的建设用地和农民集体所有的建设用地。

《土地管理法》和《土地管理法实施条例》规定：

① 农民集体所有的建设用地只可用于村民住宅建设、乡镇企业建设和乡（镇）村公共设施及公益事业建设等与农业有关的乡村建设，不得出让、转让或出租给他人用于非农业建设。非农业建设确需占用农民集体所有的土地时，必须先由国家将所需土地征为国有，再依法交由用地者使用。

② 对于规划为建设用地，而现在实为农用地的土地，在土地利用总体规划确定的建设用地规模范围内，由原批准土地利用总体规划的机关审批，按土地利用年度计划，分批次将农用地批转为建设用地。在为实施城市规划而占用土地时，必须先由市、县人民政府按土地利用年度计划拟订农用地转用方案，补充耕地方案、征用土地方案，分批次上报给有批准权的人民政府，由其土地行政主管部门先行审查，提出意见，再经其批准后，方可实施。为实施村庄集镇规划而占用土地的，也需按上述规定报批，但报批方案中没有征用土地方案。在已批准的农用地转为建设用地的范围内，具体建设项目用地可由市、县人民政府批准。

③ 具体建设项目需占用国有城市建设用地的，其可行性论证中的用地事项，须交土地行政主管部门审查并出具预审报告；其可行性报告报批时，必须附具该预审报告。在项目批准后，建设单位需持有关批准文件，向市、县人民政府土地行政主管部门提出用地申请，由该土地行政主管部门审查通过后，再拟订供地方案，报市、县人民政府批准，然后由市、县人民政府向建设单位颁发建设用地批准书。

（2）规划外建设用地

土地利用总体规划中，除建设用地外，土地还分为农用地和未利用土地。将国有未利用土地转为建设用地，按各省、自治区、直辖市的相关规定办理，但国家重点建设项目、军事设施和跨省、自治区、直辖市的建设项目以及国务院规定的其他建设项目用地，需要报国务院批准。但将农用地转为建设用地，对于耕地稀缺的我国来说，就会严重影响国民经济的发展和社会的稳定，也与我国切实保护耕地的基本国策不符。因此，《土地管理法》对此作了严格的限制，也规定了严格的审批程序。

3.3.2 农用地转为建设用地审批制度和土地征收制度

3.3.2.1 农用地转为建设用地审批制度

严格控制农用地转为建设用地，是土地用途管制的基本要求。为此，《土地管理法》设立了农用地转用审批制度。《土地管理法》第44条规定："建设占用土地，涉及农用地转为建设用地的，应当办理农用地转用审批手续。"设立此项制度的目的，主要是为了防止用地者随意将耕地转为建设用地，或者将耕地转为其他农用地后再转为建设用地，以有效地保护耕地。

农用地转为建设用地，原则上采取国务院和省、自治区、直辖市人民政府两级审批：

① 国务院批准的建设项目，省级人民政府批准的道路、管线工程和大型基础设施建设项目，涉及农用地转为建设用地的，由国务院批准；

② 其他建设项目，涉及农用地转为建设用地的，由省、自治区、直辖市人民政府批准。

3.3.2.2 土地征收制度

（1）土地征收的概念和特征

随着国民经济的发展和社会进步的需要，一些原属于某些农民集体所有的土地要用于基础设施建设和社会公益事业。所以，《土地管理法》规定，国家为公共利益需要，可以依法对土地实行征收或者征用并给予补偿。为了防止滥征土地和保护农民集体的利益，《土地管理法》对征收土地的审批程序及补偿办法作出了具体规定。

土地征收属于国家或政府行为，具有以下特征：①土地征收权由代表国家的政府享有；②土地征收权的行使不需要征得土地所有人的同意；③土地征收权只能为公共利益的需要而行使；④征收土地必须给予原所有人以公平补偿。

（2）征收土地的审批

征收农用地，必须先办理农用地转用审批，然后才能办理土地征收审批。

① 由国务院批准的土地征收范围。下列土地的征收必须报经国务院批准：a. 基本农田；b. 基本农田以外的耕地超过35公顷的；c. 其他土地耕地超过70公顷的。

② 由省、自治区、直辖市人民政府批准土地征收范围。征收由国务院批准以外的土地的，由省、自治区、直辖市人民政府批准，并报国务院备案。

③ 抢险救灾等急需使用土地的审批。抢险救灾等急需使用土地的，可以先行使用。其中，属于临时用地的，灾后应恢复原状并交给原土地使用者使用，不再办理用地审批手续；属于永久性建设用地的，建设单位应在灾情结束后6个月内申请补办建设用地审批手续。

3.3.3 国有建设用地的使用制度

国有建设用地包括属国家所有的建设用地和国家征用的原属于农民集体所有的土地。经批准的建设项目需要使用国有建设用地的，建设单位应持法律、行政法规规定的有关文件，向有批准权的县级以上人民政府土地行政主管部门提出建设用地申请，经土地行政主管部门审查，报本级人民政府批准，从而获得建设用地使用权。

建设用地使用权，指建设用地使用权人依法对国家所有的土地享有占有、使用和收益的权利，有权利用该土地建造建筑物、构筑物及其附属设施。

3.3.3.1 建设用地使用权的设立

（1）建设用地使用权的设立范围

建设用地使用权人依法对国家所有的土地享有占有、使用和收益的权利,有权利用该土地建造建筑物、构筑物及其附属设施。

建设用地使用权可以在土地的地表、地上或者地下分别设立。新设立的建设用地使用权,不得损害已设立的用益物权。

(2) 建设用地使用权的设立方式

设立建设用地使用权,可以采取出让或者划拨等方式。工业、商业、旅游、娱乐和商品住宅等经营性用地以及同一土地有两个以上意向用地者的,应当采取招标、拍卖等公开竞价的方式出让。严格限制以划拨方式设立建设用地使用权。采取划拨方式的,应当遵守法律、行政法规关于土地用途的规定。

① 国有建设用地使用权的划拨。国家从全社会利益出发,进行经济、文化、国防建设以及兴办社会公共事业时,经县级以上人民政府的批准,建设单位可通过划拨的方式取得国有建设用地的使用权。《土地管理法》规定,具体可以划拨的建设用地为:a. 国家机关用地和军事用地;b. 城市基础设施用地和公益事业用地;c. 国家重点扶持的能源、交通、水利等基础设施用地;d. 法律、行政法规规定的其他用地。

国务院颁发的《土地管理法实施条例》中对以划拨方式取得的国家建设用地的审批程序,作出了具体规定。建设单位必须按批准文件的规定使用土地。

② 国有建设用地使用权的出让。除上述国家建设项目可通过划拨方式取得国家建设用地的使用权外,其他建设项目均须通过有偿使用的方式来取得国有建设用地的使用权,具体包括:国有土地使用权的出让;国有土地租赁;国有土地使用权作价出资或入股。这时,建设单位应按照国务院规定的标准和办法,缴纳土地使用权出让金等土地有偿使用费和其他费用后,方可使用土地。建设单位必须按土地使用权出让合同或其他有偿使用合同的约定使用土地;确需改变该幅土地建设用途的,应经有关人民政府土地行政主管部门同意,报原批准用地的人民政府批准。在城市规划区内改变土地用途的,在报批前,应先经有关城市规划行政主管部门同意。

3.3.3.2 国家建设用土地使用权的收回

《土地管理法》规定,出现下列情况时,有关人民政府土地行政主管部门在报经原批准用地的人民政府或有批准权的人民政府批准后,可以将国有建设用地的使用权收回:① 为公共利益需要使用土地的;② 为实施城市规划进行旧城区改建,需要调整使用土地的;③ 土地出让等有偿使用合同约定的使用期限届满,土地使用者未申请续期或申请续期未获批准的;④ 因单位撤销、迁移等原因,停止使用原划拨的国有土地的;⑤ 公路、铁路、机场、矿场等经核准报废的。

3.3.3.3 建设用地使用权人的权利和义务

(1) 建设用地使用权人的权利

① 对建设用地上的物享有所有权。建设用地使用权人建造的建筑物、构筑物及其附属设施的所有权属于建设用地使用权人,但有相反证据证明的除外。

② 建设用地使用权的转让、互换、出资、赠与、抵押权。建设用地使用权人有权将建设用地使用权转让、互换、出资、赠与或者抵押,但法律另有规定的除外。

建设用地使用权转让、互换、出资、赠与或者抵押的,当事人应当采取书面形式订立相应的合同。使用期限由当事人约定,但不得超过建设用地使用权的剩余期限。

建设用地使用权转让、互换、出资或者赠与的,附着于该土地上的建筑物、构筑物及其附属设施一并处分。

建筑物、构筑物及其附属设施转让、互换、出资或者赠与的，该建筑物、构筑物及其附属设施占用范围内的建设用地使用权一并处分。

③ 获得补偿的权利。建设用地使用权期间届满前，因公共利益需要提前收回该土地的，应当依照《物权法》第四十二条的规定对该土地上的房屋及其他不动产给予补偿，并退还相应的出让金。

④ 住宅用地期满续期的权利。住宅建设用地使用权期间届满的，自动续期。这个权利确保了住宅不因建设用地使用权期限届满而必然丧失。

非住宅建设用地使用权期间届满后的续期，依照法律规定办理。该土地上的房屋及其他不动产的归属，有约定的，按照约定；没有约定或者约定不明确的，依照法律、行政法规的规定办理。

(2) 建设用地使用权人的义务

① 履约的义务。采取招标、拍卖、协议等出让方式设立建设用地使用权的，当事人应当采取书面形式订立建设用地使用权出让合同。建设用地使用权人负有履约的义务。

② 支付出让金的义务。建设用地使用权人应当依照法律规定以及合同约定支付出让金等费用。

③ 不得改变土地用途的义务。建设用地使用权人应当合理利用土地，不得改变土地用途；确需改变土地用途的，应当依法经有关行政主管部门批准。

④ 登记的义务：a. 设立登记的义务。设立建设用地使用权的，应当向登记机构申请建设用地使用权登记。建设用地使用权自登记时设立。登记机构应当向建设用地使用权人发放建设用地使用权证书。b. 变更登记的义务。建设用地使用权转让、互换、出资或者赠与的，应当向登记机构申请变更登记。c. 注销登记的义务。建设用地使用权消灭的，出让人应当及时办理注销登记。登记机构应当收回建设用地使用权证书。

3.3.4 乡（镇）村建设用地的使用制度

(1) 乡（镇）村建设用地的要求

乡镇企业、乡（镇）村公共设施、公益事业、农村村民住宅等乡（镇）村建设，应当按照村庄和集镇规划，合理布局、综合开发、配套建设，尽可能利用荒坡地、废弃地。农村村民一户只能拥有一处宅基地，其面积不得超过省、自治区、直辖市规定的标准。农村村民建住宅，要尽量使用原有的宅基地和村内空闲地，有条件的地方，提倡将农村村民的住宅相对集中建成公寓式楼房。通过村镇改造，将适宜耕种的土地调整出来复垦、还耕。

乡镇企业的建设用地，必须严格控制。各省、自治区、直辖市可按乡镇企业的不同行业和经营规模，分别规定用地标准。乡（镇）村建设用地，应当符合乡（镇）土地利用总体规划和土地利用年度计划，并依法办理审批手续。

(2) 乡（镇）村建设用地的审批

农村集体经济组织使用乡（镇）土地利用总体规划确定的建设用地兴办企业或以土地使用权入股、联营等方式与其他单位、个人共同兴办企业的，应持有关批准文件，向县级以上地方人民政府土地行政主管部门提出申请，按省、自治区、直辖市规定的批准权限和用地标准，由县级以上地方人民政府批准。

乡（镇）村公共设施、公益事业建设，需要使用土地的，经乡（镇）人民政府审核，向县级以上地方人民政府土地行政主管部门提出申请，按省、自治区、直辖市规定的批准权限，由县级以上地方人民政府批准。

农村村民住宅用地，经乡（镇）人民政府审核，由县级人民政府批准。农村村民出卖、出租住房后,再申请宅基地的,不予批准。

乡(镇)村建设用地中,如涉及占用农用地的,则需依照农用地转为建设用地的有关规定办理。

(3)乡(镇)土地使用权的收回

出现下述情况之一时,农村集体经济组织报经原批准用地的人民政府批准,可以收回土地使用权:①为乡(镇)村公共设施和公益事业建设需用土地的,可以收回土地使用权,但对土地使用人应给予适当补偿;②不按批准的用途使用土地的;③因撤销、迁移等原因而停止使用土地的。

3.3.5 工程建设用地的具体管理

(1)工程建设用地的预审

各项工程建设项目用地都必须严格按照法定权限和程序报批。在建设项目可行性研究报告评审阶段,土地行政主管部门就要对项目用地进行预审,并提出意见。预审的内容包括:项目用地是否符合土地利用总体规划和年度土地利用计划,是否符合建设用地标准,是否符合根据国家产业政策确定的鼓励性、限制性和禁止性项目的供地目录。符合条件的,土地行政主管部门应当提出同意建设项目用地的意见,建设项目方可立项。

(2)工程建设用地的审批

建设项目立项后,凡需要使用国有土地的,都必须由建设单位向有审批权的县级以上人民政府土地行政主管部门提出申请。申请时,建设单位须持建设项目的批准文件,包括项目建议书、可行性研究报告、规划许可证等。最后,经土地行政主管部门审查同意后,报本级人民政府批准。

(3)工程建设用地的取得方式

建设用地的取得,是指取得土地的使用权,而非所有权。取得的方式主要有两种:一种是有偿使用方式,一般是通过签订土地使用权出让合同,并缴纳土地出让金取得;另一种是行政划拨方式,由县级以上人民政府依法批准后,无偿取得。其中,以出让等有偿使用方式为原则,只有在特殊情况下才考虑行政划拨。

(4)工程建设用地的用途变更

工程建设用地,必须按照批准文件的规定或出让合同约定的用途来使用,如果确需要改变该幅土地的建设用途,建设单位必须报经有关人民政府土地行政主管部门同意,并报原批准用地的人民政府批准。其中,在城市规划区内改变土地用途的,在报批前,应当先经有关城市规划行政主管部门同意。

(5)工程建设临时用地

所谓临时用地,是指建设项目施工和地质勘查需要使用的国有土地或者农民集体所有的土地。

临时用地也需报批,批准权在县级以上人民政府土地行政主管部门。其中,在城市规划区内的临时用地,在报批前,应当先经有关城市规划行政主管部门同意。临时用地的使用期限一般不得超过两年。

临时用地者报批后,还应当与该土地的产权代表签订临时使用土地合同或协议。如果该土地为国有土地,则临时用地者应当与有关土地行政主管部门签订临时使用土地合同;如果该土地为集体所有的土地,则临时用地者应当与经营、管理该临时用地的农村集体经济组织或村民委员会或个人签订临时使用土地合同。同时,还应当缴纳临时使用土地补偿费,至于补偿费的数量,完全由双方当事人约定,法律未作强制性规定。

临时用地的使用者应按临时使用土地合同约定的用途使用土地,并不得修建永久性建筑。临时用地为耕地的，临时用地的使用者应自临时用地期满之日起 1 年内恢复种植条件。

【案例3-1】 未完成土地使用权登记案

案情

某实业有限公司与某县土地管理局于 2018 年 3 月 18 日订立《工业开发及用地出让合同》，约定该实业有限公司在取得土地使用证后 1 个月内将进行工业项目开工建设等相关事项。之后，县土地管理局依合同约定将土地交付给该实业有限公司使用。该实业有限公司对土地进行平整等工作，支付相关费用 78 万。2018 年 6 月 16 日，县土地管理局以改变土地规划为由，要求该实业有限公司退回土地使用权。此时，尚未完成土地使用权登记。县土地管理局认为由于尚未进行土地使用权登记，合同还没有生效。该实业有限公司则向法院提起诉讼，要求继续履行合同，办理建设用地使用权登记手续。

问题

(1) 双方订立的合同是否生效？
(2) 原告的建设用地使用权是否已经设立？
(3) 纠纷应当如何解决？

评析

(1) 双方订立的《工业开发及用地出让合同》应当已经生效。因为，办理建设用地使用权登记，并不是合同生效的前提。一般情况下，书面合同自当事人签字或者盖章时生效，除非当事人另行约定了生效条件。

(2) 该实业有限公司（以下简称原告）的建设用地使用权尚未设立。因为，按照《中华人民共和国物权法》的规定，建设用地使用权自登记时设立。由于双方尚未完成土地使用权登记，因此原告的建设用地使用权尚未设立。

(3) 如果土地规划确实改变，县土地管理局（以下简称被告）可以要求原告按照新的规划要求使用土地。如果原告不能按照新规划要求使用土地，原告有权要求解除合同，被告应当赔偿原告的损失。如果原告可以按照新规划要求使用土地，原告有权要求继续履行合同，被告应当为其办理建设用地使用权登记手续。

3.4 法律责任

(1) 买卖或者以其他形式非法转让土地的违法行为及其法律责任

买卖或者以其他形式非法转让土地的，由县级以上人民政府土地行政主管部门没收违法所得；对违反土地利用总体规划擅自将农用地改为建设用地的，限期拆除在非法转让的土地上新建的建筑物和其他设施，恢复土地原状，对符合土地利用总体规划的，没收在非法转让的土地上新建的建筑物和其他设施，可以并处罚款；对直接负责的主管人员和其他直接责任人员，依法给予行政处分；构成犯罪的，依法追究刑事责任。

(2) 破坏耕地的违法行为及其法律责任

违法占用耕地建窑、建坟或者擅自在耕地上建房、挖砂、采石、采矿、取土等，破坏种植条件的，或者因开发土地造成土地荒漠化、盐渍化的，由县级以上人民政府土地行政主管部门责令限期改正或者治理；可以并处罚款；构成犯罪的，依法追究刑事责任。

(3) 非法占用土地的违法行为及其法律责任

未经批准或者采取欺骗手段骗取批准，非法占用土地的，由县级以上人民政府土地行政主管部门责令退还非法占用的土地，对违反土地利用总体规划擅自将农用地改为建设用地的，限期拆除在非法占用的土地上新建的建筑物和其他设施，恢复土地原状，对符合土地利用总体规划的，没收在非法占用的土地上新建的建筑物和其他设施；可以并处罚款；对非法占用土地单位的直接负责的主管人员和其他直接责任人员，依法给予行政处分；构成犯罪的，依法追究刑事责任。超过批准的数量占用土地，多占的土地以非法占用土地论处。

(4) 非法批地的违法行为及其法律责任

无权批准征收、使用土地的单位或者个人非法批准占用土地的，超越批准权限非法批准占用土地的，不按照土地利用总体规划确定的用途批准用地的，或者违反法律规定的程序批准占用、征收土地的，其批准文件无效，对非法批准征收、使用土地的直接负责的主管人员和其他直接责任人员，依法给予行政处分；构成犯罪的，依法追究刑事责任。

非法批准、使用的土地应当收回，有关当事人拒不归还的，以非法占用土地论处。

非法批准征用、使用土地，对当事人造成损失的，依法应当承担赔偿责任。

(5) 非法侵占、挪用征地费的违法行为及其法律责任

侵占、挪用被征用土地单位的征地补偿费用和其他有关费用，构成犯罪的，依法追究刑事责任；尚不构成犯罪的，依法给予行政处分。

(6) 拒不交还土地的违法行为及其法律责任

依法收回国有土地使用权当事人拒不交出土地的，临时使用土地期满拒不归还的，或者不按照批准的用途使用国有土地的，由县级以上人民政府土地行政主管部门责令交还土地，处以罚款。

(7) 非法转让土地的违法行为及其法律责任

擅自将农民集体所有的土地的使用权出让、转让或者出租用于非农业建设的，由县级以上人民政府土地行政主管部门责令限期改正，没收违法所得；并处罚款。

这里需要指出的是，依照《土地管理法》的有关规定，符合土地利用总体规划，并依法取得建设用地的企业，因破产、兼并等情形致使集体土地使用权发生转移的，不构成非法转让集体土地的违法行为。

(8) 土地行政主管部门工作人员的违法行为及其法律责任

土地行政主管部门的工作人员玩忽职守、滥用职权、徇私舞弊，构成犯罪的，依法追究刑事责任；尚不构成犯罪的，依法给予行政处分。

复习思考题

一、单项选择题

1. 中华人民共和国实行土地社会主义公有制，即全民所有制和（　　）。
   A. 国家所有制　　　　　　　　B. 私有制
   C. 劳动群众集体所有制　　　　D. 以上均不正确
2. 城市市区的土地属于（　　）所有。
   A. 使用者　　B. 集体　　C. 个人　　D. 国家
3. 国家为了公共利益的需要，可以依法对集体所有的土地实行（　　）。

A. 征用　　　　　B. 征收或征用　　　　C. 收购　　　　　D. 购买

4. 国家编制土地利用总体规划，规定土地用途，将土地分为（　　）、建设用地和未利用地。

A. 农用地　　　　B. 耕地　　　　　　C. 农业建设用地　　D. 农田水利用地

5. 国家所有的土地所有权由（　　）代表国家行使。

A. 基层人民政府　　　　　　B. 国务院

C. 省级以上人民政府　　　　D. 自然资源部

6. 农民集体所有的土地由本集体经济组织的成员承包经营，从事种植业、林业、畜牧业、渔业生产。土地承包经营期限为（　　）。

A. 30年　　　　B. 40年　　　　　　C. 50年　　　　　D. 60年

7. 国家实行占用耕地补偿制度。非农建设经批准占用耕地的，按照（　　）的原则，由占用耕地的单位负责开垦与所占用耕地数量相当的耕地。

A. 谁占用、谁开垦　　　　　B. 谁开垦、谁受益

C. 占多少、垦多少　　　　　D. 谁占用、谁负责

8. 建设用地使用权人依法对国家所有的土地享有（　　）的权利，有权利用该土地建造建筑物、构筑物及其附属设施。

A. 占有、使用和处分　　　　B. 占有、使用和收益

C. 占有、收益和处分　　　　D. 占有、转让和处分

9. 建设用地使用权（　　）的，当事人应当采取书面形式订立相应的合同。

A. 转让、互换、抵押、拍卖或者质押

B. 转让、互换、出资、赠与或者质押

C. 转让、拍卖、出资、质押或者抵押

D. 转让、互换、出资、赠与或者抵押

二、简答题

1. 《土地管理法》中确立了哪些土地利用和保护的制度？
2. 何谓土地所有权？它的主要内容有哪些？土地所有权分为哪几种类型？
3. 何谓土地使用权？简述土地使用权的设立、变更和终止。
4. 简述土地使用权有偿出让和划拨的法律制度。
5. 农用地转为建设用地的程序是如何规定的？
6. 国家征用土地要做哪些补偿？补偿费用如何使用？
7. 简述国有建设用地的使用制度。
8. 简述乡（镇）村建设用地的使用制度。
9. 工程建设用地的具体管理程序是什么？
10. 简述买卖或者以其他形式非法转让土地的违法行为及其法律责任。
11. 简述破坏耕地的违法行为及其法律责任。
12. 简述非法批地、非法占用土地、非法转让土地和非法侵占、挪用征地费的违法行为及其法律责任。

第3章答案与解析

第 4 章 建设工程许可法规

教学目标

通过本章的学习，使学生掌握申领施工许可证的条件；掌握施工许可证的有效期与延期；掌握建设工程活动从业单位的条件。熟悉建设工程勘察、设计、施工、监理、工程造价咨询、城市规划编制单位的资质等级及其业务范围。了解注册建造师、注册结构工程师、注册监理工程师、注册造价工程师的报考条件和注册内容。熟悉办理施工许可证或开工报告中的违法行为及其法律责任；熟悉涉及企业资质方面的违法行为及其法律责任；熟悉注册建造师等注册人员在注册、执业中的违法行为和法律责任。能处理施工许可证的申请与日常管理；能解释不同等级的建设工程企业的类别及等级的含义；能处理各类建设工程企业资质等级的申请与日常管理。

建设工程许可，是指建设行政主管部门或其他有关行政主管部门依法准许、变更和终止公民、法人或非法人组织从事建设活动的具体行政行为。建设工程许可主要表现为建设工程施工许可和建设工程从业许可。

建筑法·2019年修订

建筑法对建筑工程许可制度的确立，体现了国家对建筑活动作为一种特殊的经济活动，实行从严和事前控制的管理政策，对规范建筑市场，保证建筑工程质量和建筑生产安全，维护社会经济秩序，提高投资效益，保障公民生命财产和国家财产安全，都具有非常重要的意义。

4.1 建设工程施工许可法律制度

建设工程施工许可法律制度，是指由国家授权有关建设行政主管部门，在建设工程施工前，根据建设单位申请，对该项工程是否符合法定的开工条件进行审查，对符合条件的工程发给施工许可证，允许建设单位开工建设的制度。

我国实行建设工程施工许可制度，一方面，有利于确保建设工程在开工前符合法定条件，进而为其开工后顺利实施奠定基础；另一方面，也有利于有关行政主管部门全面掌握建设工程的基本情况，依法及时有效地实施监督和指导，保证建设工程活动依法进行。

4.1.1 施工许可证的申请主体与范围

4.1.1.1 施工许可证的申请主体

经修改后公布的《中华人民共和国建筑法》（中华人民共和国主席令第二十九号，2019

年4月23日）规定，建设单位应当按照国家有关规定向工程所在地县级以上人民政府建设行政主管部门申请领取施工许可证。

建设单位（又称业主或项目法人）是建设项目的投资者，为建设项目开工和施工单位进场做好各项前期准备工作，是建设单位应尽的义务。因此，施工许可证的申请领取，应该是由建设单位负责，而不是施工单位或者其他单位。

4.1.1.2. 申领施工许可证的范围

申领施工许可证的范围，是指什么情况下的建筑工程需要领取施工许可证。

根据《中华人民共和国建筑法》（简称《建筑法》）和经住房和城乡建设部修订后公布的《建筑工程施工许可管理办法》（2018年9月）的规定，除下列六类工程不需要办理施工许可证外，其余所有在我国境内的从事各类房屋建筑及其附属设施的建造、装修装饰和与其配套的线路、管道、设备的安装，以及城镇市政基础设施工程的施工，建设单位在开工前应当依照规定，向工程所在地的县级以上地方人民政府住房城乡建设主管部门（以下简称发证机关）申请领取施工许可证。

这六类工程是：

（1）国务院建设行政主管部门确定的限额以下的小型工程

根据住房和城乡建设部新发布的《建筑工程施工许可管理办法》（以下简称《办法》）第2条，所谓的限额以下的小型工程指的是：工程投资额在30万元以下或者建筑面积在300平方米以下的建筑工程。同时，该《办法》也进一步作出了说明，省、自治区、直辖市人民政府建设行政主管部门可以根据当地的实际情况，对限额进行调整，并报国务院建设行政主管部门备案。

（2）作为文物保护的建筑工程

《建筑法》第83条规定："依法核定作为文物保护的纪念建筑物和古建筑等的修缮，依照文物保护的有关法律规定执行。"

（3）抢险救灾工程

由于此类工程的特殊性，《建筑法》第83条同样规定此类工程开工前不需要申请施工许可证。

（4）临时性房屋建筑和农民自建低层住宅

工程建设中经常会出现临时性房屋建筑，例如工人的宿舍、食堂等。这些临时性建筑由于其生命周期短，《建筑法》也规定此类工程不需要申请施工许可证。农民自建的低层住宅，由于其建筑规模较小，也没有必要申请施工许可证。

（5）军用房屋建筑

由于此类工程涉及到军事秘密，不宜过多公开信息，《建筑法》第84条明确规定："军用房屋建筑工程建筑活动的具体管理办法，由国务院、中央军事委员会依据本法制定。"

（6）按照国务院规定的权限和程序批准开工报告的建筑工程

此类工程开工的前提是已经有经批准的开工报告，而不是施工许可证，因此，此类工程自然是不需要申请施工许可证的。

从以上的规定中可以看出，并不是所有的建筑工程都必须申请领取施工许可证，而只是对投资额较大、结构较复杂的工程，才领取施工许可证。限定领取施工许可证的范围，一是考虑到我国正在进行大规模的经济建设，工程建设的任务繁重，如果工程不分大小均要领取施工许可证，既无必要，也难以做到；二是考虑到要突出政府对工程管理的重点，提高行政办事效率；三是避免与开工报告重复审批。

《建筑工程施工许可管理办法》还规定，应当申请领取施工许可证的建筑工程未取得施工许可证的,一律不得开工。

任何单位和个人不得将应当申请领取施工许可证的工程项目分解为若干限额以下的工程项目,规避申请领取施工许可证。

4.1.2 申请领取施工许可证的条件与程序

4.1.2.1 申请领取施工许可证的条件

根据最新修改的《建筑法》(2019年4月23日),建设单位申请领取施工许可证,须具备下列条件:

① 已经办理该建筑工程用地批准手续;
② 依法应当办理建设工程规划许可证的,已经取得建设工程规划许可证;
③ 需要拆迁的,其拆迁进度符合施工要求;
④ 已经确定建筑施工企业;
⑤ 有满足施工需要的资金安排、施工图纸及技术资料;
⑥ 有保证工程质量和安全的具体措施。

另外,根据最新修改的《中华人民共和国消防法》(2019年4月23日),除国务院住房和城乡建设主管部门规定的特殊建设工程以外的其他建设工程,建设单位申请领取施工许可证或者申请批准开工报告时应当提供满足施工需要的消防设计图纸及技术资料。建设单位未提供满足施工需要的消防设计图纸及技术资料的,有关部门不得发放施工许可证或者批准开工报告。

根据最新修改的《建设工程质量管理条例》(2019年4月23日)规定:"建设单位在开工前,应当按照国家有关规定办理工程质量监督手续,工程质量监督手续可以与施工许可证或者开工报告合并办理。"

《建筑法》规定:建设行政主管部门应当自收到申请之日起7日内,对符合条件的申请颁发施工许可证。

4.1.2.2 施工许可证的申领程序

申请办理施工许可证,应当按照下列程序进行:

① 建设单位向发证机关领取《建筑工程施工许可证申请表》。
② 建设单位持加盖单位及法定代表人印鉴的《建筑工程施工许可证申请表》,并附上述规定的证明文件,向发证机关提出申请。
③ 发证机关在收到建设单位报送的《建筑工程施工许可证申请表》和所附证明文件后,对于符合条件的,应当自收到申请之日起7日内颁发施工许可证;对于证明文件不齐全或者失效的,应当当场或者5日内一次告知建设单位需要补正的全部内容,审批时间可以自证明文件补正齐全后作相应顺延;对于不符合条件的,应当自收到申请之日起7日内书面通知建设单位,并说明理由。

建筑工程在施工过程中,建设单位或者施工单位发生变更的,应当重新申请领取施工许可证。

4.1.3 施工许可证的管理

颁发给建设单位施工许可证意味着认可了建设单位的开工条件。当这些条件面临变化的情况下,就存在不再符合开工条件的可能,因此就要废止施工许可证或者对其重新进行核验。

(1) 施工许可证的有效期与延期

建设单位应当自领取施工许可证之日起3个月内开工。因故不能按期开工的,应当在期满前向发证机关申请延期,并说明理由;延期以两次为限,每次不超过3个月。既不开工又不申请延期或者超过延期次数、时限的,施工许可证自行废止。

(2) 施工许可证应当放置在施工现场备查

建设单位申请领取施工许可证的工程名称、地点、规模,应当符合依法签订的施工承包合同。

施工许可证应当放置在施工现场备查,并按规定在施工现场公开。

(3) 核验施工许可证的规定

新发布的《建筑工程施工许可管理办法》规定,在建的建筑工程因故中止施工的,建设单位应当自中止施工之日起1个月内向发证机关报告,报告内容包括中止施工的时间、原因、在施部位、维修管理措施等,并按照规定做好建筑工程的维护管理工作。

建筑工程恢复施工时,应当向发证机关报告;中止施工满1年的工程恢复施工前,建设单位应当报发证机关核验施工许可证。

【案例4-1】 未办理施工许可证施工案

某建筑公司承揽了某开发公司开发的某住宅小区的施工项目,建筑面积20万平方米。2018年3月12日,在没有办理施工许可证的情况下开始施工。经群众举报,有关主管部门到施工现场命令建筑公司必须立即停止施工,补办施工许可证。但是考虑到《建筑法》并没有强制要求予以罚款,也就没有对建筑公司予以处罚。

问题

主管部门的处理正确吗?

主管部门这样处理是不正确的。是否停工要取决于是否具备申请施工许可证的条件。如具备开工条件,要补办施工许可证;对于不符合开工条件的责令停止施工。

另外,是否对建设单位和施工单位予以处罚,也取决于是否具备申请施工许可证的条件。如果不具备申请施工许可证的条件,就必须对建设单位和施工单位分别处以罚款。《建筑法》中虽然没有对处罚的条件作出强制性规定,但是,根据《建筑法》制定的《建筑工程施工许可管理办法》对此有强制性规定。

4.2 建设工程从业单位资格许可法律制度

从业单位资格许可包括从业单位的条件和从业单位的资质。为了建立和维护建筑市场的正常秩序,确立进入建筑市场从事建筑活动的准入规则,《建筑法》第12条和第13条规定了从事建筑活动的建筑施工企业、勘察单位、设计单位、工程监理单位进入建筑市场应当具备的条件和资质审查制度。建设部第84号令、第149号令规定了城市规划编制单位和工程造价咨询企业进入建筑市场应当具备的条件和资质审查制度。

4.2.1 建设工程从业单位的条件

建设活动不同于一般的经济活动，从业单位条件的高低直接影响建设工程质量和建设工程安全生产。因此，从事建设工程活动的单位必须符合严格的资格条件。

根据《建筑法》的规定，从事建筑活动的建筑施工企业、勘察单位、设计单位和工程监理单位，应当具备下列条件：

第一：有符合国家规定的注册资本

注册资本反映的是企业法人的财产权，也是判断企业经济力量的依据之一。建筑从业单位的资产必须适应从事建筑活动的需要，不得低于某限额。

① 住房和城乡建设部最近颁布的《建筑业企业资质标准》（2015年1月1日起施行）对施工总承包企业的资产最低限额作出的规定是：

一级企业净资产1亿元以上；二级企业净资产4000万元以上；三级企业净资产800万元以上。

② 原建设部发布的《建设工程勘察设计资质管理规定》（建设部令第160号，2007年6月26日）对工程勘察设计单位的注册资本的最低限额作出了明确规定：

a. 工程勘察综合类资质注册资本金不少于800万元；工程勘察专业类甲级资质注册资本金不少于150万元，乙级不少于80万元，丙级不少于50万元。

b. 工程设计综合类资质注册资本金不少于6000万元；工程设计行业类甲级资质注册资本金不少于600万元，乙级不少于300万元，丙级不少于100万元；工程设计专业类甲级资质注册资本金不少于300万元，乙级不少于100万元，丙级不少于50万元。

③ 原建设部发布的《工程监理企业资质管理规定》（建设部令第158号，2007年5月21日）对工程监理单位注册资本的最低限额作出的规定是：

工程监理综合类资质注册资本金不少于600万元；工程监理专业类甲级资质注册资本金不少于300万元，乙级不少于100万元，丙级不少于50万元。

④ 原建设部发布的《工程造价咨询企业管理办法》（建设部令第149号，2006年3月22日）对工程造价咨询单位注册资本的最低限额作出的规定是：

甲级工程造价咨询企业注册资本不少于人民币100万元；乙级工程造价咨询企业注册资本不少于人民币50万元。

第二：有与其从事的建筑活动相适应的具有法定执业资格的专业技术人员

本法条有两层涵义：

① 由于建筑活动是一种专业性、技术性很强的活动，而且建筑工程的规模和复杂程度各不相同，所以从事建筑活动的建筑施工企业、勘察单位、设计单位和工程监理单位必须有与其从事的建筑活动相适应的专业技术人员；

② 建筑活动是一种涉及到公民生命和财产安全的一种特殊活动，因而从事建筑活动的专业技术人员，还必须有法定执业资格。这种法定执业资格必须依法通过考试和注册才能取得。例如施工总承包企业一级资质要求：建筑工程、机电工程专业一级注册建造师合计不少于12人，其中建筑工程专业一级注册建造师不少于9人。

第三：有从事相关建筑活动所应有的技术装备

建筑活动具有专业性强、技术性强的特点，没有相应的技术装备无法进行。如从事建筑施工活动，必须有相应的施工机械设备与质量检验测试手段；从事勘察设计活动的建筑施工企业、勘察单位、设计单位和工程监理单位必须有从事相关建筑活动所应有的技术装备。没有相应技术装备的单位，不得从事建筑活动。

第四：法律、行政法规的其他条件

建筑施工企业、勘察单位、设计单位和工程监理单位，除了应具备以上三项条件外，还必须具备从事经营活动所应具备的其他条件。如按照《民法通则》第37条规定，法人应当有自己的名称、组织机构和场所。按照《中华人民共和国公司法》规定设立从事建筑活动的有限责任公司和股份有限公司，股东或发起人必须符合法定人数；股东或发起人共同制定公司章程；有公司名称，建立符合要求的组织机构；有固定的生产经营场所和必要的生产条件等。

这里需要指出的是"其他条件"仅指法律、行政法规规定的条件，不包括部门规章、地方性法规和规章及其他规范性文件的规定，因为涉及市场准入规则的问题，应当由法律、行政法规作出统一的规定。

4.2.2 建筑业企业资质管理制度

建筑业企业，是指从事土木工程、建筑工程、线路管道设备安装工程的新建、扩建、改建等施工活动的企业，也就是通常我们常说的"建筑施工企业"。

2015年1月住建部经修订后发布的《建筑业企业资质管理规定》和《建筑业企业资质标准》（2015年1月1日起施行），对建筑施工企业的资质等级与标准、申请与审批、监督与管理、业务范围等作出了明确规定。

住建部于2018年12月13日第5次部常务会议审议通过了修改《建筑业企业资质管理规定》《建设工程勘察设计资质管理规定》《工程监理企业资质管理规定》，自2018年12月22日发布之日起施行。

4.2.2.1 资质序列、资质类别、资质等级和工程承接范围

新发布的《建筑业企业资质管理规定》规定：建筑业企业应当按照其拥有的注册资本、专业技术人员、技术装备和已完成的建筑工程业绩等条件申请资质，经审查合格，取得建筑业企业资质证书后，方可在资质许可的范围内从事建筑施工活动。根据最发布的《建筑业企业资质标准》，建筑业企业资质的序列、类别和等级如下：

（1）资质序列

建筑业企业资质分为施工总承包、专业承包和施工劳务3个序列。

（2）资质类别和等级

施工总承包资质、专业承包资质、施工劳务资质这3个序列的建筑业企业按照各自的工程性质和技术特点分别划分为若干资质类别。

① 施工总承包企业资质划分为12个资质类别，一般分为4个等级（特级、一级、二级、三级）；

② 专业承包企业资质设有36个类别，一般分为3个等级（一级、二级、三级）；

③ 施工劳务序列不分类别和等级。

（3）工程承接范围

各个序列的建筑业企业资质工程承接范围如表4-1所示。

表4-1 建筑业企业资质序列划分及工程承接范围

资质序列	工程承接范围	
施工总承包	可以从事资质证书许可范围内的相应工程总承包、工程项目管理等业务	可以对所承接的施工总承包工程内各专业工程全部自行施工，也可以将专业工程或劳务作业依法分包给具有相应资质的专业承包企业或劳务分包企业
专业承包	可以承接施工总承包企业分包的专业工程和建设单位依法发包的专业工程	可以对所承接的专业工程全部自行施工，也可以将劳务作业依法分包给具有相应资质的劳务分包企业
施工劳务	可以承接施工总承包企业或专业承包企业分包的劳务作业	

4.2.2.2 资质标准

下面以施工总承包序列资质标准为例进行介绍。

施工总承包序列设有12个类别，分别是：建筑工程施工总承包、公路工程施工总承包、铁路工程施工总承包、港口与航道工程施工总承包、水利水电工程施工总承包、电力工程施工总承包、矿山工程施工总承包、冶金工程施工总承包、石油化工工程施工总承包、市政公用工程施工总承包、通信工程施工总承包、机电工程施工总承包。

限于篇幅，下面仅介绍建筑工程施工总承包资质标准。

建筑工程施工总承包资质分为特级、一级、二级、三级。

建筑工程施工总承包资质标准由企业资产、企业主要人员和企业工程业绩三部分组成。

(1) 建筑工程施工总承包一级资质标准

① 企业资产：净资产1亿元以上，注册资金5000万元以上。

② 企业主要人员

a. 建筑工程、机电工程专业一级注册建造师合计不少于12人，其中建筑工程专业一级注册建造师不少于9人。

b. 技术负责人具有10年以上从事工程施工技术管理工作经历，且具有结构专业高级职称；建筑工程相关专业中级以上职称人员不少于30人，且结构、给排水、暖通、电气等专业齐全。

c. 持有岗位证书的施工现场管理人员不少于50人，且施工员、质量员、安全员、**机械员**、造价员、劳务员等人员齐全。

d. 经考核或培训合格的中级工以上技术工人不少于150人。

③ 企业工程业绩。近5年承担过下列4类中的2类工程的施工总承包或主体工程承包，工程质量合格。

a. 地上25层以上的民用建筑工程1项或地上18～24层的民用建筑工程2项。

b. 高度100米以上的构筑物工程1项或高度80～100米（不含）的构筑物工程2项。

c. 建筑面积3万平方米以上的单体工业、民用建筑工程1项或建筑面积2万～3万平方米（不含）的单体工业、民用建筑工程2项。

d. 钢筋混凝土结构单跨30米以上（或钢结构单跨36米以上）的建筑工程1项或钢筋混凝土结构单跨27～30米（不含）[或钢结构单跨30～36米（不含）]的建筑工程2项。

(2) 建筑工程施工总承包二级资质标准

① 企业资产：净资产4000万元以上，注册资金2500万元以上。

② 企业主要人员

a. 建筑工程、机电工程专业注册建造师合计不少于12人，其中建筑工程专业注册建造师不少于9人。

b. 技术负责人具有8年以上从事工程施工技术管理工作经历，且具有结构专业高级职称或建筑工程专业一级注册建造师执业资格；建筑工程相关专业中级以上职称人员不少于15人，且结构、给排水、暖通、电气等专业齐全。

c. 持有岗位证书的施工现场管理人员不少于30人，且施工员、质量员、安全员、机械员、造价员、劳务员等人员齐全。

d. 经考核或培训合格的中级工以上技术工人不少于75人。

③ 企业工程业绩。近5年承担过下列4类中的2类工程的施工总承包或主体工程承包，工程质量合格。

a. 地上12层以上的民用建筑工程1项或地上8～11层的民用建筑工程2项。

b. 高度50米以上的构筑物工程1项或高度35~50米（不含）的构筑物工程2项。

c. 建筑面积1万平方米以上的单体工业、民用建筑工程1项或建筑面积0.6万~1万平方米（不含）的单体工业、民用建筑工程2项。

d. 钢筋混凝土结构单跨21米以上（或钢结构单跨24米以上）的建筑工程1项或钢筋混凝土结构单跨18~21米（不含）[或钢结构单跨21~24米（不含）]的建筑工程2项。

(3) 建筑工程施工总承包三级资质标准

① 企业资产：净资产800万元以上。

② 企业主要人员

a. 建筑工程、机电工程专业注册建造师合计不少于5人，其中建筑工程专业注册建造师不少于4人。

b. 技术负责人具有5年以上从事工程施工技术管理工作经历，且具有结构专业中级以上职称或建筑工程专业注册建造师执业资格；建筑工程相关专业中级以上职称人员不少于6人，且结构、给排水、电气等专业齐全。

c. 持有岗位证书的施工现场管理人员不少于15人，且施工员、质量员、安全员、机械员、造价员、劳务员等人员齐全。

d. 经考核或培训合格的中级工以上技术工人不少于30人。

e. 技术负责人（或注册建造师）主持完成过本类别资质二级以上标准要求的工程业绩不少于2项。

(4) 承包工程范围

① 一级资质可承担单项合同额3000万元以上的下列建筑工程的施工：a. 高度200米以下的工业、民用建筑工程；b. 高度240米以下的构筑物工程。

② 二级资质可承担下列建筑工程的施工：a. 高度100米以下的工业、民用建筑工程；b. 高度120米以下的构筑物工程；c. 建筑面积4万平方米以下的单体工业、民用建筑工程；d. 单跨跨度39米以下的建筑工程。

③ 三级资质可承担下列建筑工程的施工：a. 高度50米以下的工业、民用建筑工程；b. 高度70米以下的构筑物工程；c. 建筑面积1.2万平方米以下的单体工业、民用建筑工程；d. 单跨跨度27米以下的建筑工程。

4.2.2.3 资质许可

《建筑业企业资质管理规定》第3条规定，建筑业企业应当按照其拥有的资产、主要人员、已完成的工程业绩和技术装备等条件申请建筑业企业资质，经审查合格，取得建筑业企业资质证书后，方可在资质许可的范围内从事建筑施工活动。建筑业企业资质许可包括资质申请和审批，资质升级和资质增项，资质证书延续、资质证书变更等。

(1) 资质申请和审批

建筑业企业可以申请一项或多项建筑业企业资质。企业首次申请或增项申请资质，应当申请最低等级资质。企业发生合并、分立、重组以及改制等事项，需承继原建筑业企业资质的，应当申请重新核定建筑业企业资质等级。

资质申请和审批根据管理机构的管辖权限实行分级申请和审批。

① 下列建筑业企业资质，由国务院住房城乡建设主管部门许可：①施工总承包资质序列特级资质、一级资质及铁路工程施工总承包二级资质；②专业承包资质序列公路、水运、水利、铁路、民航方面的专业承包一级资质及铁路、民航方面的专业承包二级资质；涉及多个专业的专业承包一级资质。

② 下列建筑业企业资质，由企业工商注册所在地省、自治区、直辖市人民政府住房城

乡建设主管部门许可：a. 施工总承包资质序列二级资质及铁路、通信工程施工总承包三级资质；b. 专业承包资质序列一级资质（不含公路、水运、水利、铁路、民航方面的专业承包一级资质及涉及多个专业的专业承包一级资质）；c. 专业承包资质序列二级资质（不含铁路、民航方面的专业承包二级资质）；铁路方面专业承包三级资质；特种工程专业承包资质。

③ 下列建筑业企业资质，由企业工商注册所在地设区的市人民政府住房城乡建设主管部门许可：a. 施工总承包资质序列三级资质（不含铁路、通信工程施工总承包三级资质）；b. 专业承包资质序列三级资质（不含铁路方面专业承包资质）及预拌混凝土、模板脚手架专业承包资质；c. 施工劳务资质；d. 燃气燃烧器具安装、维修企业资质。

（2）资质申请所需资料

企业申请建筑业企业资质，应当如实提交有关申请材料。资质许可机关收到申请材料后，应当按照《中华人民共和国行政许可法》的规定办理受理手续。

企业申请建筑业企业资质，在资质许可机关的网站或审批平台提出申请事项，提交资金、专业技术人员、技术装备和已完成业绩等电子材料。

（3）资质的延续

建筑业企业资质证书有效期届满，企业继续从事建筑施工活动的，应当于资质证书有效期届满3个月前，向原资质许可机关提出延续申请。

资质许可机关应当在建筑业企业资质证书有效期届满前做出是否准予延续的决定；逾期未做出决定的，视为准予延续。

（4）资质的变更

① 企业在建筑业企业资质证书有效期内名称、地址、注册资本、法定代表人等发生变更的，应当在工商部门办理变更手续后1个月内办理资质证书变更手续。

② 由国务院住房城乡建设主管部门颁发的建筑业企业资质证书的变更，企业应当向企业工商注册所在地省、自治区、直辖市人民政府住房城乡建设主管部门提出变更申请，省、自治区、直辖市人民政府住房城乡建设主管部门应当自受理申请之日起2日内将有关变更证明材料报国务院住房城乡建设主管部门，由国务院住房城乡建设主管部门在2日内办理变更手续。

③ 前款规定以外的资质证书的变更，由企业工商注册所在地的省、自治区、直辖市人民政府住房城乡建设主管部门或者设区的市人民政府住房城乡建设主管部门依法另行规定。变更结果应当在资质证书变更后15日内，报国务院住房城乡建设主管部门备案。

④ 涉及公路、水运、水利、通信、铁路、民航等方面的建筑业企业资质证书的变更，办理变更手续的住房城乡建设主管部门应当将建筑业企业资质证书变更情况告知同级有关部门。

（5）不予批准企业资质升级申请和增项申请的情况

取得建筑业企业资质的企业，申请资质升级、资质增项，在申请之日起前一年至资质许可决定作出前，有下列情形之一的，资质许可机关不予批准其建筑业企业资质升级申请和增项申请：

① 超越本企业资质等级或以其他企业的名义承揽工程，或允许其他企业或个人以本企业的名义承揽工程的；

② 与建设单位或企业之间相互串通投标，或以行贿等不正当手段谋取中标的；

③ 未取得施工许可证擅自施工的；

④ 将承包的工程转包或违法分包的；

⑤ 违反国家工程建设强制性标准施工的；

⑥ 恶意拖欠分包企业工程款或者劳务人员工资的；
⑦ 隐瞒或谎报、拖延报告工程质量安全事故，破坏事故现场、阻碍对事故调查的；
⑧ 按照国家法律、法规和标准规定需要持证上岗的现场管理人员和技术工种作业人员未取得证书上岗的；
⑨ 未依法履行工程质量保修义务或拖延履行保修义务的；
⑩ 伪造、变造、倒卖、出租、出借或者以其他形式非法转让建筑业企业资质证书的；
⑪ 发生过较大以上质量安全事故或者发生过两起以上一般质量安全事故的；
⑫ 其他违反法律、法规的行为。

（6）资质证书

建筑业企业资质证书分为正本和副本，由国务院住房城乡建设主管部门统一印制，正、副本具备同等法律效力。资质证书有效期为 5 年。

企业需更换、遗失补办建筑业企业资质证书的，应当持建筑业企业资质证书更换、遗失补办申请等材料向资质许可机关申请办理。企业遗失建筑业企业资质证书的，在申请补办前应当在公众媒体上刊登遗失声明。资质许可机关应当在 2 个工作日内办理完毕。

4.2.2.4 建筑业企业资质的监督管理

（1）监督检查资质管理工作的实施

建设主管部门、其他有关部门在履行对资质管理工作的监督检查职责时，有权采取下列措施：

① 要求被检查单位提供建筑业企业资质证书、注册执业人员的注册执业证书，有关施工业务的文档，有关质量管理、安全生产管理、档案管理、财务管理等企业内部管理制度的文件；
② 进入被检查单位进行检查，查阅相关资料；
③ 纠正违反有关法律、法规、规章及有关规范和标准的行为。

建设主管部门、其他有关部门依法对企业从事行政许可事项的活动进行监督检查时，应当将监督检查情况和处理结果予以记录，由监督检查人员签字后归档。

建设主管部门、其他有关部门在实施监督检查时，应当有两名以上监督检查人员参加，并出示执法证件，监督检查人员应当为被检查企业保守商业秘密，不得索取或者收受企业的财物，不得谋取其他利益。有关单位和个人对依法进行的监督检查应当协助与配合，不得拒绝或者阻挠。

监督检查机关应当将监督检查的处理结果向社会公布。

（2）违法行为的处理

建筑业企业违法从事建筑活动的，违法行为发生地的县级以上地方人民政府建设主管部门或者其他有关部门应当依法查处，并将违法事实、处理结果或处理建议及时告知该建筑业企业的资质许可机关。

① 企业资质证书的撤回。企业取得建筑业企业资质后不再符合相应建筑业企业资质标准要求条件的，县级以上地方人民政府住房城乡建设主管部门、其他有关部门，应当责令其限期改正并向社会公告，整改期限最长不超过 3 个月；企业整改期间不得申请建筑业企业资质的升级、增项，不能承揽新的工程；逾期仍未达到建筑业企业资质标准要求条件的，资质许可机关可以撤回其建筑业企业资质证书。

被撤回建筑业企业资质证书的企业，可以在资质被撤回后 3 个月内，向资质许可机关提出核定低于原等级同类别资质的申请。

② 企业资质证书的撤销。有下列情形之一的，资质许可机关应当撤销建筑业企业资质：

a. 资质许可机关工作人员滥用职权、玩忽职守准予资质许可的；b. 超越法定职权准予资质许可的；c. 违反法定程序准予资质许可的；d. 对不符合资质标准条件的申请企业准予资质许可的；e. 以欺骗、贿赂等不正当手段取得建筑业企业资质证书的；f. 依法可以撤销资质许可的其他情形。

③ 企业资质证书的注销。有下列情形之一的，资质许可机关应当依法注销建筑业企业资质，并向社会公布其建筑业企业资质证书作废，企业应及时将建筑业企业资质证书交回资质许可机关：a. 资质证书有效期届满，未依法申请延续的；b. 企业依法终止的；c. 资质证书依法被撤回、撤销或吊销的；d. 企业提出注销申请的；e. 法律、法规规定的应当注销建筑业企业资质的其他情形。

有关部门应当将监督检查情况和处理意见及时告知资质许可机关。资质许可机关应当将涉及有关铁路、交通、水利、信息产业、民航等方面的建筑业企业资质被撤回、撤销和注销的情况告知同级有关部门。

(3) 企业信用档案信息的建立和公示

企业应当按照有关规定，向资质许可机关提供真实、准确、完整的企业信用档案信息。

企业的信用档案应当包括企业基本情况、业绩、工程质量和安全、合同履约等情况。被投诉举报和处理、行政处罚等情况应当作为不良行为记入其信用档案。

企业的信用档案信息按照有关规定向社会公示。

4.2.3 工程勘察设计企业资质管理制度

《建设工程勘察设计企业资质管理规定》(2007年9月1日) 和《关于印发"工程设计资质标准"的通知》(2007年3月29日)，以及《工程勘察资质标准》(2013年6月27日修订)，对工程勘察设计企业的资质等级与标准、申请与审批、业务范围等作出了明确规定。详见第5章。

4.2.4 工程监理企业资质管理制度

2007年6月26日，建设部以第158号令发布的《工程监理企业资质管理规定》，以及2007年7月31日建设部颁布实施的关于印发《工程监理企业资质管理规定实施意见》的通知，对工程监理企业的资质等级、资质标准、申请与审批、业务范围等作了明确规定，详见第9章。

4.2.5 工程造价咨询企业资质管理制度

工程造价咨询企业，是指接受委托，对建设项目投资、工程造价的确定与控制提供专业咨询服务的企业。2006年3月22日，原建设部以第149号令发布的《工程造价咨询企业管理办法》，对工程造价咨询企业的资质等级、资质标准、申请与审批、业务范围等作了明确规定。

4.2.5.1 工程造价咨询企业的资质等级与业务承接范围

工程造价咨询企业资质等级分为甲级、乙级。

新申请工程造价咨询企业资质的，其资质等级按照规定的资质标准核定为乙级，设暂定期1年。

暂定期届满需继续从事工程造价咨询活动的，应当在暂定期届满30日前，向资质许可机关申请换发资质证书。符合乙级资质条件的，由资质许可机关换发资质证书。

工程造价咨询企业依法从事工程造价咨询活动，不受行政区域限制。工程造价咨询企业的资质等级与业务承接范围如表 4-2 所示。

表 4-2　工程造价咨询企业的资质等级与业务承接范围

资质等级	业务承接范围
甲级	可以从事各类建设项目的工程造价咨询业务
乙级	可以从事工程造价 5000 万元人民币以下的各类建设项目的工程造价咨询业务

4.2.5.2　资质许可

工程造价咨询企业的资质许可包括资质申请和许可、资质证书延续、资质证书变更等。

工程造价咨询企业的资质实行分级审批。工程造价咨询企业资质证书由国务院建设主管部门统一印制，分正本和副本。正本和副本具有同等法律效力。

工程造价咨询企业资质有效期为 3 年。

4.3　建设工程专业技术人员执业资格法律制度

执业资格许可制度是指对具备一定专业学历的从事建筑活动的专业技术人员，通过考试和注册确定其执业的技术资格，获得相应建筑工程文件签字权的一种制度。

对从事建筑活动的专业技术人员实行执业资格制度是非常必要的。《建筑法》第 14 条对此做出了规定："从事建筑活动的专业技术人员，应当依法取得相应的执业资格证书，并在执业资格证书许可的范围内从事建筑活动。"

目前，我国对从事建筑活动的专业技术人员已建立起 13 种执业资格制度，即：注册城市规划师、注册建筑师、注册结构工程师、注册建造师、注册土木工程师（岩土）、注册土木工程师（港口与航道工程）、注册监理工程师、注册造价工程师、注册房地产估价师、注册安全工程师、注册公用设备工程师、注册电气工程师、注册化工工程师的执业资格制度。下面重点介绍注册建筑师、注册结构工程师、注册建造师、注册土木工程师（岩土）、注册土木工程师（港口与航道工程）、注册监理工程师、注册造价工程师的执业资格制度。

4.3.1　注册建筑师执业资格管理制度

注册建筑师，是指经考试、特许、考核认定取得中华人民共和国注册建筑师执业资格证书，或者经资格互认方式取得建筑师互认资格证书，并按照规定注册，取得中华人民共和国注册建筑师注册证书和中华人民共和国注册建筑师执业印章，从事建筑设计及相关业务活动的专业技术人员。

国务院发布的《中华人民共和国注册建筑师条例》（1995 年 9 月发布，2019 年 4 月 23 日修改）和住房和城乡建设部发布的《中华人民共和国注册建筑师条例实施细则》（2018 年 1 月），对注册建筑师执业资格做出了具体规定。我国注册建筑师分为两级，即一级注册建筑师和二级注册建筑师。

4.3.1.1　注册建筑师的考试

申请参加注册建筑师考试，必须符合国家规定的教育标准和职业实践要求。

（1）一级注册建筑师考试报名条件

符合下列条件之一，可申请参加一级注册建筑师考试：

① 已取得建筑学硕士以上学位或者相近专业工学博士学位，并从事建筑设计或者相关

业务2年以上；

② 已取得建筑学学士学位或者相近专业工学硕士学位，并从事建筑设计或者相关业务3年以上；

③ 具有建筑学专业大学本科毕业学历，并从事建筑设计或者相关业务5年以上；或者具有建筑学相近专业大学本科毕业学历，并从事建筑设计或者相关业务7年以上；

④ 取得高级工程师技术职称并从事建筑设计或者相关业务3年以上；或者取得工程师技术职称并从事建筑设计或者相关业务5年以上；

⑤ 不具有前四项规定的条件，但设计成绩突出［指获得国家或省部级优秀工程设计铜质或二等奖（建筑）及以上奖励］，经全国注册建筑师管理委员会认定达到前四项的专业水平。

前款第③项至第⑤项规定的人员应当取得学士学位。

(2) 二级注册建筑师考试报名条件

符合下列条件之一者，可申请参加二级注册建筑师考试：

① 具有建筑学或者相近专业大学本科毕业以上学历，并从事建筑设计或者相关业务2年以上；

② 具有建筑设计技术专业或者相近专业大专毕业以上学历，并从事建筑设计或者相关业务3年以上；

③ 具有建筑设计技术专业4年制中专毕业学历，并从事建筑设计或者相关业务5年以上；

④ 具有建筑设计技术相近专业中专毕业学历，并从事建筑设计或者相关业务7年以上；

⑤ 取得助理工程师以上技术职称，并从事建筑设计或者相关业务3年以上。

(3) 考试合格证书的颁发

经一级注册建筑师考试，在有效期内全部科目考试合格的，由全国注册建筑师管理委员会核发国务院建设主管部门和人事主管部门共同用印的一级注册建筑师执业资格证书。

经二级注册建筑师考试，在有效期内全部科目考试合格的，由省、自治区、直辖市注册建筑师管理委员会核发国务院建设主管部门和人事主管部门共同用印的二级注册建筑师执业资格证书。

4.3.1.2 注册建筑师的注册

注册建筑师实行注册执业管理制度。取得执业资格证书或者互认资格证书的人员，必须经过注册方可以注册建筑师的名义执业。建筑师的注册，根据注册内容的不同分为3种形式，即初始注册、延续注册和变更注册。

(1) 注册管理规定

取得一级注册建筑师资格证书并受聘于一个相关单位的人员，应当通过聘用单位向单位工商注册所在地的省、自治区、直辖市注册建筑师管理委员会提出申请；省、自治区、直辖市注册建筑师管理委员会受理后提出初审意见，并将初审意见和申请材料报全国注册建筑师管理委员会审批；符合条件的，由全国注册建筑师管理委员会颁发一级注册建筑师注册证书和执业印章。

二级注册建筑师的注册办法由省、自治区、直辖市注册建筑师管理委员会依法制定。

(2) 初始注册

① 初始注册的条件。初始注册者可以自执业资格证书签发之日起3年内提出申请。逾期未申请者，须符合继续教育的要求后方可申请初始注册。

建筑师申请初始注册，应当具备以下条件：a. 依法取得执业资格证书或者互认资格证书；b. 只受聘于中华人民共和国境内的一个建设工程勘察、设计、施工、监理、招标代理、造价咨询、施工图审查、城乡规划编制等单位；c. 近三年内在中华人民共和国境内从事建筑设计及相关业务1年以上；d. 达到继续教育要求；e. 没有下面不予注册所列的情形。

② 申请初始注册应当提交的材料。申请建筑师初始注册，应当提交下列材料：a. 初始注册申请表；b. 资格证书复印件；c. 身份证明复印件；d. 聘用单位资质证书副本复印件；e. 与聘用单位签订的聘用劳动合同复印件；f. 相应的业绩证明；g. 逾期初始注册的，应当提交达到继续教育要求的证明材料。

③ 不予注册（包括初始注册、延续注册和变更注册）的情形。申请人有下列情形之一的，不予初始注册：a. 不具备完全民事行为能力的；b. 申请在两个或者两个以上单位注册的；c. 未达到注册建筑师继续教育要求的；d. 受过刑事处罚，且自刑事处罚执行完毕之日起至申请注册之日止不满5年的；e. 因在建筑设计或者相关业务中犯有错误受行政处罚或者撤职以上行政处分，自处罚、处分决定之日起至申请之日止不满2年的；f. 受吊销注册建筑师证书的行政处罚，自处罚决定之日起至申请注册之日止不满5年的；g. 申请人的聘用单位不符合注册单位要求的；h. 法律、法规规定不予注册的其他情形。

④ 初始注册的有效期。注册建筑师初始注册的有效期限为2年。

（3）延续注册

注册建筑师注册有效期满需继续执业的，应在注册有效期届满30日前，按照规定的程序申请延续注册。延续注册有效期为2年。

延续注册需要提交下列材料：a. 延续注册申请表；b. 与聘用单位签订的聘用劳动合同复印件；c. 注册期内达到继续教育要求的证明材料。

（4）变更注册

注册建筑师变更执业单位，应当与原聘用单位解除劳动关系，并按照规定的程序办理变更注册手续。变更注册后，仍延续原注册有效期。

原注册有效期届满在半年以内的，可以同时提出延续注册申请。准予延续的，注册有效期重新计算。

（5）注册证书的补办

注册建筑师因遗失、污损注册证书或者执业印章，需要补办的，应当持在公众媒体上刊登的遗失声明的证明，或者污损的原注册证书和执业印章，向原注册机关申请补办。原注册机关应当在10日内办理完毕。

（6）重新申请注册

被注销注册者或者不予注册的，在重新具备注册条件后，可以按照前述规定的程序重新申请注册。

4.3.1.3 注册建筑师的执业

取得资格证书的人员，应当受聘于中华人民共和国境内的一个建设工程勘察、设计、施工、监理、招标代理、造价咨询、施工图审查、城乡规划编制等单位，经注册后方可从事相应的执业活动。

从事建筑工程设计执业活动的，应当受聘并注册于中华人民共和国境内一个具有工程设计资质的单位。

一级注册建筑师的执业范围不受工程项目规模和工程复杂程度的限制。二级注册建筑师的执业范围只限于承担工程设计资质标准中建设项目设计规模划分表中规定的小型项目。

4.3.1.4 注册建筑师的继续教育

注册建筑师应按规定接受继续教育，更新专业知识，提高业务水平，并作为再次注册的依据。

4.3.2 注册结构工程师执业资格管理制度

注册结构工程师是指取得中华人民共和国注册结构工程师执业资格证书和注册证书，从事房屋结构、桥梁结构及塔架结构等工程设计及相关业务的专业技术人员。1997年9月1日建设部、人事部联合发布了《注册结构工程师执业资格制度暂行规定》，2005年2月4日建设部又发布了《勘察设计注册工程师管理规定》（建设部令第137号）（2016年9月13日根据住房和城乡建设部令第32号修订），对注册结构工程师的执业资格做出了规定。我国注册结构工程师分为两级，即一级注册结构工程师和二级注册结构工程师。

4.3.2.1 注册结构工程师的执业资格考试

注册结构工程师考试，实行分级考试制。对于备考一级资格证书的人员，只有通过基础考试，并从事结构工程设计或相关业务满规定年限，方可申请参加专业考试。

（1）一级注册结构工程师考试报名条件与考试内容

① 基础考试报名条件。凡中华人民共和国公民，遵守国家法律、法规，恪守职业道德，并符合下列条件之一者，可申请参加一级注册结构工程师基础考试：

a. 取得本专业（指结构工程、建筑工程专业，下同）或相近专业（指建筑工程的岩土工程、交通土建工程、矿井建设水利水电建筑工程、港口航道及治河工程、海岸与海洋工程、农业建筑与环境工程、建筑学、工程力学专业，下同）大学本科及以上学历或工学学士及以上学位。b. 取得本专业或相近专业大学专科学历，毕业职业实践年限不少于1年。c. 其他工科专业，获得大学本科及以上学历或工学学士及以上学位，毕业职业实践年限不少于1年。

② 专业考试报名条件。基础考试合格，并符合下列条件之一者，可申请参加一级注册结构工程师专业考试：

a. 取得本专业大学本科及以上学历或工学学士及以上学位，职业实践最少年限4~5年（未通过评估的工学学士学位或本科毕业的5年，通过评估及以上学历学位4年）；或取得本专业专科学历职业实践最少年限6年。b. 取得相近专业大学本科及以上学历或工学学士及以上学位，职业实践最少年限5~6年（工学学士或本科毕业6年，以上学历学位5年）；或取得相近专业专科学历职业实践最少年限7年。c. 其他工科专业，获得大学本科及以上学历或工学学士及以上学位，职业实践年限不少于8年。

③ 基础考试内容。一级注册结构工程师基础考试的内容覆盖面很广，但深度不大，主要内容集中在高等数学、力学等科目。考试题目全部为单项选择题。

④ 专业考试内容。一级注册结构工程师专业考试设6个专业（科目）的试题，即钢筋混凝土结构、钢结构、砌体结构与木结构、地基与基础、高层建筑与横向作用、桥梁结构。

（2）二级注册结构工程师考试报名条件与考试内容

① 考试报名条件。凡中华人民共和国公民，遵守国家法律、法规，恪守职业道德，符合下列条件之一者，可申请参加二级注册结构工程师考试：

a. 具有本专业（指工业与民用建筑专业，下同）本科以及以上学历、普通大专毕业、成人大专毕业、普通中专毕业、成人中专毕业，其相应的职业实践最少年限分别达到2年、3年、4年、6年、7年；

b. 具有相近专业（指建筑设计技术、村镇建设、公路与桥梁、城市地下铁道、铁道工程、铁道桥梁与隧道、小型土木工程、水利水电工程建筑、水利工程、港口与航道工程）本科及以上学历、普通大专毕业、成人大专毕业、普通中专毕业、成人中专毕业，其相应的职业实践最少年限分别达到 4 年、6 年、7 年、9 年、10 年。

② 考试内容。二级注册结构工程师资格考试只有专业考试。考试内容为：a. 总则；b. 钢筋混凝土结构；c. 钢结构；d. 砌体结构与木结构；e. 地基与基础；f. 高层建筑结构、高耸结构及横向作用。

全国一级、二级注册结构工程师专业考试为开卷考试，考试时允许考生携带正规出版社出版的各种专业规范和参考书进入考场。一级、二级注册结构工程师专业考试时间为 8 小时，上、下午各 4 小时，且为非滚动管理考试。一级、二级注册结构工程师专业考试试卷由 80 道单项选择题组成，其中上、下午试卷各 40 题，试卷满分 80 分，即每题 1 分。

4.3.2.2 结构工程师的注册

注册结构工程师实行注册执业管理制度。取得资格证书的人员，必须经过注册方能以注册结构工程师的名义执业。

结构工程师的注册，与建筑师的注册基本一样，也是分为初始注册、延续注册和变更注册 3 种形式；不同的是注册结构工程师每一注册有效期为 3 年。

4.3.2.3 注册结构工程师的执业

取得资格证书的人员，应受聘于一个具有建设工程勘察、设计、施工、监理、招标代理、造价咨询等一项或多项资质的单位，经注册后方可从事相应的执业活动。但从事建设工程勘察、设计执业活动的，应受聘并注册于一个具有建设工程勘察、设计资质的单位。

一级注册结构工程师的执业范围不受工程规模及工程复杂程度的限制。二级注册结构工程师执业范围按照国家规定执行。

4.3.2.4 注册结构工程师的继续教育

注册结构工程师应按规定接受继续教育，更新专业知识，提高业务水平，并作为再次注册的依据。

4.3.3 注册建造师执业资格管理制度

2002 年 12 月 5 日，人事部、建设部联合下发了《关于印发〈建造师执业资格制度暂行规定〉的通知》，明确规定在我国对从事建设工程项目总承包及施工管理的专业技术人员实行注册建造师执业资格制度。

建造师分为一级建造师和二级建造师。

4.3.3.1 建造师的执业资格考试

（1）考试的级别和科目

我国建造师执业资格考试分为一级建造师执业资格考试和二级建造师执业资格考试两个级别。

①一级建造师执业资格考试。一级建造师执业资格考试实行"统一大纲、统一命题、统一组织"的考试制度，由国家统一组织，人力资源和社会保障部、住房和城乡建设部共同负责具体组织实施，原则上每年举行一次。

一级建造师执业资格考试设《建设工程经济》《建设工程法规及相关知识》《建设工程项目管理》和《专业工程管理与实务》4 个科目。前 3 个科目属综合知识与能力部分，第 4 个科目属专业知识与能力部分。《专业工程管理与实务》按照建设工程的专业要求进行，由考生根据工作需要选择10个专业的其中1个专业参加考试。这10个专业是：建筑工程、公路工程、铁路工程、民航机场工程、港口与航道工程、水利水电工程、市政公用工程、通信与广电工程、矿业工程和机电工程。

一级建造师执业资格考试分4个半天，以纸笔作答方式进行。《建设工程经济》科目的考试时间为2小时，《建设工程法规及相关知识》和《建设工程项目管理》科目的考试时间均为3小时，《专业工程管理与实务》科目的考试时间为4小时。

② 二级建造师执业资格考试。二级建造师执业资格实行全国统一大纲，各省、自治区、直辖市组织命题考试的制度。同时，考生也可以选择参加二级建造师执业资格全国统一考试。全国统一考试由国家统一组织命题和考试。

二级建造师执业资格考试设《建设工程施工管理》《建设工程法规及相关知识》《专业工程管理与实务》3个科目。《专业工程管理与实务》按照建设工程的专业分为：建筑工程、公路工程、水利水电工程、市政公用工程、矿业工程和机电工程6个专业类别。

两个级别的考试成绩均实行2年为1个周期的滚动管理办法，即必须在连续的两个考试年度内通过全部科目。

（2）考试报名条件

申请参加注册建造师考试，必须符合国家规定的教育标准和职业实践要求。

① 一级注册建造师考试报名的条件。凡中华人民共和国公民，遵守国家法律、法规，恪守职业道德，并具备下列条件之一者，可以申请参加一级建造师执业资格考试：

a. 取得工程类或工程经济类大学专科学历，工作满6年，其中从事建设工程项目施工管理工作满4年。b. 取得工程类或工程经济类大学本科学历，工作满4年，其中从事建设工程项目施工管理工作满3年。c. 取得工程类或工程经济类双学士学位或研究生班毕业，工作满3年，其中从事建设工程项目施工管理工作满2年。d. 取得工程类或工程经济类硕士学位，工作满2年，其中从事建设工程项目施工管理工作满1年。e. 取得工程类或工程经济类博士学位，从事建设工程项目施工管理工作满1年。

已取得一级建造师执业资格证书的人员，也可根据实际工作需要，选择《专业工程管理与实务》科目的相应专业，报名参加考试。考试合格后核发国家统一印制的相应专业合格证明。该证明作为注册时增加执业专业类别的依据。

② 二级注册建造师考试报名的条件。凡遵纪守法并具备工程类或工程经济类中等专科以上学历并从事建设工程项目施工管理工作满2年，可报名参加二级建造师执业资格考试。

（3）考试合格证书的颁发

参加一级建造师执业资格考试合格，由各省、自治区、直辖市人事部门颁发人事部统一印制，人事部、建设部用印的《中华人民共和国一级建造师执业资格证书》。该证书在全国范围内有效。

二级建造师执业资格考试合格者，由省、自治区、直辖市人事部门颁发由人事部、建设部统一格式的《中华人民共和国二级建造师执业资格证书》。该证书在所在行政区域内有效。其中通过二级建造师资格考核认定，或参加全国统考取得二级建造师资格证书的，该证书在全国范围内有效。

4.3.3.2 建造师的注册

注册建造师实行注册执业管理制度。取得建造师执业资格证书的人员，必须经过注册登记，方可以注册建造师的名义执业。建造师的注册，根据注册内容的不同分为四种形式，即初始注册、延续注册、变更注册和增项注册。注册证书和执业印章是注册建造师的执业凭证，由注册建造师本人保管、使用。

(1) 建造师的注册管理机构

建设部或其授权的机构为一级建造师执业资格的注册管理机构。省、自治区、直辖市建设行政主管部门或其授权的机构为二级建造师执业资格的注册管理机构。

(2) 初始注册

① 申请初始注册的条件。申请初始注册时应当具备以下条件：a. 经考核认定或考试合格取得资格证书；b. 受聘于一个相关单位。

初始注册者，可自资格证书签发之日起3年内提出申请。逾期未申请者，除具备上述两条外，还须符合本专业继续教育的要求后方可申请初始注册。

② 申请初始注册需要提交的材料。申请初始注册需要提交下列材料：a. 注册建造师初始注册申请表；b. 资格证书、学历证书和身份证明复印件；c. 申请人与聘用单位签订的聘用劳动合同复印件或其他有效证明文件；d. 逾期申请初始注册的，应当提供达到继续教育要求的证明材料。

③ 不予注册（包括初始注册、延续注册、变更注册、增项注册）的情形。建造师申请人有下列情形之一的，不予初始注册（延续注册、变更注册或增项注册）：a. 不具有完全民事行为能力的；b. 申请在两个或者两个以上单位注册的；c. 未达到注册建造师继续教育要求的；d. 受到刑事处罚，刑事处罚尚未执行完毕的；e. 因执业活动受到刑事处罚，自刑事处罚执行完毕之日起至申请注册之日止不满5年的；f. 因前项规定以外的原因受到刑事处罚，自处罚决定之日起至申请注册之日止不满3年的；g. 被吊销注册证书，自处罚决定之日起至申请注册之日止不满2年的；h. 在申请注册之日前3年内担任项目经理期间，所负责项目发生过重大质量和安全事故的；i. 申请人的聘用单位不符合注册单位要求的；j. 年龄超过65周岁的。

④ 初始注册的有效期。注册建造师初始注册的有效期限为3年，自核准注册之日起计算。

(3) 延续注册

注册有效期满需继续执业的，应当在注册有效期届满30日前，按规定申请延续注册。延续注册的，有效期为3年。

申请延续注册的，应当提交下列材料：①注册建造师延续注册申请表；②原注册证书；③申请人与聘用单位签订的聘用劳动合同复印件或其他有效证明文件；④申请人注册有效期内达到继续教育要求的证明材料。

(4) 变更注册

在注册有效期内，注册建造师变更执业单位，应当与原聘用单位解除劳动关系，并按规定的程序办理变更注册手续，变更注册后仍延续原注册有效期。

申请变更注册的，应当提交下列材料：a. 注册建造师变更注册申请表；b. 注册证书和执业印章；c. 申请人与新聘用单位签订的聘用合同复印件或有效证明文件；d. 工作调动证明（与原聘用单位解除聘用合同或聘用合同到期的证明文件、退休人员的退休证明）。

因变更注册申报不及时影响注册建造师执业、导致工程项目出现损失的，由注册建造师所在聘用企业承担责任，并作为不良行为记入企业信用档案。

(5) 增项注册

注册建造师需要增加执业专业的，应当按规定申请专业增项注册，并提供相应的资格证明。

(6) 注册证书和执业印章的补办

注册建造师因遗失、污损注册证书或执业印章，需要补办的，应当持在公众媒体上刊登的遗失声明的证明，向原注册机关申请补办。原注册机关应当在 5 日内办理完毕。

(7) 重新申请注册

被注销注册或者不予注册的，在重新具备注册条件后，可按前述规定重新申请注册。

4.3.3.3 注册建造师的执业

取得建造师资格证书的人员应当受聘于一个具有建设工程勘察、设计、施工、监理、招标代理、造价咨询等一项或者多项资质的单位，经注册后有权以注册建造师名义从事建设工程项目总承包管理或施工管理，建设工程项目管理服务，建设工程技术经济咨询，以及法律、行政法规和国务院建设主管部门规定的其他业务。

担任施工单位项目负责人的，应当受聘并注册于一个具有施工资质的企业。注册建造师不得同时在两个及两个以上的建设工程项目上担任施工单位项目负责人。

建设工程施工活动中形成的有关工程施工管理文件，应当由注册建造师签字并加盖执业印章。施工单位签署质量合格的文件上，必须有注册建造师的签字盖章。注册建造师签章完整的工程施工管理文件方为有效。

(1) 注册建造师的执业范围

注册建造师执业工程规模标准依据不同专业设置为多个工程类别，不同的工程类别又进一步细分为不同的项目。这些项目依据相应的、不同的计量单位分为大型、中型和小型工程。大中型工程项目施工负责人必须由本专业注册建造师担任，其中大型工程项目负责人必须由本专业一级注册建造师担任。

(2) 注册建造师的执业技术能力

① 一级注册建造师应当具备的执业技术能力：a. 具有一定的工程技术、工程管理理论和相关经济理论水平，并具有丰富的施工管理专业知识；b. 能够熟练掌握和运用与施工管理业务相关的法律、法规、工程建设强制性标准和行业管理的各项规定；c. 具有丰富的施工管理实践经验和资历，有较强的施工组织能力，能保证工程质量和安全生产；d. 有一定的外语水平。

② 二级注册建造师应当具备的执业技术能力：a. 了解工程建设的法律、法规、工程建设强制性标准及有关行业管理的规定；b. 具有一定的施工管理专业知识；c. 具有一定的施工管理实践经验和资历，有一定的施工组织能力，能保证工程质量和安全生产。

4.3.3.4 注册建造师的继续教育

注册建造师应按规定接受继续教育，更新专业知识，提高业务水平，并作为再次注册的依据。

4.3.3.5 注册建造师的权利和义务

(1) 注册建造师的权利

注册建造师享有下列权利：①使用注册建造师名称；②在规定范围内从事执业活动；③在本人执业活动中形成的文件上签字并加盖执业印章；④保管和使用本人注册证书、执业印章；⑤对本人执业活动进行解释和辩护；⑥接受继续教育；⑦获得相应的劳动报酬；⑧对侵犯本人权利的行为进行申述。

(2) 注册建造师的义务

注册建造师应当履行下列义务：①遵守法律、法规和有关管理规定，恪守职业道德；②执行技术标准、规范和规程；③保证执业成果的质量，并承担相应责任；④接受继续教育，努力提高执业水准；⑤保守在执业中知悉的国家秘密和他人的商业、技术等秘密；⑥与当事人有利害关系的，应当主动回避；⑦协助注册管理机关完成相关工作。

4.3.3.6 注册建造师的监督管理

县级以上人民政府建设主管部门、其他有关部门应当依照有关法律、法规和相关规定，对注册建造师的注册、执业和继续教育实施监督检查。

国务院建设主管部门应当将注册建造师注册信息告知省、自治区、直辖市人民政府建设主管部门。省、自治区、直辖市人民政府建设主管部门应当将注册建造师注册信息告知本行政区域内市、县、市辖区人民政府建设主管部门。

注册建造师违法从事相关活动的，违法行为发生地县级以上地方人民政府建设主管部门或者其他有关部门应当依法查处，并将违法事实、处理结果告知注册机关；依法应当撤销注册的，应当将违法事实、处理建议及有关材料报注册机关。

(1) 注册证书和执业印章失效

注册建造师有下列情形之一的，其注册证书和执业印章失效：①聘用单位破产的；②聘用单位被吊销营业执照的；③聘用单位被吊销或者撤回资质证书的；④已与聘用单位解除聘用合同关系的；⑤注册有效期满且未延续注册的；⑥年龄超过65周岁的；⑦死亡或不具有完全民事行为能力的；⑧其他导致注册失效的情形。

(2) 注销注册

注册建造师有下列情形之一的，负责审批的部门应当办理注销手续，收回注册证书和执业印章或者公告其注册证书和执业印章作废：①有上述注册证书和执业印章失效所列情形发生的；②依法被撤销注册的；③依法被吊销注册证书的；④受到刑事处罚的；⑤法律、法规规定应当注销注册的其他情形。

注册建造师有上述所列情形之一的，注册建造师本人和聘用单位应当及时向注册机关提出注销注册申请；有关单位和个人有权向注册机关举报；县级以上地方人民政府建设主管部门或者有关部门应当及时告知注册机关。

(3) 撤销注册

有下列情形之一的，注册机关依据职权或者根据利害关系人的请求，可以撤销注册建造师的注册：①注册机关工作人员滥用职权、玩忽职守作出准予注册许可的；②超越法定职权作出准予注册许可的；③违反法定程序作出准予注册许可的；④对不符合法定条件的申请人颁发注册证书和执业印章的；⑤依法可以撤销注册的其他情形。

申请人以欺骗、贿赂等不正当手段获准注册的，应当予以撤销。

4.3.4 注册土木工程师（岩土）执业资格管理制度

2002年4月8日人事部、建设部颁布了《注册土木工程师（岩土）执业资格制度暂行规定》《注册土木工程师（岩土）执业资格考试实施办法》和《注册土木工程师（岩土）执业资格考核认定办法》（人发［2002］35号），2002年9月举行了首届全国注册土木工程师（岩土）执业资格考试。

目前注册土木工程师（岩土）执业资格制度纳入国家专业技术人员执业资格制度，由原人事部、建设部批准建立。

4.3.4.1 注册土木工程师（岩土）的执业资格考试

注册土木工程师（岩土）执业资格考试分为基础考试和专业考试。专业考试分2天进行，第1天为专业知识考试，第2天为专业案例考试。专业知识和专业案例考试时间均为6小时，上、下午各3小时。

专业知识考试的上、下午试卷均由40道单选题和30道多选题构成，单选题每题1分，多选题每题 2 分，专业知识试卷满分为 200 分；专业案例考试的上、下午试卷各由 30 道单项选择题组成，考生从上、下午试卷的 30 道试题中任选其中 25 道题作答，每题 2 分，专业案例试卷满分为 100 分。

专业知识试卷由以下科目组成：①岩土工程勘察；②岩土工程设计基本原则；③浅基础；④深基础；⑤地基处理；⑥土工结构与边坡防护；⑦基坑工程与地下工程；⑧特殊条件下的岩土工程；⑨地震工程；⑩岩土工程检测与监测；⑪工程经济与管理。专业案例试卷的内容组成同专业知识试卷。区别是专业知识试卷为知识概念性考题；专业案例试卷由概念题、综合概念题、简单计算题、连锁计算题及综合分析题组成。注册土木工程师（岩土）专业考试为非滚动管理考试，且为开卷考试，考试时允许考生携带正规出版社出版的各种专业规范和参考书进入考场。

凡中华人民共和国公民，遵守国家法律、法规，恪守职业道德，并具备相应专业教育和职业实践条件者，均可申请参加注册土木工程师（岩土）执业资格考试。限于篇幅不再一一讲述。

4.3.4.2 注册土木工程师（岩土）的注册

取得《中华人民共和国注册土木工程师（岩土）执业资格证书》者，应向所在省、自治区、直辖市勘察设计注册工程师管理委员会提出申请，由该委员会向岩土工程专业委员会报送办理注册的有关材料。由岩土工程专业委员会向准予注册的申请人核发由全国勘察设计注册工程师管理委员会统一制作的《中华人民共和国注册土木工程师（岩土）执业资格注册证书》和执业印章，经注册后，方可在规定的业务范围内执业。

注册土木工程师（岩土）执业资格注册有效期为 3 年。有效期满需继续执业的，应在期满前 30 日内办理再次注册手续。

4.3.4.3 注册土木工程师（岩土）的执业

注册土木工程师（岩土）的执业范围如下：
① 岩土工程勘察；
② 岩土工程设计；
③ 岩土工程咨询与监理；
④ 岩土工程治理、检测与监测；
⑤ 环境岩土工程和与岩土工程有关的水文地质工程业务；
⑥ 国务院有关部门规定的其他业务。

注册土木工程师（岩土）必须加入一个具有工程勘察或工程设计资质的单位方能执业。注册土木工程师（岩土）执业，由其所在单位接受委托并统一收费。因岩土工程技术质量事故造成的经济损失，接受委托单位应承担赔偿责任，并可向签字的注册土木工程师（岩土）追偿。

4.3.4.4 注册土木工程师的继续教育

注册土木工程师（岩土）应按规定接受继续教育，更新专业知识，提高业务水平，并作为再次注册的依据。

4.3.5 注册土木工程师（港口与航道工程）执业资格管理制度

注册土木工程师（港口与航道工程），是指取得《中华人民共和国注册土木工程师（港口与航道工程）执业资格证书》和《中华人民共和国注册土木工程师（港口与航道工程）执业资格注册证书》，从事港口与航道工程设计及相关业务的专业技术人员。国家对从事港口与航道工程设计活动的专业技术人员实行执业资格制度，纳入全国专业技术人员执业资格制度统一规划。

4.3.5.1 注册土木工程师（港口与航道工程）的执业资格考试

注册土木工程师（港口与航道工程）执业资格考试由基础考试和专业考试组成，通过基础考试者可申请参加专业考试，考试合格人员取得由省、自治区、直辖市人事行政部门颁发，人事部统一印制，人事部、建设部、交通部用印的《中华人民共和国注册土木工程师（港口与航道工程）执业资格证书》。证书不分级别。凡中华人民共和国公民，遵守国家法律、法规，恪守职业道德，并具备相应专业教育和职业实践条件者，均可申请参加注册土木工程师（港口与航道工程）执业资格考试。

考试由全国港口与航道工程专业委员会负责拟定港口与航道工程专业考试大纲和命题、建立并管理考试试题库、组织阅卷评分、提出评分标准和合格标准建议。全国勘察设计注册工程师管理委员会负责审定考试大纲、年度试题、评分标准与合格标准。实行全国统一大纲、统一命题的考试制度，原则上每年举行一次。

4.3.5.2 注册土木工程师（港口与航道工程）的注册

取得资格证书者，可向所在省、自治区、直辖市勘察设计注册工程师管理委员会提出申请，由该委员会向港口与航道工程专业委员会报送办理注册的有关材料。港口与航道工程专业委员会向准予注册的申请人核发由建设部统一制作，全国勘察设计注册工程师管理委员会和港口与航道工程专业委员会用印的《中华人民共和国注册土木工程师（港口与航道工程）执业资格注册证书》和执业印章。申请人经注册后，方可在规定的业务范围内执业。

4.3.5.3 注册土木工程师（港口与航道工程）的执业

注册土木工程师（港口与航道工程）的执业范围如下：
① 港口与航道工程设计；
② 港口与航道工程技术咨询；
③ 港口与航道工程的技术调查和鉴定；
④ 港口与航道工程的项目管理业务；
⑤ 对本专业设计项目的施工进行指导和监督；
⑥ 国务院有关部门规定的其他业务。

注册土木工程师（港口与航道工程）只能受聘于一个具有工程设计资质的单位，其参加执业活动，由其所在单位接受委托并统一收费。

4.3.5.4 注册土木工程师（港口与航道工程）的继续教育

注册土木工程师（港口与航道工程）应按规定接受继续教育，更新专业知识，提高业务水平，并作为再次注册的依据。

4.3.6 注册监理工程师执业资格管理制度

注册监理工程师，是指经考试取得中华人民共和国监理工程师资格证书（以下简称资格证书），并按照有关规定注册，取得中华人民共和国注册监理工程师注册执业证书（以下简称注册证书）和执业印章，从事工程监理及相关业务活动的专业技术人员。

1996年8月，建设部、人事部下发了《建设部、人事部关于全国监理工程师执业资格考试工作的通知》（建监〔1996〕462号），从1997年起，全国正式举行监理工程师执业资格考试。

2006年建设部颁发《注册监理工程师管理规定》(2016年9月13日根据住房和城乡建设部令第32号修订)，对监理工程师的考试、注册、执业、继续教育等做了详细规定。

4.3.6.1 考试时间及科目设置

注册监理工程师的考试工作由建设部、人事部共同负责，日常工作委托建设部建筑监理协会承担，具体考务工作由人事部人事考试中心负责。

考试每年举行一次，考试时间一般安排在9月上旬。

考试设《建设工程监理基本理论与相关法规》《建设工程合同管理》《建设工程质量、投资、进度控制》《建设工程监理案例分析》共4个科目。其中，《建设工程监理案例分析》为主观题，在试卷上作答；其余3科均为客观题，在答题卡上作答。

考试分4个半天进行，《工程建设合同管理》《工程建设监理基本理论与相关法规》的考试时间为2小时；《工程建设质量、投资、进度控制》的考试时间为3小时；《工程建设监理案例分析》的考试时间为4小时。

4.3.6.2 报考条件

① 凡中华人民共和国公民，遵纪守法并具备以下条件之一者，均可申请参加全国监理工程师执业资格考试。

a. 工程技术或工程经济专业大专（含大专）以上学历，按照国家有关规定，取得工程技术或工程经济专业中级职务，并任职满3年；

b. 按照国家有关规定，取得工程技术或工程经济专业高级职务；

c. 1970年（含1970年）以前工程技术或工程经济专业中专毕业，按照国家有关规定，取得工程技术或工程经济专业中级职务，并任职满3年。

② 对于从事工程建设监理工作且同时具备下列4项条件的报考人员，可免试《建设工程合同管理》和《建设工程质量、投资、进度控制》两个科目，只参加《建设工程监理基本理论与相关法规》和《建设工程监理案例分析》两个科目的考试。

a. 1970年（含1970年）以前工程技术或工程经济专业中专（含中专）以上毕业；

b. 按照国家有关规定，取得工程技术或工程经济专业高级职务；

c. 从事工程设计或工程施工管理工作满15年；

d. 从事监理工作满1年。

上述报考条件中有关学历的要求是指经国家教育主管部门承认的正规学历，从事相关专业工作年限的计算截止日期为考试报名年度当年年底。

③ 根据人事部《关于做好香港、澳门居民参加内地统一举行的专业技术人员资格考试有关问题的通知》（国人部发〔2005〕9号）文件精神，自2005年度起，凡符合全国监理工程师执业资格考试有关规定的香港、澳门居民，均可按照规定的程序和要求，报名参加相应专业考试。

香港、澳门居民申请参加全国监理工程师执业资格考试，在资格审核时应提交本人身份证明、国务院教育行政部门认可的相应专业学历或学位证书，以及相应专业机构从事相关专业工作年限的证明。

4.3.6.3 成绩管理及注册

考试成绩实行两年为一个周期的滚动管理办法，参加全部4个科目考试的人员必须在连续两个考试年度内通过全部科目；免试部分科目的人员必须在当年通过应试科目。

在规定时间内全部考试科目合格，颁发中华人民共和国监理工程师资格证书。取得资格证书者,经过注册方能以注册监理工程师的名义执业。申请注册由省、自治区、直辖市人民政府建设主管部门初审,国务院建设主管部门审批。

具体程序为:①取得资格证书并受聘于一个建设工程勘察、设计、施工、监理、招标代理、造价咨询等单位的人员,应当通过聘用单位向单位工商注册所在地的省、自治区、直辖市人民政府建设主管部门提出注册申请;②省、自治区、直辖市人民政府建设主管部门受理后提出初审意见,并将初审意见和全部申报材料报国务院建设主管部门审批;③符合条件的,由国务院建设主管部门核发注册证书和执业印章。

注册监理工程师每一注册有效期为3年,注册有效期满需继续执业的,应当在注册有效期满30日前,按照规定的程序申请延续注册。延续注册有效期3年。

4.3.6.4 注册监理工程师的继续教育

注册监理工程师应按规定接受继续教育,更新专业知识,提高业务水平,并作为再次注册的依据。

4.3.7 注册造价工程师执业资格管理制度

注册造价工程师,是指通过职业资格考试取得中华人民共和国造价工程师职业资格证书,并按照规定的程序注册,取得中华人民共和国造价工程师注册执业证书和执业印章,从事工程造价活动的专业技术人员。

未取得注册证书和执业印章的人员,不得以注册造价工程师的名义从事工程造价活动。

4.3.7.1 注册造价工程师的管理体制

造价工程师管理体制遵循"分级管理、条块结合"的原则。根据住建部、交通运输部、水利部、人力资源社会保障部关于印发《造价工程师职业资格制度规定》《造价工程师职业资格考试实施办法》的通知(建人〔2018〕67号),我国注册造价工程师分为两级,即一级注册造价工程师和二级注册造价工程师。

① 住建部、交通运输部、水利部、人力资源社会保障部共同制定造价工程师职业资格制度,并按照职责分工负责全国的造价工程师职业资格制度的实施与监管。

各省、自治区、直辖市住房城乡建设、交通运输、水利、人力资源社会保障行政主管部门,按照职责分工负责本行政区域内造价工程师职业资格制度的实施与监管。

② 住建部组织拟定一级造价工程师和二级造价工程师职业资格考试基础科目的考试大纲,组织一级造价工程师基础科目命审题工作。

住建部、交通运输部、水利部按照职责分别负责拟定一级造价工程师和二级造价工程师职业资格考试专业科目的考试大纲,组织一级造价工程师专业科目命审题工作。

③ 人力资源社会保障部负责审定一级造价工程师和二级造价工程师职业资格考试科目和考试大纲,负责一级造价工程师职业资格考试考务工作,并会同住建部、交通运输部、水利部对造价工程师职业资格考试工作进行指导、监督、检查。

④ 各省、自治区、直辖市住房和城乡建设、交通运输、水利行政主管部门会同人力资源社会保障行政主管部门,按照全国统一的考试大纲和相关规定组织实施二级造价工程师职业资格考试。

⑤ 人力资源社会保障部会同住建部、交通运输部、水利部确定一级造价工程师职业资格考试合格标准。

各省、自治区、直辖市人力资源社会保障行政主管部门会同住房和城乡建设、交通运输、水利行政主管部门确定二级造价工程师职业资格考试合格标准。

4.3.7.2 造价工程师的职业资格考试

(1) 考试的级别和科目

我国造价工程师的职业资格考试分为一级造价工程师职业资格考试和二级造价工程师职业资格考试两个级别。

一级和二级造价工程师职业资格考试均设置基础科目和专业科目。

一级造价工程师职业资格考试全国统一大纲、统一命题、统一组织。二级造价工程师职业资格考试全国统一大纲，各省、自治区、直辖市自主命题并组织实施。

① 一级造价工程师职业资格考试。一级造价工程师职业资格考试设《建设工程造价管理》《建设工程计价》《建设工程技术与计量》和《建设工程造价案例分析》4个科目。其中，《建设工程造价管理》和《建设工程计价》为基础科目，《建设工程技术与计量》和《建设工程造价案例分析》为专业科目。

造价工程师职业资格考试专业科目分为土木建筑工程、交通运输工程、水利工程和安装工程4个专业类别，考生在报名时可根据实际工作需要选择其一。其中，土木建筑工程安装工程专业由住房城乡建设部负责；交通运输工程专业由交通运输部负责；水利工程专业由水利部负责。

一级造价工程师职业资格考试分4个半天进行。《建设工程造价管理》《建设工程技术与计量》《建设工程计价》科目的考试时间均为2.5小时；《建设工程造价案例分析》科目的考试时间为4小时。

② 二级造价工程师职业资格考试。二级造价工程师职业资格考试设《建设工程造价管理基础知识》《建设工程计量与计价实务》2个科目。其中，《建设工程造价管理基础知识》为基础科目，《建设工程计量与计价实务》为专业科目。

二级造价工程师职业资格考试分2个半天。《建设工程造价管理基础知识》科目的考试时间为2.5小时，《建设工程计量与计价实务》为3小时。

(2) 考试报名条件

① 一级造价工程师考试报名条件。凡遵守中华人民共和国宪法、法律、法规，具有良好的业务素质和道德品行，具备下列条件之一者，可以申请参加一级造价工程师职业资格考试：

a. 具有工程造价专业大学专科（或高等职业教育）学历，从事工程造价业务工作满5年；

具有土木建筑、水利、装备制造、交通运输、电子信息、财经商贸大类大学专科（或高等职业教育）学历，从事工程造价业务工作满6年。

b. 具有通过工程教育专业评估（认证）的工程管理、工程造价专业大学本科学历或学位，从事工程造价业务工作满4年；

具有工学、管理学、经济学门类大学本科学历或学位，从事工程造价业务工作满5年。

c. 具有工学、管理学、经济学门类硕士学位或者第二学士学位，从事工程造价业务工作满3年。

d. 具有工学、管理学、经济学门类博士学位，从事工程造价业务工作满1年。

e. 具有其他专业相应学历或者学位的人员，从事工程造价业务工作年限相应增加1年。

② 二级造价工程师考试报名条件。凡遵守中华人民共和国宪法、法律、法规，具有良好的业务素质和道德品行，具备下列条件之一者，可以申请参加二级造价工程师职业资格考试：

a. 具有工程造价专业大学专科（或高等职业教育）学历，从事工程造价业务工作满

2年；

具有土木建筑、水利、装备制造、交通运输、电子信息、财经商贸大类大学专科（或高等职业教育）学历，从事工程造价业务工作满3年。

b. 具有工程管理、工程造价专业大学本科及以上学历或学位，从事工程造价业务工作满1年；

具有工学、管理学、经济学门类大学本科及以上学历或学位，从事工程造价业务工作满2年。

c. 具有其他专业相应学历或学位的人员，从事工程造价业务工作年限相应增加1年。

4.3.7.3 造价工程师的注册

国家对造价工程师职业资格实行执业注册管理制度。取得造价工程师职业资格证书且从事工程造价相关工作的人员，经注册方可以造价工程师名义执业。

住建部、交通运输部、水利部按照职责分工，制定相应注册造价工程师管理办法并监督执行。

住建部、交通运输部、水利部分别负责一级造价工程师注册及相关工作。各省、自治区、直辖市住房和城乡建设、交通运输、水利行政主管部门按专业类别分别负责二级造价工程师注册及相关工作。

经批准注册的申请人，由住建部、交通运输部、水利部核发《中华人民共和国一级造价工程师注册证》（或电子证书）；或由各省、自治区、直辖市住房和城乡建设、交通运输、水利行政主管部门核发《中华人民共和国二级造价工程师注册证》（或电子证书）。

造价工程师执业时应持注册证书和执业印章。注册证书、执业印章样式以及注册证书编号规则由住建部会同交通运输部、水利部统一制定。执业印章由注册造价工程师按照统一规定自行制作。

住建部、交通运输部、水利部按照职责分工建立造价工程师注册管理信息平台，保持通用数据标准统一。住建部负责归集全国造价工程师注册信息，促进造价工程师注册、执业和信用信息互通共享。

住建部、交通运输部、水利部负责建立完善造价工程师的注册和退出机制，对以不正当手段取得注册证书等违法违规行为，将依照有关规定撤销其注册证书。

4.3.7.4 造价工程师的执业

造价工程师在工作中，必须遵纪守法，恪守职业道德和从业规范，诚信执业，主动接受有关主管部门的监督检查，加强行业自律。

造价工程师不得同时受聘于两个或两个以上单位执业，不得允许他人以本人名义执业，严禁"证书挂靠"。出租出借注册证书的，依据相关法律法规进行处罚；构成犯罪的，依法追究刑事责任。

（1）一级造价工程师的执业范围

一级造价工程师的执业范围包括建设项目全过程的工程造价管理与咨询等，具体工作内容：

① 项目建议书、可行性研究投资估算与审核，项目评价造价分析；

② 建设工程设计概算、施工预算编制和审核；

③ 建设工程招标投标文件工程量和造价的编制与审核；

④ 建设工程合同价款、结算价款、竣工决算价款的编制与管理；

⑤ 建设工程审计、仲裁、诉讼、保险中的造价鉴定，工程造价纠纷调解；

⑥ 建设工程计价依据、造价指标的编制与管理；
⑦ 与工程造价管理有关的其他事项。
(2) 二级造价工程师的执业范围
二级造价工程师主要协助一级造价工程师开展相关工作，可独立开展以下具体工作：
① 建设工程工料分析、计划、组织与成本管理，施工图预算、设计概算编制；
② 建设工程量清单、最高投标限价、投标报价编制；
③ 建设工程合同价款、结算价款和竣工决算价款的编制。

4.3.7.5 造价工程师的继续教育

注册造价工程师应按规定接受继续教育，更新专业知识，提高业务水平，并作为再次注册的依据。

4.4 法律责任

4.4.1 在办理施工许可证或开工报告中的违法行为及其应承担的法律责任

(1) 未经许可擅自开工应承担的法律责任

《建筑法》规定，违反本法规定，未取得施工许可证或者开工报告未经批准擅自施工的，责令改正，对不符合开工条件的责令停止施工，可以处以罚款。

《建设工程质量管理条例》规定，建设单位未取得施工许可证或者开工报告未经批准，擅自施工的，责令停止施工，限期改正，处工程合同价款1%以上2%以下的罚款。

《建筑工程施工许可管理办法》规定，对于未取得施工许可证或者为规避办理施工许可证将工程项目分解后擅自施工的，由有管辖权的发证机关责令停止施工，限期改正，对建设单位处工程合同价款1%以上2%以下罚款；对施工单位处3万元以下罚款。

(2) 采用欺骗、贿赂等不正当手段取得施工许可证应承担的法律责任

《建筑工程施工许可管理办法》规定，建设单位采用欺骗、贿赂等不正当手段取得施工许可证的，由原发证机关撤销施工许可证，责令停止施工，并处1万元以上3万元以下罚款；构成犯罪的，依法追究刑事责任。

(3) 隐瞒有关情况或者提供虚假材料申请施工许可证应承担的法律责任

《建筑工程施工许可管理办法》规定，建设单位隐瞒有关情况或者提供虚假材料申请施工许可证的，发证机关不予受理或者不予许可，并处1万元以上3万元以下罚款；构成犯罪的，依法追究刑事责任。

(4) 伪造或者涂改施工许可证应承担的法律责任

《建筑工程施工许可管理办法》规定，建设单位伪造或者涂改施工许可证的，由发证机关责令停止施工，并处1万元以上3万元以下罚款；构成犯罪的，依法追究刑事责任。

(5) 对责任人员的处罚

《建筑工程施工许可管理办法》规定，依照本办法规定，给予单位罚款处罚的，对单位直接负责的主管人员和其他直接责任人员处单位罚款数额5%以上10%以下罚款。

单位及相关责任人受到处罚的，作为不良行为记录予以通报。

(6) 发证机关及其工作人员的违法行为应承担的法律责任

《建筑工程施工许可管理办法》规定，发证机关及其工作人员，违反本办法，有下列情形之一的，由其上级行政机关或者监察机关责令改正；情节严重的，对直接负责的主管人员

和其他直接责任人员,依法给予行政处分:
① 对不符合条件的申请人准予施工许可的;
② 对符合条件的申请人不予施工许可或者未在法定期限内作出准予许可决定的;
③ 对符合条件的申请不予受理的;
④ 利用职务上的便利,收受他人财物或者谋取其他利益的;
⑤ 不依法履行监督职责或者监督不力,造成严重后果的。

4.4.2 建设工程勘察设计等企业和资质许可机关在资质许可中的法律责任

4.4.2.1 建设工程勘察设计等从业单位的违法行为和法律责任

① 企业隐瞒有关情况或者提供虚假材料申请资质的,资质许可机关不予受理或者不予行政许可,并给予警告,该企业在1年内不得再次申请该资质。

② 企业以欺骗、贿赂等不正当手段取得资质证书的,由县级以上地方人民政府建设主管部门或者有关部门给予警告,并依法处以罚款;该企业在3年内不得再次申请该资质。

③ 企业不及时办理资质证书变更手续的,由资质许可机关责令限期办理;逾期不办理的,可处以1000元以上1万元以下的罚款。

④ 企业未按照规定提供信用档案信息的,由县级以上地方人民政府建设主管部门给予警告,责令限期改正;逾期未改正的,可处以1000元以上1万元以下的罚款。

⑤ 涂改、倒卖、出租、出借或者以其他形式非法转让资质证书的,由县级以上地方人民政府建设主管部门或者有关部门给予警告,责令改正,并处以1万元以上3万元以下的罚款;造成损失的,依法承担赔偿责任;构成犯罪的,依法追究刑事责任。

4.4.2.2 建设主管部门及其工作人员的违法行为和法律责任

① 建设主管部门及其工作人员,违反规定,有下列情形之一的,由其上级行政机关或者监察机关责令改正;情节严重的,对直接负责的主管人员和其他直接责任人员,依法给予行政处分:
　a. 对不符合条件的申请人准予工程勘察、设计资质许可的;
　b. 对符合条件的申请人不予工程勘察、设计资质许可或者未在法定期限内作出许可决定的;
　c. 对符合条件的申请不予受理或者未在法定期限内初审完毕的;
　d. 利用职务上的便利,收受他人财物或者其他好处的;
　e. 不依法履行监督职责或者监督不力,造成严重后果的。

② 负责颁发建筑工程施工许可证的部门及其工作人员对不符合施工条件的建筑工程颁发施工许可证的,由上级机关责令改正,对责任人员给予行政处分;构成犯罪的,依法追究刑事责任;造成损失的,由该部门承担相应的赔偿责任。

4.4.3 注册建造师等注册人员的法律责任

《勘察设计注册工程师管理规定》(建设部令第137号,自2005年4月1日起施行)对注册建筑师、结构工程师、土木工程师、建造师、监理工程师、造价工程师等注册人员规定了法律责任。

4.4.3.1 注册人员的违法行为和法律责任

① 隐瞒有关情况或者提供虚假材料申请注册的,审批部门不予受理,并给予警告,申

请人一年之内不得再次申请注册。

② 以欺骗、贿赂等不正当手段取得注册证书的，由负责审批的部门撤销其注册，3年内不得再次申请注册；并由县级以上人民政府建设主管部门或者有关部门处以罚款，其中没有违法所得的，处以1万元以下的罚款；有违法所得的，处以违法所得3倍以下且不超过3万元的罚款；构成犯罪的，依法追究刑事责任。

③ 未办理变更注册而继续执业的，由县级以上人民政府建设主管部门责令限期改正；逾期未改正的，可处以5000元以下的罚款。

④ 注册人员或者其聘用单位未按照要求提供注册人员信用档案信息的，由县级以上地方人民政府建设主管部门或者其他有关部门责令限期改正；逾期未改正的，可处以1000元以上1万元以下的罚款。

⑤ 注册勘察设计工程师、监理工程师在执业活动中有下列行为之一的，由县级以上人民政府建设主管部门或者有关部门予以警告，责令其改正，没有违法所得的，处以1万元以下的罚款；有违法所得的，处以违法所得3倍以下且不超过3万元的罚款；造成损失的，应当承担赔偿责任；构成犯罪的，依法追究刑事责任：

 a. 以个人名义承接业务的；
 b. 涂改、出租、出借或者以非法形式转让注册证书或者执业印章的；
 c. 泄露执业中应当保守的秘密并造成严重后果的；
 d. 超出本专业规定范围或者聘用单位业务范围从事执业活动的；
 e. 弄虚作假提供执业活动成果的；
 f. 同时受聘于两个或者两个以上的单位，从事执业活动的；
 g. 其他违反法律、法规、规章的行为。

⑥ 建筑师，未受聘并注册于中华人民共和国境内一个具有工程设计资质的单位，从事建筑工程设计执业活动的，由县级以上人民政府建设主管部门给予警告，责令停止违法活动，并可处以1万元以上3万元以下的罚款。

⑦ 建造师，未取得注册证书和执业印章，担任大中型建设工程项目施工单位项目负责人，或者以注册建造师的名义从事相关活动的，其所签署的工程文件无效，由县级以上地方人民政府建设主管部门或者其他有关部门给予警告，责令停止违法活动，并可处以1万元以上3万元以下的罚款。

⑧ 监理工程师，未经注册，擅自以注册监理工程师的名义从事工程监理及相关业务活动的，由县级以上地方人民政府建设主管部门给予警告，责令停止违法行为，处以3万元以下罚款；造成损失的，依法承担赔偿责任。

⑨ 造价工程师，未经注册而以注册造价工程师的名义从事工程造价活动的，所签署的工程造价成果文件无效，由县级以上地方人民政府建设主管部门或者其他有关部门给予警告，责令停止违法活动，并可处以1万元以上3万元以下的罚款。

4.4.3.2 聘用单位的违法行为和法律责任

聘用单位为申请人提供虚假注册材料的，由县级以上地方人民政府建设主管部门或者其他有关部门给予警告，并可处以1万元以上3万元以下的罚款。

4.4.3.3 主管部门的违法行为和法律责任

县级以上人民政府建设主管部门及有关部门的工作人员，在注册工程师管理工作中，有下列情形之一的，依法给予行政处分；构成犯罪的，依法追究刑事责任：

① 对不符合法定条件的申请人颁发注册证书和执业印章的；

② 对符合法定条件的申请人不予颁发注册证书和执业印章的；
③ 对符合法定条件的申请人未在法定期限内颁发注册证书和执业印章的；
④ 利用职务上的便利，收受他人财物或者其他好处的；
⑤ 不依法履行监督管理职责，或者发现违法行为不予查处的。

复习思考题

一、单项选择题

1. ××建筑公司欲建一住宅小区，预计于2018年2月10日开工，该单位于2018年1月30日领到工程施工许可证。领取施工许可证后因故不能按规定期限正常开工，故向发证机关申请延期。根据《建筑法》的规定，该工程如正常开工，最迟允许日期为（　　）。

A. 2018年4月29日　　　　B. 2018年5月9日
C. 2019年4月30日　　　　D. 2019年5月10日

2. 取得二级建造师资格证书的李某因故未能在3年内申请注册，2年后申请注册时必须（　　）。

A. 重新取得资格证书　　　　B. 提供达到继续教育要求的证明材料
C. 提供新的业绩证明　　　　D. 符合延续注册的条件

3. 某建设单位于2018年9月1日领取了施工许可证，但由于特殊原因不能按期开工，故向发证机关申请延期。根据《建筑法》的规定，下列关于延期的说法正确的是（　　）。

A. 领取施工许可证不能延期
B. 可以延期，但只能延期一次
C. 延期以两次为限，每次不超过2个月
D. 既不开工又不申请延期或者超过延期时限的，施工许可证自行废止

4. 某甲于2018年参加并通过了一级建造师执业资格考试，下面说法正确的是（　　）。

A. 他已经成为项目经理了
B. 只要经所在单位聘任，他马上就可以成为项目经理
C. 只要经过注册他就可以以建造师的名义执业了
D. 只要经过注册他就可以成为项目经理了

5. 注册建造师继续教育证书可作为申请逾期（　　）的证明。

A. 初始注册、增项注册、减项注册和重新注册
B. 初始注册、延续注册、增项注册和变更注册
C. 初始注册、变更注册、增项注册和重新注册
D. 初始注册、延续注册、增项注册和重新注册

6. 因（　　）申报不及时影响注册建造师执业、导致工程项目出现损失的，由注册建造师所在聘用企业承担责任，并作为不良行为记入企业信用档案。

A. 初始注册　　　　B. 延续注册
C. 增项注册　　　　D. 变更注册

7. 按照建筑业企业资质管理的有关规定，我国建筑业企业的三个资质序列是（   ）。
A. 工程总承包、专业总承包、劳务承包
B. 综合总承包、建筑专业承包、建筑劳务承包
C. 施工总承包、专业承包、劳务分包
D. 项目总承包、建筑总承包、劳务专业分包

8. 根据国家现行工程监理企业资质管理规定，工程监理企业资质种类分为（   ）资质。
A. 综合、专业、事务所　　　　B. 甲级、乙级、丙级
C. 一级、二级、三级　　　　　D. 一等、二等、三等

二、多项选择题

1.《建筑法》规定建设单位申请领取施工许可证时，应当具备一系列的前提条件是（   ）。
A. 已经办理该建筑工程用地批准手续
B. 在城市规划区的建筑工程已经取得规划许可证
C. 需要拆迁的，其拆迁进度符合施工要求
D. 已经批准办理施工手续
E. 已经确定建筑施工企业

2. 甲建设单位改建办公大楼，由乙建筑公司承建，下列有关施工许可证的说法，正确的有（   ）。
A. 该改建工程无需领取施工许可证
B. 应由甲向建设行政主管部门申领施工许可证
C. 应由乙向建设行政主管部门申领施工许可证
D. 申请施工许可证时，应当提供安全施工措施的资料
E. 申请施工许可证时，该工程应当有满足施工需要的施工图纸

三、简答题

1. 简述施工许可证的申领时间、申领范围、申领条件和申领程序。
2. 施工许可证的有效期与延期的涵义是什么？
3. 中止施工后，建设单位应作好哪些工作？恢复施工时，建设单位要办理哪些手续？
4. 建设工程活动从业单位应具备哪些条件？
5. 简述建设工程勘察、设计、施工、监理、工程造价咨询企业的资质等级，资质标准及其业务范围。
6. 简述注册建造师、注册建筑师、注册结构工程师、注册监理工程师、注册造价工程师的注册内容，执业范围，享有的权利和应履行的义务。

第 4 章答案与解析

第5章 建设工程勘察设计法规

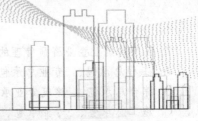

教学目标

通过本章的学习，使学生掌握建设工程勘察设计文件编制的原则和依据；熟悉建设工程勘察、设计文件的基本内容和要求；熟悉建设工程勘察设计文件的修改规定；掌握勘察工作的质量管理制度；掌握施工图设计文件审查制度；熟悉建设单位、勘察设计单位的违法行为及法律责任；熟悉勘察设计执业人员的违法行为及法律责任。能够按照勘察设计法规依法从事工程建设活动。

5.1 建设工程勘察设计法律制度概述

5.1.1 建设工程勘察设计的基本原则

（1）建设工程勘察设计的涵义

建设工程勘察指根据建设工程的要求，查明、分析、评价建设场地的地质地理环境特征和岩土工程条件，编制建设工程勘察文件的活动。岩土工程中的勘测、设计、处理、监测活动也属工程勘察范畴。

建设工程勘察设计管理
条例.2017年修订

建设工程设计是指根据建设工程的要求，对建设工程所需的技术、经济、资源、环境等条件进行综合分析、论证，编制建设工程设计文件的活动。

在工程建设的各个环节中，勘察是先行、是基础，而设计是整个工程建设的灵魂，它们对工程的质量和效益都起着至关重要的作用。

（2）建设工程勘察设计的基本原则

建设工程勘察设计是一项技术性和政策性都很强的活动。为保证建设工程勘察设计的质量，从事建设工程勘察设计活动应遵循以下原则：

① 建设工程勘察、设计应当与社会、经济发展水平相适应，做到经济效益、社会效益和环境效益相统一。国家鼓励在建设工程勘察设计活动中采用先进技术、先进工艺、先进设备、新型材料和现代管理方法。

② 从事建设工程勘察设计活动必须坚持先勘察、后设计、再施工的原则。

③ 建设工程勘察设计单位必须依法勘察、设计，严格执行工程建设强制性标准，并对建设工程勘察、设计的质量负责。

5.1.2 建设工程勘察设计企业从业资质管理

《建设工程勘察设计企业资质管理规定》(2007年9月1日)和《关于印发"工程设计资质标准"的通知》(2007年3月29日),以及《工程勘察资质标准》(2013年6月27日修订),对工程勘察设计企业的资质等级与标准、申请与审批、业务范围等作出了明确规定。

5.1.2.1 工程勘察资质的分类、分级和工程承接范围

《建设工程勘察设计企业资质管理规定》规定,建设工程勘察企业应当按照其拥有的注册资本、专业技术人员、技术装备和勘察设计业绩等条件申请资质,经审查合格,取得建设工程勘察资质证书后,方可在资质等级许可的范围内从事建设工程勘察活动。

工程勘察资质范围包括建设项目的岩土工程、水文地质勘察和工程测量等专业。其中岩土工程是指:岩土工程勘察、岩土工程设计、岩土工程测试监测检测、岩土工程咨询监理、岩土工程治理。

工程勘察资质的分类、分级和工程承接范围如表 5-1 所示。

表 5-1 工程勘察资质的分类、分级和工程承接范围

资质类别	资质分级	工程承接范围
工程勘察综合资质	只设甲级	可以承接各专业(海洋工程勘察除外),其规模不受限制(岩土工程勘察丙级项目除外)
工程勘察专业资质	设甲级、乙级,根据工程性质和技术特点,部分专业可以设丙级	可以承接相应等级相应专业的工程勘察业务
工程勘察劳务资质	不分等级	可以承接相应的工程钻探、凿井等工程勘察劳务业务

5.1.2.2 工程设计资质的分类、分级和工程承接范围

(1) 工程设计资质的分类

工程设计资质分为工程设计综合资质、工程设计行业资质、工程设计专业资质和工程设计专项资质四个类别。

① 工程设计综合资质是指涵盖 21 个行业的设计资质。
② 工程设计行业资质是指涵盖某个行业资质标准中的全部设计类型的设计资质。
③ 工程设计专业资质是指某个行业资质标准中的某一个专业的设计资质。
④ 工程设计专项资质是指为适应和满足行业发展的需求,对已形成产业的专项技术独立进行设计以及设计、施工一体化而设立的资质。

(2) 工程设计资质的分级

工程设计资质的分级和工程承接范围如表 5-2 所示。

表 5-2 工程设计资质的分级和工程承接范围

资质类别	资质分级	工程承接范围
工程设计综合资质	只设甲级	可以承接各行业、各等级的建设工程设计业务
工程设计行业资质	设甲、乙两个级别;根据工程性质和技术特点,个别行业、专业、专项资质可以设丙级,建筑工程专业资质可以设丁级	可以承接相应行业相应等级的工程设计业务及本行业范围内同级别的相应专业、专项(设计施工一体化资质除外)工程设计业务
工程设计专业资质		可以承接本专业相应等级的专业工程设计业务及同级别的相应专项工程设计业务(设计施工一体化资质除外)
工程设计专项资质		可以承接本专项相应等级的专项工程设计业务

5.1.2.3 资质许可

《建设工程勘察设计资质管理规定》第 3 条规定,从事建设工程勘察、工程设计活动的

企业，应当按照其拥有的注册资本、专业技术人员、技术装备和勘察设计业绩等条件申请资质，经审查合格，取得建设工程勘察、工程设计资质证书后，方可在资质许可的范围内从事建设工程勘察、工程设计活动。建设工程勘察设计的资质许可包括资质申请和审批，资质升级和资质增项，资质证书延续、资质证书变更等。

建设工程勘察、设计企业的资质实行分级审批。企业申请工程勘察、工程设计资质，应在资质许可机关的官方网站或审批平台上提出申请，提交资金、专业技术人员、技术装备和已完成的业绩等电子材料。

工程勘察、工程设计资质证书分为正本和副本，正本1份，副本6份，由国务院建设主管部门统一印制，正、副本具备同等法律效力。资质证书有效期为5年。

5.1.3 建设工程勘察设计从业人员资格管理

国家对从事建设工程勘察设计活动的专业技术人员，实行执业资格注册管理制度。未经注册的建设工程勘察设计人员，不得以注册执业人员的名义从事工程勘察设计活动；勘察设计注册执业人员和其他专业技术人员只能受聘于一个勘察设计单位，未受聘的，不得从事工程的勘察设计活动。

建设工程勘察设计人员的从业资格管理制度详见第4章。

5.1.4 建设工程勘察设计的发包与承包制度

（1）建设工程勘察与设计任务的发包

建设工程勘察、设计发包依法实行招标发包或者直接发包。

除有特定要求的一些项目在经有关主管部门批准后可以直接发包外，工程建设勘察、设计任务都必须依照《中华人民共和国招标投标法》的规定，采用招标发包方式进行。

发包方可以将整个工程建设勘察设计发包给一个勘察、设计单位；也可以将工程建设的勘察、设计分别发包给几个勘察、设计单位。

工程建设勘察、设计单位不得将所承揽的工程建设勘察、设计任务进行转包。但经发包方书面同意后，可将除工程建设主体部分外的其他部分的勘察、设计分包给具有相应资质等级的其他工程建设勘察、设计单位。

2017年10月经修订后发布的《建设工程勘察设计管理条例》规定，下列建设工程的勘察、设计，经有关主管部门批准，可以直接发包：

① 采用特定的专利或者专有技术的；
② 建筑艺术造型有特殊要求的；
③ 国务院规定的其他建设工程的勘察、设计。

（2）建设工程勘察设计的招标投标

① 建设工程勘察设计招标的条件

a. 按照国家有关规定需要履行项目审批手续的，已履行审批手续，取得批准；
b. 勘察设计所需资金已经落实；
c. 所必需的勘察设计基础资料已经收集完成；
d. 法律法规规定的其他条件。

② 建设工程勘察设计的评标要求。建设工程勘察、设计方案评标，应当以投标人的业绩、信誉和勘察、设计人员的能力以及勘察、设计方案的优劣为依据，进行综合评定。

建设工程勘察、设计的招标人应当在评标委员会推荐的候选方案中确定中标方案。但是，建设工程勘察、设计的招标人认为评标委员会推荐的候选方案不能最大限度满足招标文件规定的要求的，应当依法重新招标。

5.2 建设工程勘察设计文件编制

5.2.1 建设工程勘察设计文件编制的原则和依据

(1) 建设工程勘察设计文件编制的原则

工程勘察设计是工程建设的主导环节，对工程建设的质量、投资效益起着决定性的作用。为保证工程勘察设计的质量和水平，相关法规规定，工程勘察设计必须遵循以下主要原则：

① 贯彻经济、社会发展规划、城乡规划和产业政策；
② 综合利用资源，满足环保要求；
③ 遵守工程建设技术标准；
④ 采用新技术、新工艺、新材料、新设备；
⑤ 重视技术和经济效益的结合；
⑥ 公共建筑和住宅要注意美观、适用和协调。

(2) 建设工程勘察设计文件编制的依据

《建设工程勘察设计管理条例》规定，编制建设工程勘察、设计文件，应当以下列规定为依据：

① 项目批准文件；
② 城市（乡）规划；
③ 工程建设强制性标准；
④ 国家规定的建设工程勘察、设计深度要求。

铁路、交通、水利等专业建设工程，还应当以专业规划的要求为依据。

设计单位应尽可能积极参加项目建议书的编制、建设地址的选择、建设规划及试验研究等设计前期工作。对大型水利枢纽、水电站、大型矿山、大型工厂等重点项目，在项目建议书批准前，可根据长远规划的要求进行必要的资源调查、工程地质和水文勘察、经济调查和多种方案的技术经济比较等方面的工作，以从中了解和掌握有关情况，收集必要的设计基础资料，为编制设计文件做好准备。

5.2.2 建设工程勘察设计文件的基本内容和要求

5.2.2.1 建设工程勘察文件的基本内容和要求

工程勘察的主要内容是工程测量、水文地质勘察和工程地质勘察，其任务在于查明工程项目建设地点的地形地貌、地层土壤岩性、地质构造、水文条件等自然地质条件资料，作出鉴定和综合评价，为工程项目的选址、设计和施工提供科学、可靠的依据。

工程勘察文件的基本内容由勘察报告和各种图件组成。

5.2.2.2 建设工程设计文件的基本内容和要求

(1) 设计阶段

根据原国家计委《基本建设设计工作管理暂行办法》的规定，设计阶段可根据建设项目的复杂程度而决定。

① 一般建设项目。一般建设项目的设计可按初步设计和施工图设计两阶段进行。如有需要，可先进行方案设计，再进行初步设计和施工图设计。

② 技术复杂的建设项目。技术上复杂的建设项目，可增加技术设计阶段，即按初步设计、技术设计、施工图设计三个阶段进行。

③ 存在总体部署问题的建设项目。一些牵涉面广的项目，如大型矿区、油田、林区、垦区、联合企业等，存在总体开发部署等重大问题，这时，在进行一般设计前还可进行总体规划设计或总体设计。

(2) 设计文件的要求

《建设工程勘察设计管理条例》规定，设计文件必须满足下述要求：

① 方案设计文件应满足编制初步设计文件和控制概算的需要；初步设计文件应满足编制施工招标文件、主要设备材料定货和编制施工图设计文件的需要；施工图设计文件应满足设备材料采购、非标准设备制作和施工的需要，并注明建设工程合理使用年限。

② 设计文件中选用的材料、构配件、设备，应当注明其规格、型号、性能等技术指标，其质量要求必须符合国家规定的标准。

设计文件中规定采用的新技术、新材料，可能影响建设工程质量和安全，又没有国家技术标准的，应当由国家认可的检测机构进行试验、论证，出具检测报告，并经国务院有关部门或省、自治区、直辖市人民政府有关部门组织的建设工程技术专家委员会审定后，方可使用。

5.2.2.3 建设工程勘察设计文件的审批与修改

(1) 勘察设计文件的审批

在我国建设项目设计文件的审批，实行分级管理、分级审批的原则。

① 大中型建设项目的初步设计和总概算按隶属关系，由国务院主管部门或省、市、自治区组织审查，提出审查意见，报国家发改委批准；特大、特殊项目，由国务院批准。

② 中型建设项目的初步设计和总概算，在国务院主管部门备案，由省、市、自治区审查批准。

③ 小型建设项目初步设计的审批权限，由主管部门或省、市、自治区自行规定。

④ 总体规划设计（或总体设计）的审批权限与初步设计的审批权限相同。

⑤ 施工图设计要按有关规定进行审查。

(2) 勘察设计文件的修改

设计文件是工程建设的主要依据，经批准后，就具有一定的严肃性，不得任意修改和变更，建设单位、施工单位、监理单位都不得修改建设工程勘察设计文件；确需修改的，应由原勘察、设计单位修改。经原勘察、设计单位书面同意，建设单位也可以委托其他具有相应资质的建设工程勘察、设计单位修改。修改单位对修改的勘察、设计文件承担相应责任。

施工单位、监理单位发现建设工程勘察、设计文件不符合工程建设强制性标准、合同约定的质量要求的，应当报告建设单位，建设单位有权要求建设工程勘察、设计单位对建设工程勘察、设计文件进行补充、修改。

建设工程勘察设计文件内容需要作重大修改的，建设单位应当报经原审批机关批准后，方可修改。

建设工程勘察设计文件中规定采用的新技术、新材料，可能影响建设工程质量和安全，又没有国家技术标准的，应当由国家认可的检测机构进行试验、论证，出具检测报告，并经国务院有关部门或者省、自治区、直辖市人民政府有关部门组织的建设工程技术专家委员会审定后，方可使用。

5.3 建设工程勘察设计质量监督管理

5.3.1 勘察工作的质量管理

勘察设计工作是建设程序的先行环节,其质量的优劣直接关系到建设项目的经济效益和社会效益。勘察设计单位必须对勘察设计质量负责,通过建立、健全质量管理制度,推行全面质量管理,不断提高勘察设计质量。

《建设工程勘察设计管理条例》规定,国务院建设行政主管部门对全国的建设工程勘察、设计活动实施统一监督管理。国务院铁路、交通、水利等有关部门按照国务院规定的职责分工,负责全国的有关专业建设工程勘察、设计活动的监督管理。

县级以上地方人民政府的建设行政主管部门对本行政区域内的建设工程勘察、设计活动实施监督管理,且交通、水利等有关部门在各自的职责范围内,负责本行政区域内有关专业建设工程勘察、设计活动的监督管理。

任何单位和个人对建设工程勘察、设计活动中的违法行为都有权检举、控告、投诉。

县级以上人民政府建设行政主管部门或交通、水利等有关部门应对施工图设计文件中涉及公共利益、公众安全、工程建设强制性标准的内容进行审查。未经审查批准的施工图设计文件,不得使用。

建设工程勘察、设计单位在其勘察、设计资质证书规定的业务范围内跨部门、跨地区承揽勘察设计任务的,有关地方人民政府及其所属部门不得设置障碍,不得违反国家规定收取任何费用。

根据 2002 年 12 月建设部发布的《建设工程勘察质量管理办法》,勘察单位要切实抓好勘察纲要的编制、原始资料的取得和成果资料的整理等各个环节的质量管理。

① 工程勘察企业应当参与施工验槽与建设工程质量事故的分析,对因勘察原因造成的质量事故,提出相应的技术处理方案,及时解决工程设计和施工中与勘察工作有关的问题。

② 工程勘察企业应当确保仪器、设备的完好。钻探、取样的机具设备,原位测试、室内试验及测量仪器等应当符合有关规范、规程的要求。

③ 工程勘察企业应当加强职工技术培训和职业道德教育,提高勘察人员的质量责任意识。观测员、试验员、记录员、机长等现场作业人员应当接受专业培训,方可上岗。

④ 工程勘察企业应当加强技术档案的管理工作。工程项目完成后,必须将全面资料分类编目,装订成册,归档保存。

⑤ 工程勘察企业的法定代表人,工程勘察项目负责人、审核人、审定人及有关技术人员应当具有相应的技术职称或者注册资格。工程勘察企业法定代表人对本企业勘察质量全面负责;项目负责人应当组织有关人员做好现场踏勘、调查,按照要求编写《勘察纲要》,并对勘察过程中各项作业资料进行验收和签字,他是项目勘察文件的主要质量责任者;项目审核人、审定人对其审核、审定项目的勘察文件负审核、审定的质量责任。

⑥ 工程勘察工作的原始记录应当在勘察过程中及时整理、核对,确保取样、记录的真实和准确,严禁离开现场追记或者补记。

5.3.2 施工图设计文件审查制度

(1) 施工图设计文件审查的概念

施工图设计文件(以下简称施工图)审查是指国务院建设行政主管部门和省、自治区、直辖市人民政府建设行政主管部门依法认定的设计审查机构，根据国家的法律、法规、技术标准与规范，对施工图进行结构安全和强制性标准、规范执行情况等的独立审查。它是政府主管部门对建筑工程勘察设计质量监督管理的重要环节，是基本建设必不可少的程序，工程建设各方必须认真贯彻执行。

建设工程质量与社会公共利益和广大人民生命财产安全息息相关，因此，监管好工程质量是政府不可推卸的职责。而工程设计是整个工程建设的灵魂，对建设工程质量有着至关重要的作用。因此，世界上主要发达国家和地区都建立有工程设计施工图审查制度。当前，我国正处于市场经济的初级阶段，工程建设项目投资主体多元化，勘察、设计单位的企业化等一系列改革使工程设计质量管理工作面临新情况，而工程设计质量也出现了一些新问题，一些业主及勘察设计单位片面追求利益的最大化，忽视社会公共利益和国家利益，使得工程设计质量下降，据有关部门前几年进行的检查和抽查统计，发现存在问题的设计已占20%～30%，因此，在我国建立起施工图审查制度是十分必要的。国务院颁发的《建设工程质量管理条例》中规定"建设单位应当将施工图设计文件报县级以上人民政府建设行政主管部门或者其他有关部门审查。""县级以上人民政府建设行政主管部门或者交通、水利等有关部门应对施工图设计文件中涉及公共利益、公众安全、工程建设强制性标准的内容进行审查。未经审查批准的施工图设计文件，不得使用"。根据这些法律规定，2000年2月建设部也下发了《房屋建筑和市政基础设施工程施工图设计文件审查管理办法》（以下简称《施工图审查办法》），对具体事项作出了相关规定。

(2) 施工图审查的范围及内容

① 施工图审查的范围。《施工图审查办法》规定，凡属建筑工程设计等级分级标准中的各类新建、改建、扩建的建设工程项目均须进行施工图审查。各地的具体审查范围，由各省、自治区、直辖市人民政府建设行政主管部门确定。

② 施工图审查的内容。《施工图审查办法》规定，施工图审查的主要内容为：a. 是否符合工程建设强制性标准；b. 地基基础和主体结构的安全性；c. 是否符合民用建筑节能强制性标准，对执行绿色建筑标准的项目，还应当审查是否符合绿色建筑标准；d. 勘察设计企业和注册执业人员以及相关人员是否按规定在施工图上加盖相应的图章和签字；e. 法律、法规、规章规定必须审查的其他内容。

③ 施工图审查与设计咨询的关系。施工图审查的目的是维护社会公共利益、保护社会公众的生命财产安全，因此，施工图审查主要涉及社会公共利益、公众安全方面的问题。至于设计方案在经济上是否合理、技术上是否保守、设计方案是否可以改进等这些主要只涉及业主利益的问题，是属于设计咨询范畴的内容，不属施工图审查的范围。当然，在施工图审查中如发现这方面的问题，也可提出建议，由业主自行决定是否进行修改。如业主另行委托，也可进行这方面的审查。

(3) 施工图审查的程序

① 建设单位向建设行政主管部门报送施工图，并作书面登录。建设单位应当向审查机构提供下列资料并对所提供资料的真实性负责：a. 作为勘察、设计依据的政府有关部门的批准文件及附件；b. 全套施工图；c. 其他应当提交的材料。

② 建设行政主管部门委托审查机构进行审查，同时发出委托审查通知书。

③ 审查机构完成审查，向建设行政主管部门提交技术性审查报告。

④ 审查结束，建设行政主管部门向建设单位发出施工图审查批准书。

⑤ 报审的施工图设计文件和有关资料应存档备查。

应当注意的是，审查机构不得与所审查项目的建设单位、勘察设计企业有隶属关系或者其他利害关系。建设单位不得明示或者暗示审查机构违反法律法规和工程建设强制性标准进行施工图审查，不得压缩合理审查周期、压低合理审查费用。

施工图审查原则上不超过下列时限：①大型房屋建筑工程、市政基础设施工程为15个工作日，中型及以下房屋建筑工程、市政基础设施工程为10个工作日。②工程勘察文件，甲级项目为7个工作日，乙级及以下项目为5个工作日。以上时限不包括施工图修改时间和审查机构的复审时间。

（4）施工图审查后的处理

审查机构对施工图进行审查后，应当根据下列情况分别作出处理：

① 审查合格的，审查机构应当向建设单位出具审查合格书，并在全套施工图上加盖审查专用章。审查合格书应当有各专业的审查人员签字，经法定代表人签发，并加盖审查机构公章。审查机构应当在出具审查合格书后5个工作日内，将审查情况报工程所在地县级以上地方人民政府住房城乡建设主管部门备案。

② 审查不合格的，审查机构应当将施工图退建设单位并出具审查意见告知书，说明不合格原因。同时，应当将审查意见告知书及审查中发现的建设单位、勘察设计企业和注册执业人员违反法律、法规和工程建设强制性标准的问题，报工程所在地县级以上地方人民政府住房城乡建设主管部门。

施工图退建设单位后，建设单位应当要求原勘察设计企业进行修改，并将修改后的施工图送原审查机构复审。

③ 施工图一经审查批准，不得擅自进行修改。如遇特殊情况需要进行涉及审查主要内容的修改时，必须重新报请原审批部门委托审查机构审查，并经批准后方能实施。

5.4 法律责任

5.4.1 建设单位的违法行为及法律责任

建设单位作为发包方将建设工程勘察设计业务发包给不具有相应资质等级的建设工程勘察设计单位的，责令改正，处以50万元以上100万元以下的罚款。

5.4.2 勘察设计单位的违法行为及法律责任

（1）非法承揽任务的法律责任

① 未取得资质证书承揽工程的，予以取缔；并处合同约定的勘察设计费1倍以上2倍以下的罚款；有非法所得的，予以没收。

② 以欺骗手段取得资质证书承揽工程的，吊销其资质证书。超越资质等级许可的范围，或以其他勘察设计单位的名义承揽勘察设计业务、或允许其他单位和个人以本单位的名义承揽勘察设计业务的，可责令其停业整顿，降低资质等级；情节严重的，吊销其资质证书。并且，对于有上述各种行为的勘察设计单位，还应处合同约定的勘察设计费1倍以上2倍以下的罚款，并没收其非法所得。

（2）非法转包的法律责任

违反规定，将所承揽的工程进行转包的，责令改正，没收违法所得，处以合同约定的勘察设计费25%以上50%以下的罚款。还可责令其停业整顿、降低其资质等级。情节严重的，吊销其资质证书。

（3）不按规定进行勘察设计的法律责任

违反规定，有下列违法行为之一的，责令改正，并处 10 万元以上 50 万元以下的罚款。造成工程事故的，责令停业整顿，降低资质等级；情节严重的，吊销资质证书；造成损失的，依法承担赔偿责任。

① 不按工程建设强制性标准进行勘察的勘察单位和设计单位；
② 没有根据勘察成果文件进行工程设计的设计单位；
③ 指定建筑材料、建筑构配件的生产厂、供应商的设计单位。

(4) 不按规定编制建设工程勘察、设计文件的法律责任

勘察、设计单位未依据项目批准文件，城乡规划及专业规划，国家规定的建设工程勘察、设计深度要求编制建设工程勘察、设计文件的，责令限期改正；逾期不改正的，处 10 万元以上 30 万元以下的罚款；造成工程质量事故或者环境污染和生态破坏的，责令停业整顿，降低资质等级；情节严重的，吊销资质证书；造成损失的，依法承担赔偿责任。

5.4.3 勘察设计执业人员的违法行为及法律责任

① 未经注册，擅自以注册建设工程勘察、设计人员的名义从事建设工程勘察、设计活动应承担下列法律责任：

a. 没收违法所得。未经注册的人员以注册建设工程勘察、设计人员的名义承揽了建设工程勘察、设计业务，那么他从其所承揽的业务中得到相应酬劳，由于他的行为是违法的，所以，这部分酬劳属于违法所得，由建设行政主管部门予以没收。

b. 罚款。建设行政主管部门对于违法行为人还要处以罚款，具体标准是违法所得 2 倍以上 5 倍以下。

c. 赔偿责任。这是属于民事责任。如果违法行为人由于他的违法行为，给他人造成了损失，他应当依法进行赔偿。

② 建设工程勘察、设计注册执业人员和其他专业技术人员未受聘于一个建设工程勘察、设计单位，或同时受聘于两个以上建设工程勘察、设计单位从事建设工程勘察、设计活动应承担下列法律责任：

a. 由主管部门责令违法人停止违法行为。

b. 没收违法所得。这是指未受聘于一个建设工程勘察、设计单位而进行勘察、设计，实际上就是私自承揽建设工程勘察、设计业务，所取得的报酬、佣金等违法所得；也是指同时受聘于两个或者两个以上的建设工程勘察、设计单位进行建设工程勘察、设计，所取得的报酬、佣金等违法所得。对于这些违法收入必须全部予以没收，致使违法行为人不可能从违法行为中得到任何经济利益。

c. 罚款。这是指对于违法行为不仅要责令停止，没收违法所得，还要处以罚款，具体标准是违法所得 2 倍以上 5 倍以下。

d. 情节严重的，停止执行业务或者吊销资格证书。"停止执行业务"是指不允许有违法行为的人在一定时期内承揽建设工程勘察、设计业务；"吊销资格证书"是指取消其注册执业人员的资格，不得再从事建设工程勘察、设计活动。

e. 承担赔偿责任。如果违法行为人由于他的违法行为，给他人造成了损失，他应当依法承担赔偿责任。

5.4.4 国家机关工作人员的违法行为及法律责任

国家机关工作人员在建设工程勘察设计的监督管理工作中玩忽职守、滥用职权、徇私舞弊，构成犯罪的，依法追究刑事责任；尚不构成犯罪的，依法给予行政处分。

【案例5-1】 提供错误地质资料导致厂房墙壁发生裂缝案

某厂A新建一车间，分别与市设计院B和市建某公司C签订设计合同和施工合同。工程竣工后厂房北侧墙壁发生裂缝。为此A向法院起诉C。经勘验裂缝是由于地基不均匀沉降引起，结论是结构设计图纸所依据的地质资料不准，于是A又起诉B。B答辩，设计院是根据A提供的地质资料设计的，不应承担事故责任。经法院查证：A提供的地质资料不是新建车间的地质资料，而是与该车间相邻的某厂的地质资料，事故前设计院B也不知该情况。

试分析：
（1）事故的责任者是谁？
（2）某厂所发生的诉讼费应由谁承担？

（1）该案例中，设计合同的主体是某厂A和市设计院B，施工合同的主体是某厂A和市建某公司C。根据案情，由于设计图纸所依据的资料不准，使地基不均匀沉降，最终导致墙壁裂缝事故。所以，事故涉及的是设计合同中的责权关系，而与施工合同无关，即C没有责任。在设计合同中，提供准确的资料是委托方的义务之一，而且要对"资料的可靠性负责"（《建设工程勘察设计条例》第八条），所以委托方提供错误的地质资料是事故的根源，委托方是事故的责任者之一。B接A提供的资料设计，似乎没有过错，但是直到事故发生前B仍不知道资料真伪，说明在整个设计过程中，B并未对地质资料进行认真的审查，使错误资料滥竽充数，导致事故，否则，有可能防患于未然。所以，设计院也是责任者之一。由此可知：在此事故中，委托方A为直接责任者、主要责任者，承接方B为间接责任者、次要责任者。

（2）根据上述结论，A发生的诉讼费，主要应由A负担，B也应承担一小部分，C没有责任，不承担诉讼费用。

复习思考题

1. 建设工程勘察设计文件编制的原则和依据是什么？
2. 简述建设工程勘察文件的基本内容和要求。
3. 简述建设工程设计文件的基本内容和要求。
4. 法规对建设工程勘察设计文件的审批权限是如何规定的？
5. 法规对建设工程勘察设计文件的修改权作了哪些规定？
6. 简述勘察工作的质量管理制度。
7. 简述施工图设计文件审查制度。
8. 简述建设单位、勘察设计单位的违法行为及法律责任。
9. 简述勘察设计执业人员的违法行为及法律责任。

第6章 建设工程发包与承包法规

 教学目标

通过本章的学习，使学生掌握建设工程发包的方式；掌握建设工程总承包制度、联合承包制度和分包制度；掌握建设工程施工转包、违法分包、挂靠等违法行为的认定与查处。熟悉建筑市场信用体系建设。掌握工程发包与承包中的法律责任；掌握违反资质管理制度的法律责任；掌握违法转包、分包的法律责任。能够按照建设工程发包承包法律法规依法从事工程建设活动。

建设工程的发包，是指建设工程的建设单位（或总承包单位）将建设工程任务（勘察、设计、施工等）的全部或一部分通过招标或其他方式，交付给具有从事建设活动的法定从业资格的单位完成，并按约定支付报酬的行为。建设工程的承包，即建设工程发包的对称，是指具有从事建设活动的法定从业资格的单位，通过投标或其他方式，承揽建设工程任务，并按约定取得报酬的行为。

建设工程的发包单位，通常为建设工程的建设单位，即投资建设该项建设工程的单位。此外，建设工程实行总承包的，总承包单位经建设单位同意，在法律规定的范围内对部分工程项目进行分包的，工程的总承包单位即成为分包工程的发包单位。

建设工程的承包单位，即承揽建设工程的勘察、设计、施工等业务的单位，包括对建设工程实行总承包的单位和承包分包工程的单位。

6.1 建设工程发包管理制度

6.1.1 建设工程发包的方式

建设工程的发包方式可分为招标发包和直接发包两种。

（1）招标发包

招标发包是指建设单位通过招标确定承包单位的一种发包方式。招标发包又有两种方式：一种是公开招标发包，即由建设单位按照法定程序，在规定的公开的媒体上发布招标公告，公开提供招标文件，使所有潜在的投标人都可以平等参加投标竞争，从中择优选定中标人；另一种方式是邀请招标发包，即招标人根据自己所掌握的情况，预先确定一定数量的符合招标项目基本要求的潜在投标人并发出邀请，从中确定承包单位。全部或者部分使用国有资金投资或者国家融资的建设工程，应当依法采用招标方式发包。有关招标发包法律的详细规定,本书将在第 7 章中作专门介绍。
(2) 直接发包

直接发包是指发包方直接与承包方签订承包合同的一种发包方式。如建设单位直接同一个有资质证书的建设施工企业商谈建设工程的事宜,通过商谈来确定承包单位。

根据《建筑法》第 19 条的规定,对不适于招标发包的建设工程,可以直接发包。

根据《建筑法》《中华人民共和国招标投标法》和《中华人民共和国招标投标法实施条例》,下列工程可以直接发包:

① 涉及国家安全、国家秘密、抢险救灾或者属于利用扶贫资金实行以工代赈、需要使用农民工等特殊情况,不适宜进行招标的工程项目;
② 需要采用不可替代的专利或者专有技术的工程项目;
③ 采购人依法能够自行建设、生产或者提供的工程项目;
④ 已通过招标方式选定的特许经营项目,投资人依法能够自行建设、生产或者提供的;
⑤ 需要向原中标人采购工程、货物或者服务,否则将影响施工或者功能配套要求的;
⑥ 国家规定的其他特殊情形。

【案例6-1】 直接发包案

有两个项目被直接发包,理由是一个项目涉及国家安全,另一个项目属于以工代赈,需要使用农民工。

你认为这个理由充分吗?

对于涉及国家安全的项目,分为两种情况:不适宜招标的和适宜招标但不宜公开招标的。前者经批准可以不招标而直接发包,后者则经批准后需要邀请招标。所以,仅仅以涉及国家安全为由就不招标是不合适的。

对于以工代赈、需要使用农民工的项目,经批准可以不招标。这个理由是充分的。

6.1.2 建设工程发包的行为规范

发包单位必须依照法律、法规规定的发包要求发包建设工程。

(1) 发包单位应当将建设工程发包给合格的承包人

《建筑法》第 22 条规定,实行招标发包的建设工程,发包人应当将建设工程发包给依法中标的承包人;实行直接发包的建设工程,发包人应将建设工程发包给具有相应资质的承包人。

所谓依法中标的单位,包括:①中标的单位是经过《中华人民共和国招标投标法》法定程序选中的;②中标的单位符合招标要求且具备建造该工程的相应资质条件。

直接发包的随意性比较大,为保证建设工程质量和安全,承包单位必须具备:①资质证书;②所建工程的要求和承包单位的资质证书的级别相一致。

(2) 发包单位应当按照合同的约定,及时拨付工程款项这是《建筑法》第 18 条第二款的规定。拖欠工程款，是目前规范建设市场的难点问题，它不仅严重地影响了企业的生产经营，制约了企业的发展，而且也影响了工程建设的顺利进行，制约了投资效益的提高。法律对此作出规定，不仅规范了发包单位拖欠工程款的行为，同时也为施工企业追回拖欠工程款提供了法律依据。

（3）发包单位及其工作人员不得在发包过程中收受贿赂、回扣或者索取其他好处

根据《建筑法》第 17 条规定，发包人应当公平、公正地进行工程发包，不得利用工程发包机会接受承包人提供的贿赂、回扣或者向承包人索取其他好处。

（4）发包单位应当依照法律、法规规定的程序和方式进行招标并接受有关行政主管部门的监督

根据《建筑法》第 20 条、第 21 条规定，建设工程招标的开标、评标、定标由建设单位依法组织实施，并接受有关行政主管部门的监督。

（5）发包人不得将建设工程肢解发包

肢解发包是指发包人将应当由一个承包人完成的建设工程肢解成若干部分分别发包给几个承包人的行为。这种行为可能导致发包人变相规避招标，造成建设工程管理上的混乱，不利于投资和进度目标的控制，不能保证建设工程的质量与安全，容易造成建设工期的延长，增加建设成本。肢解发包是我国目前建设市场混乱的重要诱因，危害公共安全，因此，《建筑法》第 24 条规定，禁止发包人将建设工程肢解发包。

禁止肢解发包并不等于禁止分包。关于分包，见本章第 6.3 节。

（6）发包人不得向承包人指定购入用于建设工程的建设材料、建设构配件和设备或指定生产厂、供应商

建设材料、建设构配件和设备的采购问题应当是合同的一项内容，这项内容在合同中应当做出明确的规定。建设材料、建设构配件和设备的采购可以由发包单位采购，也可以由承包单位采购。但是，合同一经确定就必须依照合同的约定进行。

如果发包人与承包人在建设工程合同中明确约定由承包人包工包料，那么，承包人按照合同的要求有权自行安排和购买建设材料、建设构配件和设备，自由选择生产厂家或者供应商家，发包人无权为承包人进行指定购买，否则就是违反合同约定，侵犯承包人的合法权益。因此《建筑法》第 25 条对此明确规定，按照合同规定，建设材料、建设构配件和设备由工程承包单位采购的，发包单位不得指定购入用于工程的建设材料、建设构配件和设备或指定生产厂、供应商。

6.2 建设工程承包管理制度

建设工程承包制度包括总承包、共同承包、分包等制度。

6.2.1 承包单位的资质管理

《建筑法》第 26 条规定，承包建设工程的单位应当持有依法取得的资质证书，并在其资质等级许可的业务范围内承包工程。

《建筑法》第 22 条规定，建设工程实行招标发包的，发包单位应当将建设工程发包给依法中标的承包单位。建设工程实行直接发包的，发包单位应当将建设工程发包给具有相应资质条件的承包单位。

资质证书，是承包建设工程的单位承包建设工程所必需的凭证。承包建设工程的单位，因其单位性质和技术、设备不同，其资质等级也不完全一样。级别不同，所从事的业务范围

也不完全相同。承包建设工程的单位应当"在其资质等级许可的业务范围内承揽工程"。若违反此项规定,则应当承担法律责任。

《建筑法》第 26 条还规定:"禁止建设施工企业超越本企业资质等级许可的业务范围或者以任何形式用其他建设施工企业的名义承揽工程。""禁止建设施工企业以任何形式允许其他单位或者个人使用本企业的资质证书、营业执照,以本企业的名义承揽工程。"

这就要求建设施工企业必须根据自己所具备的资质等级从事建设承揽活动,不能以借用其他建设施工企业的资质或者以挂靠等形式以其他建设施工企业的名义来承揽工程。另外,建设施工企业也不得出借自己的资质证书、营业执照,不得出租自己的资质证书、营业执照,不得允许其他建设施工企业挂靠在自己企业之下。这些规定都是强制性规定,建设施工企业必须遵守,否则应承担法律责任。

6.2.2 建设工程总承包的规定

总承包通常分为工程总承包和施工总承包两大类。

《建筑法》规定,建设工程的发包单位可以将建设工程的勘察、设计、施工、设备采购一并发包给一个工程总承包单位,也可以将建设工程勘察、设计、施工、设备采购的一项或者多项发包给一个工程总承包单位。

工程总承包是指从事工程总承包的企业受建设单位的委托,按照工程总承包合同的约定,对工程项目的勘察、设计、采购、施工、试运行(竣工验收)等实行全过程或若干阶段的承包。

施工总承包是指发包人将全部施工任务发包给具有施工总承包资质的建筑业企业,由施工总承包企业按照合同的约定向建设单位负责,承包完成施工任务。

6.2.2.1 工程总承包的方式

工程总承包是国际通行的工程建设项目组织实施方式,有利于发挥具有较强技术力量和组织管理能力的大承包商的专业优势,综合协调工程建设中的各种关系,强化统一指挥和组织管理,保证工程质量和进度,提高投资效益。

根据建设过程与内容,工程总承包一般有以下模式:

(1) E+P+C 模式(设计采购施工/交钥匙总承包)

设计采购施工总承包[EPC,即 engineering(设计)、procurement(采购)、construction(施工)的组合]是指工程总承包企业按照合同约定,承担工程项目的设计、采购、施工、试运行服务等工作,并对承包工程的质量、安全、工期、造价全面负责,是我国目前推行总承包模式最主要的一种。

交钥匙总承包是设计采购施工总承包业务和责任的延伸,最终是向业主提交一个满足使用功能、具备使用条件的工程项目。

(2) E+P+CM 模式

设计采购与施工管理总承包[EPCM,即 engineering(设计)、procurement(采购)、construction management(施工管理)的组合]是国际建设市场较为通行的项目支付与管理模式之一,也是我国目前推行总承包模式的一种。EPCM 承包商是通过业主委托或招标而确定的,承包商与业主直接签订合同,对工程的设计、材料设备供应、施工管理进行全面的负责。根据业主提出的投资意图和要求,通过招标为业主选择、推荐最合适的分包商来完成设计、采购、施工任务。设计、采购分包商对 EPCM 承包商负责,而施工分包商则不与EPCM 承包商签订合同,但其接受 EPCM 承包商的管理,施工分包商直接与业主具有合同关系。因此，EPCM 承包商无需承担施工合同风险和经济风险。当 EPCM 总承包模式实施一次性总报价方式支付时，EPCM 承包商的经济风险被控制在一定的范围内，承包商承担的经济风险相对较小，获利较为稳定。

(3) 设计-施工总承包（D+B）

设计-施工总承包是指工程总承包企业按照合同约定，承担工程项目设计和施工，并对承包工程的质量、安全、工期、造价全面负责。

(4) 其他总承包方式

根据工程项目的不同规模、类型和业主要求，工程总承包还可采用设计-采购总承包（E-P）、采购-施工总承包（P-C）等方式。

6.2.2.2 总承包企业的资质管理

我国对工程总承包不设立专门的资质。凡具有工程勘察、设计或施工总承包资质的企业，均可依法从事资质许可范围内相应等级的建设工程总承包业务。但是，承接施工总承包业务的，必须是取得施工总承包资质的企业。

《关于培育发展工程总承包和工程项目管理企业的指导意见》中提出，鼓励具有工程勘察、设计或施工总承包资质的勘察、设计和施工企业，通过改造和重组，建立与工程总承包业务相适应的组织机构、项目管理体系，充实项目管理专业人员，提高融资能力，发展成为具有设计、采购、施工（施工管理）综合功能的工程公司，在其勘察、设计或施工总承包资质等级许可的工程项目范围内开展工程总承包业务。工程勘察、设计、施工企业也可以组成联合体对工程项目进行联合总承包。

《建设工程勘察设计资质管理规定》中规定，取得工程勘察、工程设计资质证书的企业，可以从事资质证书许可范围内相应的建设工程总承包业务。《建筑业企业资质管理规定》也规定，取得建筑业企业资质证书的企业，可以从事资质许可范围相应等级的建设工程总承包业务。

我国建筑业企业资质分为施工总承包、专业承包和劳务分包三个序列。取得施工总承包资质的企业，可以承接施工总承包工程。施工总承包企业可以对所承接的施工总承包工程内各专业工程全部自行施工，也可以将专业工程或劳务作业依法分包给具有相应资质的专业承包企业或劳务分包企业。

6.2.2.3 工程总承包单位与工程项目管理

工程项目管理是指从事工程项目管理的企业受建设单位委托，按照合同约定，代表建设单位对工程项目的组织实施进行全过程或若干阶段的管理和服务。工程项目管理企业不直接从事该工程项目的勘察、设计、施工等，也不与该工程项目的总承包企业或勘察、设计、供货、施工等企业签订合同，但可以按合同约定，协助业主与工程项目的总承包企业或勘察、设计、供货、施工等企业签订合同，并受业主委托监督合同的履行。

《关于培育发展工程总承包和工程项目管理企业的指导意见》中指出，工程总承包单位可以接受建设单位委托，按照合同约定承担工程项目管理业务，但不应在同一个工程项目上同时承担工程总承包和工程项目管理业务，也不应与承担工程总承包或者工程项目管理业务的另一方企业有隶属关系或者其他利害关系。

6.2.2.4 总承包单位的责任

《建筑法》规定，建设工程总承包单位按照总承包合同的约定对建设单位负责；分包单位按照分包合同的约定对总承包单位负责。总承包单位和分包单位就分包工程对建设单位承担连带责任。

《建设工程质量管理条例》进一步规定，建设工程实行总承包的，总承包单位应当对全部建设工程质量负责；建设工程勘察、设计、施工、设备采购的一项或者多项实行总承包的，总承包单位应当对其承包的建设工程或者采购的设备的质量负责。总承包单位依法将建设工程分包给其他单位的，分包单位应当按照分包合同的约定对其分包工程的质量向总承包单位负责，总承包单位与分包单位对分包工程的质量承担连带责任。

据此，无论是工程总承包还是施工总承包，由于承包合同的签约主体都是建设单位和总承包单位，总承包单位均应按照承包合同约定的权利义务向建设单位负责。如果分包工程发生问题，总承包单位不得以分包工程已经分包他人为由推卸自己的总承包责任，而应与分包单位就分包工程承担连带责任。

连带责任是我国民事立法中的一项重要民事责任制度。《民法通则》第87条规定："负有连带义务的每个债务人，都负有清偿全部债务的义务，履行了义务的人，有权要求其他负有连带义务的人偿付他应当承担的份额。"总承包单位与分包单位就分包工程承担连带责任，就是当分包工程发生了质量责任或者违约责任时，建设单位可以向总承包单位请求赔偿，也可以向分包单位请求赔偿，在总承包单位或分包单位进行赔偿后，方有权依据分包合同对于不属于自己责任的赔偿向另一方进行追偿。连带责任也不仅限于连带赔偿责任，还有其他履行工程义务的连带责任。因此，总承包单位除了应加强自行完成工程部分的管理外，还有责任强化对分包单位分包工程的监管。

6.2.3 建设工程共同承包管理制度

共同承包是指由两个以上具备承包资格的单位共同组成非法人的联合体，以共同的名义对工程进行承包的行为。这是在国际工程发承包活动中较为通行的一种做法，可有效地规避工程承包风险。

《建筑法》第27条规定："大型建设工程或者结构复杂的建设工程，可以由两个以上的承包单位联合共同承包。共同承包的各方对承包合同的履行承担连带责任。""两个以上不同资质等级的单位实行联合共同承包的，应当按照资质等级低的单位的业务许可范围承揽工程。"联合共同承包须注意下列问题：

(1) 共同承包的适用范围

共同承包的前提是大型建设工程或者是结构复杂的建设工程。也就是说，一些中小型工程以及结构不复杂的不可以采取联合承包工程的方式。对于什么是大型建设工程和结构复杂的建设工程应以国务院、地方政府或者国务院有关部门确定的标准为准。大型建设工程的划分应当以建设面积或者总造价来划分为宜；结构复杂的建设工程一般应是结构的专业性较强的建设工程。

(2) 共同承包的资质要求

《建筑法》规定，两个以上不同资质等级的单位实行联合共同承包的，应当按照资质等级低的单位的业务许可范围承揽工程。

这主要是为防止以联合共同承包为名而进行"资质挂靠"的不规范行为。

(3) 共同承包的责任分担

《招标投标法》规定，联合体中标的，联合体各方应当共同与招标人签订合同，就中标项目向招标人承担连带责任。《建筑法》也规定，共同承包的各方对承包合同的履行承担连带责任。

共同承包各方应签订联合承包协议，明确约定各方的权利、义务以及相互合作、违约责任承担等条款。各承包方就承包合同的履行对建设单位承担连带责任。如果出现赔偿责任，建设单位有权向共同承包的任何一方请求赔偿，而被请求方不得拒绝，在其支付赔偿后可依据联合承包协议及有关各方过错大小，有权对超过自己应赔偿的那部分份额向其他方进行追偿。

 【案例6-2】 联合体共同承包工程案

案情

某建筑公司与某城建公司组成了一个联合体去投标，他们在共同投标协议中约定如果在施工的过程中出现质量问题而遭遇建设单位的索赔，各自承担索赔额的50%。后来在施工的过程中果然由于建筑公司的施工技术问题出现了质量问题并因此遭到了建设单位的索赔，索赔额是10万元。但是，建设单位却仅仅要求城建公司赔付这笔索赔款。城建公司拒绝了建设单位的请求，其理由有两点：

(1) 质量事故的出现是建筑公司的技术原因，应该由建筑公司承担责任。

(2) 共同投标协议中约定了各自承担50%的责任，即使不由建筑公司独自承担，起码建筑公司也应该承担50%的比例，不应该由自己全部拿出这笔钱。

 问题

城建公司的理由成立吗？

 评析

理由不成立。依据《建筑法》，联合体中共同承包的各方对承包合同的履行承担连带责任。也就是说，建设单位可以要求建筑公司承担赔偿责任，也可以要求城建公司承担赔偿责任。已经承担责任的一方，可以就超出自己应该承担的部分向对方追偿，但是却不可以拒绝先行赔付。

6.2.4 建设工程分包管理制度

6.2.4.1 分包的类型

分包分为专业工程分包和劳务作业分包。

专业工程分包，是指施工总承包企业将其所承包工程中的专业工程发包给具有相应资质的其他建设业企业完成的活动。

劳务作业分包，是指施工总承包企业或者专业承包企业将其承包工程中的劳务作业发包给劳务分包企业完成的活动。

6.2.4.2 分包工程的范围

《建筑法》规定，建设工程总承包单位可以将承包工程中的部分工程发包给具有相应资质条件的分包单位。禁止承包单位将其承包的全部建设工程转包给他人，禁止承包单位将其承包的全部建设工程肢解以后以分包的名义分别转包给他人。施工总承包的，建设工程主体结构的施工必须由总承包单位自行完成。

《招标投标法》也规定，中标人按照合同约定或者经招标人同意，可以将中标项目的部分非主体、非关键性工作分包给他人完成。中标人不得向他人转让中标项目，也不得将中标项目肢解后分别向他人转让。

《中华人民共和国招标投标法实施条例》（以下简称《招标投标法实施条例》）进一步规定，中标人不得向他人转让中标项目，也不得将中标项目肢解后分别向他人转让。中标人按照合同约定或者经招标人同意，可以将中标项目的部分非主体、非关键性工作分包给他人完成。接受分包的单位应当具备相应的资格条件,并不得再次分包。中标人应当就分包项目向招标人负责,接受分包的人就分包项目承担连带责任。

从以上法条可以看出,总承包单位承包工程后可以全部自行完成,也可以将其中的部分工程分包给其他承包单位完成,但依法只能分包部分工程,并且是非主体、非关键性工作;如果是施工总承包,其主体结构的施工则须由总承包单位自行完成。这主要是防止以分包为名而发生转包行为。

《房屋建筑和市政基础设施工程施工分包管理办法》还规定,分包工程发包人可以就分包合同的履行,要求分包工程承包人提供分包工程履约担保;分包工程承包人在提供担保后,要求分包工程发包人同时提供分包工程付款担保的,分包工程发包人应提供。

6.2.4.3 分包单位的条件

《建筑法》规定,建设工程总承包单位可以将承包工程中的部分工程发包给具有相应资质条件的分包单位;但是,除总承包合同中约定的分包外,必须经建设单位认可。禁止总承包单位将工程分包给不具备相应资质条件的单位。

《招标投标法》也规定,接受分包的单位应当具备相应的资格条件。

承包工程的单位须持有依法取得的资质证书,并在资质等级许可的业务范围内承揽工程。这一规定同样适用于工程分包单位。不具备资质条件的单位不允许承包建设工程,也不得承接分包工程。《房屋建筑和市政基础设施工程施工分包管理办法》还规定,严禁个人承揽分包工程业务。

6.2.4.4 对分包单位的认可

① 总承包单位如果要将所承包的工程再分包给他人,应当依法告知建设单位并取得认可。这种认可应当依法通过两种方式:

a. 在总承包合同中规定分包的内容;

b. 在总承包中没有规定分包内容的,应当事先征得建设单位的同意。

② 劳务作业分包由劳务作业发包人与劳务作业承包人通过劳务合同约定,可不经建设单位认可。

③ 需要说明的是,分包工程须经建设单位认可,并不等于建设单位可以直接指定分包人。对于建设单位推荐的分包单位,总承包单位有权作出拒绝或者采用的选择。

6.2.4.5 分包单位不得再分包

《建筑法》规定,禁止分包单位将其承包的工程再分包。《招标投标法》也规定,接受分包的人不得再次分包。

这主要是防止层层分包,"层层剥皮",导致工程质量安全和工期等难以保障。为此,《房屋建筑和市政基础设施工程施工分包管理办法》中规定,除专业承包企业可以将其承包工程中的劳务作业发包给劳务分包企业外,专业分包工程承包人和劳务作业承包人都必须自行完成所承包的任务。

6.2.4.6 转包和违法分包的界定

按照我国法律的规定,转包是必须禁止的,而依法实施的工程分包则是允许的。因此,违法分包同样是在法律的禁止之列。

(1) 违法分包

《建设工程质量管理条例》规定,违法分包,是指下列行为:

a. 总承包单位将建设工程分包给不具备相应资质条件的单位的;

b. 建设工程总承包合同中未有约定，又未经建设单位认可，承包单位将其承包的部分建设工程交由其他单位完成的；

　　c. 施工总承包单位将建设工程主体结构的施工分包给其他单位的；

　　d. 分包单位将其承包的建设工程再分包的。

（2）转包

　　所谓转包，是指承包单位不行使承包者的管理职能，将所承包的工程完全转手给他人承包的行为。转包的形式有两种：一种是承包单位将其承包的全部建设工程转包给他人；另一种是承包单位将其承包的全部工程肢解以后以分包的名义发包给他人即变相的转包。

　　分包工程发包人将工程分包后，未在施工现场设立项目管理机构和派驻相应人员，并未对该工程的施工活动进行组织管理的，视同转包行为。

　　转包工程容易使建设单位失去对其承包人的控制和监督，造成投机行为，引起建设工程质量与安全事故等，是一种违反双方合同的行为。因此，《建筑法》第28条明确规定禁止转包工程，禁止以分包名义将工程肢解后分别转包给他人。

　　最高人民法院《关于审理建设工程施工合同纠纷案件适用法律问题的解释》第4条规定，承包人非法转包、违法分包建设工程或者没有资质的实际施工人借用有资质的建筑施工企业名义与他人签订建设工程施工合同的行为无效。人民法院可以根据《民法通则》的规定，收缴当事人已经取得的非法所得。

6.2.4.7　分包单位的责任

　　《建筑法》规定，建设工程总承包单位按照总承包合同的约定对建设单位负责；分包单位按照分包合同的约定对总承包单位负责。总承包单位和分包单位就分包工程对建设单位承担连带责任。《招标投标法》也规定，中标人应当就分包项目向招标人负责，接受分包的单位就分包项目承担连带责任。

　　我国对工程总分包、联合承包的连带责任均是由法律做出的规定，属法定连带责任。连带责任通常可分为法定连带责任和约定连带责任。约定连带责任是依照当事人之间事先的相互约定而产生的连带责任；法定连带责任则是根据法律规定而产生的连带责任。

6.3　建筑市场信用体系建设

　　为进一步规范建筑市场秩序，健全建筑市场诚信体系，加强对建筑市场各方主体的监管，营造诚实守信的市场环境，根据《建筑法》《招标投标法》《建设工程勘察设计管理条例》《建设工程质量管理条例》《建设工程安全生产管理条例》等有关法律法规，原建设部制定了《建筑市场诚信行为信息管理办法》（建市［2007］9号）。

　　根据《建筑市场诚信行为信息管理办法》，原建设部负责制定全国统一的建筑市场各方主体的诚信标准；负责指导建立建筑市场各方主体的信用档案；负责建立和完善全国联网的统一的建筑市场信用管理信息平台；负责对外发布全国建筑市场各方主体诚信行为记录信息；负责指导对建筑市场各方主体的信用评价工作。

6.3.1　建筑市场诚信行为信息的分类

　　按照《建筑市场诚信行为信息管理办法》的规定，建筑市场诚信行为信息分为良好行为记录和不良行为记录两大类。《全国建筑市场各方主体不良行为记录认定标准》由原建设部制定和颁布。

(1) 良好行为记录

良好行为记录是指建筑市场主体在工程建设过程中严格遵守有关工程建设的法律、法规、规章或强制性标准，行为规范，诚信经营，自觉维护建筑市场秩序，受到各级建设行政主管部门和相关专业部门的奖励和表彰所形成的良好行为记录。

(2) 不良行为记录

不良行为记录是指建筑市场主体在工程建设过程中违反有关工程建设的法律、法规、规章或强制性标准和执业行为规范，经县级以上建设行政主管部门或者委托的执法监督机构查实和行政处罚所形成的不良行为记录。

6.3.2 建筑市场施工单位不良行为记录认定标准

《建筑市场诚信行为信息管理办法》规定了全国建筑市场各方主体不良行为记录认定标准。建筑市场各方主体是指建设项目的建设单位和参与工程建设活动的勘察、设计、施工、监理、招标代理、造价咨询、检测试验、施工图审查等企业或单位以及相关从业人员。

下面仅介绍施工单位不良行为记录的认定标准。其余标准请参阅《建筑市场诚信行为信息管理办法》附件。

施工单位的不良行为记录认定标准分为 5 大类共 41 条。

6.3.2.1 资质不良行为认定标准

有下列行为之一者，应认定为资质不良行为：①未取得资质证书承揽工程的，或超越本单位资质等级承揽工程的；②以欺骗手段取得资质证书承揽工程的；③允许其他单位或个人以本单位名义承揽工程的；④未在规定期限内办理资质变更手续的；⑤涂改、伪造、出借、转让《建筑业企业资质证书》的；⑥按照国家规定需要持证上岗的技术工种的作业人员未经培训、考核，未取得证书上岗，情节严重的。

6.3.2.2 承揽业务不良行为认定标准

有下列行为之一者，应认定为承揽业务不良行为：①利用向发包单位及其工作人员行贿、提供回扣或者给予其他好处等不正当手段承揽业务的；②相互串通投标或与招标人串通投标的，以向招标人或评标委员会成员行贿的手段谋取中标的；③以他人名义投标或以其他方式弄虚作假，骗取中标的；④不按照与招标人订立的合同履行义务，情节严重的；⑤将承包的工程转包或违法分包的。

6.3.3 工程质量不良行为认定标准

有下列行为之一者，应认定为工程质量不良行为：①在施工中偷工减料的，使用不合格建筑材料、建筑构配件和设备的，或者有不按照工程设计图纸或施工技术标准施工的其他行为的；②未按照节能设计进行施工的；③未对建筑材料、建筑构配件、设备和商品混凝土进行检测，或未对涉及结构安全的试块、试件以及有关材料取样检测的；④工程竣工验收后，不向建设单位出具质量保修书的，或质量保修的内容、期限违反规定的；⑤不履行保修义务或者拖延履行保修义务的。

6.3.3.1 工程安全不良行为认定标准

有下列行为之一者，应认定为工程安全不良行为：

① 在本单位发生重大生产安全事故时，主要负责人不立即组织抢救或在事故调查处理期间擅离职守或逃匿的，主要负责人对生产安全事故隐瞒不报、谎报或拖延不报的；

② 对建筑安全事故隐患不采取措施予以消除的；

③ 不设立安全生产管理机构、配备专职安全生产管理人员或分部分项工程施工时无专职安全生产管理人员现场监督的；

④ 主要负责人、项目负责人、专职安全生产管理人员、作业人员或特种作业人员，未经安全教育培训或经考核不合格即从事相关工作的；

⑤ 未在施工现场的危险部位设置明显的安全警示标志，或未按照国家有关规定在施工现场设置消防通道、消防水源、配备消防设施和灭火器材的；

⑥ 未向作业人员提供安全防护用具和安全防护服装的；

⑦ 未按照规定在施工起重机械和整体提升脚手架、模板等自升式架设设施验收合格后登记的；

⑧ 使用国家明令淘汰、禁止使用的危及施工安全的工艺、设备、材料的；

⑨ 违法挪用列入建设工程概算的安全生产作业环境及安全施工措施所需费用的；

⑩ 施工前未对有关安全施工的技术要求作出详细说明的；

⑪ 未根据不同施工阶段和周围环境及季节、气候的变化，在施工现场采取相应的安全施工措施，或在城市市区内的建设工程的施工现场未实行封闭围挡的；

⑫ 在尚未竣工的建筑物内设置员工集体宿舍的；

⑬ 施工现场临时搭建的建筑物不符合安全使用要求的；

⑭ 未对因建设工程施工可能造成损害的毗邻建筑物、构筑物和地下管线等采取专项防护措施的；

⑮ 安全防护用具、机械设备、施工机具及配件在进入施工现场前未经查验或查验不合格即投入使用的；

⑯ 使用未经验收或验收不合格的施工起重机械和整体提升脚手架、模板等自升式架设设施的；

⑰ 委托不具有相应资质的单位承担施工现场安装、拆卸施工起重机械和整体提升脚手架、模板等自升式架设设施的；

⑱ 在施工组织设计中未编制安全技术措施、施工现场临时用电方案或专项施工方案的；

⑲ 主要负责人、项目负责人未履行安全生产管理职责的，或不服管理、违反规章制度和操作规程冒险作业的；

⑳ 施工单位取得资质证书后，降低安全生产条件的，或经整改仍未达到与其资质等级相适应的安全生产条件的；

㉑ 取得安全生产许可证发生重大安全事故的；

㉒ 未取得安全生产许可证擅自进行生产的；

㉓ 安全生产许可证有效期满未办理延期手续，继续进行生产的，或逾期不办理延期手续，继续进行生产的；

㉔ 转让安全生产许可证的，接受转让的，冒用或使用伪造的安全生产许可证的。

6.3.3.2 拖欠工程款或工人工资不良行为认定标准

恶意拖欠或克扣劳动者工资的。

6.3.4 注册建造师不良行为记录的认定标准

按照《注册建造师执业管理办法（试行）》的规定，注册建造师有下列行为之一，经有关监督部门确认后由工程所在地建设主管部门或有关部门记入注册建造师执业信用档案：

① 有《注册建造师执业管理办法（试行）》第22条所列行为的；
② 未履行注册建造师职责造成质量、安全、环境事故的；
③ 泄露商业秘密的；
④ 无正当理由拒绝或未及时签字盖章的；
⑤ 未按要求提供注册建造师信用档案信息的；
⑥ 未履行注册建造师职责造成不良社会影响的；
⑦ 未履行注册建造师职责导致项目未能及时交付使用的；
⑧ 不配合办理交接手续的；
⑨ 不积极配合有关部门监督检查的。

6.4 法律责任

6.4.1 发包单位违法行为及其法律责任

《建筑法》规定，发包单位将工程发包给不具有相应资质条件的承包单位的，或者违反本法规定将建设工程肢解发包的，责令改正，处以罚款。

《建设工程质量管理条例》第54条进一步规定，建设单位将建设工程发包给不具有相应资质等级的勘察、设计、施工单位或者委托给不具有相应资质等级的工程监理单位的，责令改正，处50万元以上100万元以下的罚款。

建设单位将建设工程肢解发包的，根据《建设工程质量管理条例》第55条的规定，责令改正，处工程合同价款0.5%以上1%以下的罚款；对全部或者部分使用国有资金的项目，并可以暂停项目执行或者暂停资金拨付。

6.4.2 承包单位违法行为及其法律责任

(1)《建筑法》规定的法律责任

① 超越本单位资质等级承揽工程的，责令停止违法行为，处以罚款，可以责令停业整顿，降低资质等级；情节严重的，吊销资质证书；有违法所得的，予以没收。
② 未取得资质证书承揽工程的，予以取缔，并处罚款；有违法所得的，予以没收。
③ 建设施工企业转让、出借资质证书或者以其他方式允许他人以本企业的名义承揽工程的，责令改正，没收违法所得，并处罚款，可以责令停业整顿，降低资质等级；情节严重的，吊销资质证书。

对因该项承揽工程不符合规定的质量标准造成的损失，建设施工企业与使用本企业名义的单位或者个人承担连带赔偿责任。

④ 承包单位将承包的工程转包的，或者违反本法规定进行分包的，责令改正，没收违法所得，并处罚款，可以责令停业整顿，降低资质等级；情节严重的，吊销资质证书。

承包单位有以上规定的违法行为的，对因转包工程或者违法分包的工程不符合规定的质量标准造成的损失，与接受转包或者分包的单位承担连带赔偿责任。

(2)《建设工程质量管理条例》规定的法律责任

① 勘察、设计、施工、工程监理单位超越本单位资质等级承揽工程的，责令停止违法行为，对勘察、设计单位或者工程监理单位处合同约定的勘察费、设计费或者监理酬金1倍以上2倍以下的罚款；对施工单位处工程合同价款2%以上4%以下的罚款，可以责令停业整顿，降低资质等级；情节严重的，吊销资质证书；有违法所得的，予以没收。未取得资质

证书承揽工程的，予以取缔，依照以上规定处以罚款；有违法所得的，予以没收。

② 勘察、设计、施工、工程监理单位允许其他单位或者个人以本单位名义承揽工程的，责令改正，没收违法所得，对勘察、设计单位和工程监理单位处合同约定的勘察费、设计费和监理酬金1倍以上2倍以下的罚款；对施工单位处工程合同价款2%以上4%以下的罚款；可以责令停业整顿，降低资质等级；情节严重的，吊销资质证书。

③ 承包单位将承包的工程转包或者违法分包的，责令改正，没收违法所得；对勘察、设计单位处合同约定的勘察费、设计费25%以上50%以下的罚款；对施工单位处工程合同价款0.5%以上1%以下的罚款；可以责令停业整顿，降低资质等级；情节严重的，吊销资质证书。

(3)《房屋建筑和市政基础设施工程施工分包管理办法》规定的法律责任

对于接受转包、违法分包和用他人名义承揽工程的，处1万元以上3万元以下的罚款。

6.4.3 索贿、受贿、行贿的法律责任

《建筑法》第68条规定，在工程发包与承包中索贿、受贿、行贿，构成犯罪的，依法追究刑事责任；不构成犯罪的，分别处以罚款，没收贿赂的财物，对直接负责的主管人员和其他直接责任人员给予处分。

对在工程承包中行贿的承包单位，除依照以上规定处罚外，可以责令停业整顿，降低资质等级或者吊销资质证书。

复习思考题

一、单项选择题

1. 关于建筑工程发包承包制度的说法，正确的是（　　）。
   A. 总承包合同可以采用书面形式或口头形式
   B. 发包人可以将一个单位工程的主体分解成若干部分发包
   C. 建筑工程只能招标发包，不能直接发包
   D. 国家提倡对建筑工程实行总承包

2. 下列关于建设工程分包的说法中，承包人不违法的是（　　）。
   A. 未经建设单位许可将承包工程中的劳务进行分包
   B. 专业工程分包给不具备资质的承包人
   C. 将劳务作业分包给不具备资质的承包人
   D. 未经建设单位许可将承包工程中的专业工程分包给他人

3. 专业工程分包单位可以将（　　）分包给符合资质条件的分包单位。
   A. 全部专业工程　　　　　　　　B. 部分专业工程
   C. 专业工程施工管理　　　　　　D. 劳务作业

4. 某建设工程项目中，甲公司中标后将其转包给不具有相应资质的乙公司，乙公司施工的工程不符合规定质量标准，给建设单位造成损失，下列说法中，正确的是（　　）。
   A. 建设单位与甲公司有直接合同关系，应由甲公司承担赔偿责任
   B. 甲、乙承担连带赔偿责任

C. 实际施工并造成损失的是乙公司，应由乙公司承担赔偿责任
D. 因建设单位管理不到位，应由建设单位承担部分损失

5. 下列选项中，《建筑法》未禁止的行为是（　　）。
   A. 将建设工程肢解发包　　　　B. 由两个以上不同资质等级的单位联合承包
   C. 分包单位将工程再分包　　　D. 用其他建筑施工企业的名义承揽工程

6. 关于施工企业违法行为应承担法律责任的说法，正确的是（　　）。
   A. 未取得资质证书承揽工程的，予以取缔，并处罚款，有违法所得的，予以没收
   B. 超越本单位资质等级承揽工程的，责令停止违法行为并降低资质等级
   C. 将承包的工程转包时，责令改正并没收违法所得
   D. 允许他人以本企业名义承揽工程时，没收违法所得并处罚款和吊销资质证书

7. 下列建设工程不良行为中，属于施工企业资质不良行为的是（　　）。
   A. 超越本单位资质等级承揽工程　　B. 以他人名义承揽工程
   C. 施工中偷工减料　　　　　　　　D. 将工程转包

8. 按照《建筑法》的规定，以下说法正确的是（　　）。
   A. 建筑企业集团公司可以允许所属法人公司以其名义承揽工程
   B. 建筑企业可以在其资质等级之上承揽工程
   C. 联合体共同承包的，按照资质等级高的单位的业务许可范围承揽工程
   D. 施工企业不允许将承包的全部建筑工程转包给他人

9. 关于建筑工程施工分包行为的说法，正确的是（　　）。
   A. 个人可以承揽分包工程业务
   B. 建设单位有权直接指定分包工程承包人
   C. 建设单位推荐的分包单位，承包单位无权拒绝
   D. 承包人未对分包工程的施工活动进行组织管理的，视同转包

二、多项选择题

1. 某体育馆工程实行工程总承包，发包单位可以将该工程的（　　）一并发包给一个工程总承包单位。
   A. 代建　　　　　　　　　　B. 监理
   C. 设备采购　　　　　　　　D. 施工
   E. 设计

2. 建筑施工企业有（　　）行为的，对因该工程不符合规定的质量标准造成的损失，承担连带赔偿责任。
   A. 转让、出借资质证书
   B. 在工程承包中有行贿行为
   C. 允许他人以本企业的名义承揽工程
   D. 将承包的工程转包
   E. 违反《建筑法》规定进行分包

3. 关于建设工程发承包，《建筑法》作出禁止规定的有（　　）。
   A. 将建设工程肢解发包
   B. 承包人将其承包的建设工程分包他人
   C. 承包人超越本企业资质等级许可的业务范围承揽工程
   D. 分包人将其承包的工程再分包
   E. 两个不同资质等级的单位联合共同承包

4. 下列关于分包的说法中，正确的有（　　）。
A. 招标人可以直接指定分包人
B. 经招标人同意，中标人将中标项目的非关键性工作分包给他人完成
C. 中标人和招标人可以在合同中约定将中标项目的部分非主体工作分包给他人
D. 中标人为节约成本可以自行决定将中标项目的部分非关键性工作分包给他人
E. 经招标人同意，接受分包的人可将项目再次分包给他人

5. 关于总承包模式下各单位质量责任的说法，正确的有（　　）。
A. 施工总承包单位对其采购的材料质量负责
B. 施工总承包单位对施工质量负责
C. 分包单位就分包工程质量向施工总承包单位负责
D. 分包单位与施工总承包单位就分包工程质量向建设单位承担连带责任
E. 施工总承包单位应当对施工图设计文件质量负责

6. 下列情形中，符合工程发包、分包管理相关规定的是（　　）。
A. 施工企业将分包的全部建筑工程分解后以分包的名义分别交由他人施工
B. 建设单位将建筑工程项目肢解成若干标段分别进行招标
C. 施工企业按照承包合同的约定，直接将部分专业工程进行分包
D. 施工企业将包含人、机、料在内的工程以扩大劳务分包形式进行劳务分包
E. 分包单位将其承包的建筑工程劳务作业进行分包

三、简答题

1. 建筑工程发包有哪些方式？各适用于什么情况？
2. 建筑工程的承包单位应当具备哪些条件？
3. 什么是建筑工程总承包制度？总承包的方式有哪些？
4. 什么是联合承包制度？联合承包的前提条件是什么？
5. 简述建筑工程施工转包、违法分包、挂靠的认定与处理。
6. 具备什么资格才能承担对外承包工程？简述对外承包工程单位的行为规范。
7. 施工单位的不良行为记录认定标准分为哪几类？
8. 简述注册建造师不良行为记录的认定标准。

第 6 章答案与解析

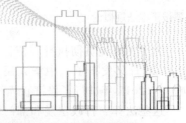

第 7 章 建设工程招标投标法规

 教学目标

通过本章的学习，使学生掌握强制招标制度；掌握可以不进行招标和邀请招标的情况。熟悉招标人、投标人的资格条件；熟悉潜在投标人或者投标人的资格审查；熟悉招标文件、投标文件的编制；熟悉开标、评标和中标法律制度。了解招标投标备案制度和招标投标的投诉与处理。掌握招标投标活动中的违法行为及其法律责任；熟悉中标无效的情况及其法律后果。能够运用法律法规解释建设工程招标和投标中的现象；能够按照建设工程招标投标法律法规依法从事招标投标活动。

建设工程招标投标，是在市场经济条件下进行工程建设项目的发包与承包时，所采用的一种交易方式。采用招标投标方式进行交易活动的最显著特征，是将竞争机制引入了交易过程，它具有公平竞争、减少或杜绝行贿受贿等腐败和不正当竞争行为、节省和合理使用资金、保证建设项目质量等明显的优越性。

7.1 建设工程招标投标概述

7.1.1 建设工程招标投标法规立法概况

1999 年 8 月 30 日，第九届全国人大常委会第十一次会议审议并通过了《中华人民共和国招标投标法》（简称《招标投标法》）；2017 年 12 月 27 日第十二届全国人大常委会第三十一次会议对《招标投标法》进行了修订。《招标投标法》是招标投标法律体系中的基本法律。《招标投标法》的颁布实施，标志着我国的招标投标活动在法制的轨道上，已经进入到了一个规范有序、公平竞争的崭新阶段。

招标投标法.
2017 年修订

继《招标投标法》发布之后，国家发展改革委员会于 2000 年连续发布了《工程建设项目招标范围和规模标准规定》（2017 年进行了修订）、《招标公告发布暂行办法》（2013 年进行了修订）、《工程建设项目自行招标试行办法》（2013 年进行了修订）；2003 年 2 月 22 日发布了《评标专家和评标专家库管理暂行办法》（2013 年进行了修订）。

招标投标法实施
条例.2017 年修订

国家计委、国家经贸委、建设部、铁道部、交通部、信息产业部、水利部七部（委）于 2001 年联合发布了《评标委员会和评标方法暂行规定》（2013 年进行了修订）；国家计委、建设部、铁道部、交通部、信息产业部、水利部、中国民用航空总局七部（委）于 2003 年联合发布了《工程建设项目施工招标投标办法》（2013 年进行了修订）。建设部于 2007 年发布了《工程建设项目招标代理机构资格认定办法》。

为了更好地贯彻执行《招标投标法》，加强对工程建设项目的管理，国务院于 2011 年 12 月 20 日又发布了《中华人民共和国招标投标法实施条例》（简称《招标投标法实施条例》）（2017 年进行了修订）。

这些法律、行政法规和部门规章，构成了我国建筑工程招标投标的法规体系。

7.1.2 招标投标活动应遵循的基本原则

《招标投标法》第 5 条规定了招标投标活动必须遵循的基本原则，即"公开、公平、公正和诚实信用"的原则。这是招标投标必须遵循的最基本的原则。

(1) 公开原则

公开原则，就是要求招标投标活动具有较高的透明度，实行招标信息、招标程序、评标的标准和办法、中标结果公开。

(2) 公平原则

公平原则要求给予所有投标人平等的机会，使其享有同等的权利，履行同等的义务。不能有意排斥、歧视任何一方。而投标人不得采用不正当竞争手段参加投标竞争。

(3) 公正原则

公正原则就是要求在招标投标活动中，评标结果要公正。评标时对所有投标者一视同仁，严格按照事先公布的标准和规则统一对待各投标人。不得向任何投标人泄露标底或其他可能妨碍公平竞争的信息；任何单位和个人不得非法干预、影响评标过程和结果。

(4) 诚实信用原则

"诚实信用"是民事活动的基本原则之一。本原则的含义是，在招标投标活动中，招标人或招标代理机构、投标人等均应以诚实、善意的态度参与招标投标活动，严格按照法律的规定行使自己的权利和义务，坚持良好的信用，不得弄虚作假，欺骗他人，牟取不正当利益，不得损害对方、第三者或者社会的利益。对违反诚实信用原则，给他方造成损失的，要依法承担赔偿责任。《招标投标法》第 53 条至第 60 条明确规定了各种违背诚实信用原则的行为的法律责任。

7.1.3 强制招标制度

强制招标，是指法律、法规规定某些特定类型的采购项目，必须通过招标进行采购，否则采购单位要承担法律责任。

7.1.3.1 强制招标的工程建设项目范围

根据《招标投标法》第 3 条的规定，在中华人民共和国境内进行下列工程建设项目包括项目的勘察、设计、施工、监理以及与工程建设有关的重要设备、材料等的采购，必须进行招标：大型基础设施、公用事业等关系社会公共利益、公众安全的项目；全部或者部分使用国有资金投资或者国家融资的项目；使用国际组织或者外国政府贷款、援助资金的项目。

为了增加强制招标工作的可操作性，根据《招标投标法》的授权，经国务院批准，国家发展和改革委员会制定了《必须招标的工程项目规定》（简称《规定》），自 2018 年 6 月 1 日起施行。

该《规定》第 2 条至第 4 条确定了必须进行招标的工程建设项目的具体范围。

① 全部或者部分使用国有资金投资或者国家融资的项目包括：

a. 使用预算资金 200 万元人民币以上，并且该资金占投资额 10% 以上的项目；

b. 使用国有企业事业单位资金，并且该资金占控股或者主导地位的项目。

② 使用国际组织或者外国政府贷款、援助资金的项目包括：

a. 使用世界银行、亚洲开发银行等国际组织贷款、援助资金的项目；

　　b. 使用外国政府及其机构贷款、援助资金的项目。

　　③ 不属于本规定第二条、第三条规定情形的大型基础设施、公用事业等关系社会公共利益、公众安全的项目，必须招标的具体范围由国务院发展改革部门会同国务院有关部门按照确有必要、严格限定的原则制订，报国务院批准。

7.1.3.2　强制招标的规模标准

　　以上规定范围内的各类工程建设项目，包括项目的勘察、设计、施工、监理以及与工程建设有关的重要设备、材料等的采购，达到下列标准之一的，必须招标：

　　① 施工单项合同估算价在 400 万元人民币以上；

　　② 重要设备、材料等货物的采购，单项合同估算价在 200 万元人民币以上；

　　③ 勘察、设计、监理等服务的采购，单项合同估算价在 100 万元人民币以上。同一项目中可以合并进行的勘察、设计、施工、监理以及与工程建设有关的重要设备、材料等的采购，合同估算价合计达到前款规定标准的，必须招标。

7.1.3.3　可以不进行招标的工程建设项目

　　如果建设项目不属于强制招标的项目则可以招标也可以不招标。但是，即使符合强制招标项目的条件却属于某些特殊情形的，也可以不进行招标。

　　(1) 可以不进行招标的施工项目

　　依据《招标投标法》第 66 条和《招标投标法实施条例》第 9 条的规定，下列建设工程的施工项目，经有关主管部门批准，可以不进行招标：

　　① 涉及国家安全、国家秘密、抢险救灾或者属于利用扶贫资金实行以工代赈、需要使用农民工等特殊情况，不适宜进行招标的项目，按照国家有关规定可以不进行招标；

　　② 需要采用不可替代的专利或者专有技术；

　　③ 采购人依法能够自行建设、生产或者提供；

　　④ 已通过招标方式选定的特许经营项目投资人依法能够自行建设、生产或者提供；

　　⑤ 需要向原中标人采购工程、货物或者服务，否则将影响施工或者功能配套要求；

　　⑥ 国家规定的其他特殊情形。

　　(2) 可以不进行招标的勘察、设计项目

　　依据《建设工程勘察设计管理条例》第 16 条，下列建设工程的勘察、设计，经有关主管部门批准，可以直接发包：

　　① 采用特定的专利或者专有技术的；

　　② 建筑艺术造型有特殊要求的；

　　③ 国务院规定的其他可以直接发包的建设工程的勘察、设计。

7.2　招标

　　一次完整的招标投标活动，包括招标、投标、开标、评标和中标等许多环节。招标是整个招标投标过程的第一个环节，也是对投标、评标、定标有直接影响的环节，所以在《招标投标法》中对这个环节确立了一系列的明确的规范。

7.2.1　招标人

　　(1) 招标人

《招标投标法》第 8 条规定:"招标人是依照本法规定提出招标项目、进行招标的法人或者其他组织。"

(2) 招标条件

根据《招标投标法》和《工程建设项目施工招标投标办法》的规定,依法必须招标的工程建设项目,应当具备下列条件才能进行施工招标:

① 招标人已经依法成立;
② 初步设计及概算应当履行审批手续的,已经批准;
③ 有相应资金或资金来源已经落实;
④ 有招标所需的设计图纸及技术资料。

7.2.2 招标方式

7.2.2.1 公开招标和邀请招标

《招标投标法》第 10 条规定,招标方式分为公开招标和邀请招标。

(1) 公开招标

公开招标,也称"无限竞争性招标",是指由招标人以招标公告的方式邀请不特定的法人或者其他组织投标。招标人采用公开招标方式的,应当发布招标公告。依法必须进行招标的工程建设项目的招标公告,应当通过国家指定的报刊、信息网络或者其他媒介发布。

国家发改委确定的国家重点建设项目和各省、自治区、直辖市人民政府确定的地方重点建设项目,以及全部使用国有资金投资或者国有资金投资占控股或者主导地位的工程建设项目,应当公开招标。

(2) 邀请招标

邀请招标也称"有限竞争性招标"或"限制性招标",是指招标方根据自己所掌握的情况,预先确定一定数量的符合招标项目基本要求的潜在投标人并向其发出投标邀请书,由被邀请的潜在投标人参加投标竞争,招标人从中择优确定中标人的一种招标方式。其特点是:

① 根据《招标投标法》第 17 条的规定,采用邀请招标方式的招标人应当向 3 个以上的潜在投标人发出投标邀请书;
② 邀请招标的招标人要以投标邀请书的方式向一定数量的潜在投标人发出投标邀请,只有接受投标邀请书的法人或者其他组织才可以参加投标竞争,其他法人或组织无权参加投标。

(3) 邀请招标的范围

《招标投标法实施条例》第 8 条规定:国有资金占控股或者主导地位的依法必须进行招标的项目,应当公开招标;但有下列情形之一的,可以邀请招标:

① 技术复杂、有特殊要求或者受自然环境限制,只有少量潜在投标人可供选择;
② 采用公开招标方式的费用占项目合同金额的比例过大。

国家重点建设项目的邀请招标,应当经国家发改委批准;地方重点建设项目的邀请招标,应当经各省、自治区、直辖市人民政府批准。全部使用国有资金投资或者国有资金投资占控股或者主导地位的并需要审批的工程建设项目的邀请招标,应当经项目审批部门批准,但项目审批部门只审批立项的,由有关行政监督部门批准。

7.2.2.2 总承包招标和两阶段招标

《招标投标法实施条例》规定,招标人可以依法对工程以及与工程建设有关的货物、服务全部或者部分实行总承包招标。以暂估价形式包括在总承包范围内的工程、货物、服务属于依法必须进行招标的项目范围且达到国家规定规模标准的,应当依法进行招标。以上所称暂估价,是指总承包招标时不能确定价格而由招标人在招标文件中暂时估定的工程、货物、服务的金额。

《招标投标法实施条例》还规定,对技术复杂或者无法精确拟定技术规格的项目,招标人可以分两阶段进行招标。

第一阶段,投标人按照招标公告或者投标邀请书的要求提交不带报价的技术建议,招标人根据投标人提交的技术建议确定技术标准和要求,编制招标文件。

第二阶段,招标人向在第一阶段提交技术建议的投标人提供招标文件,投标人按照招标文件的要求提交包括最终技术方案和投标报价的投标文件。招标人要求投标人提交投标保证金的,应当在第二阶段提出。

7.2.3 自行招标和代理招标

从招标行为实施主体的自主性来看,招标有自行招标和代理招标两种。

(1) 自行招标

自行招标指的是招标方独自进行的招标活动。

《工程建设项目自行招标试行办法》规定,依法必须进行招标的工程建设项目,招标人自行办理招标事宜,应当具有编制招标文件和组织评标的能力。

经国家发改委核准,招标人符合法律规定的自行招标条件的,可以自行办理招标事宜。任何单位和个人不得强制其委托招标代理机构办理招标事宜。

(2) 代理招标和招标代理机构

招标人不具备自行招标条件,或者不愿自行招标的,应当委托专业招标代理机构,由其代理招标人进行招标。

① 工程建设项目招标代理机构的含义和工程承接范围。所谓代理招标,是指招标代理机构接受招标人的委托,代为办理招标事宜。招标代理机构是"依法设立、从事招标代理业务并提供相关服务的社会中介组织"。

2017年12月27日,全国人民代表大会常务委员会做出了关于修改《中华人民共和国招标投标法》的决定;国务院于2017年3月1日作出了对《招标投标法实施条例》等36部行政法规的部分条款予以修改的决定。根据修改后的《招标投标法实施条例》,招标代理机构应当拥有一定数量的具备编制招标文件、组织评标等相应能力的专业人员。

为贯彻落实上述全国人大决定和国务院决定,规范工程招标代理行为,维护建筑市场秩序,住房城乡建设部办公厅下发了《关于取消工程建设项目招标代理机构资格认定加强事中事后监管的通知》。通知要求:自2017年12月28日起,各级住房城乡建设部门不再受理招标代理机构资格认定申请,停止招标代理机构资格审批。各级住房城乡建设主管部门要强化对工程招投标活动和招标代理机构行为的监管。

工程招标代理机构可以跨省、自治区、直辖市承担工程招标代理业务。任何单位和个人不得限制或者排斥工程招标代理机构依法开展工程招标代理业务。

② 招标代理机构可以承担的招标事宜。依据《工程建设项目施工招标投标办法》第22条的规定,招标代理机构应当在招标人委托的范围内承担招标事宜,不得无权代理、越权代理。

招标代理机构可以在其资格等级范围内承担下列招标事宜:a. 拟定招标方案,编制和出售招标文件、资格预审文件;b. 审查投标人资格;c. 编制标底;d. 组织投标人踏勘现场;e. 组织开标、评标,协助招标人定标;f. 草拟合同;g. 招标人委托的其他事项。

7.2.4 招标程序

招标是招标人从投标人中选择并确定中标人的过程,招标应有一系列的工作程序。根据《招标投标法》《招标投标法实施条例》的规定,招标工作程序如下:
① 成立招标组织,由招标人自行招标或委托招标;
② 发布资格预审公告或者招标公告;
③ 编制资格预审文件或者招标文件和标底(如果有);
④ 发售资格预审文件或者招标文件;
⑤ 对潜在投标人或者投标人的资格审查;
⑥ 组织投标人踏勘现场,并对招标文件答疑;
⑦ 确定投标人编制投标文件所需要的合理时间;
⑧ 接受投标书;
⑨ 开标、评标、定标,签发中标通知书;
⑩ 与中标人签订合同。

7.2.5 招标公告和资格预审公告的发布方式及内容

7.2.5.1 公开招标应当发布招标公告

招标公告是招标人以公告方式邀请不特定的潜在投标人就招标项目参加投标的意思表示。公开招标的招标信息必须通过公告的途径予以通知,使所有合格的投标人都有同等机会了解招标要求。

7.2.5.2 招标公告的发布方式

《招标投标法》第 16 条规定,招标人采用公开招标方式的,应当发布招标公告。依法必须进行招标的项目的招标公告,应当通过国家指定的报刊、信息网络或者其他媒介发布。招标公告应当载明招标人的名称和地址,招标项目的性质、数量、实施地点和时间以及获取招标文件的办法等事项。

随着科学技术的发展,可能还会出现一些新的发布方式,为此,《招标投标法》第 16 条规定了"其他媒介",作为报刊和信息网络的补充。

7.2.5.3 招标公告的主要内容

招标公告的主要目的是发布招标项目的有关信息,使那些有兴趣的潜在投标人知道与项目有关的主要情况,来决定其是否参加投标。因此,招标公告的内容对潜在投标人是至关重要的。

(1) 施工招标公告的主要内容

根据《工程建设项目施工招标投标办法》第 14 条的规定,施工招标的招标公告或者投标邀请书应当至少载明下列内容:
① 招标人的名称和地址;
② 招标项目的内容、规模、资金来源;
③ 招标项目的实施地点和工期;
④ 获取招标文件或者资格预审文件的地点和时间;
⑤ 对招标文件或者资格预审文件收取的费用;
⑥ 对投标人的资质等级的要求。

(2) 设计招标公告的主要内容

根据《建筑工程设计招标投标管理办法》第 8 条的规定，设计招标的招标公告或者投标邀请书应当载明招标人的名称和地址、招标项目的基本要求、投标人的资质要求以及获取招标文件的办法等事项。招标文件的办法等事项。

7.2.6 对潜在投标人或者投标人的资格审查

招标人可以根据招标项目本身的特点和需要，要求潜在投标人或者投标人提供满足其资格要求的文件，对潜在投标人或者投标人进行资格审查。资格审查分为资格预审和资格后审。

7.2.6.1 资格预审

资格预审，是指在投标前对潜在投标人进行的资格审查。

(1) 资格预审的原则

① 资格预审应当发布资格预审公告、编制资格预审文件。《招标投标法实施条例》第 15 条规定，招标人采用资格预审办法对潜在投标人进行资格审查的，应当发布资格预审公告、编制资格预审文件。

依法必须进行招标的项目的资格预审公告，应当在国务院发展改革部门依法指定的媒介发布。在不同媒介发布的同一招标项目的资格预审公告的内容应当一致。指定媒介发布依法必须进行招标的项目的境内资格预审公告，不得收取费用。

编制依法必须进行招标的项目的资格预审文件，应当使用国务院发展改革部门会同有关行政监督部门制定的标准文本。

② 资格预审应当按照资格预审文件载明的标准和方法进行。采取资格预审的，招标人应当在资格预审文件中载明资格预审的条件、标准和方法。资格预审应当按照资格预审文件载明的标准和方法进行。招标人不得改变载明的资格条件或者以没有载明的资格条件对潜在投标人或者投标人进行资格审查。

国有资金占控股或者主导地位的依法必须进行招标的项目，招标人应当组建资格审查委员会审查资格预审申请文件。资格审查委员会及其成员应当遵守《招标投标法》和本条例有关评标委员会及其成员的规定。

③ 资格预审文件的澄清或者修改。招标人可以对已发出的资格预审文件进行必要的澄清或者修改。澄清或者修改的内容可能影响资格预审申请文件编制的，招标人应当在提交资格预审申请文件截止时间至少 3 日前，以书面形式通知所有获取资格预审文件的潜在投标人；不足 3 日的，招标人应当顺延提交资格预审申请文件的截止时间。

(2) 资格预审文件的发售

招标人应当按照资格预审公告规定的时间、地点发售资格预审文件。资格预审文件的发售期不得少于 5 日。

招标人发售资格预审文件收取的费用应当限于补偿印刷、邮寄的成本支出，不得以营利为目的。

(3) 资格预审申请文件的提交

招标人应当合理确定提交资格预审申请文件的时间。依法必须进行招标的项目提交资格预审申请文件的时间，自资格预审文件停止发售之日起不得少于 5 日。

(4) 资格预审结果通知

资格预审结束后，招标人应当及时向资格预审申请人发出资格预审结果通知书。未通过资格预审的申请人不具有投标资格，不得参加投标。

通过资格预审的申请人少于3个的，应当重新招标。

（5）有异议的资格预审文件的处理

潜在投标人或者其他利害关系人对资格预审文件有异议的，应当在提交资格预审申请文件截止时间2日前提出；招标人应当自收到异议之日起3日内作出答复；作出答复前，应当暂停招标投标活动。

招标人编制的资格预审文件的内容违反法律、行政法规的强制性规定，违反公开、公平、公正和诚实信用原则，影响资格预审结果的，依法必须进行招标的项目的招标人应当在修改资格预审文件后重新招标。

7.2.6.2 资格后审

资格后审，是指在开标后对投标人进行的资格审查。进行资格预审的，一般不再进行资格后审，但招标文件另有规定的除外。

招标人采用资格后审办法对投标人进行资格审查的，应当在开标后由评标委员会按照招标文件规定的标准和方法对投标人的资格进行审查。

招标人不得改变载明的资格条件或者以没有载明的资格条件对潜在投标人进行资格后审。资格后审不合格的投标人的投标应作废标处理。

7.2.7 招标文件的编制和发售

7.2.7.1 编制招标文件应遵守的原则

为了规范招标人的行为，保证招标文件的公正合理，《招标投标法》及其相关法规要求招标人在编制招标文件时，应当遵守如下基本原则：

① 招标人应当根据招标项目的特点和需要编制招标文件。招标文件应当包括招标项目的技术要求、对投标人资格审查的标准、投标报价要求和评标标准等所有实质性要求和条件以及拟签订合同的主要条款。

② 国家对招标项目的技术、标准有规定的，招标人应当按照其规定在招标文件中提出相应要求。

③ 招标项目需要划分标段、确定工期的，招标人应当合理划分标段、确定工期，并在招标文件中载明。

④ 招标文件不得要求或者标明特定的生产供应者以及含有倾向或者排斥潜在投标人的其他内容。

7.2.7.2 关于时间方面招标文件应遵守的规定

（1）可以澄清、修改招标文件的时间

《招标投标法》第23条规定："招标人对已发出的招标文件进行必要的澄清或者修改的，应当在招标文件要求提交投标文件截止时间至少十五日前，以书面形式通知所有招标文件收受人。该澄清或者修改的内容为招标文件的组成部分。"

（2）确定编制投标文件的时间

《招标投标法》第24条规定："招标人应当确定投标人编制投标文件所需要的合理时间；但是，依法必须进行招标的项目，自招标文件开始发出之日起至投标人提交投标文件截止之日止，最短不得少于二十日。"

（3）确定投标有效期

投标有效期，是招标文件中规定的投标文件有效期。《招标投标法实施条例》第25条规定:"招标人应当在招标文件中载明投标有效期。投标有效期从提交投标文件的截止之日起算。"

【案例7-1】 投标文件截止日期是否合法案

2018年6月8日,招标人发出招标文件。招标文件规定了提交投标文件的截止日期为2018年6月25日。某投标人认为这个时间的规定违反了《招标投标法》。因为《招标投标法》第24条规定:"招标人应当确定投标人编制投标文件所需要的合理时间;但是,依法必须进行招标的项目,自招标文件开始发出之日起至投标人提交投标文件截止之日止,最短不得少于二十日。"

招标文件规定的投标文件截止日期符合法律规定吗?

是否违法应根据具体项目来确定。

必须招标的项目,根据《招标投标法》应该符合两个条件:既要属于必须招标的项目范围,也要符合相应的规模标准。如果不同时符合这两个条件,就不是必须招标的项目。

不是必须招标的项目也可以招标,但是就不受《招标投标法》第24条的"最短不得少于二十日"的限制了,而仅仅满足"招标人应当确定投标人编制投标文件所需要的合理时间"就可以了。

所以,如果这个案例中的项目不属于必须招标的项目,招标人的行为就不违法;如果是必须招标的项目,就是违法的。

7.2.7.3 投标保证金

在招标投标过程中,如果投标人投标后擅自撤回投标,或者投标被接受后由于投标人的原因不能签订合同,那么招标人就可能遭受损失(如重新进行招标的费用和招标推迟造成的损失等)。因此,招标人可以在招标文件中要求投标人提供投标保证金或其他形式的担保,以防投标人违约,并在投标人违约时得到补偿。

《招标投标法实施条例》第26条规定:"招标人在招标文件中要求投标人提交投标保证金的,投标保证金不得超过招标项目估算价的2%。投标保证金有效期应当与投标有效期一致。依法必须进行招标的项目的境内投标单位,以现金或者支票形式提交的投标保证金应当从其基本账户转出。招标人不得挪用投标保证金。"

《招标投标法实施条例》同时规定:实行两阶段招标的,招标人要求投标人提交投标保证金的,应当在第二阶段提出。招标人终止招标,已经收取投标保证金的,招标人应当及时退还所收取的投标保证金及银行同期存款利息。投标人撤回已提交的投标文件,招标人已收取投标保证金的,应当自收到投标人书面撤回通知之日起5日内退还。投标截止后投标人撤销投标文件的,招标人可以不退还投标保证金。

招标人最迟应当在书面合同签订后5日内向中标人和未中标的投标人退还投标保证金及

银行同期存款利息。

【案例7-2】 投标人未提交投标保证金案

某建筑公司是某施工项目的投标人,其投标时没有提交投标保证金。评标委员会以此为由否决了该公司的投标。

评标委员会的否决合法吗?

是否合法要根据具体情况来判定。

因为提交投标保证金并不是法律上的强制性规定,招标人可以不要求投标人提交。《招标投标法》中并没有关于提交投标保证金的规定。《工程建设项目施工招标投标办法》第37条规定:"招标人可以在招标文件中要求投标人提交投标保证金。"也并没有对提交投标保证金做出强制性规定。因此,如果招标文件中没有这个要求,就不能以投标人没有提交投标保证金为由否决其投标;如果招标文件中要求投标人提交投标保证金,则否决该公司的投标就是合法的。

7.2.7.4 设计招标文件的编制

(1) 设计招标文件的一般要求

根据《建筑工程设计招标投标管理办法》,设计招标文件的一般要求如下。①招标人应当在招标文件中规定实质性要求和条件,并用醒目的方式标明;②招标文件应具有严肃性,一经发出,招标人不得随意变更,确需进行必要的澄清或者修改,应当在提交投标文件截止日期15日前,书面通知所有招标文件收受人;③招标人要求投标人提交投标文件的时限为:特级和一级建筑工程不少于45日;二级以下建筑工程不少于30日;进行概念设计招标的,不少于20日。

(2) 设计招标文件的主要内容

根据《建筑工程设计招标投标管理办法》,设计招标文件应包括以下主要内容:①工程名称、地址、占地面积、建筑面积等;②已批准的项目建议书或者可行性研究报告;③工程经济技术要求;④城市规划管理部门确定的规划控制条件和用地红线图;⑤可供参考的工程地质、水文地质、工程测量等建设场地勘察成果报告;⑥供水、供电、供气、供热、环保、市政道路等方面的基础资料;⑦招标文件答疑、踏勘现场的时间和地点;⑧投标文件编制要求及评标原则;⑨投标文件送达的截止时间;⑩拟签订合同的主要条款;⑪未中标方案的补偿办法。

7.2.7.5 施工招标文件的编制

(1) 施工招标文件的一般要求

根据《工程建设项目施工招标投标办法》,施工招标文件的一般要求是:
① 招标人应当在招标文件中规定实质性要求和条件,并用醒目的方式标明。
② 招标人可以要求投标人在提交符合招标文件规定要求的投标文件外,提交备选投标

方案,但应当在招标文件中做出说明,并提出相应的评审和比较办法。

③ 招标文件规定的各项技术标准均应符合国家强制性标准,均不得要求或标明某一特定的专利、商标、名称、设计、原产地或生产供应者,不得含有倾向或者排斥潜在投标人的其他内容。

④ 招标项目需要划分标段、确定工期的,招标人应当合理划分标段、确定工期,并在招标文件中载明。在工程技术上紧密相联、不可分割的单位工程不得分割标段。招标人不得以不合理的标段或工期限制或者排斥潜在投标人或者投标人。

⑤ 招标文件应当明确规定评标时除价格以外的所有评标因素,以及如何将这些因素量化或者据以进行评估。

⑥ 招标文件应当规定一个适当的投标有效期。

⑦ 招标项目工期超过12个月的,招标文件中可以规定工程造价指数体系、价格调整因素和调整方法。

⑧ 招标人应当确定投标人编制投标文件所需要的合理时间。

⑨ 招标人根据招标项目的具体情况,可以组织潜在投标人踏勘项目现场,向其介绍工程场地和相关环境的有关情况。但招标人不得单独或者分别组织任何一个投标人进行现场踏勘。潜在投标人依据招标人介绍情况作出的判断和决策,由投标人自行负责。

⑩ 对于潜在投标人在阅读招标文件和现场踏勘中提出的疑问,招标人可以书面形式或召开投标预备会的方式解答,但需同时将解答以书面方式通知所有购买招标文件的潜在投标人。该解答的内容为招标文件的组成部分。

(2) 施工招标文件的主要内容

根据《工程建设项目施工招标投标办法》,施工招标文件应包括以下主要内容:

① 投标邀请书;

② 投标人须知,包括工程概况,招标范围,资格审查条件,工程资金来源或者落实情况(包括银行出具的资金证明),标段划分,工期要求,质量标准,现场踏勘和答疑安排,投标文件编制、提交、修改、撤回的要求,投标报价要求,投标有效期,开标的时间和地点,评标的方法和标准等;

③ 拟签订合同的主要条款;

④ 投标文件格式;

⑤ 招标工程的技术条款和设计文件;

⑥ 采用工程量清单招标的,应当提供工程量清单;

⑦ 评标标准和方法;

⑧ 要求投标人提交的其他辅助材料,如投标保证金或其他形式的担保。

7.2.7.6 标底及其编制

建筑工程的标底,是指招标人认可的招标项目的预算价格。它由招标人或委托建设行政主管部门批准的具有相应资格和能力的中介机构,根据批准的初步设计、投资概算,依据有关计价办法,参照有关工程定额,结合市场供求状况,综合考虑投资、工期和质量等方面的因素合理确定。

《招标投标法实施条例》第27条规定:招标人可以自行决定是否编制标底。一个招标项目只能有一个标底。标底必须保密。接受委托编制标底的中介机构不得参加受托编制标底项目的投标,也不得为该项目的投标人编制投标文件或者提供咨询。招标人设有最高投标限价的,应当在招标文件中明确最高投标限价或者最高投标限价的计算方法。招标人不得规定最低投标限价。

7.2.7.7 招标文件的发售

根据《招标投标法实施条例》第 16 条的规定,招标人应当按照资格预审公告、招标公告或者投标邀请书规定的时间、地点发售资格预审文件或者招标文件。资格预审文件或者招标文件的发售期最短不得少于 5 日。

招标人发售资格预审文件、招标文件收取的费用应当限于补偿印刷、邮寄的成本支出,不得以营利为目的。

7.2.7.8 终止招标

《招标投标法实施条例》规定,招标人终止招标的,应当及时发布公告,或者以书面形式通知被邀请的或者已经获取资格预审文件、招标文件的潜在投标人。已经发售资格预审文件、招标文件或者已经收取投标保证金的,招标人应当及时退还所收取的资格预审文件、招标文件的费用,以及所收取的投标保证金及银行同期存款利息。

7.2.7.9 有异议的招标文件的处理

《招标投标法实施条例》第 22 条规定:"潜在投标人或者其他利害关系人对招标文件有异议的,应当在投标截止时间 10 日前提出。招标人应当自收到异议之日起 3 日内作出答复;作出答复前,应当暂停招标投标活动。"

招标人编制的招标文件的内容违反法律、行政法规的强制性规定,违反公开、公平、公正和诚实信用原则,影响潜在投标人投标的,依法必须进行招标的项目的招标人应当在修改招标文件后重新招标。

7.3 投标

在招标人以招标公告或者投标邀请书的方式发出招标邀请后,具备承担该招标项目能力的法人或者其他组织即可在招标文件指定的提交投标文件的截止时间之前,向招标人提交投标文件,参加投标竞争。

7.3.1 投标人

(1) 投标人

《招标投标法》第 25 条规定:"投标人是响应招标、参加投标竞争的法人或者其他组织。""依法招标的科研项目允许个人参加投标的,投标的个人适用本法有关投标人的规定。"

所有对招标公告或投标邀请书感兴趣的并有可能参加投标的人,称为潜在投标人。所谓响应招标,是指潜在投标人获得了招标的信息或者投标邀请书以后购买招标文件,接受资格审查,并编制投标文件,按照招标人的要求参加投标。参加投标竞争是指按照招标文件的要求并在规定的时间内提交投标文件的活动。

按照法律规定,投标人必须是法人或者其他组织,不包括自然人。但是,考虑到科研项目的特殊性,法律条文中增加了个人对科研项目投标的规定,个人可以作为投标主体参加科研项目投标活动。这是对科研项目投标的特殊规定。

(2) 投标人应具备的条件

参加投标活动必须具备一定的条件,不是所有感兴趣的法人或经济组织都可以投标。《招标投标法》第 26 条规定:"投标人应当具备承担招标项目的能力;国家有关规定对投标人资格条件或者招标文件对投标人资格有规定的,投标人应当具备规定的资格条件。"

7.3.2 投标文件的编制

7.3.2.1 基本要求

根据《招标投标法》第 27 条第一款的规定，编制投标文件应当符合下述两项要求：①按照招标文件的要求编制投标文件；②对招标文件提出的实质性要求和条件做出响应。

(1) 建筑工程设计投标文件内容

《建筑工程设计招标投标管理办法》规定，投标人应当按照招标文件、建筑方案设计文件编制深度规定的要求编制投标文件；进行概念设计招标的，应当按照招标文件要求编制投标文件。投标文件应当由具有相应资格的注册建筑师签章，并加盖单位公章。

(2) 建设工程施工投标文件内容

《工程建设项目施工招标投标办法》规定，施工投标文件应当包括下列内容：①投标函；②投标报价；③施工组织设计；④商务和技术偏差表。另外，投标人根据招标文件载明的项目实际情况，拟在中标后将中标项目的部分非主体、非关键性工作进行分包的，应当在投标文件中载明。

根据《招标投标法》第 27 条第二款的规定，编制建设施工项目的投标文件，还应当包括如下的特殊要求：①拟派出的项目负责人的简历；②主要技术人员的简历；③业绩；④拟用于完成招标项目的机械设备；⑤其他，比如近两年的财务会计报表，资金平衡表和负债表，下一年的财务预测报告等情况等。

7.3.2.2 对投标文件的补充、修改和撤回

《招标投标法》第 29 条规定："投标人在招标文件要求提交投标的截止时间前，可以补充、修改或者撤回已提交的投标文件，并书面通知招标人。补充、修改内容为投标文件的组成部分。"

补充是指对投标文件中遗漏和不足的部分进行增补。修改是指对投标文件中已有的内容进行修订。撤回是指收回全部投标文件，或者放弃投标，或者以新的投标文件重新投标。

《招标投标法实施条例》第 35 条进一步规定：投标人撤回已提交的投标文件，应当在投标截止时间前书面通知招标人。招标人已收取投标保证金的，应当自收到投标人书面撤回通知之日起 5 日内退还。投标截止后投标人撤销投标文件的，招标人可以不退还投标保证金。

7.3.3 共同投标

(1) 共同投标的概念

共同投标指的是某承包单位为了承揽不适于自己单独承包的工程项目而与其他单位联合，以一个投标人的身份参与投标的投标方式。

《招标投标法》第 31 条规定，两个以上法人或者其他组织可以组成一个联合体，以一个投标人的身份共同投标。

(2) 共同投标的联合体应具备的条件

《招标投标法》第 31 条和《招标投标法实施条例》第 37 条对联合体投标做出了如下规定：

① 招标人应当在资格预审公告、招标公告或者投标邀请书中载明是否接受联合体投标。

② 招标人接受联合体投标并进行资格预审的，联合体应当在提交资格预审申请文件前组成。资格预审后联合体增减、更换成员的，其投标无效。联合体各方在同一招标项目中以

自己名义单独投标或者参加其他联合体投标的，相关投标均无效。

③ 联合体各方均应具备承担招标项目的相应能力。承担招标项目的相应能力，是指完成招标项目所需要的技术、资金、设备、管理等方面的能力。

④ 国家有关规定或者招标文件对投标人资格条件有规定的，联合体各方均应具备规定的相应资格条件。

⑤ 由同一专业的单位组成的联合体，按照资质等级较低的施工企业的业务范围承揽工程。

(3) 共同投标协议

联合体各方应当签订共同投标协议，明确约定各方拟承担的工作和责任，并将共同投标协议连同投标文件一并提交招标人。

共同投标协议约定了组成联合体各成员单位在联合体中所承担的各自的工作范围，这个范围的确定也为建设单位判断该成员单位是否具备"相应的资格条件"提供了依据。

共同投标协议也约定了组成联合体各成员单位在联合体中所承担的各自的责任，这也为将来可能引发的纠纷的解决提供了必要的依据。因此，共同投标协议对于联合体投标这种投标的形式是非常必要的，也正是基于此，《工程建设项目施工招标投标办法》第50条规定：对于投标联合体没有提交共同投标协议的，评标委员会应当否决其投标。

(4) 共同投标联合体各方的责任义务

① 联合体各方签订共同投标协议后，不得再以自己名义单独投标，也不得组成新的联合体或参加其他联合体在同一项目中投标。

② 招标人接受联合体投标并进行资格预审的，联合体应当在提交资格预审申请文件前组成。资格预审后联合体增减、更换成员的，其投标无效。

③ 联合体各方应当指定牵头人，授权其代表所有联合体成员负责投标和合同实施阶段的主办、协调工作，并应当向招标人提交由所有联合体成员法定代表人签署的授权书。

④ 联合体投标的，应当以联合体各方或者联合体中牵头人的名义提交投标保证金。以联合体中牵头人名义提交的投标保证金，对联合体各成员具有约束力。

⑤ 中标的联合体各方应当共同与招标人签订合同，并就中标项目向招标人承担连带责任。

7.3.4 投标文件的送达和拒收

(1) 投标文件的送达

投标人应当在招标文件要求提交投标文件的截止时间前，将投标文件送达投标地点。招标人收到投标文件后，应当签收保存，不得开启。

(2) 投标文件的拒收

未通过资格预审的申请人提交的投标文件，以及逾期送达或者不按照招标文件要求密封的投标文件，招标人应当拒收。

招标人应当如实记载投标文件的送达时间和密封情况，并存档备查。

7.3.5 招标投标活动中的禁止性规定

7.3.5.1 严厉禁止串通投标

串通投标包括两种情况：一是投标人之间串通投标；二是投标人与招标人之间相互串通投标。

（1）投标人之间相互串通投标

根据《招标投标法实施条例》第39条，有下列情形之一的，属于投标人相互串通投标：①投标人之间协商投标报价等投标文件的实质性内容；②投标人之间约定中标人；③投标人之间约定部分投标人放弃投标或者中标；④属于同一集团、协会、商会等组织成员的投标人按照该组织要求协同投标；⑤投标人之间为谋取中标或者排斥特定投标人而采取的其他联合行动。

根据《招标投标法实施条例》第40条，有下列情形之一的，视为投标人相互串通投标：①不同投标人的投标文件由同一单位或者个人编制；②不同投标人委托同一单位或者个人办理投标事宜；③不同投标人的投标文件载明的项目管理成员为同一人；④不同投标人的投标文件异常一致或者投标报价呈规律性差异；⑤不同投标人的投标文件相互混装；⑥不同投标人的投标保证金从同一单位或者个人的账户转出。

（2）投标人与招标人之间相互串通投标

根据《招标投标法实施条例》第41条，有下列情形之一的，属于招标人与投标人串通投标：①招标人在开标前开启投标文件并将有关信息泄露给其他投标人；②招标人直接或者间接向投标人泄露标底、评标委员会成员等信息；③招标人明示或者暗示投标人压低或者抬高投标报价；④招标人授意投标人撤换、修改投标文件；⑤招标人明示或者暗示投标人为特定投标人中标提供方便；⑥招标人与投标人为谋求特定投标人中标而采取的其他串通行为。

7.3.5.2 严厉禁止投标人行贿

投标人不得以向招标人或者评标委员会成员行贿的手段来谋取中标。如果有行贿受贿行为的，中标无效，情节严重的还要依法追究刑事责任。

《招标投标法》之所以禁止串通投标行为和行贿投标行为，是因为这些行为严重破坏了招标投标活动应当遵守的公平竞争的原则，损害了招标人和其他投标人的合法权益，损害了国家利益和社会公共利益，同时也助长了腐败现象的蔓延。因此，对上述行为将依法追究其法律责任。

7.3.5.3 严厉禁止以低于成本的价格竞标

《招标投标法》第33条规定："投标人不得以低于成本的报价竞标。"在这里，所谓"成本"，应指投标人的个别成本，该成本是根据投标人的企业定额测定的成本。如果投标人以低于成本的报价竞标时，将很难保证建设工程的安全和质量。

7.3.5.4 严厉禁止以他人名义投标或以其他方式弄虚作假，骗取中标

《招标投标法》第33条规定："投标人也不得以他人的名义投标或者以其他方式弄虚作假，骗取中标。"

《招标投标法实施条例》第42条规定，使用通过受让或者租借等方式获取的资格、资质证书投标的，属于招标投标法第33条规定的以他人名义投标。

投标人有下列情形之一的，属于招标投标法第33条规定的以其他方式弄虚作假的行为：①使用伪造、变造的许可证件；②提供虚假的财务状况或者业绩；③提供虚假的项目负责人或者主要技术人员简历、劳动关系证明；④提供虚假的信用状况；⑤其他弄虚作假的行为。

7.4 开标、评标和中标

开标、评标和中标，是招标投标过程中非常重要的环节，是决定投标人能否最后中标的关键阶段，同时，也是最容易产生腐败的一个阶段，对于体现招标投标的公开、公平、公正

原则，也具有极其重要的意义。

7.4.1 开标

开标就是招标人依据招标文件的时间、地点，当众开启所有投标人提交的投标文件，公开宣布投标人的姓名、投标报价和其他主要内容的行为。

（1）公开开标

《招标投标法》为了贯彻公开、公平、公正的原则，规定开标应当公开进行，而不得秘密开标。这是法律的强制性规定，任何当事人不得违反或变更。

（2）开标的时间和地点

按照《招标投标法》的规定，开标时间应当是招标文件确定的提交投标文件截止时间的同一时间；开标地点应当是招标文件中预先确定的地点。

《招标投标法实施条例》规定，投标人少于3个的，不得开标；招标人应当重新招标。投标人对开标有异议的，应当在开标现场提出，招标人应当当场作出答复，并制作记录。

（3）开标的主持人和参加人

开标由招标人主持，邀请所有投标人参加。开标时，由投标人或者其推选的代表检查投标文件的密封情况，也可以由招标人委托的公证机构检查并公证；经确认无误后，由工作人员当众拆封，宣读投标人名称、投标价格和投标的其他主要内容。开标过程应当记录，并存档备查。

（4）开标程序

开标一般按下列程序进行：

① 主持人宣布开标开始，宣布参加开标人员名单，以及评标、决标的原则和纪律。

② 宣布开标后的程序安排。

③ 验证唱标。在公证员（或纪检、监察人员）的监督下，由投标人或者其推选的代表检查投标文件的密封情况，也可以由招标人委托的公证机构检查并公证，经确认无误后，由工作人员当众拆封，宣读投标人名称、投标价格和投标的其他主要内容。若是涉外招标投标的，要分别用中英文宣读投标人名称、投标价格和投标文件的其他主要内容，并在事先备好的唱标记录上登记。

④ 开标过程应当记录，并存档备查。开标结束后，应编写一份开标会议纪要，并送有关方面。

7.4.2 评标委员会

《招标投标法》《招标投标法实施条例》规定，评标必须由专门的评标委员会来负责，以确保评标结果的科学性和公正性。

7.4.2.1 评标委员会的组建

评标委员会由招标人负责组建。评标委员会成员名单一般应于开标前确定。

（1）评标委员会的组成

评标委员会由下列人员组成：①招标人或其委托的招标代理机构中熟悉相关业务的代表；②相关技术方面的专家；③经济方面的专家；④其他方面的专家。

评标委员会成员人数为5人以上的单数。其中技术、经济等方面的专家的人数不得少于成员总数的三分之二，以保证各方面专家的人数在评标委员会成员中占绝对多数，充分发挥专家在评标活动中的权威作用，保证评审结论的科学性、合理性。

评标委员会设负责人的，评标委员会负责人由评标委员会成员推举产生或者由招标人确定。评标委员会负责人与评标委员会的其他成员有同等的表决权。

(2) 评标委员会专家成员的确定

《招标投标法实施条例》第46条规定，除《招标投标法》第37条第三款规定的特殊招标项目外，依法必须进行招标的项目，其评标委员会的专家成员应当从评标专家库内相关专业的专家名单中以随机抽取方式确定。任何单位和个人不得以明示、暗示等任何方式指定或者变相指定参加评标委员会的专家成员。

《招标投标法》第37条第三款所称特殊招标项目，是指技术复杂、专业性强或者国家有特殊要求，采取随机抽取方式确定的专家难以保证胜任评标工作的项目。

省级人民政府和国务院有关部门应当组建综合评标专家库。

依法必须进行招标的项目的招标人非因招标投标法和本条例规定的事由，不得更换依法确定的评标委员会成员。更换评标委员会的专家成员应当依照前款规定进行。

招标人应当向评标委员会提供评标所必需的信息，但不得明示或者暗示其倾向或者排斥特定投标人。

评标过程中，评标委员会成员有回避事由、擅离职守或者因健康等原因不能继续评标的，应当及时更换。被更换的评标委员会成员作出的评审结论无效，由更换后的评标委员会成员重新进行评审。

7.4.2.2 评标专家的条件

评标专家应当具备以下条件：

① 从事相关专业领域工作满8年并具有高级职称或者同等专业水平；
② 熟悉有关招标投标的法律法规，并具有与招标项目相关的实践经验；
③ 能够认真、公正、诚实、廉洁地履行职责；
④ 身体健康，能够承担评标工作。

7.4.2.3 评标委员会专家的回避制度

有下列情形之一的，不得担任评标委员会成员：

① 投标人或者投标人主要负责人的近亲属；
② 项目主管部门或者行政监督部门的人员；
③ 与投标人有经济利益关系，可能影响对投标公正评审的；
④ 曾因在招标、评标以及其他与招标投标有关活动中从事违法行为而受过行政处罚或刑事处罚的。

评标委员会成员有上述情形之一的，应当主动提出回避。

7.4.2.4 评标委员会成员的行为准则

根据《招标投标法》和《招标投标法实施条例》的规定，评标委员会成员履行职务时应遵守下列准则：

① 评标委员会成员应当客观、公正地履行职务，遵守职业道德，对所提出的评审意见承担个人责任。
② 评标委员会成员不得私下接触投标人，不得接受投标人的任何馈赠或者其他好处。不得向招标人征询确定中标人的意向，不得接受任何单位或者个人明示或者暗示提出的倾向或者排斥特定投标人的要求，不得有其他不客观、不公正履行职务的行为。
③ 评标委员会成员和参与评标的有关工作人员不得透露对投标文件的评审和比较、中标候选人的推荐情况以及与评标有关的其他情况。

7.4.3 评审指标和评标标准

为保证招标投标活动符合公开、公平和公正的原则,评标委员会对各投标竞争者提交的投标文件进行评审、比较的指标和标准,只能是在事先已提供给每一个投标人的招标文件中已载明的评审指标和评标标准,而不能以别的理由为依据。招标文件中规定的评审指标和评标标准应当合理,不得含有倾向或者排斥潜在投标人的内容,不得妨碍或者限制投标人之间的竞争。

(1) 评审指标

建设工程施工评标时的评审指标一般设技术标和商务标。

① 技术标的设置。技术标一般指施工组织设计,主要内容应包括施工方案、方法、进度计划,采用新技术、新工艺的可行性,质量、安全施工保证体系与保证措施,现场平面布置,文明施工措施的合理性、可靠性、先进性,主要机具、劳动力配置,项目经理及主要技术、管理人员配备等。

② 商务标的设置。商务标主要包括投标报价、施工工期和工程质量三部分。

(2) 评标标准

① 是否能够最大限度地满足招标文件中规定的各项综合评价标准;

② 是否能够满足招标文件中的实质性要求,并且经评审的投标价格最低;但是投标价格低于成本的除外。

7.4.4 投标评审

7.4.4.1 评标的准备

招标人或者其委托的招标代理机构应当向评标委员会提供评标所需的重要信息和数据。招标项目设有标底的,标底应当保密,并在评标时作为参考。

评审时,评标委员会成员应当依照《招标投标法》和《招标投标法实施条例》的规定,按照招标文件规定的评标标准和方法,客观、公正地对投标文件提出评审意见。招标文件没有规定的评标标准和方法不得作为评标的依据。

评审时,要按照下列原则进行:

① 招标项目设有标底的,招标人应当在开标时公布。标底只能作为评标的参考,不得以投标报价是否接近标底作为中标条件,也不得以投标报价超过标底上下浮动范围作为否决投标的条件。

② 招标文件应当对汇率标准和汇率风险做出规定。未作规定的,汇率风险由投标人承担。

③ 投标文件中的大写金额和小写金额不一致的,以大写金额为准;总价金额与单价金额不一致的,以单价金额为准,但单价金额小数点有明显错误的除外;对不同文字文本投标文件的解释发生异议的,以中文文本为准。

④ 投标文件中有含义不明确的内容、明显文字或者计算错误,评标委员会认为需要投标人作出必要澄清、说明的,应当书面通知该投标人。投标人的澄清、说明应当采用书面形式,并不得超出投标文件的范围或者改变投标文件的实质性内容。

评标委员会不得暗示或者诱导投标人作出澄清、说明,不得接受投标人主动提出的澄清、说明。

7.4.4.2 投标的否决与重新招标

①《招标投标法实施条例》第51条规定,有下列情形之一的,评标委员会应当否决其投标:

 a. 投标文件未经投标单位盖章和单位负责人签字;
 b. 投标联合体没有提交共同投标协议;
 c. 投标人不符合国家或者招标文件规定的资格条件;
 d. 同一投标人提交两个以上不同的投标文件或者投标报价,但招标文件要求提交备选投标的除外;
 e. 投标报价低于成本或者高于招标文件设定的最高投标限价;
 f. 投标文件没有对招标文件的实质性要求和条件作出响应;
 g. 投标人有串通投标、弄虚作假、行贿等违法行为。

② 全部投标的否决。《招标投标法》第42条规定:"评标委员会可以否决全部投标。依法必须进行招标的项目的所有投标被否决的,招标人应当依法重新招标。"

投标人资格条件不符合国家有关规定和招标文件要求的,或者拒不按照要求对投标文件进行澄清、说明或者补正的,评标委员会可以否决其投标。

因有效投标不足3个使得投标明显缺乏竞争的,评标委员会可以否决全部投标。

③ 重新招标。评标委员会按照招标文件中规定的评标标准,对每一份投标文件的各项指标进行评审后,如果认为所有的投标都不符合招标文件要求,即所有投标均被否决;或者投标人少于3个,招标人应当依法重新招标。

7.4.4.3 评标报告

评标委员会完成评标工作后,应当向招标人提出书面评标报告。评标报告应阐明评标委员会对各投标文件的评审和比较意见,并按照招标文件中规定的评标方法,推荐不超过3名有排序的合格的中标候选人或中标候选方案。

7.4.5 中标

7.4.5.1 推荐中标候选人

根据经评审的最低投标价法,能够满足招标文件的实质性要求,并且经评审的最低投标价的投标,应当推荐为中标候选人。

根据综合评估法,最大限度地满足招标文件中规定的各项综合评价标准的投标,应当推荐为中标候选人。

评标委员会推荐的中标候选人应当限定在一至三人,并标明排列顺序。

依法必须进行招标的项目,招标人应当自收到评标报告之日起3日内公示中标候选人,公示期不得少于3日。

投标人或者其他利害关系人对依法必须进行招标的项目的评标结果有异议的,应当在中标候选人公示期间提出。招标人应当自收到异议之日起3日内作出答复;作出答复前,应当暂停招标投标活动。

7.4.5.2 确定中标人

在确定中标人之前,招标人不得与投标人就投标价格、投标方案等实质性内容进行谈判。

根据《招标投标法》和《招标投标法实施条例》的有关规定,确定中标人应当遵守如下程序:

① 依法必须进行招标的项目，招标人应当自收到评标报告之日起3日内公示中标候选人，公示期不得少于3日。

投标人或者其他利害关系人对依法必须进行招标的项目的评标结果有异议的，应当在中标候选人公示期间提出。招标人应当自收到异议之日起3日内作出答复；作出答复前，应当暂停招标投标活动。

② 招标人应当接受评标委员会推荐的中标候选人，不得在评标委员会推荐的中标候选人之外确定中标人。

③ 中标人的投标应当符合下列条件之一：

a. 能够最大限度满足招标文件中规定的各项综合评价标准；

b. 能够满足招标文件的实质性要求，并且经评审的投标价格最低；但是投标价格低于成本的除外。

④ 国有资金占控股或者主导地位的依法必须进行招标的项目，招标人应当确定排名第一的中标候选人为中标人。排名第一的中标候选人放弃中标、因不可抗力不能履行合同、不按照招标文件要求提交履约保证金，或者被查实存在影响中标结果的违法行为等情形，不符合中标条件的，招标人可以按照评标委员会提出的中标候选人名单排序依次确定其他中标候选人为中标人，也可以重新招标。

⑤ 招标人可以授权评标委员会直接确定中标人。国务院对特定招标项目的评标有特别规定的，从其规定。

7.4.5.3 中标通知书

中标人确定后，招标人应当向中标人发出中标通知书，根据《招标投标法》《招标投标法实施条例》的有关规定，招标人发出中标通知书应当遵守如下规定：

① 中标候选人的经营、财务状况发生较大变化或者存在违法行为，招标人认为可能影响其履约能力的，应当在发出中标通知书前由原评标委员会按照招标文件规定的标准和方法审查确认。

② 中标人确定后，招标人应当向中标人发出中标通知书，并同时将中标结果通知所有未中标的投标人。

③ 招标人不得以向中标人提出压低报价、增加工作量、缩短工期或其他违背中标人意愿的要求，依此作为发出中标通知书和签订合同的条件。

④ 中标通知书对招标人和投标人具有法律效力。中标通知书发出后，招标人改变中标结果的，或者中标人放弃中标项目的，应当依法承担法律责任。

7.4.6 招标人和中标人订立合同

(1) 签订合同的要求

根据《招标投标法》和《招标投标法实施条例》，招标人和中标人应当自中标通知书发出之日起30日内，按照招标文件和中标人的投标文件订立书面合同，合同的标的、价款、质量、履行期限等主要条款应当与招标文件和中标人的投标文件的内容一致。招标人和中标人不得再行订立背离合同实质性内容的其他协议。

《最高人民法院关于审理建设工程施工合同纠纷案件适用法律问题的解释》第21条规定："当事人就同一建设工程另行订立的建设工程施工合同与经过备案的中标合同实质性内容不一致的，应当以备案的中标合同作为结算工程价款的根据。"因此，招标人和中标人另行签订合同的行为属于违法行为，所签订的合同是无效合同。

招标人最迟应当在书面合同签订后 5 日内向中标人和未中标的投标人退还投标保证金及银行同期存款利息。

(2) 履约保证金

《招标投标法实施条例》第 58 条规定，招标文件要求中标人提交履约保证金的，中标人应当按照招标文件的要求提交。履约保证金不得超过中标合同金额的 10%。

(3) 合同履行

《招标投标法实施条例》第 59 条规定，中标人应当按照合同约定履行义务，完成中标项目。中标人不得向他人转让中标项目，也不得将中标项目肢解后分别向他人转让。

中标人按照合同约定或者经招标人同意，可以将中标项目的部分非主体、非关键性工作分包给他人完成。接受分包的人应当具备相应的资格条件，并不得再次分包。

中标人应当就分包项目向招标人负责，接受分包的人就分包项目承担连带责任。

7.4.7 招标投标备案制度

《招标投标法》第 47 条规定，依法必须进行招标的项目，招标人应当自确定中标人之日起 15 日内，向工程所在地的县级以上地方人民政府建设行政主管部门提交包括以下内容的招标投标情况的书面报告：①招标范围；②招标方式和发布招标公告的媒介；③招标文件中投标人须知、技术条款、评标标准和方法、合同主要条款等内容；④评标委员会的组成和评标报告；⑤中标结果。

法律对此作出强制性规定是非常必要的，体现了国家对这种民事活动的干预和监督。

需要注意的是：只有依法必须进行招标的项目，《招标投标法》才要求招标人向有关部门提交书面报告。提交书面报告并不是说合法的中标结果和合同必须经行政部门审查批准后才能生效，而是为了通过审查备案，及时发现问题、解决问题，追究其中的违法行为。

7.4.8 招标投标的投诉与处理

① 投标人或者其他利害关系人认为招标投标活动不符合法律、行政法规规定的，可以自知道或者应当知道之日起 10 日内向有关行政监督部门投诉。投诉应当有明确的请求和必要的证明材料。

就资格预审文件、开标的时间和地点、中标候选人事项投诉的，应当先向招标人提出异议，异议答复期间不计算在前款规定的期限内。

② 投诉人就同一事项向两个以上有权受理的行政监督部门投诉的，由最先收到投诉的行政监督部门负责处理。

行政监督部门应当自收到投诉之日起 3 个工作日内决定是否受理投诉，并自受理投诉之日起 30 个工作日内作出书面处理决定；需要检验、检测、鉴定、专家评审的，所需时间不计算在内。

投诉人捏造事实、伪造材料或者以非法手段取得证明材料进行投诉的，行政监督部门应当予以驳回。

③ 行政监督部门处理投诉，有权查阅、复制有关文件、资料，调查有关情况，相关单位和人员应当予以配合。必要时，行政监督部门可以责令暂停招标投标活动。

行政监督部门的工作人员对监督检查过程中知悉的国家秘密、商业秘密，应当依法予以保密。

【案例7-3】 某县污水处理厂投标人少于三个的邀请招标案

案情

某县污水处理厂为了进行技术改造,决定对污水设备的设计、安装、施工等一揽子工程进行招标,考虑到该项目的一些特殊专业要求,招标人决定采用邀请招标的方式,随后向三家承包商发出投标邀请书。A、B、C三家单位接受了邀请并在规定时间领取了招标文件。

接下来三家投标单位按规定时间提交了投标文件。但投标单位A在送出投标文件后发现由于对招标文件理解错误造成了报价有较严重的失误,遂赶在投标截止时间前10分钟向招标人递交了一份书面声明,要求撤回已提交的投标文件。由于投标单位A已撤回投标文件,在剩下的B、C两家投标单位中,通过评标委员会专家的综合评价,最后选择了B单位为中标单位。

 问题

(1) 投标单位A提出的撤回投标文件的要求是否合理?
(2) 该项目的招投标过程中存在什么问题?

 评析

(1) 合理。根据《招标投标法》第29条规定,投标人在招标文件要求提交投标文件的截止时间前,可以补充、修改或者撤回已提交的投标文件,并书面通知招标人。

(2) 不应该仅从剩下的B、C两家投标单位中选择中标人。根据《招标投标法》第28条规定,投标人少于三个的,招标人应当依法重新招标。

7.5 法律责任

7.5.1 招标投标活动中的违法行为及其法律责任

7.5.1.1 招标人违法行为应承担的法律责任

《招标投标法》和《招标投标法实施条例》中共有9条规定了招标人违法行为应承担的法律责任。

① 根据《招标投标法》第49条的规定,必须进行招标的项目而不招标的,将必须进行招标的项目化整为零或者以其他任何方式规避招标的,责令限期改正,可以处项目合同金额5‰以上10‰以下的罚款;对全部或者部分使用国有资金的项目,可以暂停项目执行或者暂停资金拨付;对单位直接负责的主管人员和其他直接责任人员依法给予处分。

根据《招标投标法实施条例》第63条的规定,依法必须进行招标的项目的招标人不按照规定发布资格预审公告或者招标公告,构成规避招标的,依照《招标投标法》第49条的规定处罚。

② 根据《招标投标法》第51条的规定,招标人以不合理的条件限制或者排斥潜在投标人的,对潜在投标人实行歧视待遇的,强制要求投标人组成联合体共同投标的,或者限制投标人之间竞争的,责令改正,可以处1万元以上5万元以下的罚款。

根据《招标投标法实施条例》第63条的规定,招标人有下列行为之一的,属于限制或者排斥潜在投标人的行为，由有关行政监督部门依照《招标投标法》第 51 条的规定处罚：

　　a. 依法应当公开招标的项目不按照规定在指定媒介发布资格预审公告或者招标公告；

　　b. 在不同媒介发布的同一招标项目的资格预审公告或者招标公告的内容不一致，影响潜在投标人申请资格预审或者投标。

　　③ 根据《招标投标法》第 52 条的规定，依法必须进行招标的项目的招标人向他人透露已获取招标文件的潜在投标人的名称、数量或者可能影响公平竞争的有关招标投标的其他情况的，或者泄露标底的，给予警告，可以并处 1 万元以上 10 万元以下的罚款；对单位直接负责的主管人员和其他直接责任人员依法给予处分；构成犯罪的，依法追究刑事责任。若该行为影响中标结果的，中标无效。

　　④ 根据《招标投标法》第 57 条的规定，招标人在评标委员会依法推荐的中标候选人以外确定中标人的，依法必须进行招标的项目在所有投标被评标委员会否决后自行确定中标人的，中标无效，责令改正，可以处中标项目金额 5‰ 以上 10‰ 以下的罚款；对单位直接负责的主管人员和其他直接责任人员依法给予处分。

　　⑤ 根据《招标投标法实施条例》第 64 条的规定，招标人有下列情形之一的，由有关行政监督部门责令改正，可以处 10 万元以下的罚款：

　　a. 依法应当公开招标而采用邀请招标；

　　b. 招标文件、资格预审文件的发售、澄清、修改的时限，或者确定的提交资格预审申请文件、投标文件的时限不符合招标投标法和本条例规定；

　　c. 接受未通过资格预审的单位或者个人参加投标；

　　d. 接受应当拒收的投标文件。

　　招标人有前款第 a 项、第 c 项、第 d 项所列行为之一的，对单位直接负责的主管人员和其他直接责任人员依法给予处分。

　　⑥ 根据《招标投标法实施条例》第 66 条的规定，招标人超过本条例规定的比例收取投标保证金、履约保证金或者不按照规定退还投标保证金及银行同期存款利息的，由有关行政监督部门责令改正，可以处 5 万元以下的罚款；给他人造成损失的，依法承担赔偿责任。

　　⑦ 根据《招标投标法实施条例》第 70 条的规定，依法必须进行招标的项目的招标人不按照规定组建评标委员会，或者确定、更换评标委员会成员违反招标投标法和本条例规定的，由有关行政监督部门责令改正，可以处 10 万元以下的罚款，对单位直接负责的主管人员和其他直接责任人员依法给予处分；违法确定或者更换的评标委员会成员作出的评审结论无效，依法重新进行评审。

　　国家工作人员以任何方式非法干涉选取评标委员会成员的，依法给予记过或者记大过处分；情节严重的，依法给予降级或者撤职处分；情节特别严重的，依法给予开除处分；构成犯罪的，依法追究刑事责任。

　　⑧ 根据《招标投标法实施条例》第 73 条的规定，依法必须进行招标的项目的招标人有下列情形之一的，由有关行政监督部门责令改正，可以处中标项目金额 10‰ 以下的罚款；给他人造成损失的，依法承担赔偿责任；对单位直接负责的主管人员和其他直接责任人员依法给予处分：

　　a. 无正当理由不发出中标通知书；

　　b. 不按照规定确定中标人；

　　c. 中标通知书发出后无正当理由改变中标结果；

　　d. 无正当理由不与中标人订立合同；

　　e. 在订立合同时向中标人提出附加条件。

⑨ 根据《招标投标法实施条例》第 77 条的规定，招标人不按照规定对招标投标活动中提出的异议作出答复，继续进行招标投标活动的，由有关行政监督部门责令改正，拒不改正或者不能改正并影响中标结果的，招标、投标、中标无效，应当依法重新招标或者评标。

7.5.1.2 投标人违法行为应当承担的法律责任

《招标投标法》和《招标投标法实施条例》中共有 4 条规定了投标人违法行为应承担的法律责任。

① 根据《招标投标法》第 53 条的规定，投标人相互串通投标或者与招标人串通投标的，投标人以向招标人或者评标委员会成员行贿的手段谋取中标的，中标无效，处中标项目金额 5‰ 以上 10‰ 以下的罚款，对单位直接负责的主管人员和其他直接责任人员处单位罚款数额 5% 以上 10% 以下的罚款；有违法所得的，并处没收违法所得；情节严重尚不构成犯罪的，取消其 1 年至 2 年内参加依法必须进行招标项目的投标资格并予以公告，直至由工商行政管理机关吊销营业执照；构成犯罪的，依法追究刑事责任。给他人造成损失的，依法承担赔偿责任。

根据《招标投标法实施条例》第 67 条的规定，投标人有下列行为之一的，属于招标投标法第 53 条规定的情节严重行为，由有关行政监督部门取消其 1 年至 2 年内参加依法必须进行招标的项目的投标资格：

a. 以行贿谋取中标；

b. 3 年内 2 次以上串通投标；

c. 串通投标行为损害招标人、其他投标人或者国家、集体、公民的合法利益，造成直接经济损失 30 万元以上；

d. 其他串通投标情节严重的行为。

投标人自上述情节严重行为规定的处罚执行期限届满之日起 3 年内又有该款所列违法行为之一的，或者串通投标、以行贿谋取中标情节特别严重的，由工商行政管理机关吊销营业执照。

投标人未中标的，对单位的罚款金额按照招标项目合同金额依照招标投标法规定的比例计算。

法律、行政法规对串通投标报价行为的处罚另有规定的，从其规定。

② 根据《招标投标法》第 54 条的规定，投标人以他人名义投标或者以其他方式弄虚作假，骗取中标的，中标无效；给招标人造成损失的，依法承担赔偿责任；构成犯罪的，依法追究刑事责任。

依法必须进行招标的项目的投标人有以上行为尚未构成犯罪的，处中标项目金额 5‰ 以上 10‰ 以下的罚款，对单位直接负责的主管人员和其他直接责任人员处单位罚款数额 5% 以上 10% 以下的罚款；有违法所得的，并处没收违法所得，情节严重的，取消其 1 年至 3 年内参加依法必须进行招标的项目的投标资格并予以公告，直至由工商行政管理机关吊销营业执照。

根据《招标投标法实施条例》第 68 条的规定，投标人有下列行为之一的，属于《招标投标法》第 54 条规定的情节严重行为，由有关行政监督部门取消其 1 年至 3 年内参加依法必须进行招标的项目的投标资格：

a. 伪造、变造资格、资质证书或者其他许可证件骗取中标；

b. 3 年内 2 次以上使用他人名义投标；

c. 弄虚作假骗取中标给招标人造成直接经济损失 30 万元以上；

d. 其他弄虚作假骗取中标情节严重的行为。

投标人自上述情节严重行为规定的处罚执行期限届满之日起 3 年内又有该款所列违法行为之一的，或者弄虚作假骗取中标情节特别严重的，由工商行政管理机关吊销营业执照。

③ 根据《招标投标法实施条例》第 69 条的规定，出让或者出租资格、资质证书供他人投标的，依照法律、行政法规的规定给予行政处罚；构成犯罪的，依法追究刑事责任。

④ 根据《招标投标法实施条例》第 77 条的规定，投标人或者其他利害关系人捏造事实、伪造材料或者以非法手段取得证明材料进行投诉，给他人造成损失的，依法承担赔偿责任。

7.5.1.3　中标人违法行为应承担的法律责任

《招标投标法》和《招标投标法实施条例》中共有 4 条规定了中标人违法行为应承担的法律责任。

① 根据《招标投标法》第 58 条的规定，中标人将中标项目转让给他人的，将中标项目肢解后分别转让给他人的，违反《招标投标法》规定将中标项目的部分主体、关键性工作分包给他人的，或者分包人再次分包的，转让、分包无效，并处转让、分包项目金额 5‰ 以上 10‰ 以下的罚款，有违法所得的，并处没收违法所得，可以责令停业整顿；情节严重的，由工商行政管理机关吊销营业执照。

② 根据《招标投标法》第 60 条的规定，中标人不履行与招标人订立的合同的，履约保证金不予退还，给招标人造成的损失超过履约保证金数额的，还应当对超过部分予以赔偿；没有提交履约保证金的，应当对招标人的损失承担赔偿责任。中标人不按照与招标人签订的合同履行义务，情节严重的，取消其 2 年至 5 年内参加依法必须进行招标项目的投标资格并予以公告，直至由工商行政管理机关吊销营业执照。

③ 根据《招标投标法实施条例》第 74 条的规定，中标人无正当理由不与招标人订立合同，在签订合同时向招标人提出附加条件，或者不按照招标文件要求提交履约保证金的，取消其中标资格，投标保证金不予退还。对依法必须进行招标的项目的中标人，由有关行政监督部门责令改正，可以处中标项目金额 10‰ 以下的罚款。

④ 根据《招标投标法实施条例》第 76 条的规定，中标人将中标项目转让给他人的，将中标项目肢解后分别转让给他人的，违反招标投标法和本条例规定将中标项目的部分主体、关键性工作分包给他人的，或者分包人再次分包的，转让、分包无效，处转让、分包项目金额 5‰ 以上 10‰ 以下的罚款；有违法所得的，并处没收违法所得；可以责令停业整顿；情节严重的，由工商行政管理机关吊销营业执照。

7.5.1.4　招标人与投标人或中标人共同违法行为应承担的法律责任

① 根据《招标投标法》第 55 条的规定，依法必须进行招标的项目，招标人违反规定，与投标人就投标价格、投标方案等实质性内容进行谈判的，给予警告，对单位直接负责的主管人员和其他直接责任人员依法给予处分。若该行为影响中标结果的，中标无效。

② 根据《招标投标法》第 59 条的规定，招标人与中标人不按照招标文件和中标人的投标文件签订合同，合同的主要条款与招标文件、中标人的投标文件的内容不一致，或者招标人、中标人订立背离合同实质性内容的协议的，由有关行政监督部门责令改正，可以处中标项目金额 5‰ 以上 10‰ 以下的罚款。

7.5.1.5　招标代理机构及其工作人员违法行为应当承担的法律责任

① 根据《招标投标法》第 50 条的规定，招标代理机构违反规定，泄露应当保密的与招标投标活动有关的情况和资料的，或者与招标人、投标人串通损害国家利益、社会公共利益或者他人合法权益的，处 5 万元以上 25 万元以下的罚款，对单位直接负责的主管人员和其

他直接责任人员处数额 5%以上 10%以下的罚款；有违法所得的，并处没收违法所得；情节严重的，暂停直至取消招标代理资格；构成犯罪的，依法追究刑事责任；给他人造成损失的，依法承担赔偿责任；若该行为影响中标结果的，中标无效。

② 根据《招标投标法实施条例》第 65 条的规定，招标代理机构在所代理的招标项目中投标、代理投标或者向该项目投标人提供咨询的，接受委托编制标底的中介机构参加受托编制标底项目的投标或者为该项目的投标人编制投标文件、提供咨询的，依照招标投标法第 50 条的规定追究法律责任。

③ 根据《招标投标法实施条例》第 78 条的规定，取得招标职业资格的专业人员违反国家有关规定办理招标业务的，责令改正，给予警告；情节严重的，暂停一定期限内从事招标业务；情节特别严重的，取消招标职业资格。

7.5.1.6 评标委员会成员违法行为应承担的法律责任

① 根据《招标投标法》第 56 条的规定，评标委员会成员收受投标人的财物或者其他好处的，评标委员会成员或者参加评标的有关工作人员向他人透露对投标文件的评审和比较、中标候选人的推荐以及与评标有关的其他情况的，给予警告，没收财物，可以并处 3000 元以上 5 万元以下的罚款，对有所列违法行为的评标委员会成员取消担任评标委员会成员的资格，不得再参加任何依法必须进行招标的项目的评标；构成犯罪的，依法追究刑事责任。

② 根据《招标投标法实施条例》第 71 条的规定，评标委员会成员有下列行为之一的，由有关行政监督部门责令改正；情节严重的，禁止其在一定期限内参加依法必须进行招标的项目的评标；情节特别严重的，取消其担任评标委员会成员的资格：

  a. 应当回避而不回避；
  b. 擅离职守；
  c. 不按照招标文件规定的评标标准和方法评标；
  d. 私下接触投标人；
  e. 向招标人征询确定中标人的意向或者接受任何单位或者个人明示或者暗示提出的倾向或者排斥特定投标人的要求；
  f. 对依法应当否决的投标不提出否决意见；
  g. 暗示或者诱导投标人作出澄清、说明或者接受投标人主动提出的澄清、说明；
  h. 其他不客观、不公正履行职务的行为。

7.5.1.7 国家机关工作人员违法行为应当承担的法律责任

① 根据《招标投标法》第 63 条的规定，对招标投标活动依法负有行政监督职责的国家机关工作人员徇私舞弊、滥用职权或者玩忽职守，构成犯罪的，依法追究刑事责任；不构成犯罪的，依法给予行政处分。

② 根据《招标投标法实施条例》第 81 条的规定，国家工作人员利用职务便利，以直接或者间接、明示或者暗示等任何方式非法干涉招标投标活动，有下列情形之一的，依法给予记过或者记大过处分；情节严重的，依法给予降级或者撤职处分；情节特别严重的，依法给予开除处分；构成犯罪的，依法追究刑事责任：

  a. 要求对依法必须进行招标的项目不招标，或者要求对依法应当公开招标的项目不公开招标；
  b. 要求评标委员会成员或者招标人以其指定的投标人作为中标候选人或者中标人，或者以其他方式非法干涉评标活动，影响中标结果；
  c. 以其他方式非法干涉招标投标活动。

7.5.1.8 其他违法行为应当承担的法律责任

（1）单位或个人非法干涉招标投标活动应负的法律责任

根据《招标投标法》第62条的规定，任何单位和个人违反法律规定，限制或者排斥本地区、本系统以外的法人或者其他组织参加投标的，为招标人指定招标代理机构的，强制招标人委托招标代理机构办理招标事宜的，或者以其他方式干涉招标投标活动的，责令改正；对单位直接负责的主管人员和其他直接责任人员依法给予警告、记过、记大过的处分；情节较重的，依法给予降级、撤职、开除的处分。

（2）项目审批、核准部门和有关行政监督部门的违法行为应当承担的法律责任

根据《招标投标法实施条例》第80条的规定，项目审批、核准部门不依法审批、核准项目招标范围、招标方式、招标组织形式的，对单位直接负责的主管人员和其他直接责任人员依法给予处分。

有关行政监督部门不依法履行职责，对违反招标投标法和本条例规定的行为不依法查处，或者不按照规定处理投诉、不依法公告对招标投标当事人违法行为的行政处理决定的，对直接负责的主管人员和其他直接责任人员依法给予处分。

项目审批、核准部门和有关行政监督部门的工作人员徇私舞弊、滥用职权、玩忽职守，构成犯罪的，依法追究刑事责任。

7.5.2 中标无效的情况及其法律后果

7.5.2.1 导致中标无效的情况

① 违法行为直接导致中标无效，这类情况有：

a. 投标人相互串通投标或者与招标人串通投标的，投标人以向招标人或者评标委员会成员行贿的手段谋取中标的，中标无效（《招标投标法》第53条）；

b. 投标人以他人名义投标或者以其他方式弄虚作假，骗取中标的，中标无效（《招标投标法》第54条）；

c. 招标人在评标委员会依法推荐的中标候选人以外确定中标人的，依法必须进行招标的项目在所有投标被评标委员会否决后自行确定中标人的，中标无效（《招标投标法》第57条）。

② 只有在违法行为影响了中标结果时，中标才无效，这类情况有：

a. 招标代理机构违反本法规定，泄露应当保密的与招标投标活动有关的情况和资料，或者与招标人、投标人串通损失国家利益、社会公共利益或者他人合法权益的行为，影响中标结果的，中标无效（《招标投标法》第50条）；

b. 依法必须进行招标的项目的招标人向他人透露已获取招标文件的潜在投标人的名称、数量或者可能影响公平竞争的有关招标投标的其他情况，或者泄露标底的行为，影响中标结果的，中标无效（《招标投标法》第52条）；

c. 依法必须进行招标的项目，招标人违反规定，与投标人就投标价格、投标方案等实质性内容进行谈判的行为，影响中标结果的，中标无效（《招标投标法》第55条）。

7.5.2.2 依法必须进行招标的项目在中标无效后的处理办法

① 依照招标投标法规定的中标条件从其余投标人中重新确定中标人。这是指在招标投标活动中出现违法行为，导致中标无效后，招标人应当依照《招标投标法》第41条规定的中标条件，从其余投标人中重新确定中标人。

② 依法重新进行招标。这是指在招标投标活动中出现违法行为导致中标无效后，招标

人从其余投标人中重新确定中标人有可能违反公平、公正原则或者其余投标人都不符合中标条件时,招标人应当重新进行招标。

一、单项选择题

1. 在依法必须进行招标的工程范围内,对于委托监理合同,其单项合同估算价最低金额在( )万元以上的,必须进行招标。
 A. 50 B. 100
 C. 150 D. 200

2. 关于投标的说法,正确的是( )。
 A. 投标文件未按照招标文件要求密封的,招标人应当拒收
 B. 投标文件未经投标单位盖章和单位负责人签字的,招标人应当拒收
 C. 投标人逾期送达投标文件的,应当向招标人作出合理说明
 D. 联合体投标时,可以在评标委员会提出书面评标报告前更换成员

3. 大地房地产开发公司采取招标公告的方式对某工程项目进行施工招标,于2018年3月3日开始发售招标文件,3月6日停售;招标文件规定投标保证金为100万元;3月22日招标人对已发出的招标文件做了必要的澄清和修改,投标截止日期为同年3月25日。上述事实中错误有( )处。
 A. 1 B. 2
 C. 3 D. 4

4. 关于招标程序和要求的说法,正确的是( )。
 A. 依法必须进行招标的项目,招标人必须委托招标代理机构办理招标事宜
 B. 招标项目按照国家有关规定需要履行项目审批手续的,应当先履行审批手续
 C. 招标文件可以不包括拟签订合同的主要条款
 D. 招标人对已发出的招标文件进行澄清或者修改的应当重新招标

5. 关于履约保证金的说法,正确的是( )。
 A. 中标人必须缴纳履约保证金
 B. 履约保证金不得超过中标合同金额的20%
 C. 履约保证金是投标保证金的另一种表述
 D. 中标人违反招标文件的要求拒绝提交履约保证金的,视为放弃中标项目

6. 建设工程招标的基本程序主要包括:①发售招标文件;②编制招标文件;③委托招标代理机构;④履行项目审批手续;⑤开标、评标;⑥签订合同;⑦发布招标公告或投标邀请书;⑧发出中标通知书。上述程序正确的排列顺序是( )。
 A. ①②③④⑤⑥⑦⑧ B. ③②④⑦①⑤⑧⑥
 C. ②③①④⑦⑤⑥⑧ D. ④③②⑦①⑤⑧⑥

7. 下列情形中,投标人中标有效的是( )。
 A. 投标人给予招标人金钱获取中标
 B. 投标人在投标书中表明给予招标人优惠获取中标
 C. 投标人在账外给予招标人回扣获取中标

D. 投标人在账外给予评标委员会财物获取中标

8. 某建设工程项目施工招标,甲公司与乙公司均参与投标,并都委托了丙单位办理投标事宜,甲、乙的行为属于( )。
   A. 联合投标   B. 合法投标
   C. 串通投标   D. 独立投标

9. 依法应当招标的项目,在下列情形中,可以不进行施工招标的情形是( )。
   A. 技术复杂,有特殊要求的
   B. 已通过招标方式选定的特许经营项目投资人依法能够自行建设、生产的
   C. 采购人自行建设、生产或者提供更为节省成本的
   D. 需要向原中标人采购工程、货物或者服务,否则所需费用将大幅增加

10. 投标人或者其他利害关系人对依法必须进行招标的项目的评标结果有异议的,应当在( )提出。
    A. 中标候选人公示期间   B. 中标通知书发出之后
    C. 合同谈判期间   D. 评标报告提交之前

11. 建设单位向他人透露已获取招标文件的潜在投标人的名称,除给予警告外,可以并处罚款,罚款额度为( )。
    A. 1万~5万元   B. 1万~10万元
    C. 3万~5万元   D. 5万~10万元

12. 依法必须进行招标的项目而不招标的,将必须进行招标的项目化整为零规避招标的,有关行政监督部门责令限期改正,可以处项目合同金额( )的罚款。
    A. 2‰以上8‰以下   B. 5‰以上8‰以下
    C. 2‰以上10‰以下   D. 5‰以上10‰以下

二、多项选择题

1. 《招标投标法》规定,招标投标活动应当遵循( )的原则。
   A. 公开   B. 合法
   C. 公平   D. 公正
   E. 诚实信用

2. 《招标投标法》规定了在中华人民共和国境内必须进行招标的工程建设项目,包括项目的勘察、设计、施工、监理以及与工程建设有关的重要设备、材料等的采购,这些项目是( )。
   A. 大型基础设施、公用事业等关系社会公共利益、公众安全的项目
   B. 全部或者部分使用国有资金投资或者国家融资的项目
   C. 使用国际组织或者外国政府贷款、援助资金的项目
   D. 施工主要技术采用特定的专利或者专有技术的项目
   E. 施工企业自建自用的工程,且该施工企业资质等级符合该工程要求

3. 根据《招标投标法》的规定,涉及( )可以不进行招标。
   A. 国家安全   B. 国家建设
   C. 国家秘密   D. 抢险救灾
   E. 利用扶贫资金实行以工代赈

4. 依法必须进行施工招标的工程建设项目,可以采用邀请招标的情形有( )。
   A. 项目受自然地域环境限制,只有少数潜在投标人可供选择
   B. 施工主要技术采用不可代替的专利或者专有技术

C. 采用公开招标方式的费用占项目合同金额的比例过大
D. 涉及国家安全、国家秘密或者抢险救灾，适宜招标但不宜公开招标
E. 在建工程追加附属小型工程或者主体加层工作

5. 在建设工程招投标活动中，关于联合体投标的说法，正确的有（　　）。
   A. 联合体各方在同一招标项目中，既可以联合体名义投标，又可以自己名义投标
   B. 两个以上的个人可以组成联合体
   C. 招标人可以强制投标人组成联合体
   D. 在资格预审前，联合体可以增加成员
   E. 联合体各方就中标项目承担连带责任

6. 依法必须进行招标的项目的招标投标活动违反法律规定，对中标结果造成实质性影响，且不能采取补救措施予以纠正的，应（　　）。
   A. 认定招标、投标、中标无效　　B. 依法重新招标
   C. 依法重新评标　　　　　　　　D. 禁止就该项目再次招标
   E. 由行政监督部门接管剩余招标投标工作

7. 某投标人向招标人行贿15万元人民币，从而谋取中标。则该行为造成的法律后果可能有（　　）。
   A. 中标无效　　　　　　　　　　B. 有关责任人应当承担相应的行政责任
   C. 中标有效　　　　　　　　　　D. 中标是否有效由招标人确定
   E. 如果给他人造成损失的，有关责任人和单位应当承担民事赔偿责任

8. 在开标时发现投标文件出现下列情况，应被评标委员会否决的有（　　）。
   A. 未按招标文件的要求予以密封　　B. 在开标后送达的
   C. 投标联合体没有提交共同投标协议　D. 明显不符合技术标准要求
   E. 投标文件未经投标单位盖章和单位负责人签字

9. 招标人在发出中标通知书前，由评标委员会对中标候选人进行再次审查确认的情况有（　　）。
   A. 中标候选人财务状况发生较大变化，可能影响其履约能力
   B. 中标候选人未缴纳履约保证金
   C. 中标候选人放弃中标
   D. 中标候选人存在违法行为，可能影响其履约能力
   E. 中标候选人经营发生较大变化，可能影响其履约能力

10. 关于投标人的说法，正确的有（　　）。
    A. 投标人发生合并、分立、破产等重大变化时，其投标无效
    B. 投标人参加依法必须进行招标的项目投标，不受地区或部门限制
    C. 存在控股关系的不同单位不得参加同一招标项目的投标
    D. 单位负责人为同一人的不同单位参加同一标段投标的，相关投标无效
    E. 两个以上法人或者其他组织可以组成一个联合体投标

三、简答题

1. 招标投标活动应遵循哪些基本原则？
2. 我国《招标投标法》规定了哪几种招标方式？它们有哪些区别？
3. 强制招标的范围和规模标准是什么？
4. 在什么情况下可以邀请招标？
5. 在什么情况下可以不招标？

6. 简述招标公告和资格预审公告的发布方式及内容。
7. 简述对潜在投标人或者投标人的资格审查。
8. 关于时间方面，法律法规对招标文件作了哪些规定？
9. 关于投标保证金，法律法规作了哪些规定？
10. 关于建设施工项目投标文件的内容，法律法规作了哪些要求？
11. 什么是共同投标？共同投标的联合体应具备的条件是什么？
12. 投标文件被否决的情况有哪些？
13. 关于中标人的确定，法律法规作了哪些规定？
14. 关于招标投标的投诉与处理，法律法规作了哪些规定？
15. 简述招标投标备案制度。

第7章答案与解析

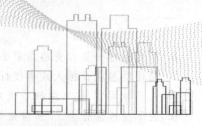

第 8 章 建设工程合同法规

教学目标

通过本章的学习，使学生掌握建设工程合同的类型和效力；掌握建设工程合同的履行、变更、转让和终止；掌握建设工程合同的违约责任。熟悉建设工程合同担保制度。了解 FIDIC《施工合同条件》的特点和应用。能解释有效合同的成立要件；能处理无效合同的认定；能按照建设工程合同法律法规签订有效建设工程合同、履行合同，依法从事工程建设。

合同是具有平等主体资格的当事人之间设立、变更或者终止权利义务的协议。建设工程合同，也叫建设工程承包合同，是指勘察单位、设计单位、施工单位为建设单位完成某项工程项目的勘察、设计、施工工作，建设单位接受工作成果并支付相应价款的协议。我国一般将委托他人进行上述工作并支付价款的一方称为发包人，而将承担上述工作的一方称为承包人。

1999 年 3 月 15 日第九届全国人民代表大会第二次会议审议通过并发布了《中华人民共和国合同法》（以下简称《合同法》）。《合同法》是规范我国社会主义市场交易的基本法律。《合同法》的发布实施，对维护我国社会主义市场经济秩序，促进社会生产力发展，提高全社会的经济效益方面已经发挥和正在发挥着越来越重要的作用。

《合同法》专门设置了"建设工程合同"一章，为保护建设工程合同双方当事人的合法权益，规范交易双方的市场行为，提供了法律保证。本章将对合同法的原理、建设工程合同的种类、建设工程合同的订立、建设工程合同的效力、建设工程合同的履行、建设工程合同的变更和解除、建设工程合同的违约责任、建设工程合同的担保分别进行阐述，对 FIDIC《施工合同条件》作一下简单介绍。

8.1 合同法原理

8.1.1 合同的特征与分类

8.1.1.1 合同的特征

合同又称为契约，是指平等主体的自然人、法人、其他组织之间设立、变更、终止民事权利义务关系的协议。

合同具有以下法律特征：

① 合同的主体具有平等的法律地位；

② 合同的主体是自然人、法人、其他组织；

合同法：建设工程合同. 1999 年发布

③ 合同是以设立、变更、终止民事权利义务关系为目的的民事法律行为；

④ 合同是当事人意思表示一致而达成的一种协议。

8.1.1.2 合同的分类

依据不同的标准可以对合同进行不同的分类：

(1) 有偿合同与无偿合同

根据当事人之间的权利义务是否互为对价为标准，将合同分为有偿合同和无偿合同。有偿合同指一方依照合同规定享有权利时，需向对方支付相应的代价的合同，如买卖合同等。不支付代价即可享有合同权利的合同为无偿合同，如赠与合同、免费运输合同等。

(2) 双务合同与单务合同

根据当事人双方是否互付义务为标准，将合同分为双务合同与单务合同。双务合同是指当事人双方互负给付义务，一方的权利和义务即对应为另一方的义务和权利，如买卖合同、租赁合同等。单务合同则表现为权利和义务的分离，一方主要享受权利而另一方承担主要义务或权利与义务之间不存在对应和依赖关系，如赠与合同。

(3) 诺成性合同与实践性合同

根据是否以交付标的物为成立条件，将合同分为诺成性合同与实践性合同。诺成合同是指当事人意思表示一致即告成立的合同，如买卖合同、运输合同等。实践合同是指除了当事人意思表达一致外，还须交付标的物合同才能成立的合同，如定金合同、没有特殊约定的保管合同等。在实践中，绝大多数的合同都是诺成合同。

(4) 要式合同与非要式合同

根据法律或者当事人对合同的形式是否有专门要求为标准，将合同分为要式合同与非要式合同。要式合同是指合同的订立必须具备一定的形式，否则合同不能成立或不产生法律效力。如房产交易合同，需要办理过户方可生效等。非要式合同，是指对于合同形式没有特别要求的合同。

(5) 有名合同与无名合同

根据法律是否规定了一定的合同名称，将合同分为有名合同与无名合同。有名合同是指法律对合同的名称和内容有明确的规定，如《合同法》分则中列举了：买卖合同，赠与合同，借款合同等15种有名合同。法律未对其名称做出明确规定的称为无名合同，对于无名合同，适用《合同法》总则的规定并参照《合同法》分则或其他法律最相类似的规定。

(6) 标准合同与非标准合同

标准合同又称格式合同，是当事人为了重复使用而预先拟定，并在订立合同时未与对方协商的合同。如保险合同、邮政合同等。由于标准合同是由一方提出，另一方并未参与谈判和协商制定的，因此，各国法律对标准合同中其免责条款的有效性和解释都做出严格规定。与之相对的非标准合同是指无固定形式，且其内容都是双方自愿协商谈判的结果。

此外，依据合同间的主从关系，将合同分为主合同与从合同；根据合同当事人订立合同的目的是否为自己的利益，将合同分为为自己订立的合同与为第三人利益订立的合同；依据合同的法律效果在订立合同时是否确定，将合同分为确定合同与射幸合同，后者如保险合同、抽奖式有奖销售合同等。

8.1.2 合同法

合同法是指调整因合同产生的以权利义务为内容的社会关系的法律规范的总称。1999年3月15日第九届全国人民代表大会第2次会议审议通过，1999年10月1日起施行的《中华人民共和国合同法》是我国合同法律制度方面的基本法律。

(1)《合同法》的调整范围

《合同法》调整的是平等主体之间的民事关系。

政府的经济管理活动，属于行政管理关系，不是民事关系，不适用《合同法》。企业、单位内部的管理关系，不是平等主体间的关系，也不适用《合同法》。有关婚姻、收养、监护等身份关系的协议，也不属于《合同法》的调整范围。

【思考8-1】下列合同中，适用于《合同法》调整的有（　　）。

A. 商品买卖合同　B. 收养合同　C. 借款合同　D. 运输合同

【解析】正确答案是 ACD。

(2) 合同法的基本原则

合同法的基本原则是指合同立法的指导思想以及调整民事主体间合同关系必须遵循的基本方针和准则。这些原则包括：

① 平等原则。合同当事人的法律地位平等，一方不得将自己的意志强加给另一方。平等原则是合同法最基本的原则，如果当事人的法律地位不平等，就谈不上自愿、公平、诚实信用等问题。

② 自愿原则。当事人依法享有自愿订立合同的权利，任何单位和个人不得非法干预。自愿是贯彻合同活动全过程的基本原则，但自愿的前提是不违反法律、法规的强制性规定和社会公序良俗。

③ 公平原则。当事人应当遵循公平原则确定各方的权利和义务。根据这一原则，合同法要求当事人在订立合同时应当按照公平原则，合理地设定各方的权利和义务；当事人在履行合同的过程中应当正当地履行自己的义务；当事人变更、解除和终止合同关系也不能导致不公平结果的出现。

④ 诚实信用原则。当事人应当诚实守信，不得有欺诈等恶意行为。当事人在合同的订立、履行、变更、终止以及解释的各个环节，都应充分注意和维护双方的利益平衡，以及当事人的利益与社会利益的平衡。

⑤ 遵守法律、不损害社会公序良俗原则。当事人订立、履行合同，应当遵守法律、行政法规，尊重社会公德，不得扰乱社会经济秩序，损害社会公共利益。如借腹生子的合同，在法律上是不被承认的。

8.1.3 合同的订立

8.1.3.1 合同订立的形式与内容

合同的订立，是指两个或两个以上的当事人，依法就合同的主要条款经过协商一致，达成协议的法律行为。

(1) 合同订立的形式

订立合同的形式，是合同当事人之间明确相互权利和义务的方式，是当事人意思表示一致的外在表现方式。当事人订立合同一般有三种形式：书面形式、口头形式和其他形式。

(2) 合同的内容

合同的内容，即合同当事人所确定的各方的权利和义务，主要由合同的条款确定。由于合同的类型和性质不同，合同的主要条款可能有所不同。根据《合同法》规定，合同的内容由当事人约定，一般应当包括以下条款：当事人的名称或者姓名和住所；标的；数量；质量；价款或者报酬；履行期限、地点和方式；违约责任；解决争议的方法。

8.1.3.2 格式条款

(1) 格式条款的概念

格式条款是指当事人为了重复使用而预先拟定，并在订立合同时未与对方协商的条款，如保险合同、电信服务合同等。

(2) 格式条款的限制规定

由于格式条款在订立时未与对方协商，因此容易造成权利义务的不公平，因此，《合同法》对格式条款的使用从以下四个方面予以限制：提供格式条款的一方的义务，提供格式条款的一方有提示说明义务，应采取合理的方式提请对方注意免除或限制其责任的条款，按照对方的要求对该条款予以说明；某些格式条款无效；对格式条款的解释，对格式条款有两种以上解释的，应当做出不利于提供格式条款一方的解释；格式条款和非格式条款不一致的，应当采用非格式条款。

8.1.3.3 合同订立的程序

《合同法》规定，当事人订立合同，采取要约、承诺方式。

(1) 要约

要约是希望和他人订立合同的意思表示。提出要约的一方称为要约人，接受要约的一方称为受要约人。要约在不同情况下还可以称为发盘、出盘、发价、出价或报价。

要约不同于要约邀请。要约邀请又称要约引诱，是希望他人向自己发出要约的意思表示。与要约不同，要约是一种法律行为，一经对方承诺，合同即告成立。而要约邀请处于合同的准备阶段，没有法律约束力。实践中要约与要约邀请很难区别，关键要看其内容是否具体详实。《合同法》规定，寄送的价目表、拍卖公告、招标公告、招股说明书等都属于要约邀请，商业广告的内容符合要约规定的，视为要约。

要约到达受要约人时生效。我国采取的是"到达生效主义"。采用数据电文形式发出要约，收件人指定特定系统接收数据电文的，该数据电文进入该特定系统的时间，视为要约到达时间；未指定特定系统的，该数据电文进入收件人的任何系统的首次时间，视为要约到达时间；要约到达受要约人，并不是指要约一定实际送到受要约人或其代理人手中，要约只要送达受要约人通常的地址、住所或能够控制的地方（如信箱等）即为送达。反之，即使在要约送达受要约人之前受要约人已经知道其内容，要约也不生效。

要约的撤回是指要约在发出后、生效前，要约人使要约不发生法律效力的意思表示。由于要约在到达受要约人时才生效，因此，撤回要约的通知应当在要约到达受要约人之前或者与要约同时到达受要约人。

要约的撤销是指要约人在要约生效后、受要约人承诺前，使要约丧失法律效力的意思，可能会给受要约人带来不利的影响，《合同法》规定了两种不得撤销要约的情形：①要约人确定了承诺期限或者以其他形式明示要约不可撤销；②受要约人有理由认为要约是不可撤销的，并已经为履行合同做了准备工作。

要约的失效是指要约丧失法律效力，即要约人和受要约人均不再受要约的约束。《合同法》规定的要约失效情形包括：①拒绝要约的通知到达要约人；②要约人依法撤销要约；③承诺期限届满，受要约人未作出承诺；④受要约人对要约的内容作出实质性变更。

【思考 8-2】甲企业在电视上做广告，声称：本厂生产的 A 产品采用国外先进技术生产，性能稳定且收效显著，咨询订购热线××××××××，免费送货。试分析是要约还是要约邀请？

【解析】甲企业在电视上的广告属于要约邀请，内容不具体（欠缺合同主要条款）。目的是希望他人向自己发出订合同的要约。

（2）承诺

承诺是受要约人同意要约的意思表示。承诺生效时合同成立。

【思考8-3】甲公司3月1日通过邮局向乙公司发出要约，信件中载明的日期为2月28日，要求乙公司在20天内答复，乙公司于3月4日收到该要约，试分析乙公司20天的承诺期从哪天算起？若信件上未载明日期，应从哪天算起？

【解析】从2月28日起算，若未载明日期，则从3月1日算起。

承诺通知到达要约人时生效。承诺不需要通知的，根据交易习惯或者要约的要求作出承诺的行为时生效。采用数据电文形式作出承诺，承诺到达的时间同上述要约到达时间的规定相同。

受要约人超过承诺期限发出承诺的，除要约人及时通知受要约人该承诺有效的以外，为新要约。受要约人在承诺期限内发出承诺，按照通常情形能够及时到达要约人，但因其他原因承诺到达要约人时超过承诺期限的，除要约人及时通知受要约人因承诺超过期限不接受该承诺的以外，该承诺有效。

受要约人对要约的内容做出实质性变更的，为新要约。有关合同主要条款的变更，为实质性变更。承诺对要约的内容做出非实质性变更的，除要约人及时表示反对或要约表明承诺不得对要约的内容做出任何变更的以外，该承诺有效，合同的内容以承诺的内容为准。

【思考8-4】下列哪些事项的改变，属于对要约内容的实质性变更？（　　）

A. 合同标的、数量、质量　　B. 合同价款

C. 合同履行期限、地点　　D. 违约责任和解决争议的方法

【解析】正确答案是ABCD。有关合同主要条款的变更为实质性变更。

承诺可以撤回。撤回承诺的通知应当在承诺通知到达要约人之前或者与承诺通知同时到达要约人。承诺生效时，合同成立。对已成立的合同，当事人一方无权撤销，只能依法变更、解除。

【思考8-5】甲公司5月1日向乙商场发出要约，出售单价为300元的电风扇500台，5月10日乙回复只要200台，5月15日甲回函同意，试分析乙的回复是否是承诺？为什么？

【解析】不是承诺，因乙对数量条款进行了变更，属于实质性变更，属于新要约。甲公司5月15日的回函是承诺。

8.1.3.4 合同成立的时间、地点

一般来说，合同谈判成立的过程，就是要约、新要约、再新要约直到承诺的过程。承诺生效时合同即告成立，当事人于此时开始享有合同权利、承担合同义务。合同成立的具体时间依不同情况而定，具体有：①当事人采用合同书形式订立合同的，自双方当事人签字或盖章时合同成立；②当事人采用信件、数据电文等形式订立合同的，可以在合同成立之前要求签订确认书，签订确认书时合同成立；③法律、行政法规规定或者当事人约定采用书面形式订立合同，当事人未采用书面形式，但一方已经履行主要义务并且对方接受的，该合同成立；采用合同书形式订立合同，在签字或盖章之前，当事人一方已经履行主要义务并且对方接受的，合同成立，即"事实合同"；④当事人签订要式合同的，以法律、法规规定的特殊形式要求完成的时间为合同成立的时间。

承诺生效的地点为合同的成立地点，具体包括：①采用数据电文形式订立合同的，收件人的主营业地为合同成立的地点，没有主营业地的，其经常居住地为合同成立的地点；②当事人采用合同书、确认书形式订立合同的，双方当事人签字或盖章的地点为合同成立的地

点；③合同需要完成特殊的约定或法律形式才能成立的，以完成合同的约定形式或法定形式的地点为合同的成立地点；④当事人对合同的成立地点另有约定的，按照其约定。

8.1.3.5 缔约过失责任

缔约过失责任是指当事人在订立合同过程中，因违背诚实信用原则给对方造成损失时所应承担的法律责任。合同谈不成并非均要承担缔约过失责任，只有因违背诚实信用原则致使合同未达成时，才追究其过错方的法律责任。

当事人在订立合同过程中有下列情形之一，给对方造成损失的，应当承担损害赔偿责任：

① 假借订立合同，恶意进行磋商，如以损害对方利益为目的，故意与其谈判而使其丧失与他人交易的机会。

② 故意隐瞒与订立合同有关的重要事实或者提供虚假情况。

③ 当事人在订立合同过程中知悉的商业秘密，无论合同是否成立，泄露或不正当地使用的。

④ 其他违背诚实信用的行为，如违背诚实信用原则终止谈判的行为。

8.1.4 合同的效力

合同的生效是指合同具备一定的要件后，便产生法律上的效力，当事人均要按合同约定履行义务和行使权利。合同法规定，依法成立的合同，自成立时生效。法律、行政法规规定应当办理批准、登记等手续生效的，依照其规定。

8.1.4.1 合同的生效要件

合同的生效要件是判断合同是否具有法律约束力的标准。合同生效必须具备三个条件：即行为人具备相应的民事行为能力、意思表示真实、不违反法律和社会公共利益。

（1）主体合格

合同的当事人应当具有相应的民事行为能力。民事行为能力包括合同行为能力和相应的缔约行为能力。对自然人而言，原则上须有完全行为能力，限制行为能力人和无行为能力人不得亲自签订合同，而应由其法定代理人代为签订。但是，限制民事行为能力人可以独立签订与其年龄、智力相适应的合同；对于非自然人而言，必须是依法定程序成立后才具有合同行为能力，同时，还要具有相应的缔约能力，即必须在法律、行政法规及有关部门授予的权限范围内签订合同。

（2）意思表示真实

即当事人的行为应当真实地反映其内心的想法，合同是当事人双方意思表示一致的法律行为。

（3）不违反法律和社会公共利益

当事人签订的合同从目的到内容都不能违反法律的强制性规定，不能违背社会公德、扰乱社会公共秩序、损害社会公共利益。

8.1.4.2 合同生效的方式

一般而言，依法成立的合同，自成立时生效。具体又分为以下3种情况：

（1）批准、登记生效

法律、行政法规规定应当办理批准或者登记手续，自批准、登记时生效。如房地产买卖合同、抵押合同、专利权质押合同等。

（2）附条件生效（或失效）

当事人可以约定对合同的效力附加一定的条件，包括附生效条件和附解除条件两种情况。附生效条件的合同，自条件成就时生效。附解除条件的合同，自条件成就时失效。当事人为自己的利益不正当地阻止条件成就的，视为条件已成就；不正当地促成条件成就的，视为条件不成就。

（3）附期限生效（或失效）

附期限的合同是指附有将来确定到来的期限作为合同的条款，并在该期限到来时合同的效力发生或终止。包括附生效期限和附终止期限两种情况。附生效期限的合同，自期限届至时生效。附终止期限的合同，自该期限届满时合同失效。

8.1.4.3　无效合同

无效合同是指不具有法律约束力和不发生履行效力的合同。无效合同自始没有法律约束力，国家不予承认和保护。根据《合同法》规定，有下列情形之一的，合同无效：

① 一方以欺诈、胁迫的手段订立合同，损害国家利益。
② 恶意串通，损害国家、集体或者第三人利益。
③ 以合法形式掩盖非法目的。
④ 损害社会公共利益。
⑤ 违反法律、行政法规的强制性规定。

【思考 8-6】公民甲与房地产开发商乙签订一份商品房买卖合同，乙提出，为少交契税建议将部分购房款算作装修费用，甲未表示反对。

该装修费用条款有效吗？

【解析】该装修费用条款无效。属于以合法形式掩盖非法目的，违反法律、行政法规的强制性规定的行为，因而该装修条款无效。

无效合同自始没有法律约束力。合同部分无效，不影响其他部分效力的，其他部分仍然有效。合同被确认无效后，因该合同取得的财产，应当予以返还；不能返还的或没有必要返还的，应当折价补偿。有过错的一方应当赔偿对方因此所受到的损失，双方都有过错的，应当各自承担相应的责任。当事人恶意串通，损害国家、集体或第三人利益的，因此取得的归国家所有或返还集体、第三人。

8.1.4.4　可撤销合同

可撤销合同是指因合同当事人订立合同时意思表示不真实，经有撤销权的当事人行使撤销权，使已经生效的合同归于无效的合同。根据合同法规定可撤销合同的情形有：重大误解合同；显失公平合同；欺诈、胁迫、乘人之危签订的合同。

对于前两种情形的可撤销合同，当事人任何一方均有权请求变更或撤销合同；对于第三种情形的合同，只有受损害方当事人才可以行使请求权。当事人请求变更合同的，人民法院或仲裁机构不得撤销。

有下列情形之一的，撤销权消灭：

① 具有撤销权的当事人自知道或者应当知道撤销事由之日起 1 年内没有行使撤销权；
② 具有撤销权的当事人知道撤销事由后明确表示或者以自己的行为放弃撤销权。

被撤销的合同与无效合同一样，自始没有法律约束力。对因该合同取得的财产，当事人应承担下列民事责任：一是返还财产；二是折价补偿；三是赔偿损失。

【思考 8-7】某手表厂某年为纪念活动特制纪念手表 2000 只，每只售价 2 万元。其广告主要内容为：（1）纪念表为金表；（2）纪念表镶有进口钻石。后经证实，该纪念表为镀金表；进口钻石为进口人造钻石，每粒价格为 1 元。手表成本约 1000 元。为此，购买者与该手表厂发生纠纷,诉至人民法院,请求撤销合同。

该纠纷应如何处理?

【解析】手表厂故意混淆了金表与镀金表,使相对人陷于认识错误,进而购买这种手表,手表厂的行为是欺诈行为,依照合同法的规定,购买者可以依法行使撤销权,请求人民法院撤销或变更该合同。

【思考8-8】张某的母亲因急病住院,急需3000元押金,张便向邻居赵某借钱,赵某乘机提出要买张家的奶牛,张无奈只好将价值8000元的奶牛以4000元的价格卖给了赵某。事后,张某十分后悔。

张某应该如何保护自身的合法权益?

【解析】请求人民法院撤销或变更该合同。乘人之危所签订的合同属于可撤销合同,受害人可在一年内向人民法院请示撤销或变更。

8.1.4.5 效力待定合同

效力待定的合同是指合同虽然已经成立,但其效力能否发生尚未确定,并不属于上述无效合同或可撤销合同,法律允许根据情况予以补救的合同。

有下列情况之一的,属于效力待定合同:

① 限制民事行为能力人订立的合同,经法定代理人追认后,该合同有效。但纯获利益的合同或者与其年龄、智力、精神健康状况相适应而订立的合同,不必经法定代理人追认。

② 行为人没有代理权、超越代理权或者代理权终止后以被代理人名义订立合同,未经被代理人追认,对被代理人不发生效力,由行为人承担责任。

但行为人无权代理订立的合同,相对人有理由相信行为人有代理权的,该代理行为有效。如已盖有单位合同专用章的空白合同书管理不善,被他人滥用所签订的合同,合同有效。

法人或者其他组织的法定代表人、负责人超越权限订立的合同。除相对人知道或者应当知道其超越权限的以外,该代表行为有效。

③ 无处分权的人处分他人财产,经权利人追认或者无处分权的人订立合同后取得处分权的,该合同有效。

8.1.5 合同的履行

8.1.5.1 合同履行的原则

建设工程合同一经签订,即具有法律约束力,合同当事人必须坚决履行合同约定的内容,不得违反。《合同法》规定:合同当事人应当按照约定"全面履行自己的义务"。所以,建设工程合同的履行应当遵守两大原则,即实际履行原则和全面履行原则。

8.1.5.2 抗辩权的行使

抗辩权是指在双务合同中,一方当事人在对方不履行或履行不符合约定时,依法对抗对方要求或否认对方权利主张的权利。《合同法》规定了同时履行抗辩权、后履行抗辩权和不安抗辩权。

(1) 同时履行抗辩权

当事人互负债务,没有先后履行的顺序时,应当同时履行。一方在对方履行之前有权拒绝其履行要求;一方在对方履行债务不符合约定时,有权拒绝其相应的履行请求。

(2) 后履行抗辩权

后履行抗辩权是指合同当事人互负债务,有先后履行顺序,先履行一方未履行的,或者履行债务不符合约定的,后履行一方有权拒绝对方的履行要求。

【思考 8-9】 甲与乙订立买卖茶叶的合同，合同约定，甲于 2018 年 10 月 7 日发货，乙收到货物后 10 日内付款。乙收到货物后，经检验，发现货物质量有问题，于是拒付货款。

乙的做法是否违约？

【解析】 乙的做法不属于违约。乙行使的是后履行抗辩权。

(3) 不安抗辩权

不安抗辩权又称先履行抗辩权，是指当事人互负债务，有先后履行顺序，先履行的一方有确切证据证明后履行一方丧失履行债务能力时，在对方没有履行或没有提供担保之前，有权中止合同履行的权利。

《合同法》规定，应当先履行的当事人，有确切证据证明对方有下列情形之一的，可以中止履行：

① 对方经营状况严重恶化；

② 对方有转移财产、抽逃资金，以逃避债务的情形；

③ 对方丧失商业信誉；

④ 对方有丧失或可能丧失履行债务能力的其他情形。

不安抗辩权行使不当，造成对方损失的，先履行一方应承担违约责任。当事人中止履行的，应当及时通知对方。对方提供适当担保时，应当恢复履行。中止履行后，对方在合理期限内未恢复履行能力并且未提供担保的，中止履行的一方可以解除合同。

【思考 8-10】 甲乙签订了一份买卖合同，双方约定甲应在 3 月 10 日前先向乙支付 10 万元的预付货款，乙于 6 月 10 日交货，验收合格后 5 天付余款。3 月 9 日，甲从报纸上得知，乙因意外火灾，厂房设备均被烧毁。于是甲通知乙，在乙提供担保前中止履行支付预付货款。

甲能否暂停支付预付货款？为什么？

【解析】 在乙提供担保之前，甲可以拒付预付货款，甲具备行使不安抗辩权的条件。

8.1.5.3 合同的保全

合同保全是指法律为防止因债务人财产的不当减少而给债权人的债权带来损害，采取的一种保障制度。合同保全措施主要包括代位权和撤销权两种。

(1) 代位权

代位权是指因债务人怠于行使其到期债权，对债权人造成损害的，债权人可以向人民法院请求以自己的名义代位行使债务人的债权的权利，但该债权专属于债务人自身的除外。

债权人代位权的行使必须通过法院进行，其行使范围以债权人的债权为限。债权人行代位权的费用，由债务人负担。

【思考 8-11】 乙公司欠甲公司 8 万元货款，丙公司欠乙公司 4 万元货款，两笔欠款均已到期，乙公司无力偿还甲公司，又不向丙公司主张债权。

甲公司应该怎样行使自己的权利？

【解析】 甲公司可以向法院请求行使代位权。

(2) 撤销权

撤销权是指债权人对债务人滥用其处分权而损害债权人债权的行为，可以请求人民法院予以撤销的权利。《合同法》规定，因债务人放弃其到期债权或者无偿转让财产，对债权人造成损害的，债权人可以请求人民法院撤销债务人的行为。

引起撤销权发生的要件是债务人有损害债权人债权的行为发生，主要指债务人以赠与、免除等无偿行为处分债权，包括放弃到期债权、无偿转让财产或以明显不合理的低价转让财产。无偿行为不论第三人善意、恶意取得，均可撤销；有偿转让行为，只有在第三人恶意取得的情况下方可撤销。

撤销权自债权人知道或应知道撤销事由之日起1年内行使。自债务人的行为发生之日起5年内没有行使撤销权的，该撤销权消灭。撤销权的行使范围以债权人的债权为限，债权人行使撤销权的必要费用，由债务人负担。

【思考8-12】债务人的下列哪些行为，债权人可以请求人民法院予以撤销？（　　）
A. 放弃到期债权　　B. 低价转让财产，受让人不知实情的
C. 无偿转让财产　　D. 低价转让财产，受让人知道实情的
【解析】正确答案是ACD。有偿行为只有在第三人恶意取得的情况下，方可撤销。

8.1.6 合同的担保

合同的担保是指依照法律规定或者当事人约定，为确保合同债权实现而采取的法律措施。合同的担保既可以在主合同中订立担保条款，也可以单独订立书面的担保合同。担保合同是主合同的从合同，主合同无效，担保合同无效。

根据《中华人民共和国担保法》（以下简称《担保法》）的规定，法定的担保形式有保证、抵押、质押、留置和定金五种。

（1）保证

保证是指第三人为债务人的债务履行作担保，由保证人和债权人约定，当债务人不履行债务时，保证人按照约定履行债务或承担责任的行为。

《担保法》规定，具有代为清偿债务能力的法人、其他组织或公民，可以作保证人。国家机关、学校、幼儿园、医院等以公益为目的的事业单位、社会团体，企业法人的分支机构、职能部门，不得作保证人。但是，在经国务院批准为使用外国政府或国际经济组织贷款进行转贷的情况下，国家机关可以作保证人；企业法人的分支机构有法人书面授权的，可以在授权范围内提供保证。

保证的方式分为一般保证和连带保证两种。

一般保证是指当事人在合同中约定，债务人不能履行债务时，由保证人承担保证责任。一般保证也称"补差保证"，保证人享有先诉抗辩权，即债权人在主合同纠纷未经审判或仲裁，并就债务人财产依法强制执行仍不能履行债务前，对债权人可以拒绝承担保证责任。

连带责任保证的债务人在主合同规定的债务履行期届满没有履行债务的，债权人既可以要求债务人履行债务，也可以要求保证人在其保证范围内承担保证责任。

当事人对保证方式没有约定或约定不明确的，按照连带责任承担保证责任。

【思考8-13】A企业与B企业签订了一份购销合同，由A向B供货10万元，B收货后1个月内付款，并约定由甲公司为B作一般保证。A依约履行后，B企业在1个月内未支付货款。A企业便向甲公司主张债权，被甲公司拒绝。

甲公司拒绝承担保证责任是否合法？

【解析】合法。甲公司承担的是一般保证，具有先诉抗辩权，A公司应先向B企业追偿货款。

（2）抵押

抵押是指以债务人或第三人的特定财产在不转移占有的前提下，将该财产作为债权的担保，当债务人不履行债务时，债权人有权依照法律规定以该财产折价或拍卖、变卖该财产的价款优先受偿。该债务人或第三人为抵押人，债权人为抵押权人，提供担保的财产为抵押物。

抵押人只能以法律规定可以抵押的财产进行抵押。法律规定不可以抵押的财产，抵押人不得用于抵押。

抵押人和抵押权人应当以书面形式订立抵押合同。当事人以法律规定的需要办理抵押物登记的财产作抵押的，应当向有关部门办理抵押物登记，抵押合同自登记日起生效，如以房产、土地使用权、林木、机动车船、企业设备等抵押，应向有关部门办理抵押物登记。以其他财产抵押的，可以自愿办理抵押物登记，抵押合同自签订之日起生效，如以个人的电器、牲畜、家具等抵押。当事人未办理抵押物登记的，不得对抗第三人。

抵押担保的范围包括主债权及利息、违约金、损害赔偿金和实现抵押权的费用。

抵押期间抵押人转让已经办理登记的抵押物的，应通知抵押权人并告知受让人该转让物已经抵押的情况，并通知债权人，否则转让无效。抵押人将已出租的财产抵押的，应当书面告知承租人，原租赁合同继续有效。

【思考8-14】债务人甲将其所有的一套红木家具抵押给债务权人乙。后来，甲无力清偿到期债务，乙要求实现抵押权。在此之前，甲已将红木家具转让给了丙，但未告知丙该红木家具已经抵押的情况，也没有通知乙。

乙能否行使抵押权？为什么？

【解析】

如果该抵押合同未进行登记，则乙的抵押权不得对抗丙，乙的损失由甲承担。如果该抵押合同已经登记，由于甲转让已经办理登记的抵押物没有告知丙，也未通知乙，该转让无效，乙可以行使抵押权。

债务履行期届满，债务人未履行债务即抵押权人未受清偿的，抵押权人可以与抵押人协议以抵押物折价或拍卖、变卖该物所得的价款受偿；协议不成的，可以向人民法院提起诉讼。抵押物折价或者拍卖、变卖后，其价款超过债权数额的部分归抵押人所有，不足部分由债务人清偿。

抵押权因抵押物灭失而灭失，灭失所得的赔偿金，应作为抵押财产。

（3）质押

质押是指债务人或第三人将为提供担保而移交的财产或权利，当债务人不履行债务时，债权人有权以该财产或权利价值优先受偿的权利。质押包括动产质押和权利质押。

动产质押应签订书面质押合同，质押合同自质物移交于质权人占有时生效。

权利质押是指以汇票、支票、本票、债券、存款单、仓单、提单，依法可以转让的股份、股票，依法可以转让的商标专用权、专利权、著作权中的财产权，依法可以质押的其他权利等作为质权标的担保。一般自交付日生效，但以股票、商标专用权、专利权、著作权中的财产权出质的，应向有关部门办理出质登记，质押合同自登记之日起生效。

【思考8-15】下列哪些可以作为权利质押？（　　　）

A. 王某的小汽车　　　　　　B. 张某持有国库券若干
C. 李某的存款单　　　　　　D. 赵某的记名支票

【解析】正确答案是BCD。

（4）留置

留置是指依照《担保法》和其他法律的规定，债权人按照合同约定占有债务人的动产，债务人不按照合同约定的期限履行债务的，债权人有权依法留置该财产，以该财产折价或以拍卖、变卖该财产的价款优先受偿。

留置的设立根据是法律的直接规定，所以又称法定担保物权。留置一般适用于劳务服务性合同，如保管合同、运输合同、承揽合同以及法律规定可以留置的其他合同发生的债权。

留置权人负有妥善保管留置物的义务。因保管不善致使留置物者毁损的，留置权人应当承担民事责任。留置担保的范围包括：主债权及利息、违约金、损害赔偿金、留置物保管费用和实现留置权的费用。

债权人与债务人应在合同中约定，债权人留置财产后，债务人应在不少于 2 个月的期限内履行债务。未约定的，应确定 2 个月以上的期限，通知债务人在该期限内履行债务。

留置权因债权消灭或者债务人另行提供担保并被债权人接受而消灭。

【思考 8-16】 下列哪种合同中，债权人无权行使留置权？（　　）
A．保管合同　　　　　　B．运输合同
C．加工承揽　　　　　　D．购销合同

【解析】 正确答案是 D。

（5）定金

定金是指合同当事人约定一方向对方给付一定数额的货币作为债权的担保。债务人履行债务后，定金抵作价款或收回。给付定金的一方不履行合同，无权要求返还定金；收受定金的一方不履行合同，应当双倍返还定金。

定金应以书面形式约定。定金合同自实际交付定金之日起生效。定金的数额由当事人约定，但不得超过主合同标的额的 20％。因不可抗力、意外事件致使主合同不能履行的，不适用定金罚则。

【思考 8-17】 甲与乙订立了 100 台电视机的买卖合同，总价款为 20 万元，双方在合同中约定买方甲须向乙交付定金 3 万元。后甲并未支付，乙的下列哪些请求会得到法院支持？（　　）
A．请求强制甲支付定金 3 万元　　　B．请求强制甲支付定金 3 万元并支付逾期利息
C．请求甲继续履行合同　　　　　　D．请求甲承担违约责任

【解析】

正确答案为 CD。定金合同自实际交付定金之日起生效，甲未支付定金，因此，定金合同尚未生效，故不能强制执行；甲不支付定金，违反合同的约定，乙可以请求甲继续履行合同并承担违约责任。

8.1.7　合同的变更、转让和终止

8.1.7.1　合同的变更

<u>合同变更仅指合同内容的变更</u>，是指合同成立后未履行或未履行完毕之前，由于主、客观情况的变化而使合同的内容发生变化。合同变更的方式主要有三种。

（1）当事人协议变更

合同是由当事人协商一致而订立的，经当事人协商一致，可以变更合同。但法律、行政法规规定变更合同应当办理批准、登记等手续的，应依照其规定办理批准、登记等手续方可变更。当事人对合同变更的内容应作明确约定，变更内容约定不明确的，推定为合同未变更。

（2）法院或仲裁机关裁决变更

因重大误解或显失公平而订立的合同，当事人一方可以向人民法院或仲裁机关申请裁决变更或撤销合同。

（3）基于法律的直接规定变更

如遭遇不可抗力导致债务人不能按期履行债务时，债务人可以减少债务数额或延期履行债务。

合同变更后，当事人应当按照变更后的合同履行。合同变更的效力原则上仅对未履行的部分有效，对已履行的部分无溯及力，但法律另有规定或当事人另有约定的除外。因合同的变更而使一方当事人受到经济损失的，受损一方可向另一方当事人要求损失赔偿。

8.1.7.2 合同的转让

合同的转让即合同主体的变更，是指当事人将依据合同享有的权利或者承担的义务，全部或部分转让给第三人的行为。合同转让包括合同权利转让、合同义务转移和合同权利义务一并转让 3 种类型。

(1) 合同权利转让

合同权利转让是指不改变合同权利的内容，由债权人将合同权利全部或者部分转让给第三人的行为。一般情况下，当事人有权自主地将合同的权利全部或者部分转让给第三人，但有下列情形之一的除外：根据合同性质不得转让。如当事人基于信任关系订立的委托合同、雇佣合同、赠与合同等。按照当事人约定不得转让。依照法律规定不得转让。如烟草专卖权、个人收藏的文物转让等。

此外，合同法规定，债权人转让权利的，应当通知债务人。未经通知，该转让对债务人不发生效力。债权人转让权利的通知不得撤销，但经受让人同意的除外。债权人转让权利的，受让人取得与债权有关的从权利，但该从权利专属于债权人自身的除外。

债务人接到债权转让通知后，债务人对让与人的抗辩，可以向受让人主张。债务人接到债权转让通知时，债务人对让与人享有债权，并且债务人的债权先于转让的债权到期或者同时到期的，债务人可以向受让人主张抵销。

(2) 合同义务转移

合同义务转移是指在不改变合同义务的前提下，经债权人同意，债务人将合同的义务全部或者部分转移给第三人。债务人将合同的义务全部或者部分转移给第三人，应当经债权人同意。否则，债务人转移合同义务的行为对债权人不发生效力。

债务人转移义务的，新债务人可以主张原债务人对债权人的抗辩。新债务人应当承担与主债务有关的从债务，但该从债务专属于原债务人自身的除外。

(3) 合同权利义务的一并转让

合同权利义务的一并转让是指经对方同意，当事人将自己依据合同所享有的权利和义务一并转让给第三人。合同关系的一方当事人将权利和义务一并转让时，除了应当征得另一方当事人的同意外，还应当遵守《合同法》有关转让权利和义务转移的其他规定。

当事人订立合同后合并的，由合并后的法人或者其他组织行使合同权利、行合同义务。当事人订立合同后分立的，除债权人和债务人另有约定以外，由分立的法人或者其他组织对合同的权利和义务享有连带债权，承担连带债务。

8.1.7.3 合同的终止

合同的终止，是指因某种法律事实的发生，使合同当事人权利义务关系归于消灭，即合同关系消灭。根据《合同法》规定，合同在下列情形时得以终止：

① 债务已经按照约定履行。债务已经按照约定履行，使得订立合同的目的已经实现，合同确定的权利义务关系自然消灭，合同因此而终止。这是当事人期望的终止方式。

② 合同解除。合同解除是指在合同尚未履行完毕之前，双方当事人经协商一致同意提前终止合同关系或者当事人一方基于法定事由行使解除权提前终止合同关系。合同解除有约定解除和法定解除两种情况。

③ 抵销。抵销是指当事人互负到期债务，又互享债权，以自己的债权充抵对方的债权，使自己的债务与对方的债务在等额内消灭。当事人互负到期债务，该债务的标的物种类、品质相同的，任何一方可以将自己的债务与对方的债务抵销，但依照法律规定或者按照合同性质不得抵销的除外。当事人主张抵销的，应当通知对方。通知自到达对方时生效。抵销不得

附条件或者附期限。当事人互负债务，标的物种类、品质不相同的，经双方协商一致，也可以抵销。

④ 提存。是指由于债权人的原因，债务人无法向其交付合同标的物而将该标的物交给提存机关，从而消灭合同的制度。

《合同法》规定，当有下列情形之一难以履行债务的，债务人可以将标的物提存：a. 债权人无正当理由拒绝受领；b. 债权人下落不明；c. 债权人死亡未确定继承人或者丧失民事行为能力未确定监护人；d. 法律规定的其他情形。

标的物提存后，除债权人下落不明的以外，债务人应当及时通知债权人或者债权人的继承人、监护人。标的物提存后，毁损、灭失的风险由债权人承担。提存期间标的物的孳息归债权人所有。提存费用由债权人负担。标的物不适于提存或者提存费用过高，债务人依法可以拍卖或者变卖标的物，提存所得的价款。

债权人领取提存物的权利，自提存之日起 5 年内不行使而消灭，提存物扣除提存物费用后归国家所有。

⑤ 免除。免除是指债权人放弃部分或全部债权，免除债务人部分或者全部债务的一种单方法律行为。免除应由债权人向债务人作出明确的意思表示。免除债务，债权的从权利如从属于债权的担保权利、利息权利、违约金请求权等也随之消灭。

⑥ 债权债务同归于一人。债权和债务同归于一人的，合同的权利义务终止，但涉及第三人利益的除外。如当债权为他人质权的标的时，为保护质权人的利益，不得使债权因合并而消灭。

⑦ 法律规定或者当事人约定终止的其他情形。除了上述合同的权利义务终止的情形，出现了法律规定的终止的其他情形的，合同的权利义务也可以终止。如《民法通则》规定，代理人死亡、丧失民事行为能力，作为被代理人或代理人的法人终止，委托代理终止。

合同无效、被撤销或终止的，不影响合同中独立存在的有关解决争议方法的条款的效力，不影响合同中结算和清理条款的效力。

【思考 8-18】甲企业与乙商场签订了一份西装购销合同，甲企业按期供货时，发现乙商场装修，相关人员不知去向，于是便将西装交到了公证处提存，公证处依法进行了提存。半个月后，当地发生洪灾，西装被浸泡变形。1 个月后，乙恢复营业，拒绝领取西装。甲企业多次向乙催要货款，遭拒绝。

乙商场的做法是否合法？

【解析】不合法。标的物提存后，毁损、灭失的风险由债权人承担。乙商场应支付货款及相关提存费用。

8.1.8 违约责任

8.1.8.1 违约责任的概念及构成要件

（1）违约责任的概念

违约责任，就是合同当事人违反合同的责任，是指合同当事人因违反合同约定所应承担的责任。也就是合同当事人对其违约行为所应承担的责任。违约行为，是指合同当事人不履行合同义务或者履行合同义务不符合约定条件的行为。

（2）违约责任的构成要件

违约责任的构成要件，是指合同当事人因违约必须承担法律责任的法定要素。一般来说，构成法律责任或违约责任的要件包括两个方面，即主观要件和客观要件。合同中的违约责任的构成要件，与侵权的民事责任以及刑事法律责任或行政法律责任的构成要件有所不同。

8.1.8.2 承担违约责任的主要形式

(1) 继续履行

继续履行，又称实际履行，是指合同一方当事人不履行合同或者履行合同不符合约定的情况下，要求违约方仍然按照合同的约定履行义务的一种承担违约责任的方式。但在下列情况下除外：一是法律上或事实上不能履行，如破产等；二是债务的标的不适于强制履行或者履行费用过高；三是债权人在合理期限内未要求履行。

(2) 采取补救措施

《合同法》规定，质量不符合约定的，应当按照当事人的约定承担违约责任。对违约责任没有约定或者约定不明确，依照本法第61条的规定仍不能确定的，受损害方根据标的的性质以及损失的大小，可以合理选择要求对方承担修理、更换、重作、退货、减少价款或者报酬等违约责任。

(3) 赔偿损失

赔偿损失是指合同当事人一方不履行合同或者不适当履行合同给对方造成损失的，应依法或依照合同约定承担赔偿责任。损失赔偿额应当相当于因违约所造成的损失，包括合同履行后可以获得的利益，但不得超过违反合同一方订立合同时预见到或者应当预见到的因违反合同可能造成的损失。

当事人一方违约后，对方应当采取适当措施防止损失的扩大；没有采取适当措施致使损失扩大的，不得就扩大的损失要求赔偿。当事人因防止损失扩大而支出的合理费用，由违约方承担。

(4) 支付违约金

违约金是指当事人在合同中约定，一方当事人不履行合同义务或履行合同义务不符合约定时应当根据情况向对方支付一定数额的货币。

当事人可以约定一方违约时应当根据违约情况向对方支付一定数额的违约金，也可以约定因违约产生的损失赔偿额的计算方法。约定的违约金低于造成的损失的，当事人可以请求人民法院或者仲裁机构予以增加；约定的违约金过分高于造成的损失的，当事人可以请求人民法院或者仲裁机构予以适当减少。

(5) 定金责任

定金既是一种债的担保形式，又是一种违约责任形式。当事人既约定定金，又约定违约金的，一方违约时，对方可以选择适用违约金或者定金。

【思考8-19】甲、乙两公司签订了价值50万元的买卖合同，甲支付给乙8万元定金，同时又约定任何一方违约须向对方支付10万元违约金。后甲方违约，给乙造成损失9万元，乙要求甲承担违约责任，除定金8万元不退还后，还要求甲支付违约金10万元和赔偿损失9万元。

乙的要求是否合法？为什么？

【解析】不合法。违约金与定金不能并用，只能选择其一。若选择违约金方式，则应将定金退回，同时由于违约金足以弥补损失，不能再主张赔偿损失；若选择定金方式，因定金8万元不足以弥补损失9万元，还可以主张赔偿金1万元。

8.1.8.3 违约责任的免除

违约责任的免除是指在合同的履行过程中，由于法律规定的或者当事人约定的免责事由致使当事人不能履行合同义务或者履行合同义务不符合约定的，当事人可以免于承担违约责任。

一般来说，在合同订立之后，如果一方当事人没有履行合同或者合同不符合约定，不论是自己的原因，还是第三人的原因，都应当向对方承担违约责任，即我国使用的是无过错责任原因。只有在法定的免责事由或约定的免责事由导致合同不能履行时，才能免责。

《合同法》规定了3种免责事由：不可抗力、免责条款和法律的特别规定。

（1）不可抗力

是指不能预见、不能避免并不能克服的客观情况。《合同法》规定，因不可抗力不能履行合同的，根据不可抗力的影响，部分或者全部免除责任。但是，当事人迟延履行后发生不可抗力的，不能免除责任。

不可抗力包括某些自然现象和某些社会现象（如战争等）。当事人一方因不可抗力不能履行合同的，应当及时通知对方，以减轻可能给对方造成的损失，并应当在合理期限内提供证明。

（2）免责条款

当事人可以在合同中约定，当出现一定的事由或条件时，可免除违约方的违约责任。但免责条款不得违反法律、行政法规的强制性规定。

（3）法律的特别规定

在法律有特别规定的情况下，可以免除当事人的违约责任。如承运人对运输过程中货物的毁损、灭失承担损害赔偿责任，但承运人证明货物的毁损、灭失因不可抗力、货物本身的自然性质或者合理损耗以及托运人、收货人的过错造成的，不承担损害赔偿责任。

8.2 建设工程合同

8.2.1 建设工程合同概述

建设工程合同是承包人进行工程建设，发包人支付价款的合同。工程建设一般经过勘察、设计、施工等过程，因此，建设工程合同的发包人是业主或者业主委托的管理机构，而承担勘察设计、建筑安装任务的勘察人、设计人、施工人是工程承包人。

8.2.1.1 建设工程合同的类型

（1）根据承发包的工程范围，可以分为建设工程总承包合同和分包合同

根据《建筑法》和《合同法》的有关规定，发包人可以将建设工程的勘察、设计、施工、安装和材料设备的采购一并发包给一个工程总承包单位，也可以将上述任务的一项或者多项发包给一个工程总承包单位。据此，工程总承包单位与建设单位之间签订的合同就是建设工程总承包合同。

建设工程总承包单位经发包人同意，可以将承包工程中的部分工程再发包给分包单位，总承包单位与分包单位之间签订的合同即为分包合同。

（2）根据工程建设的不同阶段，可以分为勘察合同、设计合同和施工合同

由于一项工程的建设需要经过勘察、设计、施工等若干过程才能最终完成，因此可以根据工程建设的不同阶段，把建设工程合同分为建设工程勘察合同、建设工程设计合同和建设工程施工合同。

（3）根据付款方式，可以分为总价合同、单价合同和成本加酬金合同

① 总价合同。总价合同是指在合同中确定一个完成建设工程的总价，承包单位据此完成项目全部内容的合同。这种合同类型能够使建设单位在评标时易于确定报价最低的承包

商、易于进行支付计算。但这类合同仅适用于工程量不太大且能精确计算、工期较短、技术不太复杂、风险不大的项目。因而采用这种合同类型要求建设单位必须准备详细而全面的设计图纸（一般要求施工详图）和各项说明，使承包单位能准确计算工程量。

② 单价合同。单价合同是承包单位在投标时按招标文件就分部分项工程所列出的工程量表确定各分部分项工程费用的合同类型。

这类合同的适用范围比较宽，其风险可以得到合理的分摊，并且能鼓励承包单位通过提高工效等手段从成本节约中提高利润。这类合同能够成立的关键在于双方对单价和工程量计算方法的确认，在合同履行中需要注意的问题则是双方对实际工程量计量的确认。

③ 成本加酬金合同。成本加酬金合同是由业主向承包单位支付建设工程的实际成本，并按事先约定的某一种方式支付酬金的合同类型。在这类合同中，业主需承担项目实际发生的一切费用，因此也就承担了项目的全部风险。而承包单位由于无风险，其报酬往往也较低。

这类合同的缺点是业主对工程总造价不易控制，承包商也往往不注意降低项目成本。它主要适用于以下项目：a. 需要立即开展工作的项目，如地震后的救灾工作；b. 新型的工程项目，或对项目工程内容及技术经济指标未确定的；c. 风险很大的项目。

此外，建设工程实行监理的，发包人应当与监理人采用书面的形式订立委托监理合同。发包人与监理人的权利、义务和法律责任，适用委托合同的有关规定。

（4）与建设工程有关的其他合同

根据《合同法》第269条规定，建设工程合同包括工程勘察、设计、施工合同。除此以外，工程建设过程中还会涉及许多其他合同，如工程监理委托合同、物资采购合同、货物运输合同、机械设备租赁合同、保险合同等等。严格讲，这些并不是建设工程合同，但是这些合同所规定的权利和义务等内容，与工程建设活动密切相关，可以说建设工程合同从订立到履行的全过程，如果离开了这些合同，是不可能顺利进行的。

① 工程监理委托合同。是指建设单位和监理单位为了在工程建设监理过程中明确双方的权利与义务关系而签订的一种书面协议。监理合同和其他工程建设合同比较，其合同的标的物具有特殊性，即监理合同的标的物是服务，监理工程师是通过自己的知识、经验和技能，受建设方的委托，在工程建设中实施监督与管理职责，从而得到服务酬金。

② 物资采购合同。是指具有平等民事主体资格的法人、其他经济组织相互之间，为实现工程建设项目所需物资的买卖而签订的明确相互权利义务关系的协议。

③ 货物运输合同。是指由承运人将承运的货物运送到指定地点，托运人向承运人交付运费的合同。合同当事人的权利义务是指运送货物的行为，故其为提供劳务的合同。

④ 机械设备租赁合同。是指当事人一方将特定的机械设备交给另一方使用，另一方支付租金的协议。机械设备租赁合同是财产租赁合同的一种。

⑤ 保险合同。是指投保人与保险人约定权利义务关系的协议。我国的工程保险主要有建筑工程一切险、安装工程一切险、建筑安装工程第三者责任险、人身意外伤害保险等。

8.2.1.2 建设工程合同的特征

（1）合同标的的特殊性

建设工程合同的标的涉及建设工程的服务，而建设工程又具有产品固定，不能流动；产品多样，需单个完成；产品耗用材料多，所需资金大；产品使用时间长，对社会影响极大的特点。

（2）合同主体的特殊性

工程建设技术含量较高、社会影响很大，所以法律对建设工程合同主体的资格有严格的限制,只有经国家主管部门审查,具有相应资质等级,并经登记注册,领有营业执照的单位,才具有签订承包合同的民事权利能力和民事行为能力。除此以外,任何个人及其单位都不得承包工程,也不具有签约资格。

(3) 合同形式的要式性

合同形式是当事人权利义务关系的体现,根据我国《合同法》规定,合同形式可以以口头形式、书面形式和其他形式来体现。

建设工程合同为要式合同,必须采取书面形式,并参照国家推荐使用的示范文本(如《建设工程勘察合同示范文本》《建设工程设计合同示范文本》《建设工程施工合同示范文本》)签订。这是《建筑法》《合同法》对建设工程合同形式上的要求,是国家对固定资产投资进行监督管理的需要,也是由建设工程合同履行的特点所决定的。

(4) 建设工程合同具有较强的国家管理性

由于建设工程的标的物为不动产,工程建设对国家和社会生活的方方面面影响较大,在建设工程合同的订立和履行上,就具有较强的国家干预色彩。

8.2.1.3 建设工程合同的一般条款

建设工程合同的一般条款包括:

① 当事人的名称(或姓名)和住所。

② 标的。所谓标的,是指合同权利和合同义务所指向的对象。不同类型的合同的标的是不同的。建设工程合同中的勘察设计合同的标的是勘察设计成果,建设安装工程合同的标的是建设安装工程。关于合同标的的表述,应当准确、具体、完整,不能含糊不清。

③ 数量。数量是合同标的的量化体现。建设工程合同的履行期较长,涉及内容多,有关数量的约定在不同阶段而有所不同,如在设计阶段,有设计图纸份数的约定;在工程施工阶段,有关于工程量数额的约定等。

④ 质量。

⑤ 价款或者报酬。

⑥ 履行期限、地点和方式。

⑦ 违约责任。

⑧ 解决争议的方法。

8.2.2 建设工程勘察设计合同

建设工程勘察设计合同是委托方与承包方为完成一定的勘察设计任务,明确相互权利和义务关系的协议。当事人双方中的委托方是建设单位或有关单位(如工程总承包单位);承包方是持有勘察设计证书的勘察设计单位。双方都必须具有法人资格。

8.2.2.1 勘察设计合同签订的程序

(1) 承包单位审查工程项目的批准文件

在接受委托前,承包单位必须对建设单位所委托勘察设计的工程项目的批准文件进行全面审查。这些文件是工程项目实施的前提条件。对委托勘察设计的工程项目必须具有上级机关批准的设计任务书和建设规划管理部门的用地范围许可文件。小型单项工程必须具有上级机关批准的文件。如果仅单独委托施工图设计任务,应同时具有经有关部门批准的初步设计文件。

(2) 委托单位提出勘察设计的要求

主要包括勘察设计的期限、进度、质量等要求。

(3) 承包方确定取费标准和进度

承包方根据委托勘察设计的要求和资料,研究并确定取费金额、付款办法和进度。

(4) 双方当事人协商

勘察设计合同的当事人双方进行协商,就合同的各项条款取得一致意见。

(5) 签订勘察设计合同

双方法人或指定的代表在合同文本上签字,并加盖公章,这样合同才有法律效力。当然,也可以用勘察设计招标的办法选择勘察设计单位,签订合同。

8.2.2.2 勘察设计合同签订前对当事人资格和资信的审查

对当事人资格的审查,不仅是为了保证合同有效,受法律保护,而且保证合同能得到正确的实施。这是合同签订前必不可少的工作。

(1) 资格审查

主要审查当事人是否属于按国家规定的审批程序成立的法人组织,有无法人章程和营业执照,其经营活动是否超过章程或营业执照规定的范围。同时还要审查参加签订合同的有关人员,是否是法定代表人或法人委托的代理人,以及代理人的活动是否越权等。

(2) 资信审查

资信,即资金和信用。资金是当事人有权支配并能运用于生产经营的财产的货币形态;信用是指商品买卖中的延期付款或货币的借贷。审查当事人的资信情况,可以了解当事人对于合同的履行能力和履行态度,以慎重签订合同。

(3) 履约能力审查

主要审查勘察设计单位的专业业务能力。可以通过审查勘察设计单位的勘察设计证书,按它的级别可以了解其业务的规格和范围。同时还应了解该勘察设计单位以往的工程实绩。

只有对当事人的履约能力充分了解之后,在此基础上签订的合同才算有了可靠的保证。

8.2.2.3 勘察设计任务的定金

① 定金的收取。勘察设计合同生效后,委托方应先向承包方支付定金。合同履行后,定金抵作勘察设计费。

② 定金的数额。勘察任务的定金为勘察费的30%;设计任务的定金为设计费的20%。

③ 定金的退还。如果委托方不履行合同,则无权要求返还定金;如果承包方不履行合同,应双倍返还定金。

8.2.2.4 勘察合同的主要内容

(1) 委托方的义务

在勘察工作开展前,委托方应向承包方提交由设计单位提供、经建设单位同意的勘察范围的地形图和建筑平面布置图各一份,提交由建设单位委托、设计单位填写的勘察技术要求及附图。委托方应负责勘察现场的水电供应、道路平整、现场清理等工作,以保证勘察工作的顺利开展。

在勘察人员进入现场作业时,委托方应负责提供必要的工作和生活条件。

(2) 承包方的义务

勘察单位应按照规定的标准、规范、规程和技术条例进行工程测量、工程地质、水文地质等勘察工作,并按合同规定的进度、质量要求提供勘察成果。

(3) 勘察费

勘察工作的取费标准是按照勘察工作的内容决定的。勘察费用一般按实际完成的工作量收取。

勘察合同生效后，委托方应向承包方支付定金；全部勘察工作结束后，承包方按合同规定向委托方提交勘察报告和图纸；委托方在收取勘察成果资料后，在规定的期限内，按实际勘察工作量付清勘察费。

属于特殊工程的勘察工作收费办法，原则上按勘察工程总价加收 20%～40% 的勘察费。特殊工程指自然地质条件复杂、技术要求高、勘察手段超出现行规范，特别重大、紧急、有特殊要求的工程，或特别小的工程等。

（4）违约责任

① 委托方若不履行合同，无权要求返还定金；而承包方若不履行合同，应双倍偿还定金。

② 对于由于委托方变更计划，提供不准确的资料，未按合同规定提供勘察设计工作必需的资料或工作条件，或修改设计，而造成勘察设计工作的返工、停工、窝工，委托方应按承包方实际消耗的工作量增付费用。因委托方责任而造成重大返工或重新进行勘察设计时，应另增加勘察设计费。

③ 勘察设计的成果按期、按质、按量交付后，委托方要按期、按量支付勘察设计费。若委托方超过合同规定的日期付费，应偿付逾期违约金。

④ 因勘察设计质量低劣引起返工，或未按期提出勘察设计文件，拖延工程工期造成委托方损失，应由承包方继续完善勘察，完成设计，并视造成的损失、浪费的大小，减收或免收勘察设计费。

⑤ 对因勘察设计错误而造成工程重大质量事故，承包方除免收损失部分的勘察设计费外，还应支付与该部分勘察设计费相当的赔偿金。

（5）争议的解决

建设工程勘察设计合同在实施中发生争议，双方应及时协商解决；若协商不成，双方又同属一个部门，可由上级主管部门调解；调解不成或双方不属于同一个部门，可按合同向仲裁委员会申请仲裁，也可直接向人民法院起诉。

（6）其他规定

建设工程勘察设计合同必须明确规定合同的生效和失效日期。通常勘察合同在全部勘察工作验收合格后失效，设计合同在全部设计任务完成后失效。勘察设计合同的未尽事宜，需经双方协商，做出补充规定。补充规定与原合同具有同等效力，但不得与原合同内容冲突，附件是勘察设计合同的组成部分。勘察合同的附件一般包括测量任务和质量要求表、工程地质勘察任务和质量要求表等；设计合同的附件一般包括委托设计任务书、工程设计取费表、补充协议书等。

8.2.3　建设工程施工合同

8.2.3.1　建设工程施工合同的特点

（1）合同主体的严格性

施工合同主体一般只能是法人。发包人一般只能是经过批准进行工程项目建设的法人，必须有国家批准建设项目，落实投资计划，并且应当具备相应的协调能力；承包人则必须具备法人资格，而且应当具备相应施工资质等级。无营业执照或无承包资质的单位不能作为建设工程施工的主体，资质等级低的单位不能超越资质等级承包建设工程施工。

（2）合同标的的特殊性

施工合同的标的是各类建筑产品，建筑产品是不动产，其基础部分与大地相连，不能移动。这就决定了每个建设工程施工合同的标的都是特殊的，相互具有不可替代性。这还决定了承包人工作的流动性。建筑物所在地就是施工生产场地,施工队伍、施工机械必须围绕建筑产品不断移动。另外,建筑产品的类别庞杂,其外观、结构、使用目的、使用人都各不相同,这就要求每一个建筑产品都需单独设计和施工,即建筑产品是单体性生产,这也决定了建设工程施工合同标的的特殊性。

(3) 合同履行期限的长期性

建设工程由于结构复杂、体积大、建筑材料类型多、工作量大,使得合同履行期限都较长(与一般工业产品的生产相比)。而且,建设工程施工合同的订立和履行一般都需要较长的准备期,在合同的履行过程中,还可能因为不可抗力、工程变更、材料供应不及时等原因而导致合同期限顺延。所有这些情况,决定了建设工程施工合同的履行期限具有长期性。

(4) 合同监督的严格性

由于工程建设对国家的经济发展、公民的工作和生活都有重大的影响,因此,国家对建设工程的计划和程序都有严格的管理制度。订立建设工程施工合同必须以国家批准的投资计划为前提,即使是国家投资以外的、以其他方式筹集的投资也要受到当年的贷款规模和批准限额的限制,纳入当年投资规模的平衡,并经过严格的审批程序。建设工程施工合同的订立和履行还必须符合国家关于建设程序的规定。

8.2.3.2 建设工程施工合同的订立

(1) 订立建设工程施工合同应当具备的条件

① 初步设计已经批准;

② 工程项目已经列入年度建设计划;

③ 有能够满足施工需要的设计文件和有关技术资料;

④ 建设资金和主要建筑材料设备来源已经落实;

⑤ 招投标工程,中标通知书已经下达。

(2) 订立建设工程施工合同的程序

施工合同作为合同的一种,其订立也应经过要约和承诺两个阶段。最后,将双方协商一致的内容以书面合同的形式确立下来。其订立方式有两种:直接发包和招标发包。如果没有特殊情况,工程建设的施工都应通过招标投标确定施工企业。

(3) 建设工程施工合同应当具备的条款

工程施工合同是建设工程合同中最为复杂的合同,其合同条款固然应包含普通合同所应具备的主要条款,但根据合同的特点,还应具备下列条款:①工程范围;②建设工期;③中间交工工程的开工和竣工工期;④工程质量等级;⑤合同价;⑥技术资料交付时间;⑦材料和设备的供应责任;⑧拨款和结算;⑨竣工验收;⑩质量保修范围和质量保证期;⑪双方相互协作条款。

8.2.4 建设工程委托监理合同

8.2.4.1 建设工程委托监理合同的特征

① 监理合同的当事人双方应当是具有民事权利能力和民事行为能力、取得法人资格的企事业单位,或非法人组织。个人在法律允许范围内也可以成为合同当事人。

② 监理合同的标的是服务,工程建设实施阶段所签订的其他合同,如勘察设计合同、施工承包合同等,其标的物是产生新的物质或信息成果;而监理合同的标的是服务,即监理工程师凭借自己的知识、经验、技能受业主委托为其所签订的其他合同的履行实施监督和管

理。因此《合同法》将监理合同划入委托合同的范畴。《合同法》第276条规定:"建设工程实施监理的,发包人应当与监理人采用书面形式订立委托监理合同。发包人与监理人的权利和义务以及法律责任,应当依照本法委托合同以及其他有关法律、行政法规的规定。"

8.2.4.2 监理合同的条款结构

监理合同是委托任务履行过程中当事人双方的行为准则,因此内容应全面、用词要严谨。合同条款的组成结构包括以下几个方面:①合同内所涉及的词语定义和遵循的法规;②监理人的义务;③委托人的义务;④监理人的权利;⑤委托人的权利;⑥监理人的责任;⑦委托人的责任;⑧合同生效、变更与终止;⑨监理报酬;⑩其他;⑪争议的解决。

8.2.4.3 监理合同示范文本的组成

《建设工程委托监理合同(示范文本)》由"建设工程委托监理合同""标准条件"和"专用条件"组成。

(1) "建设工程委托监理合同"是一个总的协议,是纲领性文件

主要内容是当事人双方确认的委托监理工程的概况(工程名称、地点、规模及总投资);合同签订、生效、完成时间;双方愿意履行约定的各项义务的承诺,以及合同文件的组成。监理合同除"合同"之外还应包括:监理投标书或中标通知书;监理委托合同标准条件;监理委托合同专用条件;在实施过程中双方共同签署的补充与修正文件。

"监理合同"是一份标准的格式文件,经当事人双方在有限的空格内填写具体规定的内容并签字盖章后,即发生法律效力。

(2) 标准条件

内容涵盖了合同中所用词语定义,适用范围和法规,签约双方的责任、权利和义务,合同生效、变更与终止,监理报酬,争议解决以及其他一些情况。它是监理合同的通用文本,适用于各类工程建设监理委托,是所有签约工程都应遵守的基本条件。

(3) 专用条件

由于标准条件适用于所有的工程建设监理委托,因此其中的某些条款规定得比较笼统,需要在签订具体工程项目的监理委托合同时,就地域特点、专业特点和委托监理项目的特点,对标准条件中的某些条款进行补充、修正。如对委托监理的工作内容而言,认为标准条件中的条款还不够全面,允许在专用条件中增加双方议定的条款内容。

所谓"补充"是指标准条件中的某些条款明确规定,在该条款确定的原则下,在专用条件的条款中进一步明确具体内容,使两个条件中相同序号的条款共同组成一条内容完备的条款。如标准条件中规定"监理合同适用的法律是国家法律、行政法规,以及专用条件中议定的部门规章或工程所在地的地方法规、地方规章"。这就要求在专用条件的相同序号条款内写入应遵循的部门规章和地方法规的名称,作为双方都必须遵守的条件。

所谓"修改"是指标准条件中规定的程序方面的内容,如果双方认为不合适,可以协商修改。如标准条件中规定"委托人对监理人提交的支付通知书中酬金或部分酬金项目提出异议,应在收到支付通知书24小时内向监理人发出异议的通知"。如果委托人认为这个时间太短,在与监理人协商达成一致意见后,可在专用条件的相同序号条款内延长时效。

8.3 FIDIC《施工合同条件》简介

FIDIC是国际咨询工程师联合会(federation internationale des ingenieurs conseils)法

语名称的缩写，读"菲迪克"。这个国际组织在每个国家只吸收一个独立的咨询工程师协会作为团体会员。从 1913 年由欧洲 4 个国家的咨询工程师协会开始组成 FIDIC 以来，经过 100 多年的发展，该联合会已拥有 100 多个代表不同国家和地区的咨询工程师专业团体会员。可以说"FIDIC"代表了世界上大多数咨询工程师，是国际上最具有权威性的咨询工程师组织，也是被世界银行认可的国际咨询服务机构，总部设立在瑞士洛桑。中国工程咨询协会代表我国于 1996 年 10 月加入该组织。

FIDIC 作为国际上权威的咨询工程师机构，多年来所编写的标准合同条件是国际工程界几十年来实践经验的总结，公正的规定了合同各方的职责、权利和义务，程序严谨，可操作性强，如今已在工程建设、机械和电气设备的提供等方面被广泛使用。

FIDIC 下属有四个地区成员协会：FIDIC 亚洲及太平洋地区成员协会（ASPAC）、FIDIC 欧洲共同体成员协会（CEDIC）、FIDIC 非洲成员协会集团（CAMA）和 FIDIC 北欧成员协会集团（RINORD）。

8.3.1　FIDIC 合同条件的发展过程及特点

8.3.1.1　FIDIC 合同条件的发展过程

1957 年 FIDIC 与国际房屋建筑和公共工程联合会［现在的欧洲国际建筑联合会（FIEC）］，在英国咨询工程师联合会（ACE）颁布的《土木工程合同文件格式》的基础上，出版了《土木工程施工合同条件（国际）》（第 1 版），由于该标准合同的封面为红色，很快以"红皮书"而闻名世界，常称为 FIDIC 条件。该条件分为两部分，第一部分是通用合同条件，第二部分为专用合同条件。

1963 年，首次出版了适用于业主和承包商的机械与设备供应和安装的《电气与机械工程标准合同条件格式》，即黄皮书。

1969 年，红皮书出版了第二版。这版增加了第三部分，疏浚和填筑工程专用条件。

1977 年，FIDIC 和欧洲国际建筑联合会（FIEC）联合编写 Federation Internationale Europeenne de la Construction，这是红皮书的第三版。

1980 年，黄皮书出了第二版。

1987 年 9 月，红皮书出版了第四版。将第二部分（专用合同条件）扩大了，单独成册出版，但其条款编号与第一部分一一对应，使两部分合在一起共同构成确定合同双方权利和义务的合同条件。

同时出版的还有黄皮书第三版《电气与机械工程合同条件》。

1995 年，出版了橘皮书《设计-建造和交钥匙合同条件》。

以上的红皮书（1987）、黄皮书（1987）、橘皮书（1995）和《土木工程施工合同-分合同条件》、蓝皮书（《招标程序》）、白皮书（《顾客/咨询工程师模式服务协议》）、《联合承包协议》《咨询服务分包协议》共同构成 FIDIC 彩虹族系列合同文件。

1999 年 9 月，FIDIC 又出版下列四份新的合同标准格式的第一版：

（1）施工合同条件（conditions of contract for construction）

又称新红皮书，全称是：由业主设计的房屋和工程施工合同条件。推荐用于由雇主设计的或由其代表——工程师设计的房屋建筑或工程（building or engineering works）。在这种合同形式下，承包商一般都按照雇主提供的设计施工。但工程中的某些土木、机械、电力和/或建造工程也可能由承包商设计。

（2）永久设备和设计——建造合同条件（conditions of contract for plant and design-build）

即新黄皮书,其全称是:由承包商设计的电气和机械设备安装与民用和工程合同条件。推荐用于电力和/或机械设备的提供,以及房屋建筑或工程的设计和实施。

(3) EPC/交钥匙项目合同条件 (conditions of contract for EPC/turnkey projects)

又称银皮书。适用于在交钥匙的基础上进行的工厂或其他类似设施的加工或能源设备的提供、或基础设施项目和其他类型的开发项目的实施,这种合同条件所适用的项目是:①对最终价格和施工时间的确定性要求较高;②承包商完全负责项目的设计和施工,雇主基本不参与工作。在交钥匙项目中,一般情况下由承包商实施所有的设计、采购和建造工作,即在"交钥匙"时,提供一个配备完整、可以运行的设施。

(4) 合同的简短格式 (short form of contract)

合同的简短格式,简称"绿皮书"。该文件适用于投资金额较小的建筑或工程项目。在此合同格式下,一般都由承包商按照雇主或其代表——工程师提供的设计进行施工,但对于部分或完全由承包商设计的土木、机械、电气和(或)构筑物的工程,此合同也同样适用。

8.3.1.2 FIDIC合同条件的特点

FIDIC出版的所有合同文本结构,都是以通用条件、专用条件和其他标准化文件的格式编制。各类文本的特点如下:

(1) 通用条件

所谓"通用",其含义是工程建设项目不论属于哪个行业,也不管处于何地,只要是土木工程类的施工均可适用。条款内容涉及:合同履行过程中业主和承包商各方的权利与义务,工程师(交钥匙合同中为业主代表)的权力和职责,各种可能预见到事件发生后的责任界限,合同正常履行过程中各方应遵循的工作程序,以及因意外事件而使合同被迫解除时各方应遵循的工作准则等。

(2) 专用条件

专用条件是相对于"通用"而言,要根据准备实施的项目的工程专业特点,以及工程所在地的政治、经济、法律、自然条件等地域特点,针对通用条件中条款的规定加以具体化。专用条件可以对通用条件中的规定进行相应补充完善、修订或取代条件中条款的规定并加以具体化,可以对通用条件中没有规定的条款进行补充。专用条件中条款序号与通用条件中要说明条款的序号对应,通用条件和专用条件内相同序号的条款共同构成某一问题的约定责任。如果通用条件内的某一条款内容完备、适用,专用条件可不再重复列此条款。

(3) 其他标准化的文件格式

FIDIC编制的标准化合同文本,除了通用条件和专用条件以外,还包括有标准化的投标书(及附录)和协议书的格式文件。

投标书的格式文件只有一页内容,是投标人愿意遵守招标文件规定的承诺表示。投标人只需填写投标报价并签字后,即可与其他材料一起构成有法律效力的投标文件。投标书附件列出了通用条件和专用条件内涉及工期和费用内容的明确数值,与专用条件中的条款序号和具体要求相一致,以使承包商在投标时予以考虑。这些数据经承包商填写并签字确认后,合同履行过程中作为双方遵照执行的依据。

协议书是业主与中标承包商签订施工承包合同的标准化格式文件,双方只要在空格内填入相应内容,并签字盖章后合同即可生效。

8.3.2 FIDIC《施工合同条件》 主要内容简介

8.3.2.1 FIDIC《施工合同条件》 文书文件的组成及解释顺序

FIDIC合同文件由一系列的文书文件构成,构成合同的各个文件应能相互解释,相互说明。

构成合同文书的文件包括：①合同协议书；②中标函；③投标函；④专用条件；⑤通用条件；⑥规范；⑦图纸；⑧资料表以及其他构成合同一部分的文件。

当合同文件中出现含混或矛盾之处时，各文件依据上述排列顺序，优先级依次递减，由工程师负责解释。

8.3.2.2 FIDIC《施工合同条件》主要内容简介

FIDIC《施工合同条件》分为两大部分。第一部分：通用条款（标准条款）；第二部分：特殊适用条款。通用条件和专用条件共同构成了制约合同各方权利和义务的条件。对于每一份具体的合同，都必须编制专用条件，并且必须考虑到通用条件中提到的专用条件中的条款。

（1）通用条款

所谓"通用"，其含义是只要工程建设项目是属于土木工程类的施工，不论是工业与民用建设，还是水电工程、公路工程、铁路工程，均可适用。

通用条件的条款内容涉及：合同履行过程中业主和承包商各方的权利与义务，工程师（交钥匙合同中为业主代表）的权利和职责，各种可能预见到事件发生后的责任界限，合同正常履行过程中各方应遵循的工作程序，以及因意外事件而使合同被迫解除时各方应遵循的工作准则等。

通用条件共分20大项247款。其中20大项分别是：一般规定；业主；工程师；承包商；指定分包商；员工；生产设备、材料和工艺；开工、延误和暂停；竣工检验；业主的接收；缺陷责任；测量和估价；变更和调整；合同价格和支付；业主提出终止；承包商提出暂停和终止；风险和责任；保险；不可抗力；索赔、争端和仲裁。

由于通用条件可以适用于所有建设安装工程施工，条款也非常具体而明确，因此，当脱离具体工程从宏观的角度讲 FIDIC《施工合同条件》的内容时，仅指 FIDIC 通用条件。

（2）专用条款

FIDIC 在编制合同条件时，对建设安装工程施工的具体情况作了充分而详尽的考察，从中归纳出大量内容具体、详尽的合同条款，组成了通用条件。但仅有这些是不够的，具体到某一工程项目，有些条款应进一步明确，有些条款还必须考虑工程的具体特点和所在地区的情况予以必要的变动，专用条件就是为了实现这一目的而设立的。通用条件与专用条件一起构成了决定一个具体工程项目各方的权利、义务以及对工程施工的具体要求的合同条件。

8.3.3 FIDIC《施工合同条件》的具体应用

8.3.3.1 应用前提

FIDIC 合同条件注重业主、承包商、工程师三方的关系协调，强调工程师在项目管理中的作用。在土木工程施工中应用 FIDIC 合同条件应具备以下前提：

① 通过竞争性招标确定承包商；
② 委托工程师对工程施工进行管理；
③ 按照固定单价方式编制招标文件。

8.3.3.2 应用的基本工作程序

应用 FIDIC 合同条件大致需要经过以下主要工作程序：

① 确定工程项目，筹措资金。

② 选择工程师，签订监理委托合同。

③ 委托勘察设计单位对工程项目进行勘察设计，也可委托工程师对此进行监理。

④ 通过竞争性招标，确定承包商。

⑤ 业主与承包商签订施工承包合同，作为 FIDIC 合同文件的组成部分。

⑥ 承包商办理合同要求的履约担保、预付款保函、保险等事项，并取得业主的批准。

8.3.3.3 FIDIC 在我国的应用方式

应该看到，FIDIC 合同条件目前在我国还有一些不适应的地方。因此，FIDIC 合同条件在我国的应用可采用以下几种方式：

(1) 直接采用 FIDIC 方法

FIDIC 合同条件注重业主、承包商和工程师三方的权益平衡，但主要是站在业主立场上，因而业主采用 HDIC 合同条件，有利于保护国家的利益和社会公共利益，在一些大型基础设施的施工中往往直接采用 FIDIC 方法。

(2) 修改招标文件及合同条件中关于工程量清单、计量、支付等方面的方法和条款，使 FIDIC 合同条件更适合于固定总价合同

FIDIC 合同条件适用大型土木工程，其应用前提是按照单价合同编制招标文件，但对于大量采用总价合同的中小型项目，可对 FIDIC 作适当的修改。

(3) 修改 FIDIC 合同条件中的通用条款，形成符合中国实际的标准合同条件

如在业主自行监理的情况下，在不进行招标却实行监理制的情况下，或在既不实行招标又不实行监理制的项目中，也可以使用 FIDIC 合同条件，或参照 FIDIC 合同条件中的程序和方法执行。

复习思考题

一、单项选择题

1. 一方当事人以缔结合同为目的，向对方当事人提出合同条件，希望对方当事人接受的意思表示即为(　　)。

  A. 要约邀请   B. 要约   C. 承诺   D. 缔约

2. 下列选项中，属于要约的是(　　)。

  A. 中标通知书 B. 商品价目表 C. 招标公告 D. 投标书

3. 下列书面文件中，(　　)是承诺。

  A. 招标公告   B. 投标书   C. 中标通知书 D. 合同书

4. 某建筑公司以欺骗手段超越资质等级承揽某工程施工项目，开工在即，建设单位得

知真相，遂主张合同无效，要求建筑公司承担（　　）。

  A. 违约责任   B. 侵权责任   C. 缔约过失责任   D. 行政责任

5. 甲施工单位由于施工需要大量钢材，遂向乙供应商发出要约，要求乙在1个月内供货，但数量待定。乙回函表示1个月内可供货2000吨，甲未做表示。下列表述正确的是（　　）。

  A. 该供货合同成立   B. 该供货合同已生效

  C. 该供货合同效力待定   D. 该供货合同未成立

6. 某建筑公司从本市租赁若干工程模板到外地施工。施工完毕后，因觉得模板运回来费用很高，建筑公司就擅自将该批模板处理了。后租赁公司同意将该批模板卖给该建筑公司。建筑公司处理该批模板的行为（　　）。

  A. 无效   B. 有效   C. 效力待定   D. 失效

7. 某建筑公司向供货商采购国家定价的某种特殊材料，合同签订时价格为4000元/吨，约定6月1日运至某工地。后供货商迟迟不予交货，8月下旬，国家调整价格为3400元/吨，供货商急忙交货。双方为结算价格产生争议。下列说法正确的是（　　）。

  A. 应按合同约定的价格4000元/吨结算

  B. 应按国家确定的最新价格3400元/吨结算

  C. 应当按新旧价格的平均值结算

  D. 双方协商确定，协商不成的应当解除合同

8. 在某建设单位与供应商之间的建筑材料采购合同中约定，工程竣工验收后1个月内支付材料款。期间，建设单位经营状况严重恶化。供应商则暂停供应建筑材料，要求先付款，否则终止供货。则供应商的行为属于行使（　　）。

  A. 同时履行抗辩权   B. 先履行抗辩权

  C. 不安抗辩权   D. 先诉抗辩权

二、简答题

1. 合同是如何分类的？建设工程合同主要有哪些类型？

2. 什么是无效合同？其法律后果是什么？

3. 什么是可变更、可撤销的合同？其法律后果是什么？

4. 效力待定的合同有哪些类型？其法律后果是什么？

5. 建设工程合同承担违约责任的方式主要有哪几种？

6. 合同的担保有哪些形式？

7. 简述FIDIC《施工合同条件》的特点和文书文件组成。

第8章答案与解析

三、案例分析

阅读下面的短文，思考如下问题：

（1）大陆法体例和案例法体例的区别点在哪里？各自的优缺点在哪里？

（2）面对FIDIC格式合同，怎样才能无障碍地读下来？

扩展资料　如何去"读"FIDIC合同

很多人拿到FIDIC合同之后，不知道如何去"读"这个合同，最简单的目录索引都觉得困难。出现这种困难的主要原因是FIDIC合同采用的是案例法体例编制方式。中国人习惯用大陆法体例编制的文件，阅读和检索习惯与案例法有很大的不同。初上手时，不能把握FIDIC合同思路。

用一个简单例子来说明一下两者的区别：

工程师听到现场巡视报告说混凝土工程质量有点问题，想去查看一下，于是口头通知承包商派人一块去看，承包商回答："昨晚刚浇筑过混凝土，大家都在休息，请明天再来检查吧。"针对这样一种现场经常发生的问题，工程师该咋办呢？那么首先想到的是应该查到有力的证据要求承包商积极配合检查。如何查合同依据呢？

（1）国内合同：第一反应是到合同的"质量"块去查相关规定，因为这样的事件是与质量相关的。这个检索思路就是大陆法体例将事项抽象到"原则"后的思路。按建设部示范合同文本（GF-2013-0201），这应该是第四章"质量与检验"第16条"检查和返工"第16.1款"……随时接受工程师的检查检验，为检查检验提供便利条件"。

（2）案例法思路：不用将事项抽象到"原则"，直接什么事项就去查合同的相应条款。本例，首先看这个事是什么事？是工程师要去检查工程的"生产设备、材料和工艺"。这是FIDIC合同的第7条。其中工程师想做的事是"检验"，这是第7.3款。该条款规定如下。"雇主人员应在所有合理的时间内：①有充分机会进入现场的所有部分，以及获得天然材料的所有地点；②有权在生产、加工和施工期间（在现场或其他地方），检查、检验、测量和试验所用材料和工艺，检查生产设备的制造和材料的生产加工的进度。承包商应为雇主人员进行上述活动提供一切机会，包括提供进入条件、设施、许可和安全装备。此类活动不应解除承包商的任何义务与职责"。

工程合同按"案例法"体例来编制，在国际上是一种传统。欧洲是大陆法体例的发源地，但几大国际通行的工程合同体系基本都以案例法体例编列。形成这种局面的主要原因是项目的单件性。标准合同要良好匹配项目单件性，必须具有良好的条款可调整性。在大陆法体例的"原则性定义"夹缝中寻找条款适应项目的调整，没几个专业造价师、专业会计师、专业律师，不可能做得好。案例法体例完成同样级别的调整，就要轻松得多了。

案例法体例的文章阅读方式中国人还是要适应一下的。主要是调整一下长期形成的思维习惯。不要将事项归纳定性后再来索引，而是直接按"事项"脉络来索引，就可以了。调整合同也是同样的方法。案例法体例刚上手时会感觉有点别扭，在工程上实际用过以后，就会发现它的便利性。

关于目录，还有更深层的意义。目录实际是一个文章主旨的高度精简化的完整展示，同时又是一个思想由完全抽象向具体实践逐步展现的过程。

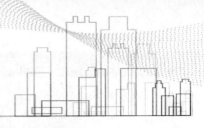

第 9 章 建设工程监理法规

 教学目标

通过本章的学习，使学生掌握工程监理企业的资质管理制度；掌握建设工程监理的依据；掌握强制监理的建设工程范围；熟悉建设工程监理的内容和权限。掌握违反工程监理资质管理制度和转让监理业务的法律责任；掌握违反安全生产、工程质量管理制度的法律责任。能够按照建设工程监理法律法规依法从事建设工程监理活动。

建设工程监理制度是我国工程建设领域中项目管理体制的重大改革举措之一，它是与投资体制、承包经济责任体制、建筑市场开放体制、招标投标体制、项目业主体制等改革制度相匹配的改革制度，是为适应社会化大生产的需要和社会主义市场经济发展而产生的。我国自 1988 年推行建设监理制以来，建设监理工作由试点进入到稳步发展阶段，并已取得了显著的效果和良好的社会效益。目前，全国各省、市、自治区和国务院各部门都已开展了监理工作，全国大多数大中型工程项目可行性研究，包括举世瞩目的三峡工程都实施了建设工程监理，并取得了显著成效。

实践表明，实行建设工程监理制度可以有效地控制建设工期，确保工程质量，控制建设投资，从而促进了工程建设水平和投资效益的提高，保证国家建设计划的顺利实施，为我国建设事业持续和健康的发展发挥了独特的作用。

本章将对建设工程监理的资质管理、监理的范围、内容和实施进行阐述。

9.1 工程监理企业的资质管理制度

9.1.1 工程监理企业资质的类别

工程监理企业资质是企业技术能力、管理水平、业务经验、经营规模、社会信誉等综合性实力指标。

工程监理企业应当按照所拥有的注册资本、专业技术人员数量和工程监理业绩等资质条件申请资质，经审查合格，取得相应等级的资质证书后，才能在其资质等级许可的范围内从事工程监理活动。

工程监理企业的注册资本不仅是企业从事经营活动的基本条件，也是企业清偿债务的保证。工程监理企业所拥有的专业技术人员数量主要体现在注册监理工程师的数量，这反映企业从事监理工作的工程范围和业务能力。工程监理业绩则反映工程监理企业开展监理业务的经历和成效。

根据建设部令第 158 号《工程监理企业资质管理规定》，工程监理企业的资质按照等级分为综合资质、专业资质和事务所资质。其中，专业资质按照工程性质和技术特点划分为房屋建筑工程、市政公用工程、水利水电工程、铁路工程、公路工程等 14 个工程类别。

9.1.2 工程监理企业资质的等级

工程监理企业综合资质、事务所资质不分级别。专业资质分为甲级、乙级；其中，房屋建筑、水利水电、公路和市政公用专业资质可设立丙级。

9.1.2.1 工程监理企业综合资质标准

① 具有独立法人资格且注册资本不少于 600 万元。

② 企业技术负责人应为注册监理工程师，并具有 15 年以上从事工程建设工作的经历或者具有工程类高级职称。

③ 具有 5 个以上工程类别的专业甲级工程监理资质。

④ 注册监理工程师不少于 60 人，注册造价工程师不少于 5 人，一级注册建造师、一级注册建筑师、一级注册结构工程师或者其他勘察设计注册工程师合计不少于 15 人。

⑤ 企业具有完善的组织结构和质量管理体系，有健全的技术、档案等管理制度。

⑥ 企业具有必要的工程试验检测设备。

⑦ 申请工程监理资质之日前一年内没有规定禁止的行为。

⑧ 申请工程监理资质之日前一年内没有因本企业监理责任造成重大质量事故。

⑨ 申请工程监理资质之日前一年内没有因本企业监理责任发生三级以上工程建设重大安全事故或者发生两起以上四级工程建设安全事故。

9.1.2.2 工程监理企业专业资质标准

(1) 甲级

① 具有独立法人资格且注册资本不少于 300 万元。

② 企业技术负责人应为注册监理工程师，并具有 15 年以上从事工程建设工作的经历或者具有工程类高级职称。

③ 注册监理工程师、注册造价工程师、一级注册建造师、一级注册建筑师、一级注册结构工程师或者其他勘察设计注册工程师合计不少于 25 人次；其中，相应专业注册监理工程师不少于《专业资质注册监理工程师人数配备表》中要求配备的人数，注册造价工程师不少于 2 人。

④ 企业近 2 年内独立监理过 3 个以上相应专业的二级工程项目，但是，具有甲级设计资质或一级及以上施工总承包资质的企业申请本专业工程类别甲级资质的除外。

⑤～⑨条同综合资质。

(2) 乙级

① 具有独立法人资格且注册资本不少于 100 万元。

② 企业技术负责人应为注册监理工程师，并具有 10 年以上从事工程建设工作的经历。

③ 注册监理工程师、注册造价工程师、一级注册建造师、一级注册建筑师、一级注册结构工程师或者其他勘察设计注册工程师合计不少于 15 人次。其中，相应专业注册监理工程师不少于《专业资质注册监理工程师人数配备表》中要求配备的人数，注册造价工程师不少于 1 人。

④～⑧条同综合资质的⑤～⑨条。

(3) 丙级

① 具有独立法人资格且注册资本不少于 50 万元。

② 企业技术负责人应为注册监理工程师,并具有 8 年以上从事工程建设工作的经历。

③ 相应专业的注册监理工程师不少于《专业资质注册监理工程师人数配备表》中要求配备的人数。

④ 有必要的质量管理体系和规章制度。

⑤ 有必要的工程试验检测设备。

9.1.2.3　工程监理事务所资质标准

① 取得合伙企业营业执照,具有书面合作协议书。

② 合伙人中有 3 名以上注册监理工程师,合伙人均有 5 年以上从事建设工程监理的工作经历。

③ 有固定的工作场所。

④ 有必要的质量管理体系和规章制度。

⑤ 必要的工程试验检测设备。

9.1.3　工程监理各资质企业的业务范围

工程监理资质的分级和工程承接范围如表 9-1 所示。

表 9-1　工程监理资质的分级和工程承接范围

资质类别	资质分级	工程承接范围
工程监理综合资质	不分等级	可以承担所有专业工程类别建设工程项目的工程监理业务
工程监理专业资质	分为甲级、乙级;其中,房屋建筑、水利水电、公路和市政公用专业资质可设立丙级	专业甲级资质可承担相应专业工程类别建设工程项目的工程监理业务 专业乙级资质可承担相应专业工程类别二级以下(含二级)建设工程项目的工程监理业务 专业丙级资质可承担相应专业工程类别三级建设工程项目的工程监理业务
工程监理事务所资质	不分等级	可承担三级建设工程项目的工程监理业务,但是,国家规定必须实行强制监理的工程除外

注:各级别工程监理企业都可以开展相应类别建设工程的项目管理、技术咨询等业务。

9.1.4　工程监理企业的资质许可制度

《工程监理企业资质管理规定》第三条规定,从事建设工程监理活动的企业,应当按照本规定取得工程监理企业资质,并在工程监理企业资质证书许可的范围内从事工程监理活动。工程监理企业的资质许可包括资质申请和审批,资质升级和资质增项,资质证书延续、资质证书变更等。

(1) 工程监理企业的资质审批

工程监理企业的资质实行分级审批。

① 工程监理综合资质、专业类甲级资质由国务院建设主管部门审批。

② 申请工程监理专业类乙级、丙级资质和事务所类资质由企业所在地省、自治区、直

辖市人民政府建设主管部门审批。

③ 企业申请工程监理企业资质，在资质许可机关的网站或审批平台提出申请事项，提交专业技术人员、技术装备和已完成业绩等电子材料。

④ 工程监理企业资质证书的有效期为5年，正本1份，副本4份。

(2) 新设立的工程监理企业的资质申请

新设立的企业申请工程监理企业资质，应先取得《企业法人营业执照》或《合伙企业营业执照》，办理完相应的执业人员注册手续后，方可申请资质。

取得《企业法人营业执照》的企业，只可申请综合资质和专业资质，取得《合伙企业营业执照》的企业，只可申请事务所资质。

新设立的企业申请工程监理企业资质，应从专业乙级、丙级资质或事务所资质开始申请，不需要提供业绩证明材料。申请房屋建筑、水利水电、公路和市政公用工程专业资质的企业，也可以直接申请专业乙级资质。

9.2 建设工程监理的实施

9.2.1 建设工程监理的依据和范围

9.2.1.1 建设工程监理的依据

(1) 国家或部门制定颁布的法律、法规、规章

法律是由全国人大及其常务委员会制定的。行政法规是由国务院制定的。部门规章是由国务院各部门制定的。监理单位应当依据法律、行政法规的规定，对承包单位实施监督。对建设单位违反法律、行政法规的要求，监理单位应当予以拒绝。目前有关工程监理方面的法律法规主要有：《建筑法》《建设工程质量管理条例》《工程建设监理规定》《工程监理企业资质管理规定》《监理工程师资格考试及注册试行办法》。

(2) 有关的技术标准

技术标准分为强制性标准和推荐性标准。强制性标准是必须执行的标准。推荐性标准是自愿采用的标准。通常情况下，建设单位如要求采用推荐性标准，应当与设计单位或施工单位在合同中予以明确约定。经合同约定采用的推荐性标准，对合同当事人同样具有法律约束力，也必须严格执行，设计或施工未达到该标准，将构成违约行为。

(3) 经审查批准的建设文件、设计文件和设计图纸

设计文件和设计图纸是施工的依据，同时也是监理的依据。施工单位应该按设计文件和图纸进行施工。监理单位应按照设计文件和图纸对施工活动进行监督管理。

(4) 依法签订的各类工程合同文件等

工程合同是建设单位和施工单位根据国家规定的程序、批准的投资计划以及有关设计文件，为完成商定的某项建筑工程，明确相互权利和义务关系的协议。工程合同依法订立，即具有法律约束力，当事人必须全面履行合同规定的义务，任何一方不得擅自变更或解除合同。监理单位应当依据工程承包合同监督施工单位是否全面履行建筑工程承包合同规定的义务。

9.2.1.2 建设工程强制监理的范围

监理是基于业主的委托才可实施的建设活动，所以对建设工程实施监理应建立在业主自愿的基础上。但在国家投资的工程中，国家有权以业主的身份要求工程建设项目法人实施工程监理，对于外资投资建筑工程及一些与社会公共利益关系重大的工程，为确保工程质量和

社会公众的生命财产安全，国家也可要求其业主必须实施工程监理，即对这些工程建设活动强制实行监理。我国《建筑法》规定：实行强制监理的建筑工程的范围由国务院规定。国务院于2000年1月30日颁布的《建设工程质量管理条例》规定了现阶段我国必须实行工程建设监理的工程项目范围，2001年1月17日建设部颁布的《建设工程监理范围和规模标准规定》，对实行强制监理的建设工程的范围和规模进行了细化。根据上述法律法规，下列建设工程必须实行监理：

(1) 国家重点建设工程

是指依据《国家重点建设项目管理办法》所确定的对国民经济和社会发展有重大影响的骨干项目。

(2) 大中型公用事业工程

是指项目总投资额在3000万元以上的下列工程项目：①供水、供电、供气、供热等市政工程项目；②科技、教育、文化等项目；③体育、旅游、商业等项目；④卫生、社会福利等项目；⑤其他公用事业项目。

(3) 成片开发建设的住宅小区工程

其中，建筑面积在5万平方米以上的住宅建设工程必须实行监理；5万平方米以下的住宅建设工程，可以实行监理，具体范围和规模标准，由省、自治区、直辖市人民政府建设行政主管部门规定；为了保证住宅质量，对高层住宅及地基、结构复杂的多层住宅应当实行监理。

(4) 利用外国政府或者国际组织贷款、援助资金的工程

这类工程包括：①使用世界银行、亚洲开发银行等国际组织贷款资金的项目；②使用国外政府及其机构贷款资金的项目；③使用国际组织或者国外政府援助资金的项目。

(5) 国家规定必须实行监理的其他工程

主要是指学校、影剧院、体育场馆项目以及总投资额在3000万元以上关系社会公共利益、公众安全的下列基础设施项目：①煤炭、石油、化工、天然气、电力、新能源等项目；②铁路、公路、管道、水运、民航以及其他交通运输业等项目；③邮政、电信枢纽、通信、信息网络等项目；④防洪、灌溉、排涝、发电、引（供）水、滩涂治理、水资源保护、水土保持等水利建设项目；⑤道路、桥梁、地铁和轻轨交通、污水排放及处理、垃圾处理、地下管道、公共停车场等城市基础设施项目；⑥生态环境保护项目；⑦其他基础设施项目。

建设工程监理应包括工程建设决策阶段的监理和实施阶段的监理。决策阶段的监理包括对建设项目进行可行性研究、论证和参与任务书的编制等。实施阶段的监理则包括对设计、施工、保修等的监理。我国的建设工程监理尚处于初级阶段，决策阶段的监理目前主要还是由政府行政管理部门进行管理。实施阶段的监理，根据我国的具体情况，目前所进行的建设工程监理主要是施工监理，设计、保修等的监理主要还是由政府工程质量监督机构进行监督管理。

建设工程监理的范围应包括整个工程建设的全过程，即工程立项、勘察、设计、施工、材料设备采供、设备安装调试等环节，对工期、质量、造价、安全等诸方面进行监督管理。

9.2.2 建设工程监理的内容和权限

9.2.2.1 建设工程监理的内容

工程建设监理的中心工作是进行项目目标控制，即投资、工期和质量的控制，在项目内部的管理主要是合同管理、安全管理和信息管理，对项目外部主要是组织协调。合同是控

制、管理、协调的主要依据，概括起来建设工程监理的任务即"三控制、三管理、一协调"共七项任务。

(1) "三控制"

"三控制"即质量控制、工期控制和投资控制。对任何一项工程建设来说，质量、工期和投资往往是相互矛盾的，但又是统一的。要达到高标准的工程质量，工期就要长一点，投资很有可能要增加一些。要缩短工期，质量就可能低一些，投资也可能多一点。一般说来，三项目标不可能同时达到最佳状态。建设工程监理的任务就是根据业主的不同侧重要求，尽力实现三项目标接近最佳状态的控制。

(2) "三管理"

"三管理"指对工程建设承发包合同的管理、工程建设过程中的安全管理和有关信息的管理。

承发包合同管理是建设工程监理的主要工作内容，是实现三大目标控制的手段。其表现形式就是定期和不定期地核查承发包合同的实施情况，纠正实施中出现的偏差，提出新一阶段执行承发包合同的预控性意见。

安全管理，是指在实施监理的过程中，对建设安全生产过程中的安全工作进行计划、组织、指挥、监督、调节和改进等一系列致力于满足生产安全的管理活动。

信息管理，是指信息的收集、整理、存储、传递和应用等一系列工作的总称。信息管理包括四项内容：①制定采集信息的制度和方法；②建立信息编码系统；③明确信息流程；④信息的处理和应用。信息无时不有，无处不在，庞杂的信息管理必须依靠计算机才能较好地完成。信息管理的突出特点是"快"和"准"。

(3) "一协调"

"一协调"是指协调参与一项工程建设的各方的工作关系。这项工作一般是通过定期和不定期召开会议的形式来完成的，或者通过分别沟通情况的方式，达到统一意见、协调一致的目的。

9.2.2.2 工程监理的职责、权限和形式

(1) 工程监理的职责

根据《建设工程质量管理条例》第37条规定，工程监理单位应当选派具备相应资格的总监理工程师和监理工程师进驻施工现场。未经监理工程师签字，建筑材料、建筑构配件和设备不得在工程上使用或者安装，施工单位不得进行下一道工序的施工。未经总监理工程师签字，建设单位不拨付工程款，不进行竣工验收。

(2) 工程监理人员的监理权限

《建筑法》规定了工程监理人员的监理权限和义务：

① 工程监理人员认为工程施工不符合工程设计要求、施工技术标准和合同约定的，有权要求建筑施工企业改正。

② 工程监理人员发现工程设计不符合建设工程质量标准或者合同约定的质量要求的，应当报告建设单位要求设计单位改正。

③ 实施建筑工程监理前，建设单位应当将委托的工程监理单位、监理的内容及监理权限，书面通知被监理的建筑施工企业。

(3) 工程监理的形式

《建设工程质量管理条例》第38条规定，监理工程师应当按照工程监理规范的要求，采取旁站、巡视和平行检验等形式，对建设工程实施监理。

9.2.3 建设工程监理的原则和程序

9.2.3.1 建设工程监理的原则

(1) 资质许可原则

《建筑法》第 31 条规定:"实行监理的建筑工程,由建设单位委托具有相应资质条件的工程监理单位监理。"第 34 条规定:"工程监理单位应当在其资质等级许可的监理范围内,承担工程监理业务。"这是政府对从事工程监理的单位资质许可的强制性规定,也是从事监理活动的首要原则。

(2) 客观、公正原则

《建筑法》第 34 条规定:"工程监理单位应当根据建设单位的委托,客观、公正地执行监理任务。"客观和公正是工程监理单位和监理人员应当遵循的最基本的执业准则,也是对监理活动的基本要求。

(3) 总监理工程师全权负责原则

总监理工程师是监理单位履行监理合同的全权负责人。他根据监理合同赋予的权限,全权负责监理事务,并领导项目监理组开展工作。监理工程师具体履行监理职责,对总监理工程师负责。

(4) 监理单位独立完成任务的原则

《建筑法》第 34 条规定:"工程监理单位不得转让工程监理业务。"不得转让不仅仅指不得转包,也包括不得分包。

9.2.3.2 建设工程监理的程序

根据《工程建设监理规定》第 11 条、第 13 条、第 15 条、第 16 条的规定,归纳起来监理程序可分为商签监理委托合同、实施监理前的准备和实施监理三个阶段(对监理单位来说,还有个总结阶段)。

(1) 商签监理委托合同

《建筑法》第 31 条规定:"实行监理的建筑工程,由建设单位委托具有相应资质条件的工程监理单位监理。建设单位与其委托的工程监理单位应当订立书面委托监理合同。"建设单位指名委托,或通过招标方式择优选择监理单位后,双方开始商签监理委托合同。

(2) 实施监理前的准备

监理单位接受委托后,应当根据建设单位委托的监理任务,立即着手准备工作,具体内容包括:①向受监工程所在地的县级以上人民政府建设行政主管部门备案,并接受其监督管理;②监理单位委派总监理工程师,并由总监理工程师组建项目监理组,同时将项目监理组名单报送建设单位;③项目监理组将其授予监理工程师的权限,书面通知工程承包单位;④监理组收集有关该工程项目的资料;⑤总监理工程师主持编制该工程项目的监理规划及相应的实施性计划或细则。

(3) 实施监理

为了加强对工程项目监理工作的管理,监理工作需有序进行,监理程序要规范化和标准化,以保证工程监理的工作质量,提高监理工作水平。

实施工程建设监理的一般程序是:①编制工程建设监理规划;②按工程建设进度,分专业编制工程建设监理细则;③按照建设监理细则进行监理;④参与工程竣工预验收,签署建设监理意见;⑤建设监理业务完成后,提交工程建设监理档案资料。

9.3 法律责任

(1) 违反资质管理制度的法律责任

根据《建筑法》第 65 条，超越本单位资质等级承揽工程的，责令停止违法行为，处以罚款，可以责令停业整顿，降低资质等级；情节严重的，吊销资质证书；有违法所得的，予以没收。

未取得资质证书承揽工程的，予以取缔，并处罚款；有违法所得的，予以没收。

以欺骗手段取得资质证书的，吊销资质证书，处以罚款；构成犯罪的，依法追究其刑事责任。

(2) 转让监理业务的法律责任

根据《建筑法》第 69 条，工程监理单位转让监理业务的，责令改正，没收违法所得，可以责令停业整顿，降低资质等级；情节严重的，吊销资质证书。

(3) 违反安全生产、工程质量管理制度的法律责任

根据《建筑法》第 69 条，工程监理单位与建设单位或者建筑施工企业串通，弄虚作假、降低工程质量的，责令改正，处以罚款，降低资质等级或者吊销资质证书；有违法所得的，予以没收；造成损失的，承担连带赔偿责任；构成犯罪的，依法追究刑事责任。

复习思考题

一、单项选择题

1. 按照国家有关规定，下列工程必须实行监理的是(　　)。
   A. 一座总投资 1800 万元的养老院　　B. 一座总投资 6100 万元的污水处理厂
   C. 一个建筑面积 2.6 万平方米的住宅楼　　D. 一个总投资 2300 万元的公共停车场

2. 国家规定必须实行监理的基础设施项目，其项目总投资额在(　　)万元以上。
   A. 1000　　B. 2000
   C. 3000　　D. 4000

3. 某工程监理咨询公司中标获得某市长途汽车中心站工程的监理业务，在熟悉施工图时，监理工程师发现站房候车区部分大梁的配筋不符合建筑工程质量标准，不能满足结构安全性要求。对此，工程监理人员根据自己的权限和义务，应当(　　)。
   A. 要求施工方改正　　B. 通知设计方改正
   C. 通知建设方修改设计　　D. 报告建设方要求设计方改正

4. 某工程的监理工程师发现业主与承包方签订的《施工合同》专用条款中就钢材生产厂家所作的约定为：承包方负责采购，业主方指定生产厂商。对此，监理工程师应当(　　)。
   A. 建议发包方宜取消该约定　　B. 建议变更钢材生产厂
   C. 监督承包方严格履约　　D. 推荐施工方钢材供应商

5. 工程监理的内容与业主方同一建设阶段项目管理的内容是一致的，一般包括"三控制、三管理、一协调"，而具体工程的监理内容及权限取决于(　　)的授权。
   A. 施工合同　　B. 设计合同

C. 监理合同 D. 法律法规

6. 关于工程监理单位的相关质量责任和义务，下列说法正确的是（   ）。
A. 监理单位仅对施工质量承担责任
B. 监理单位在接受监理委托后，因利害关系需回避的，可以转让监理业务
C. 工程监理实行总监理工程师负责制
D. 监理单位将不合格的建筑材料按照合格签字，造成损失的，承担全部责任

7. 必须经总监理工程师签字的工作是（   ）。
A. 开工前的放线定位 B. 分项工程验收
C. 下一步工序 D. 建设工程竣工验收

8. 工程监理单位与所监理工程的（   ）有隶属关系时，不得承担该工程的监理业务。
A. 建设单位 B. 设计单位
C. 施工单位 D. 勘察单位

二、多项选择题

1. 下列选项中，属于必须实行监理的建筑工程包括（   ）。
A. 邮政、电信枢纽、通信、信息网络等项目
B. 使用世界银行、亚洲开发银行等国际组织贷款资金的项目
C. 项目总投资额为 2000 万元的体育场馆项目
D. 项目总投资额在 3000 万元以上的学校项目
E. 建筑面积在 5 万平方米以上的住宅建设工程

2. 按照《建筑法》的规定，建设单位应当在实施建筑工程监理前，将（   ）书面通知被监理的建筑施工企业。
A. 监理的内容 B. 监理规划
C. 监理的费用 D. 委托的工程监理单位
E. 监理权限

3. 甲工程监理公司具有房屋建筑工程专业甲级资质，承揽到一项 30 层住宅工程的监理业务，并与建设单位签订了委托监理合同。此后，甲公司将该工程的部分监理业务分包给了具有相同资质的乙公司。按照《建筑法》的规定，对上述非法行为，甲公司可能受到的行政处罚有（   ）。
A. 责令改正 B. 责令停业整顿
C. 吊销资质证书 D. 降低资质等级
E. 处以罚款

4. 监理工程师对所监理的工程实施监理的依据有（   ）。
A. 工程监理合同 B. 工程建设国家强制性标准
C. 工程施工承包合同 D. 经批准的工程设计文件
E. 有关建设工程的法律、法规

5. 监理合同委托人的义务包括（   ）。
A. 提供资料 B. 提供工作条件
C. 选派委托人代表 D. 支付酬金
E. 承担因不可抗力造成的全部损失

6. 监理人的义务包括（   ）。
A. 检查施工承包人工程质量、安全生产管理制度及组织机构和人员资格

B. 审查施工承包人提交的施工进度计划
C. 检查施工承包人的实验室
D. 审查工程开工条件，对条件具备的签发开工令
E. 向委托人的索赔成立时，承担委托人由此发生的费用

三、简答题

1. 简述建设工程监理企业的资质分类、资质等级、资质标准及其业务范围。
2. 建设工程监理的依据有哪些？
3. 实行强制监理的建设工程的范围有哪些？
4. 简述建设工程监理的内容、职责、权限和形式。
5. 简述工程监理单位违反资质管理制度应负的法律责任。
6. 简述工程监理单位转让监理业务应负的法律责任。
7. 简述工程监理单位违反安全生产、工程质量管理制度应负的法律责任。

第9章答案与解析

第10章 建设工程质量管理法规

教学目标

通过本章的学习，使学生掌握建设工程质量标准化管理制度；掌握建设行为主体质量责任制度；掌握建设工程质量保修制度；掌握建设工程竣工验收制度。熟悉住宅室内装饰装修质量管理制度。熟悉建设、施工、监理单位的违法行为及应承担的法律责任；熟悉工程质量直接主管人员和直接责任人员的违法行为及应承担的法律责任。能够运用法律法规解释建设工程质量管理中的现象；能够按照建设工程质量管理法律法规依法从事工程建设活动。

10.1 建设工程质量标准化管理制度

建设工程质量是指在国家现行的有关法律、法规、技术标准、设计文件和合同中，对工程的安全、可靠、适用、耐久、经济、美观等特性的综合要求。建设工程质量的好坏直接关系到国民经济的发展和人民生命财产安全。因此，加强建设工程质量的管理，具有十分重要的意义。

建设工程质量管理条例.2017年修订

10.1.1 工程建设标准的分级和分类

标准是指对重复性事物和概念所做的统一性规定。它以科学技术和实践经验的综合成果为基础，经有关方面协商一致，由主管机构批准，以特定形式发布，作为共同遵守的准则和依据。

工程建设标准是指对基本建设中各类工程的勘察、规划、设计、施工、安装、验收等需要协调统一的事项所制定的标准。它由政府或立法机关颁布，是对新建建筑物的最低技术要求，亦是建设法规体系的组成部分。

根据2017年11月4日第十二届全国人民代表大会常务委员会第三十次会议修订的《中华人民共和国标准化法》(以下简称《标准化法》)的规定，我国的标准分为国家标准、行业标准、地方标准和团体标准、企业标准。国家标准又分为强制性标准和推荐性标准。行业标准、地方标准是推荐性标准。强制性标准必须执行。国家鼓励采用推荐性标准。

10.1.1.1 工程建设国家标准

(1) 强制性国家标准

① 强制性国家标准的立项。新《标准化法》规定，对保障人身健康和生命财产安全、

国家安全、生态环境安全以及满足经济社会管理基本需要的技术要求，应当制定强制性国家标准。强制性标准一经颁布，必须贯彻执行，否则要承担法律责任。

国务院有关行政主管部门依据职责负责强制性国家标准的项目提出、组织起草、征求意见和技术审查。国务院标准化行政主管部门负责强制性国家标准的立项、编号和对外通报。国务院标准化行政主管部门应当对拟制定的强制性国家标准是否符合规定进行立项审查，对符合规定的予以立项。

省、自治区、直辖市人民政府标准化行政主管部门可以向国务院标准化行政主管部门提出强制性国家标准的立项建议，由国务院标准化行政主管部门会同国务院有关行政主管部门决定。社会团体、企业事业组织以及公民可以向国务院标准化行政主管部门提出强制性国家标准的立项建议，国务院标准化行政主管部门认为需要立项的，会同国务院有关行政主管部门决定。

② 强制性国家标准的制定。制定强制性标准，可以委托相关标准化技术委员会承担标准的起草、技术审查工作。未组成标准化技术委员会的，应当成立专家组承担相关标准的起草、技术审查工作。标准化技术委员会和专家组的组成应当具有广泛代表性。

法律、行政法规和国务院决定对强制性标准的制定另有规定的，从其规定。

③ 强制性国家标准的发布。强制性国家标准由国务院批准发布或者授权批准发布。

强制性标准文本应当免费向社会公开。国家推动免费向社会公开推荐性标准文本。

（2）推荐性国家标准

对满足基础通用、与强制性国家标准配套、对各有关行业起引领作用等需要的技术要求，可以制定推荐性国家标准。

推荐性国家标准由国务院标准化行政主管部门制定。制定推荐性标准，应当组织由相关方组成的标准化技术委员会，承担标准的起草、技术审查工作。

（3）工程建设国家标准的范围

《工程建设国家标准管理办法》规定了应当制定国家标准的种类：

① 工程建设勘察、规划、设计、施工（包括安装）及验收等通用的质量要求；

② 工程建设通用的有关安全、卫生和环境保护的技术要求；

③ 工程建设通用的术语、符号、代号、量与单位、建筑模数和制图方法；

④ 工程建设通用的试验、检验和评定等方法；

⑤ 工程建设通用的信息技术要求；

⑥ 国家需要控制的其他工程建设通用的技术要求。

（4）工程建设国家标准的编号

工程建设国家标准的编号由国家标准代号、发布标准的顺序号和发布标准的年号组成。强制性国家标准的代号为"GB"，推荐性国家标准的代号为"GB/T"。

例如：《建筑抗震设计规范》GB 50011—2010，其中 GB 表示为强制性国家标准，50011 表示标准发布顺序号，2010 表示是 2010 年批准发布；《复合地基技术规范》GB/T 50783—2012，其中 GB/T 表示为推荐性国家标准，50783 表示标准发布顺序号，2012 表示是 2012 年批准发布。

10.1.1.2 工程建设行业标准

工程建设行业标准是指在工程建设活动中，在全国某个行业范围内统一的技术要求。

新《标准化法》第十二条规定，对没有推荐性国家标准、需要在全国某个行业范围内统一的技术要求，可以制定行业标准。行业标准由国务院有关行政主管部门制定，报国务院标准化行政主管部门备案。

根据《工程建设行业标准管理办法》，下列技术要求，可以制定行业标准：
① 工程建设勘察、规划、设计、施工（包括安装）及验收等行业专用的质量要求；
② 工程建设行业专用的有关安全、卫生和环境保护的技术要求；
③ 工程建设行业专用的术语、符号、代号、量与单位和制图方法；
④ 工程建设行业专用的试验、检验和评定等方法；
⑤ 工程建设行业专用的信息技术要求；
⑥ 其他工程建设行业专用的技术要求。

10.1.1.3 工程建设地方标准

新《标准化法》第十三条规定，为满足地方自然条件、风俗习惯等特殊技术要求，可以制定地方标准。

我国幅员辽阔，各地的自然环境差异较大，而工程建设在许多方面要受到自然环境的影响。例如，我国的黄土地区、冻土地区以及膨胀土地区，对建筑技术的要求有很大区别。因此，工程建设标准除国家标准、行业标准外，还需要有相应的地方标准。

地方标准由省、自治区、直辖市人民政府标准化行政主管部门制定；设区的市级人民政府标准化行政主管部门根据本行政区域的特殊需要，经所在地省、自治区、直辖市人民政府标准化行政主管部门批准，可以制定本行政区域的地方标准。地方标准由省、自治区、直辖市人民政府标准化行政主管部门报国务院标准化行政主管部门备案，由国务院标准化行政主管部门通报国务院有关行政主管部门。

10.1.1.4 工程建设团体标准

新《标准化法》第十八条规定，国家鼓励学会、协会、商会、联合会、产业技术联盟等社会团体协调相关市场主体共同制定满足市场和创新需要的团体标准，由本团体成员约定采用或者按照本团体的规定供社会自愿采用。

制定团体标准，应当遵循开放、透明、公平的原则，保证各参与主体获取相关信息，反映各参与主体的共同需求，并应当组织对标准相关事项进行调查分析、实验、论证。

国务院标准化行政主管部门会同国务院有关行政主管部门对团体标准的制定进行规范、引导和监督。

10.1.1.5 工程建设企业标准

新《标准化法》第十九条规定，企业可以根据需要自行制定企业标准，或者与其他企业联合制定企业标准。国家支持在重要行业、战略性新兴产业、关键共性技术等领域利用自主创新技术制定团体标准、企业标准。

新《标准化法》第二十一条规定，推荐性国家标准、行业标准、地方标准、团体标准、企业标准的技术要求不得低于强制性国家标准的相关技术要求。

国家鼓励社会团体、企业制定高于推荐性标准相关技术要求的团体标准、企业标准。

10.1.2 工程建设强制性标准的实施与监督

工程建设标准制定的目的在于实施。否则，再好的标准也是一纸空文。我国工程建设领域所出现的各类工程质量事故，大都是没有贯彻或没有严格贯彻强制性标准的结果。因此，《标准化法》规定，强制性标准，必须执行。《建筑法》规定，建筑活动应当确保建筑工程质量和安全，符合国家的建设工程安全标准。

10.1.2.1 工程建设标准强制性条文的实施

根据《实施工程建设强制性标准监督规定》，在中华人民共和国境内从事新建、扩建、改建等工程建设活动,必须执行工程建设强制性标准。工程建设强制性标准是指直接涉及工程质量、安全、卫生及环境保护等方面的工程建设标准强制性条文。国家工程建设标准强制性条文由国务院建设行政主管部门会同国务院有关行政主管部门确定。

我国目前实行的强制性标准包含三部分:①批准发布时已明确为强制性标准的;②批准发布时虽未明确为强制性标准,但其编号中不带"/T"的,仍为强制性标准;③自 2000 年后批准发布的标准,批准时虽未明确为强制性标准,但其中有必须严格执行的强制性条文(黑体字),编号也不带"/T"的,也应视为强制性标准。

在工程建设中,如果拟采用的新技术、新工艺、新材料不符合现行强制性标准规定的,应当由拟采用单位提请建设单位组织专题技术论证,报批准标准的建设行政主管部门或者国务院有关主管部门审定。

工程建设中采用国际标准或者国外标准,而我国现行强制性标准未作规定的,建设单位应当向国务院建设行政主管部门或者国务院有关行政主管部门备案。

10.1.2.2 对工程建设强制性标准实施的监督管理

《关于加强〈工程建设标准强制性条文〉实施工作的通知》中要求:各级建设行政主管部门要健全本地区实施《工程建设标准强制性条文》(简称《强制性条文》)的监督机构,明确职责,责任到人,按建设部令第 81 号的规定,认真履行实施《强制性条文》的监督职责。在工程建设活动中,要强化各方自觉执行《强制性条文》的意识,保证《强制性条文》在工程建设的规划、勘察设计、施工和竣工验收的各个环节得以有效实施,同时要通过多种渠道,加强社会舆论监督。

(1) 监督机构

《实施工程建设强制性标准监督规定》规定了实施工程建设强制性标准的监督机构,包括:

① 建设项目规划审查机关对工程建设规划阶段执行强制性标准的情况实施监督;
② 施工图设计审查单位对工程建设勘察、设计阶段执行强制性标准的情况实施监督;
③ 建筑安全监督管理机构对工程建设施工阶段执行施工安全强制性标准的情况实施监督;
④ 工程质量监督机构对工程建设施工、监理、验收等阶段执行强制性标准的情况实施监督;
⑤ 工程建设标准批准部门应当对工程项目执行强制性标准情况进行监督检查。

监督检查可以采取重点检查、抽查和专项检查的方式。

(2) 监督检查的方式

工程建设标准批准部门应当定期对建设项目规划审查机关、施工图设计文件审查单位、建筑安全监督管理机构、工程质量监督机构实施强制性标准的监督进行检查,对监督不力的单位和个人,给予通报批评,建议有关部门处理。

工程建设标准批准部门应当对工程项目执行强制性标准情况进行监督检查。监督检查可以采取重点检查、抽查和专项检查的方式。

工程建设标准批准部门应当将强制性标准监督检查结果在一定范围内公告。

(3) 监督检查的内容

根据《实施工程建设强制性标准监督规定》,强制性标准监督检查的内容包括:

① 有关工程技术人员是否熟悉、掌握强制性标准;
② 工程项目的规划、勘察、设计、施工、验收等是否符合强制性标准的规定;
③ 工程项目采用的材料、设备是否符合强制性标准的规定;
④ 工程项目的安全、质量是否符合强制性标准的规定;

⑤ 工程中采用的导则、指南、手册、计算机软件的内容是否符合强制性标准的规定。

10.1.2.3 工程建设各方主体实施强制性标准的法律责任

(1) 建设单位的法律责任

① 建设单位不得以任何理由,要求建筑设计单位或者建筑施工企业在工程设计或者施工作业中,违反法律、行政法规和建筑工程质量、安全标准,降低工程质量。

② 建设单位不得明示或者暗示设计单位或者施工单位违反工程建设强制性标准,降低建设工程质量。

(2) 勘察、设计单位的法律责任

① 勘察、设计单位必须按照工程建设强制性标准进行勘察、设计,并对其勘察、设计的质量负责。建筑工程设计应当符合按照国家规定制定的建筑安全规程和技术规范,保证工程的安全性能。

② 勘察、设计文件应当符合有关法律、行政法规的规定和建筑工程质量、安全标准、建筑工程勘察、设计技术规范以及合同的约定。

③ 设计文件选用的建筑材料、建筑构配件和设备,应当注明其规格、型号、性能等技术指标,其质量要求必须符合国家规定的标准。

④ 对建设单位违反规定提出的降低工程质量的要求,应当予以拒绝。

(3) 施工单位的法律责任

① 施工单位必须按照工程设计图纸和施工技术标准施工,不得擅自修改工程设计,不得偷工减料。

② 施工单位必须按照工程设计要求、施工技术标准和合同约定,对建筑材料、建筑构配件、设备和商品混凝土进行检验,检验应当有书面记录和专人签字;未经检验或者检验不合格的,不得使用。

③ 对建设单位违反规定提出的降低工程质量的要求,应当予以拒绝。

(4) 工程监理单位的法律责任

① 工程监理单位应当依照法律、行政法规及有关的技术标准、设计文件和工程承包合同,对承包单位在施工质量、建设工期和建设资金使用等方面,代表建设单位实施监督。

② 工程监理人员认为工程施工不符合工程设计要求、施工技术标准和合同约定的,有权要求建筑施工企业改正。

③ 工程监理人员发现工程设计不符合建筑工程质量标准或者合同约定的质量要求的,应当报告建设单位要求设计单位改正。

【案例10-1】 防水卷材不符合强制性国家标准案

 案 情

2017年4月1日,某建筑工程有限责任公司(以下简称施工单位)中标承包了某开发公司(以下简称建设单位)的住宅工程施工项目,双方于同年4月10日签订了建设工程施工合同。2018年11月该工程封顶时,建设单位发现该住宅楼的顶层防水工程做得不到位。认为是施工单位使用的防水卷材不符合标准,要求施工单位采取措施,对该顶层防水工程重新施工。施工单位则认为,防水卷材符合标准,不同意重新施工或者采取其他措施。双方协商未果,建设单位将施工单位起诉至法院,要求施工单位对顶层防水工程重新施工或采取其他措施,并赔偿建设单位的相应损失。根据当事人的请求,受诉法院委托某建筑工程质量检测中心对顶层防水卷材进行检测，检测结果表明：本工程使用的"弹性体改性沥青防水卷材"，不符合国家标准《弹性体改性沥青防水卷材》GB 18242—2008 的要求。但是，施工单位则认为，施工合同中并未约定使用此强制性国家标准，不同意重新施工或者采取其他措施。

本案中建设单位的诉讼请求能否得到支持？为什么？

《标准化法》第十四条规定："强制性标准，必须执行。"本案中的"弹性体改性沥青防水卷材"是强制性国家标准，必须无条件遵照执行。施工单位认为，在施工合同中并未约定使用此强制性国家标准，所以，不应该遵守适用的观点是错误的。而且，在有国家强制性标准的情况下，即使双方当事人在合同中约定了采用某项推荐性标准，也属于无效约定，仍然必须适用于国家强制性标准。因此，本案中建设单位的诉讼请求应该给予支持，施工单位应该对顶层防水工程重新施工或采取其他措施，并赔偿建设单位的相应损失。

10.2 建设行为主体质量责任制度

10.2.1 建设单位的质量责任与义务

（1）依法发包工程的责任

建设单位应当将工程发包给具有相应资质等级的单位，不得将工程肢解发包。建设单位应当依法行使工程发包权。

（2）依法招标的责任

建设单位应当依法对工程建设项目的勘察、设计、施工、监理以及与工程建设有关的重要设备、材料等的采购进行招标。

（3）不得干预投标人的责任

建设工程发包单位，不得迫使承包方以低于成本的价格竞标，不得任意压缩合理工期。

建设单位不得明示或者暗示设计单位或者施工单位违反工程建设强制性标准，降低建设工程质量。建设单位也不得明示和暗示施工单位使用不合格的建筑材料、建筑构配件和设备。按合同约定由建设单位自己提供的建筑材料、建筑构配件和设备，也必须保证其符合设计文件和合同的要求。

（4）依法委托监理的责任

建设单位对工程建设应进行必要的监督、管理，对于国家规定强制实行监理的工程，建设单位应委托具有相应资质等级的工程监理单位进行监理。也可以委托具有工程监理相应资质等级并与被监理工程的施工承包单位没有隶属关系或其他利害关系的该工程的设计单位进行监理。

（5）依法报审施工图设计文件的责任

建设单位在工程设计完成后，应将施工图设计文件报县级以上人民政府建设行政主管部门或其他有关部门审查，未经审查批准的施工图设计文件，不得使用。

（6）依法办理工程质量监督手续的责任

建设单位在领取施工许可证或进行开工报告前，应按国家有关规定办理工程质量监督手续，接受政府主管部门的工程质量监督。

(7) 依法确保提供的物资符合要求的责任

按照合同约定，由建设单位采购建筑材料、建筑构配件和设备的，建设单位应当保证建筑材料、建筑构配件和设备符合设计文件和合同要求。

如果建设单位提供的建筑材料、建筑构配件和设备不符合设计文件和合同要求，属于违约行为，应当向施工单位承担违约责任，施工单位有权拒绝接收这些货物。

(8) 依法提供原始资料的责任

在工程建设的各个阶段，建设单位都负有向有关的勘察、设计、施工、工程监理等单位提供工程有关原始资料，并保证其真实、准确、齐全的责任。

(9) 依法进行装修工程的责任

涉及建筑主体和承重结构变动的装修工程，建设单位应当在施工前委托原设计单位或者具有相应资质等级的设计单位提出设计方案；没有设计方案的，不得施工。

(10) 依法组织验收的责任

在收到工程竣工报告后，建设单位应负责组织设计、施工、工程监理等有关单位对工程进行验收。

(11) 依法移交建设项目档案的责任

建设单位还应当严格按照国家有关档案管理的规定，向建设行政主管部门或者其他有关部门移交建设项目档案。

【案例10-2】 某化工厂工程设计未进行工程地质勘察案

某化工厂在同一厂区建设第2个大型厂房时，为了节省投资，决定不做勘察，便将4年前为第1个大型厂房做的勘察成果提供给设计院作为设计依据，让其设计新厂房。设计院先是不同意，但在该化工厂的一再坚持下最终妥协，同意使用旧的勘察成果。该厂房建成后使用1年多就发现墙体多处开裂。经检测，墙体开裂系设计中对地基处理不当引起厂房不均匀沉陷所致。该化工厂一纸诉状将施工单位告上法庭，请求判定施工单位承担工程质量责任。

本案中的质量责任应当由谁承担？

① 《建筑法》第54条规定："建设单位不得以任何理由，要求建筑设计单位或者建筑施工企业在工程设计或者施工作业中，违反法律、行政法规和建筑工程质量、安全标准，降低工程质量。"本案中的化工厂为节省投资，坚持不委托勘察，只向设计单位提供旧的勘察成果，违反了法律规定，对该工程的质量问题应该承担主要责任。

② 设计方也有过错。《建筑法》第54条还规定，建筑设计单位和建筑施工企业对建设单位违反规定提出的降低工程质量的要求，应当予以拒绝。《建设工程质量管理条例》第21条规定："设计单位应当根据勘察成果文件进行建设工程设计。"因此，设计单位尽管开始不同意建设单位的做法，但后来没有坚持原则作了妥协，也应该对工程设计承担质量责任。

法庭经审理，认定该化工厂承担主要质量责任，设计方承担次要质量责任。

10.2.2 工程勘察设计单位的质量责任与义务

10.2.2.1 勘察、设计单位共同的责任

(1) 依法承揽工程的责任

从事建设工程勘察、设计的单位应当依法取得相应等级的资质证书,并在其资质等级许可的范围内承揽工程。

禁止勘察、设计单位超越其资质等级许可的范围或者以其他勘察、设计单位的名义承揽工程。禁止勘察、设计单位允许其他单位或者个人以本单位的名义承揽工程。

勘察、设计单位不得转包或者违法分包所承揽的工程。

(2) 执行强制性标准的责任

勘察、设计单位必须按照工程建设强制性标准进行勘察、设计,并对其勘察、设计的质量负责。注册建筑师、注册结构工程师等注册执业人员应当在设计文件上签字,对设计文件负责。

10.2.2.2 勘察单位的质量责任

勘察设计单位必须按照工程建设强制性标准及有关规定进行勘察设计。工程勘察文件要反映工程地质、地形地貌、水文地质状况,其勘察成果必须真实准确,评价应准确可靠。

10.2.2.3 设计单位的质量责任

(1) 科学设计、满足设计深度的责任

设计单位要根据勘察成果文件进行设计,设计文件的深度应符合国家规定,满足相应设计阶段的技术要求,并注明工程合理使用年限。所完成的施工图应当配套,细部节点应交代清楚,标注说明应清晰、完整。

工程合理使用年限是指从工程竣工验收合格之日起,工程的地基基础、主体结构能保证在正常情况下安全使用的年限。它与《建筑法》中的"建筑物合理寿命年限"、《合同法》中的"工程合理使用期限"等在概念上是一致的。

(2) 依法选择材料设备的责任

凡设计所选用的建筑材料、建筑构配件和设备,应注明规格、型号、性能等技术指标,其质量必须符合国家规定的标准;除有特殊要求的建筑材料、专用设备、工艺生产线等以外,设计单位不得指定生产厂家或供应商。

(3) 解释设计文件的责任

设计单位应当就审查合格的施工图向施工单位作出详细说明,做好设计文件的技术交底工作。对大中型建设工程、超高层建筑以及采用新技术、新结构的工程,设计单位还应向施工现场派驻设计代表。

(4) 参与质量事故分析的责任

设计单位应当参与建设工程质量事故分析,并对因设计造成的质量事故,提出相应的技术处理方案。

【案例10-3】 不按照建筑工程质量、安全标准进行设计案

案情

某公司7层办公楼于2017年9月20日倒塌,造成死1人、伤数十人,直接经济损失

1000多万的较大事故。经调查、取证和鉴定发现：在技术上，设计单位将承台一律设计成480毫米厚，使绝大多数承台受冲切、受剪、受弯的承载力严重不足；大部分柱子下桩基的桩数不够，实际桩数与按规范计算的桩数比较相差12%～30%；底层多数柱子达不到抗震设计规范规定，实际配筋小于按规范计算需要值，部分柱子配筋明显不足；大梁L5悬挑部分断面过小，配筋计算相差近50%。

设计单位在设计过程中有何过错，应如何处理？

设计单位对承台厚度、桩基桩数、柱子配筋等设计违反了工程建设强制性标准的要求，导致承载力不足、强度不够。

《建筑法》第72条规定："建筑设计单位不按照建筑工程质量、安全标准进行设计的，责令改正，处以罚款；造成工程质量事故的，责令停业整顿，降低资质等级或者吊销资质证书，没收违法所得，并处罚款；造成损失的，承担赔偿责任；构成犯罪的，依法追究刑事责任。"《建设工程质量管理条例》第63条规定，"违反本条例规定，有下列行为之一的，责令改正，处10万元以上30万元以下的罚款：……（4）设计单位未按照工程建设强制性标准进行设计的。有以上所列行为，造成工程质量事故的，责令停业整顿，降低资质等级；情节严重的，吊销资质证书；造成损失的，依法承担赔偿责任"。

据此，该设计单位应当对其不按照工程建设强制性标准进行设计所造成的事故，依法承担相应的法律责任；构成犯罪的，还要依法追究刑事责任。

10.2.3 施工单位的质量责任与义务

施工单位是工程建设的重要责任主体之一。由于施工阶段影响质量稳定的因素和涉及的责任主体均较多，协调管理的难度较大，施工阶段的质量责任制度尤为重要。

（1）依法承揽工程的责任

施工单位必须在其资质等级许可的范围内承揽工程施工任务，不得超越本单位资质等级许可的业务范围或以其他施工单位的名义承揽工程。禁止施工单位允许其他单位或个人以本单位的名义承揽工程。施工单位也不得将自己承包的工程再进行转包或非法分包。

（2）建立健全并落实质量责任制度，保证施工质量

《建筑法》规定，建筑施工企业对工程的施工质量负责。《建设工程质量管理条例》进一步规定，施工单位对建设工程的施工质量负责。

（3）总包单位与分包单位之间的质量责任

《建筑法》规定，建筑工程实行总承包的，工程质量由工程总承包单位负责，总承包单位将建筑工程分包给其他单位的，应当对分包工程的质量与分包单位承担连带责任。分包单位应当接受总承包单位的质量管理。

《建设工程质量管理条例》进一步规定，建设工程实行总承包的，总承包单位应当对全部建设工程质量负责；建设工程勘察、设计、施工、设备采购的一项或者多项实行总承包的，总承包单位应当对其承包的建设工程或者采购的设备的质量负责。总承包单位依法将建设工程分包给其他单位的，分包单位应当按照分包合同的约定对其分包工程的质量向总承包单位负责，总承包单位与分包单位对分包工程的质量承担连带责任。

在总包、分包的情况下存在着总包、分包两种合同，总承包单位和分包单位各自向合同中的对方主体负责。同时，总承包单位与分包单位对分包工程的质量还要依法承担连带责任，即分包工程发生质量问题时，建设单位或其他受害人既可以向分包单位请求赔偿，也可以向总承包单位请求赔偿；进行赔偿的一方，有权依据分包合同的约定，对不属于自己责任的那部分赔偿向对方追偿。因此，分包单位还应当接受总承包单位的质量管理。

（4）遵守技术标准、严格按图施工的责任

施工单位必须按照工程设计图纸和施工技术标准施工，不得擅自修改工程设计，不得偷工减料。施工过程中如发现设计文件和图纸的差错，应及时向设计单位提出意见和建议，不得擅自处理。施工单位必须按照工程设计要求、施工技术标准和合同约定，对建筑材料、建筑构配件、设备及商品混凝土进行检验，并做好书面记录，由专人签字，未经检验或检验不合格的上述物品，不得使用。

施工单位必须按有关施工技术标准留取试块、试件及有关材料的取样，取样应在建设单位或工程监理单位监督下，在现场进行。施工单位对施工中出现质量问题的建设工程或竣工验收不合格的工程，应负责返修。

（5）对建筑材料、构配件和设备进行检验的责任

施工单位必须按照工程设计要求、施工技术标准和合同约定，对建筑材料、建筑构配件、设备和商品混凝土进行检验，检验应当有书面记录和专人签字；未经检验或者检验不合格的，不得使用。

（6）对施工质量进行检验的责任

施工单位必须建立健全施工质量的检验制度，严格工序管理，作好隐蔽工程的质量检查和记录。隐蔽工程在隐蔽前，施工单位应当通知建设单位和建设工程质量监督机构。

（7）见证取样的责任

施工人员对涉及结构安全的试块、试件以及有关材料，应当在建设单位或者工程监理单位监督下现场取样，并送具有相应资质等级的质量检测单位进行检测。

（8）返修保修的责任

施工单位对施工中出现质量问题的建设工程或者竣工验收不合格的建设工程，应当负责返修。

在建设工程竣工验收合格前，施工单位应对质量问题履行返修义务；建设工程竣工验收合格后，施工单位应对保修期内出现的质量问题履行保修义务。《合同法》第281条对施工单位的返修义务也有相应规定："因施工人原因致使建设工程质量不符合约定的，发包人有权要求施工人在合理期限内无偿修理或者返工、改建。经过修理或者返工、改建后，造成逾期交付的，施工人应当承担违约责任。"

对于非施工单位原因造成的质量问题，施工单位也应当负责返修，但是因此而造成的损失及返修费用由责任方负责。

（9）建立、健全职工教育培训制度的责任

《建设工程质量管理条例》第33条规定，施工单位应当建立、健全教育培训制度，加强对职工的教育培训；未经教育培训或者考核不合格的人员，不得上岗作业。

【案例10-4】 擅自聘用无证人员上岗，偷工减料、不按图纸要求施工案

某市政建设工程公司承揽了某县的一座桥梁建设工程，合同总价394万元。该公司为了

降低成本,在施工过程中聘用多名不具备相应条件的无证人员上岗,造成该桥梁3个桥墩的钻孔灌注桩配筋不足、桩身高度不够、混凝土强度不够,桥梁的实际承载力与设计承载力误差达38%。在竣工前夕,该桥梁突然下沉坍塌,现场多人受伤严重,直接经济损失超过500万元。

该市政建设工程公司存在哪些违法行为?应该如何处理?

《建设工程质量管理条例》第33条规定:"施工单位应当建立、健全教育培训制度,加强对职工的教育培训;未经教育培训或者考核不合格的人员,不得上岗作业。"第28条第1款规定:"施工单位必须按照工程设计图纸和施工技术标准施工,不得擅自修改工程设计,不得偷工减料。"

本案中的市政建设工程公司为了降低成本,擅自聘用多名无证人员上岗、偷工减料、不按图纸要求施工,导致该桥梁工程尚未竣工就下沉坍塌,损失惨重,是严重的违法行为。

《建设工程质量管理条例》第64条规定:"违反本条例规定,施工单位在施工中偷工减料的,使用不合格的建筑材料、建筑构配件和设备的,或者有不按照工程设计图纸或者施工技术标准施工的其他行为的,责令改正,处工程合同价款2%以上4%以下的罚款;造成建设工程质量不符合规定的质量标准的,负责返工、修理,并赔偿因此造成的损失;情节严重的,责令停业整顿,降低资质等级或者吊销资质证书。"据此,该市政建设工程公司应该承担工程合同价款2%以上4%以下的罚款,负责返工、修理,并赔偿因此造成的损失;情节严重的,还应责令停业整顿,降低资质等级或者吊销资质证书。

10.2.4 工程建设监理单位的质量责任与义务

(1) 依法承揽业务的责任

工程监理单位应在其资质等级许可的范围内承担工程监理业务,不得超越本单位资质等级许可的范围或以其他工程监理单位的名义承担工程监理业务。禁止工程监理单位允许其他单位或个人以本单位的名义承担工程监理业务。工程监理单位也不得将自己承担的工程监理业务进行转让。

(2) 依法回避、独立监理的责任

工程监理单位与被监理工程的施工承包单位以及建筑材料、建筑构配件和设备供应单位有隶属关系或其他利害关系的,不得承担该项建设工程的监理业务,以保证监理活动的公平、公正。

独立是公正的前提条件,监理单位如果不独立是不可能保持公正的。

(3) 坚持质量标准、依法进行现场监理的责任

监理工程师应依据有关技术标准、设计文件和建设工程承包合同及工程监理规范的要求,对建筑工程实施监理,对违反有关规范及技术标准的行为进行制止,责令改正;对工程使用的建筑材料、建筑构配件和设备的质量进行检验,不合格者,不得准许使用。

(4) 确认工程质量的责任

工程监理单位应当选派具备相应资格的总监理工程师和监理工程师进驻施工现场。

未经监理工程师签字,建筑材料、建筑构配件和设备不得在工程上使用或者安装,施工单位不得进行下一道工序的施工。未经总监理工程师签字,建设单位不拨付工程款,不进行竣工验收。

10.2.5 政府部门工程质量监督管理制度

《建设工程质量管理条例》规定,国家实行建设工程质量监督管理制度。

政府质量监督作为一项制度,以行政法规的形式在《建设工程质量管理条例》中加以明确,强调了建设工程质量必须实行政府监督管理。政府的监督管理行为是宏观性质的,具体的技术监督可以委托给具有资质的工程质量监督机构进行。

10.2.5.1 建设工程质量监督的主体

对建设工程质量进行质量监督管理的主体是各级政府建设行政主管部门和其他有关部门。具体职责划分是:

① 国务院建设行政主管部门对全国的建设工程质量实施统一监督管理。国务院铁路、交通、水利等有关部门按照国务院规定的职责分工,负责对全国的有关专业建设工程质量的监督管理。国务院发展计划部门按照国务院规定的职责,组织稽查特派员,对国家出资的重大建设项目实施监督检查。国务院经济贸易主管部门按照国务院规定的职责,对国家重大技术改造项目实施监督检查。

② 县级以上地方人民政府建设行政主管部门对本行政区域内的建设工程质量实施监督管理。县级以上地方人民政府交通、水利等有关部门在各自的职责范围内,负责对本行政区域内的专业建设工程质量的监督管理。

10.2.5.2 政府建设工程质量监督管理的基本原则

① 监督的主要目的是保证建设工程使用安全和环境质量。
② 监督的主要依据是法律法规和工程建设强制性标准。
③ 监督的主要方式是政府委托所属的工程质量监督机构实施。
④ 监督的主要内容是地基基础、主体结构、环境质量和与此相关的工程建设各方主体的质量行为。
⑤ 监督的主要手段是施工许可制度和竣工验收备案制度。

10.2.5.3 建设工程质量监督机构及其职责

由于建设工程质量监督具有专业性强、周期长、程序繁杂等特点,政府部门通常不宜亲自进行日常检查工作。工程质量监督管理的具体工作可以由县级以上地方人民政府建设主管部门委托所属的工程质量监督机构(以下简称监督机构)实施。

住建部于2010年8月1日发布的《房屋建筑和市政基础设施工程质量监督管理规定》规定,凡新建、扩建、改建房屋建筑和市政基础设施工程,均应接受建设行政主管部门及工程质量监督机构的监督。

(1) 建设工程质量监督机构的性质

《建设工程质量管理条例》规定,建设工程质量监督管理,可以由建设行政主管部门或者其他有关部门委托的建设工程质量监督机构具体实施。

根据《房屋建筑和市政基础设施工程质量监督管理规定》的有关规定,建设工程质量监督机构是经省、自治区、直辖市人民政府建设主管部门考核(每3年进行一次)认定的独立法人。经考核合格后,方可实施质量监督。

(2) 建设工程质量监督的内容

建设工程质量监督包括工程实体质量监督和工程质量行为监督。

所谓工程实体质量监督，是指对涉及工程主体结构安全、主要使用功能的工程实体质量情况实施的监督。所谓工程质量行为监督，是指对工程质量责任主体和质量检测等单位履行法定质量责任和义务情况实施的监督。

10.2.5.4 禁止滥用权力的行为

《建设工程质量管理条例》规定，供水、供电、供气、公安消防等部门或者单位不得明示或者暗示建设单位、施工单位购买其指定的生产供应单位的建筑材料、建筑构配件和设备。

10.2.5.5 工程质量事故报告制度

建设工程发生质量事故，有关单位应当在24小时内向当地建设行政主管部门和其他有关部门报告。

对重大质量事故，事故发生地的建设行政主管部门和其他有关部门应当按照事故类别和等级向当地人民政府和上级建设行政主管部门和其他有关部门报告。特别重大质量事故的调查程序按照国务院有关规定办理。

发生重大工程质量事故隐瞒不报、谎报或者拖延报告期限的，对直接负责的主管人员和其他责任人员依法给予行政处分。

国家机关工作人员在建设工程质量监督管理工作中玩忽职守、滥用职权、徇私舞弊，构成犯罪的，依法追究刑事责任；尚不构成犯罪的，依法给予行政处分。

10.3 建设工程竣工验收制度

竣工验收是工程建设过程的最后一环，是全面考核固定资产投资成果、检验设计和工程质量的重要步骤，也是固定资产投资转入生产或使用的标志。通过竣工验收，一是检验设计和工程质量，保证项目按设计要求的技术经济指标正常生产；二是有关部门和单位可以总结经验教训；三是建设单位对经验收合格的项目可以及时移交固定资产，使其由基础系统转入生产系统或投入使用。

10.3.1 竣工验收的条件和类型

10.3.1.1 竣工验收的条件

根据《建筑法》第61条和《建设工程质量管理条例》第16条的规定，交付竣工验收的建筑工程，应当符合以下条件：

① 完成建设工程设计和合同约定的各项内容。建设工程设计和合同约定的内容，主要是指设计文件所确定的、在承包合同"承包人承揽工程项目一览表"中载明的工作范围，也包括监理工程师签发的变更通知单中所确定的工作内容。承包单位必须按合同约定，按质、按量、按时完成上述工作内容，使工程具有正常的使用功能。

② 有完整的技术档案和施工管理资料。工程技术档案和施工管理资料是工程竣工验收和质量保证的重要依据之一，主要包括以下档案和资料：a. 工程项目竣工报告；b. 分项、分部工程和单位工程技术人员名单；c. 图纸会审和设计交底记录；d. 设计变更通知单，技术变更核实单；e. 工程质量事故发生后调查和处理资料；f. 隐蔽验收记录及施工日志；g. 竣工图；h. 质量检验评定资料等；i. 合同约定的其他资料。

施工单位应当按照归档要求制定统一目录，有专业分包工程的，分包单位要按照总承包单位的总体安排做好各项资料整理工作，最后再由总承包单位进行审核、汇总。

③ 有材料、设备、构配件的质量合格证明资料和试验、检验报告。

④ 有勘察、设计、施工、工程监理等单位分别签署的质量合格文件。

⑤ 有施工单位签署的工程质量保修书。

2013年12月2日住建部颁布的《房屋建筑和市政基础设施工程竣工验收规定》对建筑工程竣工验收条件又作出了详细规定。工程符合下列要求方可进行竣工验收：

① 完成工程设计和合同约定的各项内容。

② 施工单位在工程完工后对工程质量进行了检查，确认工程质量符合有关法律、法规和工程建设强制性标准，符合设计文件及合同要求，并提出工程竣工报告。工程竣工报告应经项目经理和施工单位有关负责人审核签字。

③ 对于委托监理的工程项目，监理单位对工程进行了质量评估，具有完整的监理资料，并提出工程质量评估报告。工程质量评估报告应经总监理工程师和监理单位有关负责人审核签字。

④ 勘察、设计单位对勘察、设计文件及施工过程中由设计单位签署的设计变更通知书进行了检查，并提出质量检查报告。质量检查报告应经该项目勘察、设计负责人和勘察、设计单位有关负责人审核签字。

⑤ 有完整的技术档案和施工管理资料。

⑥ 有工程使用的主要建筑材料、建筑构配件和设备的进场试验报告，以及工程质量检测和功能性试验资料。

⑦ 建设单位已按合同约定支付工程款。

⑧ 有施工单位签署的工程质量保修书。

⑨ 对于住宅工程，进行分户验收并验收合格，建设单位按户出具《住宅工程质量分户验收表》。

⑩ 建设主管部门及工程质量监督机构责令整改的问题全部整改完毕。

⑪ 法律、法规规定的其他条件。

10.3.1.2 竣工验收的类型

在工程实践中，竣工验收一般有两种类型：

（1）单项工程验收

是指在一个总体建设项目中，一个单项工程或一个车间已按设计要求建设完成，能满足生产要求或具备使用条件，且施工单位已预验，监理工程师已初验通过，在此条件下进行的正式验收。由几个施工单位负责施工的单项工程，当其中一个单位所负责的部分已按设计完成，也可组织正式验收，办理交工手续，交工时应请施工总承包单位参加。

对于建成的住宅可分幢进行正式验收，以便及早交付使用，提高投资效益。

（2）全部验收

是指整个建设项目已按设计要求全部建设完成，并已符合竣工验收标准，施工单位预验通过，监理工程师初验认可，由监理工程师组织以建设单位为主，有设计、施工等单位参加的正式验收。在整个项目进行全部验收时，对已验收过的单项工程，可以不再进行正式验收和办理验收手续，但应将单项工程验收单作为全部工程验收的附件而加以说明。

《建筑法》第61条第二款规定："建筑工程竣工经验收合格后，方可交付使用；未经验收或者验收不合格的，不得交付使用。"因此，无论是单项工程提前交付使用（例如单幢住宅），还是全部工程整体交付使用，都必须经过竣工验收这一环节，而且必须验收合格，否则,不能交付使用。

10.3.2 竣工验收的范围和标准

(1) 竣工验收的范围

根据国家现行规定,所有建设项目按照上级批准的设计文件所规定的内容和施工图纸的要求全部建成,工业项目经负荷试运转和试生产考核能够生产合格产品,非工业项目符合设计要求,能够正常使用,都要及时组织验收。

(2) 竣工验收的标准

建设项目竣工验收、交付生产和使用,应达到下列标准:

① 生产性工程和辅助公用设施已按设计要求建造完毕,能满足生产要求;

② 主要工艺设备已安装配套,经联动负荷试车合格,构成生产线,形成生产能力,能够生产出设计文件中规定的产品;

③ 职工宿舍和其他必要的生产福利设施,能适应投产初期的需要;

④ 生产准备工作能适应投产初期的需要。

有的固定资产投资项目(工程)基本符合竣工验收标准,只是零星土建工程和少数非主要设备未按设计的内容全部建成,但不影响正常生产,亦应办理竣工验收手续。对剩余工程,应按设计留足投资,限期完成。有的项目投资初期一时不能达到设计能力所规定的产量,不应因此拖延办理验收和移交固定资产手续。国家规定,已具备竣工验收条件的项目(工程),三个月内不办理验收投产和移交固定资产手续的,取消企业和主管部门(或地方)的基建试车收入分成,由银行监督全部上交财政。如三个月内办理竣工验收确有困难,经验收主管部门批准,可以适当延长期限。

10.3.3 竣工验收的程序

10.3.3.1 申报竣工验收的准备工作

建设单位应认真做好竣工验收的准备工作,其主要内容有:

① 整理技术资料。各有关单位(包括设计、施工单位)应将技术资料进行系统整理,由建设单位分类立卷,交给生产单位或使用单位统一保管。

② 绘制竣工图纸。竣工图纸是建设单位移交生产单位的重要资料,是生产单位必须长期保存的技术档案,也是国家的重要技术档案。竣工图必须准确、完整、符合归档要求,方能交工验收。

③ 编制竣工决算。建设单位必须及时清理所有财产、物资和未花完或应收回的资金,编制工程竣工决算,分析预(概)算执行情况,考核投资效益,报主管部门审查。

10.3.3.2 竣工验收的程序

根据住房和城乡建设部颁布的《房屋建筑和市政基础设施工程竣工验收规定》,工程竣工验收应当按以下程序进行:

① 工程完工后,施工单位向建设单位提交工程竣工报告,申请工程竣工验收。实行监理的工程,工程竣工报告须经总监理工程师签署意见。

② 建设单位收到工程竣工报告后,对符合竣工验收要求的工程,组织勘察、设计、施工、监理等单位组成验收组,制定验收方案。对于重大工程和技术复杂工程,根据需要可邀请有关专家参加验收组。

③ 建设单位应当在工程竣工验收7个工作日前将验收的时间、地点及验收组名单书面

通知负责监督该工程的工程质量监督机构。

④ 建设单位组织工程竣工验收

a. 建设、勘察、设计、施工、监理单位分别汇报工程合同履约情况和在工程建设各个环节执行法律、法规和工程建设强制性标准的情况；

b. 审阅建设、勘察、设计、施工、监理单位的工程档案资料；

c. 实地查验工程质量；

d. 对工程勘察、设计、施工、设备安装质量和各管理环节等方面作出全面评价，形成经验收组人员签署的工程竣工验收意见。

工程竣工验收合格后，建设单位应当及时提出工程竣工验收报告。工程竣工验收报告主要包括工程概况，建设单位执行基本建设程序情况，对工程勘察、设计、施工、监理等方面的评价，工程竣工验收时间、程序、内容和组织形式，工程竣工验收意见等内容。

工程竣工验收报告还应附有下列文件：①施工许可证；②施工图设计文件审查意见；③竣工验收条件所规定的文件；④验收组人员签署的工程竣工验收意见；⑤法规、规章规定的其他有关文件。

10.3.3.3 竣工日期和投产日期

投产日期是指经验收合格、达到竣工验收标准、正式移交生产（或使用）的时间。在正常情况下，建设项目的全部投产日期应当同竣工日期是一致的，但实际上有些项目的竣工日期往往晚于全部投产日期，这是因为当建设项目设计规定的生产性工程的全部生产作用线建成，经试运转，验收鉴定合格，移交生产部门时，便可算为全部投产，而竣工则要求该项目的生产性、非生产性工程全部建成，投产项目遗留的收尾工程全部完工。

10.3.4 规划、消防、节能、环保等相关部门的验收制度

《建设工程质量管理条例》规定，建设单位应当自建设工程竣工验收合格之日起 15 日内，将建设工程竣工验收报告和规划、公安消防、环保等部门出具的认可文件或者准许使用文件报建设行政主管部门或者其他有关部门备案。

10.3.4.1 建设工程竣工规划验收

《城乡规划法》规定，县级以上地方人民政府城乡规划主管部门按照国务院规定对建设工程是否符合规划条件予以核实。未经核实或者经核实不符合规划条件的，建设单位不得组织竣工验收。建设单位应当在竣工验收后 6 个月内向城乡规划主管部门报送有关竣工验收资料。建设工程竣工后，建设单位应当依法向城乡规划行政主管部门提出竣工规划验收申请，由城乡规划行政主管部门按照选址意见书、建设用地规划许可证、建设工程规划许可证、乡村建设规划许可证及其有关规划的要求，对建设工程进行规划验收，包括对建设用地范围内的各项工程建设情况、建筑物的使用性质、位置、间距、层数、标高、平面、立面、外墙装饰材料和色彩、各类配套服务设施、临时施工用房、施工场地等进行全面核查，并作出验收记录。对于验收合格的，由城乡规划行政主管部门出具规划认可文件或核发建设工程竣工规划验收合格证。

《城乡规划法》还规定，建设单位未在建设工程竣工验收后 6 个月内向城乡规划主管部门报送有关竣工验收资料的，由所在地城市、县人民政府城乡规划主管部门责令限期补报；逾期不补报的，处 1 万元以上 5 万元以下的罚款。

10.3.4.2 建设工程竣工消防验收

根据最新修改的《中华人民共和国消防法》（2019 年 4 月 23 日），按照国家工程建设消

防技术标准需要进行消防设计的建设工程竣工，依照下列规定进行消防验收、备案：

① 国务院住房和城乡建设主管部门规定应当申请消防验收的建设工程竣工，建设单位应当向住房和城乡建设主管部门申请消防验收。

② 前款规定以外的其他建设工程，建设单位在验收后应当报住房和城乡建设主管部门备案，住房和城乡建设主管部门应当进行抽查。

③ 依法应当进行消防验收的建设工程，未经消防验收或者消防验收不合格的，禁止投入使用；其他建设工程经依法抽查不合格的，应当停止使用。

④ 住房和城乡建设主管部门、消防救援机构及其工作人员应当按照法定的职权和程序进行消防设计审查、消防验收、备案抽查和消防安全检查，做到公正、严格、文明、高效。

⑤ 住房和城乡建设主管部门、消防救援机构及其工作人员进行消防设计审查、消防验收、备案抽查和消防安全检查等，不得收取费用，不得利用职务谋取利益；不得利用职务为用户、建设单位指定或者变相指定消防产品的品牌、销售单位或者消防技术服务机构、消防设施施工单位。

⑥ 违反规定，有下列行为之一的，由住房和城乡建设主管部门、消防救援机构按照各自职权责令停止施工、停止使用或者停产停业，并处三万元以上三十万元以下罚款：

a. 依法应当进行消防设计审查的建设工程，未经依法审查或者审查不合格，擅自施工的；

b. 依法应当进行消防验收的建设工程，未经消防验收或者消防验收不合格，擅自投入使用的；

c. 本法规定的其他建设工程验收后经依法抽查不合格，不停止使用的；

d. 公众聚集场所未经消防安全检查或者经检查不符合消防安全要求，擅自投入使用、营业的。

⑦ 建设单位未依照规定在验收后报住房和城乡建设主管部门备案的，由住房和城乡建设主管部门责令改正，处五千元以下罚款。

10.3.4.3 建设工程竣工环保验收

(1) 建设工程竣工环保验收法律制度

国务院《建设项目环境保护管理条例》规定，建设项目竣工后，建设单位应当向审批该建设项目环境影响报告书、环境影响报告表或者环境影响登记表的环境保护行政主管部门，申请该建设项目需要配套建设的环境保护设施竣工验收。

环境保护设施竣工验收，应当与主体工程竣工验收同时进行。需要进行试生产的建设项目，建设单位应当自建设项目投入试生产之日起3个月内，向审批该建设项目环境影响报告书、环境影响报告表或者环境影响登记表的环境保护行政主管部门，申请该建设项目需要配套建设的环境保护设施竣工验收。分期建设、分期投入生产或者使用的建设项目，其相应的环境保护设施应当分期验收。

环境保护行政主管部门应当自收到环境保护设施竣工验收申请之日起30日内，完成验收。建设项目需要配套建设的环境保护设施经验收合格，该建设项目方可正式投入生产或者使用。

(2) 建设工程竣工环保验收违法行为应承担的法律责任

① 建设项目投入试生产超过3个月，建设单位未申请环境保护设施竣工验收的，由审批该建设项目环境影响资料的环境保护行政主管部门责令限期办理环境保护设施竣工验收手续；逾期未办理的，责令停止试生产，可以处5万元以下的罚款。

② 建设项目需要配套建设的环境保护设施未建成、未经验收或者经验收不合格，主体

工程正式投入生产或者使用的,由审批该建设项目环境影响资料的环境保护行政主管部门责令停止生产或者使用,可以处 10 万元以下的罚款。

10.3.4.4 建筑工程节能验收

(1) 建筑工程节能验收法律制度

《中华人民共和国节约能源法》(简称《节约能源法》)规定,不符合建筑节能标准的建筑工程,建设主管部门不得批准开工建设;已经开工建设的,应当责令停止施工、限期改正;已经建成的,不得销售或者使用。

国务院《民用建筑节能条例》进一步规定,建设单位组织竣工验收,应当对民用建筑是否符合民用建筑节能强制性标准进行查验;对不符合民用建筑节能强制性标准的,不得出具竣工验收合格报告。

(2) 建筑节能分部工程进行质量验收的条件

建筑节能工程为单位建筑工程的一个分部工程,并按规定划分为分项工程和检验批。建筑节能分部工程的质量验收,应在检验批、分项工程全部验收合格的基础上,进行建筑围护结构的外墙节能构造实体检验,严寒、寒冷和夏热冬冷地区的外窗气密性现场检测,以及系统节能性能检测和系统联合试运转与调试,确认建筑节能工程质量达到验收的条件后方可进行。

(3) 建筑节能工程专项验收应注意事项

① 建筑节能工程验收重点是检查建筑节能工程效果是否满足设计及规范要求,监理和施工单位应加强和重视节能验收工作,对验收中发现的工程实物质量问题及时解决。

② 工程项目存在以下问题之一的,监理单位不得组织节能工程验收:a. 未完成建筑节能工程设计内容的;b. 隐蔽验收记录等技术档案和施工管理资料不完整的;c. 工程使用的主要建筑材料、建筑构配件和设备未提供进场检验报告的,未提供相关的节能性检测报告的;d. 工程存在违反强制性条文的质量问题而未整改完毕的;e. 对监督机构发出的责令整改内容未整改完毕的;f. 存在其他违反法律、法规行为而未处理完毕的。

③ 工程项目验收存在以下问题之一的,应重新组织建筑节能工程验收:a. 验收组织机构不符合法规及规范要求的;b. 参加验收人员不具备相应资格的;c. 参加验收各方主体验收意见不一致的;d. 验收程序和执行标准不符合要求的;e. 各方提出的问题未整改完毕的。

④ 单位工程在办理竣工备案时应提交建筑节能相关资料,不符合要求的不予备案。

(4) 建筑工程节能验收违法行为应承担的法律责任

《民用建筑节能条例》规定,建设单位对不符合民用建筑节能强制性标准的民用建筑项目出具竣工验收合格报告的,由县级以上地方人民政府建设主管部门责令改正,处民用建筑项目合同价款 2% 以上 4% 以下的罚款;造成损失的,依法承担赔偿责任。

10.3.5 建设工程竣工结算法律制度

竣工验收是工程建设活动的最后阶段。在此阶段,建设单位与施工单位容易就合同价款结算、质量缺陷等引起纠纷,导致建设工程不能及时办理竣工验收或完成竣工验收。

《合同法》规定,建设工程竣工后,发包人应当根据施工图纸及说明书、国家颁发的施工验收规范和质量检验标准及时进行验收。验收合格的,发包人应当按照约定支付价款,并接收该建设工程。《建筑法》也规定,发包单位应当按照合同的约定,及时拨付工程款项。

(1) 工程竣工结算的编制与审查

财政部、原建设部《建设工程价款结算暂行办法》规定,工程完工后,双方应按照约定的合同价款及合同价款调整内容以及索赔事项，进行工程竣工结算。工程竣工结算分为单位工程竣工结算、单项工程竣工结算和建设项目竣工总结算。

单位工程竣工结算由承包人编制，发包人审查；实行总承包的工程，由具体承包人编制，在总包人审查的基础上，发包人审查。单项工程竣工结算或建设项目竣工总结算由总（承）包人编制，发包人可直接进行审查，也可以委托具有相应资质的工程造价咨询机构进行审查。政府投资项目，由同级财政部门审查。单项工程竣工结算或建设项目竣工总结算经发、承包人签字盖章后有效。承包人应在合同约定期限内完成项目竣工结算编制工作，未在规定期限内完成并且提不出正当理由延期的，责任自负。

（2）工程竣工结算审查期限

单项工程竣工后，承包人应在提交竣工验收报告的同时，向发包人递交竣工结算报告及完整的结算资料，发包人应按以下规定时限进行核对（审查）并提出审查意见：

① 500万元以下，从接到竣工结算报告和完整的竣工结算资料之日起20天；

② 500万元～2000万元，从接到竣工结算报告和完整的竣工结算资料之日起30天；

③ 2000万元～5000万元，从接到竣工结算报告和完整的竣工结算资料之日起45天；

④ 5000万元以上，从接到竣工结算报告和完整的竣工结算资料之日起60天。建设项目竣工总结算在最后一个单项工程竣工结算审查确认后15天内汇总，送发包人后30天内审查完成。

（3）工程竣工价款结算

发包人收到承包人递交的竣工结算报告及完整的结算资料后，应按以上规定的期限（合同约定有期限的，从其约定）进行核实，给予确认或者提出修改意见。发包人根据确认的竣工结算报告向承包人支付工程竣工结算价款，保留5%左右的质量保证（保修）金，待工程交付使用1年质保期到期后清算（合同另有约定的，从其约定），质保期内如有返修，发生费用应在质量保证（保修）金内扣除。工程竣工结算以合同工期为准，实际施工工期比合同工期提前或延后，发、承包双方应按合同约定的奖惩办法执行。

（4）索赔及合同以外零星项目工程价款结算

发（承）包人未能按合同约定履行自己的各项义务或发生错误，给另一方造成经济损失的，由受损方按合同约定提出索赔，索赔金额按合同约定支付。

发包人要求承包人完成合同以外零星项目，承包人应在接受发包人要求的7天内就用工数量和单价、机械台班数量和单价、使用材料和金额等向发包人提出施工签证，发包人签证后施工。凡由发、承包双方授权的现场代表签字的现场签证以及发、承包双方协商确定的索赔等费用，应在工程竣工结算中如实办理，不得因发、承包双方现场代表的中途变更改变其有效性。

（5）未按规定时限办理事项的处理

发包人收到竣工结算报告及完整的结算资料后，在《建设工程价款结算暂行办法》规定或合同约定期限内，对结算报告及资料没有提出意见，则视同认可。承包人如未在规定时间内提供完整的工程竣工结算资料，经发包人催促后14天内仍未提供或没有明确答复，发包人有权根据已有资料进行审查，责任由承包人自负。

根据确认的竣工结算报告，承包人向发包人申请支付工程竣工结算款。发包人应在收到申请后15天内支付结算款，到期没有支付的应承担违约责任。承包人可以催告发包人支付结算价款，如达成延期支付协议，发包人应按同期银行贷款利率支付拖欠工程价款的利息。如未达成延期支付协议，承包人可以与发包人协商将该工程折价，或申请人民法院将该工程依法拍卖，承包人就该工程折价或者拍卖的价款优先受偿。

（6）工程价款结算管理

《建设工程价款结算暂行办法》规定，工程竣工后，发、承包双方应及时办清工程竣工结算。否则，工程不得交付使用，有关部门不予办理权属登记。

10.3.6 竣工验收备案制度

《建设工程质量管理条例》第17条规定，建设单位应当严格按照国家有关档案管理的规定，及时收集、整理建设项目各环节的文件资料，建立、健全建设项目档案，并在建设工程竣工验收后，及时向建设行政主管部门或者其他有关部门移交建设项目档案。

10.3.6.1 备案时间

建设单位应当自工程竣工验收合格之日起15日内，按照规定向工程所在地的县级以上地方人民政府建设行政主管部门（以下简称备案机关）备案。

10.3.6.2 建设单位应当提交的文件

① 工程竣工验收备案表。

② 工程竣工验收报告。竣工验收报告应当包括工程报建日期，施工许可证号，施工图设计文件审查意见，勘察、设计、施工、工程监理等单位分别签署的质量合格文件及验收人员签署的竣工验收原始文件，市政基础设施的有关质量检测和功能性试验资料以及备案机关认为需要提供的有关资料。

③ 法律、行政法规规定应当由规划、环保等部门出具的认可文件或者准许使用文件。

④ 法律规定应当由公安消防部门出具的对大型的人员密集场所和其他特殊建设工程验收合格的证明文件。

⑤ 施工单位签署的工程质量保修书。

⑥ 法规、规章规定必须提供的其他文件。如商品住宅还应当提交《住宅质量保证书》和《住宅使用说明书》。

备案机关收到建设单位报送的竣工验收备案文件，验证文件齐全后，应当在工程竣工验收备案表上签署文件收讫。

工程竣工验收备案表一式二份，一份由建设单位保存，一份留备案机关存档。

10.3.6.3 工程质量监督机构应当提交的文件

工程质量监督机构应当在工程竣工验收之日起5日内，向备案机关提交工程质量监督报告。

10.3.6.4 违法行为及其法律责任

① 建设单位在工程竣工验收合格之日起15日内未办理工程竣工验收备案的，备案机关责令限期改正，处20万元以上50万元以下罚款。

② 建设单位采用虚假证明文件办理工程竣工验收备案的，工程竣工验收无效，备案机关责令停止使用，重新组织竣工验收，处20万元以上50万元以下罚款；构成犯罪的，依法追究刑事责任。

③ 备案机关发现建设单位在竣工验收过程中有违反国家有关建设工程质量管理规定行为的，应当在收讫竣工验收备案文件15日内，责令停止使用，重新组织竣工验收。

④ 备案机关决定重新组织竣工验收并责令停止使用的工程，建设单位在备案之前已投入使用或者建设单位擅自继续使用造成使用人损失的，由建设单位依法承担赔偿责任。

⑤ 建设单位将备案机关决定重新组织竣工验收的工程，在重新组织竣工验收前，擅自使用的，备案机关责令停止使用，处工程合同价款2%以上4%以下罚款。

⑥ 竣工验收备案文件齐全，备案机关及其工作人员不办理备案手续的，由有关机关责

令改正，对直接责任人员给予行政处分。

10.4 建设工程质量保修制度

《建筑法》《建设工程质量管理条例》均规定，建设工程实行质量保修制度。健全、完善的建筑工程质量保修制度对于促进承包方加强质量管理，保护用户及消费者的合法权益有着重要的意义。

建设工程质量保修制度，是指建设工程竣工经验收后，在规定的保修期限内，因勘察、设计、施工、材料等原因造成的质量缺陷，应当由施工承包单位负责维修、返工或更换，由责任单位负责赔偿损失的法律制度。

建设工程承包单位在向建设单位提交工程竣工验收报告时，应当向建设单位出具质量保修书。质量保修书中应当明确建设工程的保修范围、保修期限和保修责任等。

10.4.1 建筑工程质量的保修范围及保修期限

（1）保修范围

根据《建筑法》第62条的规定，建筑工程保修范围包括地基基础工程；主体结构工程；屋面防水工程；其他土建工程。以及相配套的电气管线、上下水管线的安装工程；供热供冷系统工程等项目。

（2）保修期限

《建筑法》规定，保修的期限应当按照保证建筑物合理寿命年限内正常使用，维护使用者合法权益的原则确定。

根据《建设工程质量管理条例》第40条的规定，在正常使用条件下，建设工程的最低保修期限为：

① 基础设施工程、房屋建筑的地基基础工程和主体结构工程，为设计文件规定的该工程的合理使用年限。

基础设施工程、房屋建筑的地基基础工程和主体结构工程的质量，直接关系到基础设施工程和房屋建筑的整体安全可靠，必须在该工程的合理使用年限内予以保修，即实行终身负责制。因此，工程合理使用年限就是该工程勘察、设计、施工等单位的质量责任年限。

② 屋面防水工程、有防水要求的卫生间、房间和外墙面的防渗漏，5年。

③ 供热与供冷系统，两个采暖期、供冷期。

④ 电气管线、给排水管道、设备安装和装修工程，2年。

其他项目的保修期限由发包方与承包方约定。

（3）建设工程超过合理使用年限后需要继续使用的规定

《建设工程质量管理条例》规定，建设工程在超过合理使用年限后需要继续使用的，产权所有人应当委托具有相应资质等级的勘察、设计单位鉴定，并根据鉴定结果采取加固、维修等措施，重新界定使用期。

确定建设工程的合理使用年限，并不意味着超过合理使用年限后，建设工程就一定要报废、拆除。经过具有相应资质等级的勘察、设计单位鉴定，制定技术加固措施，在设计文件中重新界定使用期，并经有相应资质等级的施工单位进行加固、维修和补强，该建设工程能达到继续使用条件的就可以继续使用。但是，如果不经鉴定、加固等而违法继续使用的，所产生的后果由产权所有人自负。

【案例10-5】 装饰工程保修期限案

某装饰公司承揽了某办公楼的装饰工程。合同中约定保修期为1年。竣工后第2年,该装饰工程出现了质量问题,装饰公司以已过保修期限为由拒绝承担保修责任。

装饰公司的理由成立吗?

不成立。1年的保修期违反了国家强制性规定,该条款属于违法条款,是无效的条款。装饰公司必须继续承担保修责任。

10.4.2 建设工程保修的经济责任

建设工程的保修期,自竣工验收合格之日起计算。建筑工程在保修范围内和保修期限内发生质量问题,由施工单位履行保修义务,但要区别保修责任的承担问题。依法由施工单位负责进行维修的并不意味着都是由施工单位承担维修责任,对于维修的经济责任的确定,应当根据具体情况,分清责任方,由责任方承担。

① 施工单位未按国家有关规范、标准和设计要求施工造成的质量缺陷,由施工单位负责返修并承担经济责任。

② 由于设计方面的原因造成的质量缺陷,由设计单位承担经济责任。由施工单位负责维修,其费用按有关规定通过建设单位向设计单位索赔;不足部分由建设单位负责。

③ 因建筑材料、构配件和设备质量不合格引起的质量缺陷,属于施工单位采购的或经其验收同意的,由施工单位承担经济责任;属于建设单位采购的,由建设单位承担经济责任。

④ 因使用单位使用不当造成的质量缺陷,由使用单位自行负责。

⑤ 因地震、洪水、台风等不可抗拒造成的质量问题,施工单位、设计单位不承担经济责任。

对于超过合理使用年限后仍需要继续使用的建筑工程,产权所有人应委托具有相应资质等级的勘察、设计单位鉴定,并根据鉴定结果采取加固、维修等措施,重新界定使用期。

10.4.3 建设工程保修的程序

就工程质量保修事宜,建设单位和施工单位应遵守如下基本程序:

① 建设工程在保修期限内出现质量缺陷,建设单位应当向施工单位发出保修通知。

② 施工单位接到保修通知后,应当到现场核查情况,在保修书约定的时间内予以保修。发生涉及结构安全或者严重影响使用功能的紧急抢修事故,施工单位接到保修通知后,应当立即到达现场抢修。

③ 施工单位不按工程质量保修书约定保修的,建设单位可以另行委托其他单位保修,由原施工单位承担相应责任。

④ 保修费用由造成质量缺陷的责任方承担。

10.4.4 建设工程质量保证金

国务院办公厅 2016 年 6 月 23 日发布了《关于清理规范工程建设领域保证金的通知》（简称《通知》）。该《通知》要求：建筑业企业在工程建设中需缴纳的保证金，除依法依规设立的投标保证金、履约保证金、工程质量保证金、农民工工资保证金外，其他保证金一律取消。

建设工程质量保证金（保修金）是指发包人与承包人在建设工程承包合同中约定，从应付的工程款中预留，用以保证承包人在缺陷责任期内对建设工程出现的缺陷进行维修的资金。其中的"缺陷"是指建设工程质量不符合工程建设强制性标准、设计文件，以及承包合同的约定。

（1）缺陷责任期

缺陷责任期从工程通过竣工验收之日起计。由于承包人原因导致工程无法按规定期限进行竣工验收的，缺陷责任期从实际通过竣工验收之日起计。由于发包人原因导致工程无法按规定期限进行竣工验收的，在承包人提交竣工验收报告 90 天后，工程自动进入缺陷责任期。

缺陷责任期一般为 6 个月、12 个月或 24 个月，具体可由发、承包双方在合同中约定。

缺陷责任期内，由承包人原因造成的缺陷，承包人应负责维修，并承担鉴定及维修费用。如承包人不维修也不承担费用，发包人可按合同约定扣除保证金，并由承包人承担违约责任。承包人维修并承担相应费用后，不免除对工程的一般损失赔偿责任。

由他人原因造成的缺陷，发包人负责组织维修，承包人不承担费用，且发包人不得从保证金中扣除费用。

（2）质量保证金的预留与返还

① 质量保证金的预留。发包人应当在招标文件中明确保证金预留、返还等内容。建设工程竣工结算后，发包人应按照合同约定及时向承包人支付工程结算价款并预留保证金。

全部或者部分使用政府投资的建设项目，按工程价款结算总额 5% 左右的比例预留保证金。社会投资项目采用预留保证金方式的，预留保证金的比例可参照执行。

采用工程质量保证担保、工程质量保险等其他保证方式的，发包人不得再预留保证金。

② 质量保证金的返还。缺陷责任期内，承包人认真履行合同约定的责任，到期后，承包人向发包人申请返还保证金。

发包人在接到承包人返还保证金申请后，应于 14 日内会同承包人按照合同约定的内容进行核实。如无异议，发包人应当在核实后 14 日内将保证金返还给承包人，逾期支付的，从逾期之日起，按照同期银行贷款利率计付利息，并承担违约责任。发包人在接到承包人返还保证金申请后 14 日内不予答复，经催告后 14 日内仍不予答复，视同认可承包人的返还保证金申请。

10.5 住宅室内装饰装修质量管理制度

为加强住宅室内装饰装修管理，保证装饰装修工程质量和安全，维护公共安全和公众利益，根据有关法律、法规，2002 年 3 月 5 日建设部发布了《住宅室内装饰装修管理办法》，自 2002 年 5 月 1 日起施行。

《住宅室内装饰装修管理办法》所称住宅室内装饰装修，是指住宅竣工验收合格后，业主或者住宅使用人（以下简称装修人）对住宅室内进行装饰装修的建筑活动。在城市从事住宅室内装饰装修活动，实施对住宅室内装饰装修活动的监督管理，均应当遵守《住宅室内装饰装修管理办法》。

10.5.1 室内装饰装修活动的一般规定

10.5.1.1 住宅室内装饰装修行为的禁止性规定

进行住宅室内装饰装修活动，禁止下列行为：

① 未经原设计单位或者具有相应资质等级的设计单位提出设计方案，变动建筑主体和承重结构。

建筑主体，是指建筑实体的结构构造，包括屋盖、楼盖、梁、柱、支撑、墙体、连接接点和基础等；承重结构，是指直接将本身自重与各种外加作用力系统地传递给基础地基的主要结构构件和其连接接点，包括承重墙体、立杆、柱、框架柱、支墩、楼板、梁、屋架、悬索等。

② 将没有防水要求的房间或者阳台改为卫生间、厨房间。

③ 扩大承重墙上原有的门窗尺寸，拆除连接阳台的砖、混凝土墙体。

④ 损坏房屋原有节能设施，降低节能效果。

⑤ 其他影响建筑结构和使用安全的行为。

10.5.1.2 装修人从事住宅室内装饰装修活动的行为规范

装修人从事住宅室内装饰装修活动，下列行为，须经有关部门批准；未经批准，严格禁止进行。

① 搭建建筑物、构筑物以及改变住宅外立面，在非承重外墙上开门、窗，要报请城市规划行政主管部门批准后方能实施。

② 拆改供暖管道和设施，要经过供暖管理单位批准后才能进行。

③ 拆改燃气管道和设施，要经过燃气管理单位批准后才能进行。

10.5.1.3 室内装饰装修活动的义务性规定

① 住宅室内装饰装修应当保证工程质量和安全，符合工程建设强制性标准。

② 住宅室内装饰装修超过设计标准或者规范增加楼面荷载的，应当经原设计单位或者具有相应资质等级的设计单位提出设计方案。

③ 改动卫生间、厨房间防水层的，应当按照防水标准制定施工方案，并做闭水试验。

④ 装修人经原设计单位或者具有相应资质等级的设计单位提出设计方案变动建筑主体和承重结构的，或者装修活动涉及上述第②及第③条内容的，必须委托具有相应资质的装饰装修企业承担。

⑤装饰装修企业必须按照工程建设强制性标准和其他技术标准施工，不得偷工减料，确保装饰装修工程质量。

⑥ 装饰装修企业从事住宅室内装饰装修活动，应当遵守施工安全操作规程，按照规定采取必要的安全防护和消防措施，不得擅自动用明火和进行焊接作业，保证作业人员和周围住房及财产的安全。

⑦ 装修人和装饰装修企业从事住宅室内装饰装修活动，不得侵占公共空间，不得损害公共部位和设施。

10.5.2 室内环境质量控制制度

① 装饰装修企业从事住宅室内装饰装修活动，应当严格遵守规定的装饰装修施工时间，降低施工噪声，减少环境污染。

② 住宅室内装饰装修过程中所形成的各种固体、可燃液体等废物，应当按照规定的位置、方式和时间堆放和清运。严禁违反规定将各种固体、可燃液体等废物堆放于住宅垃圾道、楼道或者其他地方。

③ 住宅室内装饰装修工程使用的材料和设备必须符合国家标准，有质量检验合格证明，有中文标识的产品名称、规格、型号、生产厂的厂名和厂址等。禁止使用国家明令淘汰的建筑装饰装修材料和设备。

室内装饰装修材料中的有害物质有氨，甲醛，苯、甲苯和二甲苯，游离甲苯二异氰酸酯，氯乙烯单体，苯乙烯单体，可溶性的铅、镉、铬、汞、砷等。这些有害元素如果超量就会对人体健康和人身安全构成严重危害，甚至危及人们的生命，必须加以限制。为此，国家发布了10项室内装饰装修材料有害物质限量标准，并将其确定为强制性国家标准。这10项标准是：

  a. 室内装饰装修材料 人造板及其制品中甲醛释放限量（GB 18580—2017）；
  b. 室内装饰装修材料 溶剂型木器涂料中有害物质限量（GB18581—2009）；
  c. 室内装饰装修材料 内墙涂料中有害物质限量（GB 18582—2008）；
  d. 室内装饰装修材料 胶粘剂中有害物质限量（GB 18583—2008）；
  e. 室内装饰装修材料 木家具中有害物质限量（GB 18584—2001）；
  f. 室内装饰装修材料 壁纸中有害物质限量（GB 18585—2001）；
  g. 室内装饰装修材料 聚氯乙烯卷材地板中有害物质限量（GB 18586—2001）；
  h. 室内装饰装修材料 地毯、地毯衬垫及地毯胶粘剂有害物质释放限量（GB 18587—2001）；
  i. 混凝土外加剂中释放氨的限量（GB 18588—2001）；
  j. 建筑材料放射性核素限量（GB 6566—2010）。

④ 装修人委托企业对住宅室内进行装饰装修的，装饰装修工程竣工后，空气质量应当符合国家有关标准。装修人可以委托有资格的检测单位对空气质量进行检测。检测不合格的，装饰装修企业应当返工，并由责任人承担相应损失。

10.5.3 室内装饰装修工程竣工验收与保修制度

① 住宅室内装饰装修工程竣工后，装修人应当按照工程设计合同约定和相应的质量标准进行验收。验收合格后，装饰装修企业应当出具住宅室内装饰装修质量保修书。

物业管理单位应当按照装饰装修管理服务协议进行现场检查，对违反法律、法规和装饰装修管理服务协议的，应当要求装修人和装饰装修企业纠正，并将检查记录存档。

② 住宅室内装饰装修工程竣工后，装饰装修企业负责采购装饰装修材料及设备的，应当向业主提交说明书、保修单和环保说明书。

③ 在正常使用条件下，住宅室内装饰装修工程的最低保修期限为二年，有防水要求的厨房、卫生间和外墙面的防渗漏为五年。保修期自住宅室内装饰装修工程竣工验收合格之日起计算。

10.6 法律责任

10.6.1 建设单位的违法行为及其法律责任

10.6.1.1 建设单位不履行或不正当履行其工程管理的有关职责应负的法律责任

根据《建设工程质量管理条例》第56条的规定，建设单位有下列行为之一的，责令改正，处 20 万元以上 50 万元以下的罚款：
① 迫使承包方以低于成本的价格竞标的；
② 任意压缩合理工期的；
③ 明示或者暗示设计单位或者施工单位违反工程建设强制性标准，降低工程质量的；
④ 施工图纸设计文件未经审查或者审查不合格，擅自施工的；
⑤ 建设项目必须实行工程监理而未实行工程监理的；
⑥ 未按照国家规定办理工程质量监督手续的；
⑦ 明示或者暗示施工单位使用不合格的建筑材料、建筑构配件和设备的；
⑧ 未按照国家规定将竣工报告、有关认可文件或者准许使用文件报送备案的。

10.6.1.2　建设单位未取得施工许可证或者开工报告未经批准擅自施工应负的法律责任

根据《建设工程质量管理条例》第 57 条的规定，建设单位若有上述违规行为，应当承担如下的法律责任：
① 责令停止施工，限期改正，尽快补办有关手续。
② 在责令改正的同时，视情节对建设单位处工程合同价款 1‰以上 2‰以下的罚款。

10.6.1.3　建设单位在竣工验收中有不规范行为应负的法律责任

竣工验收是工程交付使用前的一道关键程序，根据《建设工程质量管理条例》第 16 条第三款之规定："建设工程经验收合格的，方可交付使用。"

如果建设单位：①未组织竣工验收就擅自交付使用；②或虽进行了验收程序，但验收不合格擅自交付使用；③或验收时，把不合格工程按合格工程验收。根据《建设工程质量管理条例》第 58 条之规定，建设单位则要承担下列法律责任：
① 责令改正。即没有经过竣工验收的，停止使用，补办验收手续；验收不合格就使用的，停止使用，进行返修，重新组织验收；把不合格工程按合格工程验收的，进行返修，重新组织验收。
② 责令改正的同时，视情节处工程合同价款 2%以上 4%以下的罚款。
③ 造成损失的，依法承担赔偿责任。

10.6.1.4　建设单位未向有关部门移交建设项目档案应负的法律责任

《建设工程质量管理条例》第 17 条和《房屋建筑工程和市政基础设施工程竣工验收备案管理暂行办法》，对建设单位向有关部门移交建设项目档案做了明确的规定，建设单位应当及时收集、整理建设项目各环节的文件资料，建立健全建设项目档案，并在建设项目竣工验收后，及时向建设行政主管部门或其他有关部门移交建设项目档案。建设单位若有违规行为，则要承担下列法律责任：
① 建设单位在竣工验收过程中有违反国家有关建设工程质量管理规定行为的，在收清竣工验收备案文件 15 日内，责令停止使用，重新组织竣工验收。
② 建设单位在工程竣工验收合格之日起 15 日内未办理工程竣工验收备案的，备案机关责令限期改正，处 20 万元以上 30 万元以下罚款。
③ 建设单位将备案机关决定重新组织竣工验收的工程，在重新组织竣工验收前，擅自使用的，备案机关责令停止使用，处工程合同价款 2%以上 4%以下罚款。
④ 建设单位采用虚假证明文件办理工程竣工验收备案的，工程竣工验收无效，备案机关责令停止使用，重新组织竣工验收，处 20 万元以上 50 万元以下罚款；构成犯罪的，依法追究刑事责任。
⑤ 备案机关决定重新组织竣工验收并责令停止使用的工程，建设单位在备案之前已投

入使用或者建设单位擅自继续使用造成使用人损失的，由建设单位依法承担赔偿责任。

10.6.2 施工单位的违法行为及其法律责任

（1）施工单位偷工减料，使用不合格建筑材料、建筑构配件、设备或不按设计图纸和施工技术标准施工应承担的法律责任

根据《建设工程质量管理条例》第64条的规定，对上述违规行为的处罚是：

① 责令改正，处工程合同价款2%以上4%以下的罚款；

② 情节严重的，责令停业整顿，降低资质等级，或者吊销资质证书；

③ 因上述违法行为已造成工程质量不符合规定的质量标准，还要承担负责返工、修理，并赔偿因此造成的损失的民事法律责任。

（2）施工单位未按规定对建筑材料、建筑构配件和设备等进行检验应负的法律责任

根据《建设工程质量管理条例》第65条的规定，施工单位未对建筑材料、建筑构配件、设备和商品混凝土进行检验，或者未对涉及结构安全的试块、试件以及有关材料取样检测的，则要承担下列法律责任：

① 责令改正，处10万元以上20万元以下的罚款；

② 情节严重的，责令停业整顿，降低资质等级，或者吊销资质证书；

③ 因上述违法行为造成损失的还要依法承担赔偿责任。

（3）施工单位不履行保修义务或者拖延履行保修义务应承担的法律责任

根据《建设工程质量管理条例》第66条的规定，施工单位有上述违法行为，要受到如下的处罚：

① 责令改正，视情节处10万元以上20万元以下的罚款；

② 对在保修期内因质量缺陷造成的损失还要承担赔偿责任。在量大面广的住宅工程中工程质量缺陷比较突出，广大住户对此感受深、意见大，施工单位应当依其实际损失给予补偿，可以实物给付，也可以金钱给付。如果质量缺陷是由勘察设计原因、工程监理原因或者建筑材料、构配件和设备等原因造成的，施工单位可以向有关单位追偿。

10.6.3 工程监理单位的违法行为及其法律责任

（1）工程监理单位在监理过程中弄虚作假应负的法律责任

根据《建设工程质量管理条例》第67条的规定，工程监理单位有下列行为之一的，责令改正，处50万元以上100万元以下的罚款，降低资质等级或者吊销资质证书；有违法所得的，予以没收；造成损失的，依法承担赔偿责任：

① 建设单位或者施工单位串通、弄虚作假，降低工程质量的；

② 将不合格的建设工程、建筑材料、建筑构配件和设备按照合格签字的。

（2）监理单位与被监理单位有隶属关系或其他利害关系应负的法律责任

监理单位若违反上述规定，根据《建设工程质量管理条例》第68条，则要承担下列法律责任：

① 责令改正，视情节处5万元以上10万元以下的罚款，降低资质等级，或者吊销资质证书；被吊销资质证书后，工商行政主管部门应当吊销其营业执照；

② 有违法所得的，予以没收。

10.6.4 工程质量直接主管人员和直接责任人员的法律责任

（1）发生重大工程质量事故隐瞒不报、谎报或者拖延报告期限的直接主管人员和直接责

任人员的法律责任

根据《建设工程质量管理条例》第 70 条的规定，对发生上述情况的直接主管人员和直接责任人员给以行政处分。

这里需要说明的是，处分的对象应该包括事故发生单位直接负责工程质量的主管人员或者其他直接责任人员，也包括各级建设行政主管部门失职的主管人员和直接责任人员。

（2）注册建筑师、注册结构工程师、监理工程师等注册执业人员因过错造成质量事故应承担的法律责任

① 注册建筑师、注册结构工程师、监理工程师等注册执业人员违反《建设工程质量管理条例》的有关规定，由于本身的过错造成质量事故的，责令停止执业 1 年；

② 造成重大质量事故的，吊销执业资格证书，5 年内不予注册，情节特别恶劣的，终身不予注册。

凡注册执业人员一经吊销执业资格证书，就不得再从事该项业务活动，因此，这是一项很严重的处罚。

（3）备案机关及其工作人员不办理备案手续应承担的法律责任

对于竣工验收备案文件齐全的工程，备案机关及其工作人员应当及时予以办理备案手续。不给办理的，由有关机关责令改正，对直接责任人员给予行政处分。

（4）建设工程参与各方中受到罚款的单位的主管人员和其他直接责任人员的处罚规定

这里的单位直接负责的主管人员是指在单位违法行为中负有领导责任的人员，包括违法行为的决策人，事后对单位违法行为予以认可和支持的领导人员，以及由于疏于管理或放任，对单位违法行为负有不可推卸责任的领导人员。其他直接责任人员是指直接实施单位违法行为，具体完成单位违法行为的人员。罚款的幅度是，视情节处单位罚款数额的 5% 以上 10% 以下。

10.6.5　其他情况的违法行为和法律责任

（1）勘察、设计单位在勘察设计中有违规行为应承担的法律责任

《建设工程质量管理条例》第 19 条规定：勘察、设计单位必须按照工程建设强制性标准进行勘察、设计；第 21 条规定：设计单位应当根据勘察成果文件进行建设工程设计；第 22 规定：除有特殊情况外，设计单位不得指定生产厂、供应商。勘察、设计单位在勘察设计中若违反上述规定，根据《建设工程质量管理条例》第 63 条，则要承担下列法律责任：

① 责令改正，处 10 万元以上 30 万元以下的罚款。

② 因上述违法行为造成工程质量事故的，责令停业整顿，降低资质等级；情节严重的吊销资质证书；造成损失的，依法承担赔偿责任。

（2）建设、设计、施工、工程监理单位降低工程质量标准，造成重大安全事故应承担的法律责任

依照《刑法》第 137 条的规定，建设单位、设计单位、施工单位、工程监理单位违反国家规定，降低工程质量标准，造成重大安全事故的，则构成工程重大安全事故罪。对直接责任人员，处 5 年以下有期徒刑或者拘役，并处罚金；后果特别严重的，处 5 年以上 10 年以下有期徒刑，并处罚金。

（3）涉及建筑主体和承重结构变动的装修工程擅自施工应负的法律责任

① 决定擅自施工的建设单位，视情节处 50 万元以上 100 万元以下的罚款；对在装修工程中擅自变动房屋建筑主体和承重结构的，责令改正，处 5 万元以上 10 万元以下的罚款。

② 因上述违法行为造成损失的，依法承担赔偿责任。构成犯罪的，依法追究刑事责任。

(4) 建设工程参与各方人员违反建设法规造成严重后果者应负的法律追溯责任

根据《建设工程质量管理条例》第 77 条的规定，建设、勘察、设计、施工、工程监理单位的工作人员因调动工作、退休等原因离开该单位后，被发现在该单位工作期间违反国家有关建设工程质量管理规定，造成重大工程质量事故的，仍应当依法追究刑事责任。这是对建设工程参与各方人员违反法律法规，造成严重后果者的法律处罚行为进行追溯处罚的规定，也是国务院以行政法规的方式对工程质量终身责任制的表述。

(5) 国家机关工作人员玩忽职守、滥用职权、徇私舞弊应负的法律责任

① 国家机关工作人员在建设工程质量监督管理中玩忽职守、滥用职权、徇私舞弊构成犯罪的，依法追究刑事责任。根据《刑法》规定，玩忽职守、滥用职权构成犯罪的，处 3 年以下有期徒刑或者拘役；情节特别严重的，处 3 年以上 7 年以下有期徒刑。徇私舞弊构成犯罪的，处 5 年以下有期徒刑或者拘役；情节特别严重的，处 5 年以上 10 年以下有期徒刑。

② 国家机关工作人员玩忽职守、滥用职权、徇私舞弊，造成后果，但尚不构成犯罪的，由其所在单位或上级主管部门依法给予行政处分。

一、单项选择题

1. 根据《建设工程质量管理条例》的有关规定，应按照国家有关规定组织竣工验收的建设主体是（   ）。

    A. 建设单位   B. 施工单位

    C. 工程监理单位   D. 设计单位

2. 某监理工程师因过错造成重大质量事故，情节特别恶劣。对他的处罚应是（   ）。

    A. 责令停止执业 1 年   B. 责令停止执业 3 年

    C. 吊销执业资格，5 年以内不予注册   D. 终身不予注册

3. 建设工程质量的缺陷责任期从实际通过竣（交）工验收之日起计。如果由于发包人原因导致工程无法按规定期限进行竣（交）工验收的，在承包人提交竣（交）工验收报告（   ）天后，工程自动进入缺陷责任期。

    A. 30   B. 90

    C. 120   D. 150

4. 某勘察单位超越本单位资质等级承揽工程未造成直接损失，按照《建设工程质量管理条例》的规定，应责令停止违法行为，没收非法所得，处以（   ）。

    A. 合同约定的勘察费 1 倍以上 2 倍以下的罚款

    B. 合同约定的勘察费 25% 以上 50% 以下的罚款

    C. 10 万元以上 30 万元以下的罚款

    D. 20 万元以上 50 万元以下的罚款

5. 建设工程发生质量事故后，有关单位应向当地建设行政主管部门和其他有关部门报告。时间从发生质量事故时起算，最晚不迟于（   ）小时。

    A. 8   B. 12

C. 24　　　　　　　　　　　　　　　D. 28

6. 发包人负责采购的建筑材料，到货后与承包人共同验收时发现规格和等级与施工合同内清单规定不符，承包人应（　　）。
   A. 自行将其运出工地　　　　　　B. 要求发包人将其运出工地
   C. 要求供货的运输公司将其运回发货单位　　D. 要求供货商将其运出工地

7. 建设工程未经竣工验收，发包人擅自使用的，该工程竣工日期应为（　　）。
   A. 提交验收报告之日　　　　　　B. 建设工程完工之日
   C. 转移占有建设工程之日　　　　D. 竣工验收合格之日

8. 某工程竣工验收时发现隐蔽工程检测质量不合格，经查，是由于设计缺陷造成的。下列说法中，正确的是（　　）。
   A. 设计人应负责返修，费用由设计方先行承担
   B. 承包人应负责返修，费用由承包人先行承担
   C. 承包人应负责返修，费用由发包人先行承担
   D. 由于设计缺陷造成质量不合格，承包人不负责返修

9. 某高校的图书馆工程，甲是总承包单位，甲经过业主同意将该图书馆的玻璃幕墙的安装分包给乙施工单位，乙在施工过程中出现了质量事故。则该高校可要求（　　）。
   A. 甲承担责任　　　　　　　　　B. 乙承担责任
   C. 甲和乙承担连带责任　　　　　D. 甲和乙分担责任

10. 工程建设标准批准部门应当对工程项目执行强制性标准情况进行监督检查，监督检查可以采取的方式不包括（　　）。
    A. 重点检查　　　　　　　　　　B. 平行检查
    C. 抽查　　　　　　　　　　　　D. 专项检查

11. 依据《建设工程质量管理条例》，工程承包单位在（　　）时，应当向建设单位出具质量保修书。
    A. 工程价款结算完毕　　　　　　B. 施工完毕
    C. 提交工程竣工验收报告　　　　D. 竣工验收合格

12. 根据《建设工程质量管理条例》，在工程建设中，对违反国家规定，降低工程质量标准，造成重大安全事故，构成犯罪的，应对（　　）依法追究刑事责任。
    A. 法定代表人　　　　　　　　　B. 经营负责人
    C. 直接责任人　　　　　　　　　D. 项目负责人

13. 根据《建设工程质量管理条例》，对涉及（　　）的装修工程，建设单位应委托原设计单位或具有相应资质等级的设计单位提出设计方案。
    A. 增加工程造价总额　　　　　　B. 建筑主体和承重结构变动
    C. 增加工程内部装修　　　　　　D. 改变建筑工程局部使用功能

二、多项选择题

1. 某建设单位在其新厂房建设工程中出现了下述行为，其中必须承担相应法律责任的行为有（　　）。
   A. 暗示承包人违反工程建设强制性标准，降低建设工程质量
   B. 迫使承包方以低于成本的价格竞标
   C. 任意压缩合理工期
   D. 施工图设计文件未经审查就擅自施工
   E. 未对涉及结构安全的试件取样检测

2. 施工单位必须建立、健全施工质量的检验制度，严格工序管理，作好隐蔽工程的质量检查和记录。隐蔽工程在隐蔽前，施工单位应当通知（ ）。

  A. 设计单位   B. 建设工程质量监督机构
  C. 建设单位   D. 安全生产监督管理部门
  E. 勘察单位

3. 某监理公司在其承担的一项监理工程中出现了下述行为，其中由监理公司必须承担法律责任的情况有（ ）。

  A. 该工程超越了该监理本公司资质等级
  B. 与施工单位串通弄虚作假、降低工程质量
  C. 将不合格的建设工程、建筑材料、建筑构配件和设备按照合格签字
  D. 未对建筑材料、建筑构配件、设备和商品混凝土进行检验
  E. 未按照工程建设强制性标准进行设计

4. 某设计院在其承担的一项设计工程中出现了下述行为，其中由设计院必须承担法律责任的情况有（ ）。

  A. 将该工程委托给不具有相应资质等级的工程监理单位
  B. 未按照工程建设强制性标准进行勘察
  C. 未根据勘察成果文件进行工程设计
  D. 指定了建筑材料、建筑构配件的生产厂、供应商
  E. 未向建设行政主管部门或者其他有关部门移交建设项目档案

5. 根据《建设工程质量管理条例》，法定质量保修范围有（ ）。

  A. 土石方工程   B. 地基基础工程
  C. 电气管线工程   D. 景观绿化工程
  E. 屋面防水工程

6. 根据《建设工程质量管理条例》，下列符合建设单位质量责任和义务的有（ ）。

  A. 将工程发包给具有相应资质等级的单位
  B. 不得将工程肢解发包
  C. 有权改变结构主体和承重部分进行装修
  D. 施工图设计文件未经审查批准的，建设单位不得使用
  E. 对必须实施监理的工程，应委托具有相应资质等级的工程监理单位进行监理

7. 下列工程建设国家标准属于强制性标准的有（ ）。

  A. 工程建设通用的有关安全、卫生和环境保护的标准
  B. 工程建设通用的建筑模数和制图方法标准
  C. 工程建设通用的试验、检验和评定方法等标准
  D. 工程建设通用的信息技术标准
  E. 工程建设通用的质量标准

8. 某工程项目未经竣工验收，发包人擅自使用后楼板出现裂缝，经鉴定是由于承包人偷工减料造成的，关于此项目质量责任的说法，正确的有（ ）。

  A. 未经竣工验收使用此工程，由发包人承担全部责任
  B. 承包人在建设工程设计文件规定的合理使用年限内对主体结构承担民事责任
  C. 承包人应当负责返修，费用由发包人承担
  D. 造成发包人损失的，承包人不承担责任
  E. 承包人应当负责返修，费用由承包人承担

9. 根据《建设工程质量管理条例》竣工验收应当具备的条件有（   ）。
A. 有完整的技术档案
B. 完成工程结算备案
C. 有主要建筑材料的进场试验报告
D. 有设计单位签署的质量合格文件
E. 有施工企业签署的质量保修书

10. 根据《建设工程质量管理条例》，最低保修期限为2年的工程有（   ）。
A. 外墙防渗漏   B. 设备安装
C. 给排水管道   D. 防水工程
E. 装修工程

三、简答题

1. 按照标准的级别不同，工程建设标准可分为哪几个级别？
2. 在工程建设国家标准、行业标准中，属于强制性标准的有哪些？
3. 简述建设单位、勘察单位、设计单位、施工企业、监理单位的质量责任与义务。
4. 简述建设工程竣工验收的条件和程序。
5. 简述建设工程质量的保修范围、保修期限和保修程序。
6. 简述质量保证金的含义、数额及返还。
7. 建设单位应当何时办理工程竣工验收备案？办理时应当提交哪些文件？
8. 简述住宅室内装饰装修质量管理制度。

第10章答案与解析

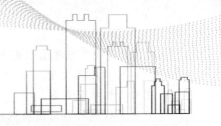

第11章 建设工程安全生产管理法规

教学目标

通过本章的学习，使学生掌握建设工程安全生产管理基本制度；熟悉建筑生产的安全责任体系。掌握建筑从业人员安全生产的权利和义务；掌握施工现场安全防护管理和消防管理制度；掌握房屋拆除的安全管理制度。掌握生产安全事故的等级和生产安全事故报告制度；熟悉生产安全事故的应急救援和调查处理。熟悉《中华人民共和国安全生产法》规定的法律责任。掌握《建设工程安全生产管理条例》《安全生产许可证条例》《生产安全事故报告和调查处理条例》规定的法律责任。能够运用建设工程安全生产管理法律法规解释和处理建设工程中的相关法律问题；能够按照建设工程安全生产管理法规依法从事工程建设活动。

建筑安全生产管理是指建设行政主管部门、建筑安全监督管理机构、建筑施工企业及有关单位对建筑生产过程中的安全工作，进行计划、组织、指挥、控制、监督等一系列的管理活动。其目的在于保证建筑工程安全和建筑职工的人身安全。

建筑安全生产管理包括纵向、横向和施工现场三个方面的管理。纵向方面的管理主要是指建设行政主管部门及其授权的建筑安全监督管理机构对建筑安全生产的行业监督管理。横向方面的管理主要是指建筑生产有关各方如建设单位、设计单位、监理单位和建筑施工企业等的安全责任和义务。施工现场管理主要是指控制人的不安全行为和物的不安全状态，是建筑安全生产管理的关键和集中体现。

建筑生产的特点是产品固定、人员流动，而且多为露天高空作业，不安全因素较多，有些工作危险性较大，是事故多发性行业。

为了加强建筑安全生产管理，预防和减少建筑业事故的发生，保障建筑职工及他人的人身安全和财产安全，国家相关部门制定了一系列的工程建设安全生产法律法规和规范性文件，主要有：

①《中华人民共和国建筑法》（1997年11月1日第八届全国人大常委会第28次会议通过；2011年4月22日第十一届全国人大常委会第20次会议修订，2011年7月1日起施行）；

②《中华人民共和国安全生产法》（简称《安全生产法》）（2002年6月29日第九届全国人大常委会第28次会议通过；2014年8月31日第十二届全国人民代表大会常务委员会第十次会议修订，2014年12月1日起施行）；

③《建设工程安全生产管理条例》（2004年2月1日起施行）；

④《安全生产许可证条例》(2004年1月13日首次发布，2014年7月29日进行修订);
⑤《生产安全事故报告和调查处理条例》(2007年6月1日起施行)。

上述"两法三条例"的发布与施行，对于加强建筑安全生产监督管理，保障人民群众生命和财产安全具有十分重要的意义。

11.1 建设工程安全生产管理基本制度

11.1.1 建设工程安全生产认证制度

为了严格规范安全生产条件，进一步加强安全生产监督管理，防止和减少生产安全事故，国家和相关部门制定了一系列的安全生产认证制度。

安全生产法．
2014年修订

11.1.1.1 安全生产许可证

2014年7月经修订后发布的《安全生产许可证条例》第二条规定："国家对矿山企业、建筑施工企业和危险化学品、烟花爆竹、民用爆炸物品生产企业（以下统称企业）实行安全生产许可制度。企业未取得安全生产许可证的，不得从事生产活动。"

依据《安全生产许可证条例》，建设部发布施行了《建筑施工企业安全生产许可证管理规定》，其适用范围为建筑施工企业。这里所称建筑施工企业，是指从事土木工程、建筑工程、线路管道和设备安装工程及装修工程的新建、扩建、改建和拆除等有关活动的企业。

建设工程安全
生产管理条例．
2004年发布

（1）建筑施工企业取得安全生产许可证应具备的安全生产条件

根据《安全生产许可证条例》第6条的规定，企业领取安全生产许可证应当具备一系列安全生产条件。在此规定基础上，结合建筑施工企业的自身特点，《建筑施工企业安全生产许可证管理规定》第4条将建筑施工企业取得安全生产许可证应当具备的安全生产条件具体规定为：

① 建立、健全安全生产责任制，制定完备的安全生产规章制度和操作规程；
② 保证本单位安全生产条件所需资金的投入；
③ 设置安全生产管理机构，按照国家有关规定配备专职安全生产管理人员；
④ 主要负责人、项目负责人、专职安全生产管理人员经建设主管部门或者其他有关部门考核合格；
⑤ 特种作业人员经有关业务主管部门考核合格，取得特种作业操作资格证书；
⑥ 管理人员和作业人员每年至少进行一次安全生产教育培训并考核合格；
⑦ 依法参加工伤保险，依法为施工现场从事危险作业的人员办理意外伤害保险，为从业人员交纳保险费；
⑧ 施工现场的办公、生活区及作业场所和安全防护用具、机械设备、施工机具及配件符合有关安全生产法律、法规、标准和规程的要求；
⑨ 有职业危害防治措施，并为作业人员配备符合国家标准或者行业标准的安全防护用具和安全防护服装；
⑩ 有对危险性较大的分部分项工程及施工现场易发生重大事故的部位、环节的预防、监控措施和应急预案；
⑪ 有生产安全事故应急救援预案、应急救援组织或者应急救援人员，配备必要的应急救援器材、设备；
⑫ 法律、法规规定的其他条件。

《安全生产许可证条例》第14条还规定，安全生产许可证颁发管理机关应当加强对取得安全生产许可证的企业的监督检查，发现其不再具备本条例规定的安全生产条件的，应当暂扣或者吊销安全生产许可证。

(2) 安全生产许可证的管理制度

① 安全生产许可证的申请。建筑施工企业从事建筑施工活动前，应当依照规定向省级以上建设主管部门申请领取安全生产许可证。

中央管理的建筑施工企业（集团公司、总公司）应当向国务院建设主管部门申请领取安全生产许可证。

上述规定以外的其他建筑施工企业，包括中央管理的建筑施工企业（集团公司、总公司）下属的建筑施工企业，应当向企业注册所在地省、自治区、直辖市人民政府建设主管部门申请领取安全生产许可证。

依据《建筑施工企业安全生产许可证管理规定》第6条，建筑施工企业申请安全生产许可证时，应当向建设主管部门提供下列材料：a. 建筑施工企业安全生产许可证申请表；b. 企业法人营业执照；c. 与申请安全生产许可证应当具备的安全生产条件相关的文件、材料。

建筑施工企业申请安全生产许可证，应当对申请材料实质内容的真实性负责，不得隐瞒有关情况或者提供虚假材料。

② 安全生产许可证的有效期。安全生产许可证的有效期为3年。安全生产许可证有效期满需要延期的，企业应当于期满前3个月向原安全生产许可证颁发管理机关办理延期手续。企业在安全生产许可证有效期内，严格遵守有关安全生产的法律法规，未发生死亡事故的，安全生产许可证有效期届满时，经原安全生产许可证颁发管理机关同意，不再审查，安全生产许可证有效期延期3年。

③ 安全生产许可证的变更与注销。建筑施工企业变更名称、地址、法定代表人等，应当在变更后10日内，到原安全生产许可证颁发管理机关办理安全生产许可证变更手续。

建筑施工企业破产、倒闭、撤销的，应当将安全生产许可证交回原安全生产许可证颁发管理机关予以注销。

建筑施工企业遗失安全生产许可证，应当立即向原安全生产许可证颁发管理机关报告，并在公众媒体上声明作废后，方可申请补办。

④ 安全生产许可证的使用规定。根据《安全生产许可证条例》和《建筑施工企业安全生产许可证管理规定》，建筑施工企业应当遵守如下强制性规定：

a. 未取得安全生产许可证的，不得从事建筑施工活动。建设行政主管部门在审核发放施工许可证时，应当对已经确定的建筑施工企业是否有安全生产许可证进行审查，对没有取得安全生产许可证的，不得颁发施工许可证。

b. 企业不得转让、冒用安全生产许可证或者使用伪造的安全生产许可证。

c. 企业取得安全生产许可证后，不得降低安全生产条件，并应当加强日常安全生产管理，接受安全生产许可证颁发管理机关的监督检查。

11.1.1.2 建设工程从业单位的其他安全认证

(1) 特殊专业队伍的安全认证

对特殊专业队伍的安全认证，主要是指对人工挖孔桩、地基基础、护壁支撑、塔吊装拆、井字架（龙门架）、特种脚手架搭设等施工队伍进行资格审查，经审查合格领取《专业施工安全许可证》后方可从事专业施工。

(2) 专职安全人员资格认证

根据规定，建筑施工单位应当设置安全生产管理机构和配备专职安全生产管理人员。建筑施工单位的主要负责人和安全生产管理人员，应当由有关主管部门对其安全生产知识和管理能力考核合格后方可任职。因此，对专职安全人员实行资格认证，主要是审查其安全生产专业知识和管理能力。不具备条件的，不能从事专职安全工作。

11.1.2 建设工程安全生产教育培训制度

根据《建筑法》《安全生产法》和《建设工程安全生产管理条例》的规定，建筑施工企业应当建立健全安全生产教育培训制度，加强对职工安全生产的教育培训；未经安全生产教育培训的人员，不得上岗作业。

11.1.2.1 施工单位三类管理人员与"三项岗位"人员的培训考核

（1）三类管理人员的培训考核

施工单位的主要负责人、项目负责人、专职安全生产管理人这三类管理人员应当经建设行政主管部门或者其他有关部门考核合格后方可任职。

（2）"三项岗位"人员的培训考核

《国务院关于坚持科学发展安全发展促进安全生产形势持续稳定好转的意见》规定，企业主要负责人、安全管理人员、特种作业人员这"三项岗位"人员一律经严格考核、持证上岗。

《国务院安委会关于进一步加强安全培训工作的决定》进一步指出，严格落实"三项岗位"人员持证上岗制度。企业新任用或者招录"三项岗位"人员，要组织其参加安全培训，经考试合格持证后上岗。对发生人员死亡事故负有责任的企业主要负责人、实际控制人和安全管理人员，要重新参加安全培训考试。

"三项岗位"人员中的企业主要负责人、安全管理人员已涵盖在三类管理人员之中。对于特种作业人员，因其从事直接对本人或他人及其周围设施安全有着重大危害因素的作业，必须经专门的安全作业培训，并取得特种作业操作资格证书后，方可上岗作业。

按照《建设工程安全生产管理条例》的规定，垂直运输机械作业人员、安装拆卸工、爆破作业人员、起重信号工、登高架设作业人员等特种作业人员，必须按照国家有关规定经过专门的安全作业培训，并取得特种作业操作资格证书后，方可上岗作业。

国家安全生产监督管理总局《特种作业人员安全技术培训考核管理规定》则规定，特种作业的范围包括电工作业（不含电力系统进网作业）、焊接与热切割作业、高处作业、制冷与空调作业、煤矿安全作业、金属非金属矿山安全作业、石油天然气安全作业、冶金（有色）生产安全作业、危险化学品安全作业、烟花爆竹安全作业等。

住房和城乡建设部《建筑施工特种作业人员管理规定》进一步规定，建筑施工特种作业包括：①建筑电工；②建筑架子工；③建筑起重信号司索工；④建筑起重机械司机；⑤建筑起重机械安装拆卸工；⑥高处作业吊篮安装拆卸工；⑦经省级以上人民政府建设主管部门认定的其他特种作业。

11.1.2.2 施工单位全员的安全生产教育培训

《建设工程安全生产管理条例》规定，施工单位应当对管理人员和作业人员每年至少进行一次安全生产教育培训，其教育培训情况记入个人工作档案。安全生产教育培训考核不合格的人员，不得上岗。

《国务院关于坚持科学发展安全发展促进安全生产形势持续稳定好转的意见》规定，企业用工要严格依照劳动合同法与职工签订劳动合同，职工必须全部经培训合格后上岗。施工单位应当根据实际需要，对不同岗位、不同工种的人员进行因人施教。安全教育培训可采取多种形式，包括安全形势报告会、事故案例分析会、安全法制教育、安全技术交流、安全竞赛、师傅带徒弟等。

11.1.2.3 作业人员的安全生产教育培训

（1）进入新岗位或者新施工现场前的安全生产教育培训

由于新岗位、新工地往往各有特殊性，施工单位须对新录用或转场的职工进行安全教育培训，包括施工安全生产法律法规、施工工地危险源识别、安全技术操作规程、机械设备电气及高处作业安全知识、防火防毒防尘防爆知识、紧急情况安全处置与安全疏散知识、安全防护用品使用知识以及发生事故时自救排险、抢救伤员、保护现场和及时报告等。

《建设工程安全生产管理条例》规定，作业人员进入新的岗位或者新的施工现场前，应当接受安全生产教育培训。未经教育培训或者教育培训考核不合格的人员，不得上岗作业。

《国务院安委会关于进一步加强安全培训工作的决定》进一步指出，严格落实企业职工先培训后上岗制度。建筑企业要对新职工进行至少 32 学时的安全培训，每年进行至少 20 学时的再培训。

（2）采用新技术、新工艺、新设备、新材料前的安全生产教育培训

《建设工程安全生产管理条例》规定，施工单位在采用新技术、新工艺、新设备、新材料时，应当对作业人员进行相应的安全生产教育培训。《国务院安委会关于进一步加强安全培训工作的决定》指出，企业调整职工岗位或者采用新工艺、新技术、新设备、新材料的，要进行专门的安全培训。

11.1.2.4 安全教育培训方式

《国务院安委会关于进一步加强安全培训工作的决定》指出，完善和落实师傅带徒弟制度。高危企业新职工安全培训合格后，要在经验丰富的工人师傅带领下，实习至少 2 个月后方可独立上岗。工人师傅一般应当具备中级工以上技能等级，3 年以上相应工作经历，成绩突出，善于"传、帮、带"，没有发生过"三违"行为等条件。要组织签订师徒协议，建立师傅带徒弟激励约束机制。

支持大中型企业和欠发达地区建立安全培训机构，重点建设一批具有仿真、体感、实操特色的示范培训机构。加强远程安全培训。开发国家安全培训网和有关行业网络学习平台，实现优质资源共享。实行网络培训学时学分制，将学时和学分结果与继续教育、再培训挂钩。利用视频、电视、手机等拓展远程培训形式。

11.1.3 施工单位负责人施工现场带班制度

《国务院关于进一步加强企业安全生产工作的通知》（国发[2010]23号）规定，强化生产过程管理的领导责任。企业主要负责人和领导班子成员要轮流现场带班。

住建部《建筑施工企业负责人及项目负责人施工现场带班暂行办法》进一步规定，企业负责人带班检查是指由建筑施工企业负责人带队实施对工程项目质量安全生产状况及项目负责人带班生产情况的检查。建筑施工企业负责人，是指企业的法定代表人、总经理、主管质量安全和生产工作的副总经理、总工程师和副总工程师。

建筑施工企业负责人要定期带班检查，每月检查时间不少于其工作日的 25%。建筑施工企业负责人带班检查时，应认真做好检查记录，并分别在企业和工程项目存档备查。工程项目进行超过一定规模的危险性较大的分部分项工程施工时，建筑施工企业负责人应到施工现场进行带班检查。工程项目出现险情或发现重大隐患时，建筑施工企业负责人应到施工现

场带班检查,督促工程项目进行整改,及时消除险情和隐患。

对于有分公司(非独立法人)的企业集团,集团负责人因故不能到现场的,可书面委托工程所在地的分公司负责人对施工现场进行带班检查。

11.1.4 重大隐患治理挂牌督办制度

在施工活动中那些可能导致事故发生的物的不安全状态、人的不安全行为和管理上的缺陷,都是事故隐患。《国务院关于进一步加强企业安全生产工作的通知》规定,对重大安全隐患治理实行逐级挂牌督办、公告制度。

住建部《房屋市政工程生产安全重大隐患排查治理挂牌督办暂行办法》(建质[2011]158号)进一步规定,重大隐患是指在房屋建筑和市政工程施工过程中,存在的危害程度较大、可能导致群死群伤或造成重大经济损失的生产安全隐患。

建筑施工企业是建筑工程生产安全重大隐患排查治理的责任主体,应当建立健全重大隐患排查治理工作制度,并落实到每一个工程项目。对排查出的重大隐患,应及时实施治理消除,并将相关情况进行登记存档。

建筑施工企业应及时将工程项目重大隐患排查治理的有关情况向建设单位报告。建设单位应积极协调勘察、设计、施工、监理、监测等单位,并在资金、人员等方面积极配合做好重大隐患排查治理工作。

住房城乡建设主管部门接到工程项目重大隐患举报,应立即组织核实,属实的由工程所在地住房城乡建设主管部门及时向承建工程的建筑施工企业下达《房屋市政工程生产安全重大隐患治理挂牌督办通知书》,并公开有关信息,接受社会监督。

承建工程的建筑施工企业接到《房屋市政工程生产安全重大隐患治理挂牌督办通知书》后,应立即组织进行治理。确认重大隐患消除后,向工程所在地住房城乡建设主管部门报送治理报告,并提请解除督办。工程所在地住房城乡建设主管部门收到建筑施工企业提出的重大隐患解除督办申请后,应当立即进行现场审查。审查合格的,依照规定解除督办;审查不合格的,继续实施挂牌督办。

11.1.5 建设工程安全生产保险制度

《安全生产法》第48条规定:"生产经营单位必须依法参加工伤保险,为从业人员缴纳保险费。国家鼓励生产经营单位投保安全生产责任保险。"

新修订的《建筑法》规定:"建筑施工企业应当依法为职工参加工伤保险缴纳工伤保险费。鼓励企业为从事危险作业的职工办理意外伤害保险,支付保险费。"

《建设工程安全生产管理条例》则规定,施工单位应当为施工现场从事危险作业的人员办理意外伤害保险。意外伤害保险费由施工单位支付。实行施工总承包的,由总承包单位支付意外伤害保险费。意外伤害保险期限自建设工程开工之日起至竣工验收合格止。

工伤保险与建筑意外伤害保险有着很大的不同。工伤保险是社会保险的一种,实行实名制,并按工资总额计提保险费,较适用于企业的固定职工。按工伤保险赔偿,保额最低接近40万元,甚至可达到60万元。建筑意外伤害保险则是一种法定的商业保险,通常是按照施工合同额或建筑面积计提保险费,针对着施工现场从事危险作业的特殊人群,较适合施工现场作业人员包括从事危险作业人员流动性大的行业特点。

原建设部《关于加强建筑意外伤害保险工作的指导意见》(建质[2003]107号)中指出,建筑施工企业应当为施工现场从事施工作业和管理的人员,在施工活动过程中发生的人身意外伤亡事故提供保障，办理建筑意外伤害保险、支付保险费。范围应当覆盖工程项目。已在企业所在地参加工伤保险的人员，从事现场施工时仍可参加建筑意外伤害保险。

保险期限应涵盖工程项目开工之日到工程竣工验收合格日。提前竣工的，保险责任自行终止。因延长工期的，应当办理保险顺延手续。

各地建设行政主管部门要结合本地区实际情况，确定合理的最低保险金额。最低保险金额要能够保障施工伤亡人员得到有效的经济补偿。施工企业办理建筑意外伤害保险时，投保的保险金额不得低于此标准。

施工企业应在工程项目开工前，办理完投保手续。鉴于工程建设项目施工工艺流程中各工种调动频繁、用工流动性大，投保应实行不记名和不计人数的方式。工程项目中有分包单位的由总承包施工企业统一办理，分包单位合理承担投保费用。业主直接发包的工程项目由承包企业直接办理。投保人办理投保手续后，应将投保有关信息以布告形式张贴于施工现场，告之被保险人。

11.1.6 建设工程安全伤亡事故报告制度和责任追究制度

（1）建设工程安全伤亡事故报告制度

施工中发生事故时，建筑企业应当采取紧急措施减少人员伤亡和事故损失，并按照国家有关规定及时向有关部门报告。

事故处理必须遵循一定的程序，做到"四不放过"（原因不查清不放过，不采取改正措施不放过，责任人和广大群众不受到教育不放过，与事故有关的领导和责任人不受到查处不放过）。在本章11.4.2中将对这一制度作详细的阐述。

（2）建设工程安全事故责任追究制度

新修订的《安全生产法》第14条规定："国家实行生产安全事故责任追究制度，依照本法和有关法律、法规的规定，追究生产安全责任人员的法律责任。"建设单位、设计单位、施工单位、监理单位，由于没有履行职责造成人员伤亡和事故损失的，视情节给予相应处理；情节严重的，责令停业整顿，降低资质等级或吊销资质证书；构成犯罪的，依法追究刑事责任。

11.2 建设工程安全生产责任体系

建设工程涉及方方面面，在市场经济高度发达的今天，投资主体呈现多元化，如国家投资、国有企业投资、私人投资和外资（包括港澳台）投资等，组织形式多样化、利益分配差别化为建设工程的安全生产管理带来了错综复杂的挑战。另外，建筑业是一个涉及多专业、跨学科的社会生产活动，参与建设工程活动的责任主体包含建设单位、工程勘察设计单位、工程监理单位、建筑施工企业等。为了保障工程建设活动的安全展开，参与工程建设活动的各方责任主体都必须承担相应的安全生产责任和义务。

11.2.1 建设单位的安全责任

建设单位是建设工程项目的投资主体或管理主体，在整个工程建设中居于主导地位。《建筑法》和《建设工程安全生产管理条例》将建设单位列入安全责任主体之中，对建设单位在工程建设活动中应承担的安全责任和义务，以及违法行为应承担的法律责任进行了明确规定，为今后工程建设的安全生产管理提供了强有力的法律保证。

(1) 向施工单位提供资料的责任

《建筑法》规定，建设单位应当向建筑施工企业提供与施工现场相关的地下管线资料，建筑施工企业应当采取措施加以保护。《建设工程安全生产管理条例》进一步规定，建设单位应当向施工单位提供施工现场及毗邻区域内供水、排水、供电、供气、供热、通信、广播电视等地下管线资料，气象和水文观测资料，相邻建筑物和构筑物、地下工程的有关资料，并保证资料的真实、准确、完整。

建设单位因建设工程需要，向有关部门或者单位查询上述资料时，有关部门或者单位应当及时提供。

(2) 依法履行合同，不得提出违法要求和随意压缩合同工期的责任

《建设工程安全生产管理条例》规定，建设单位不得对勘察、设计、施工、工程监理等单位提出不符合建设工程安全生产法律、法规和强制性标准规定的要求，不得压缩合同约定的工期。

合同约定的工期是建设单位与施工单位在工期定额的基础上，根据施工条件、技术水平等，经过双方平等协商而共同约定的工期。建设单位不能片面为了早日发挥建设项目的效益，迫使施工单位大量增加人力、物力投入，或者是简化施工程序，随意压缩合同约定的工期。

建设单位与勘察、设计、施工、工程监理等单位都是完全平等的合同双方的关系，建设单位不是这些单位的上级管理部门。其对这些单位的要求必须要以合同为根据并不得触犯相关的法律、法规。

(3) 提供安全生产费用的责任

安全生产需要资金的保证，而这笔资金的源头就是建设单位。只有建设单位提供了用于安全生产的费用，施工单位才可能有保证安全生产的费用。

因此，《建设工程安全生产管理条例》第 8 条规定："建设单位在编制工程概算时，应当确定建设工程安全作业环境及安全施工措施所需费用。"

(4) 不得要求购买、租赁和使用不符合安全施工要求的用具设备的责任

《建设工程安全生产管理条例》规定，建设单位不得明示或者暗示施工单位购买、租赁、使用不符合安全施工要求的安全防护用具、机械设备、施工机具及配件、消防设施和器材。

由于建设工程的投资额、投资效益以及工程质量等，其后果最终都是由建设单位承担，建设单位势必对工程建设的各个环节都非常关心，包括材料设备的采购、租赁等。这就要求建设单位与施工单位应当在合同中约定双方的权利义务，包括采用哪种供货方式等。无论施工单位购买、租赁或是使用有关安全防护用具、机械设备等，建设单位都不得采用明示或者暗示的方式，违法向施工单位提出不符合安全施工的要求。

(5) 提供安全施工措施资料的责任

建设单位在申请领取施工许可证时，应当提供建设工程有关安全施工措施的资料。

依法批准开工报告的建设工程，建设单位应当自开工报告批准之日起 15 日内，将保证安全施工的措施报送建设工程所在地的县级以上地方人民政府建设行政主管部门或者其他有关部门备案。

建设工程有关安全施工措施资料，一般包括：①中标通知书；②工程施工合同；③施工现场总平面布置图；④临时设施规划方案和已搭建情况；⑤施工现场安全防护设施搭设计划、施工进度计划、安全措施费用计划；⑥专项安全施工组织设计；⑦拟进入施工现场使用的施工起重机械设备的型号、数量；⑧工程项目负责人、安全管理人员及特种作业人员持证上岗情况；⑨建设单位安全监督人员名册、工程监理单位人员名册；⑩其他应提交的材料。

(6) 对拆除工程进行备案的责任

《建设工程安全生产管理条例》第11条规定，建设单位应当将拆除工程发包给具有相应资质等级的施工单位。建设单位应当在拆除工程施工15日前，将下列资料报送建设工程所在地的县级以上地方人民政府建设行政主管部门或者其他有关部门备案：

① 施工单位资质等级证明；

② 拟拆除建筑物、构筑物及可能危及毗邻建筑的说明；

③ 拆除施工组织方案；

④ 堆放、清除废弃物的措施。

实施爆破作业的，应当遵守国家有关民用爆炸物品管理的规定。

（7）按规定办理有关申请批准手续的责任

《建筑法》第42条规定，有下列情形之一的，建设单位应当按照国家有关规定办理申请批准手续：a. 需要临时占用规划批准范围以外场地的；b. 可能损坏道路、管线、电力、邮电通讯等公共设施的；c. 需要临时停水、停电、中断道路交通的；d. 需要进行爆破作业的；e. 法律、法规规定需要办理报批手续的其他情形。

这是因为，上述活动不仅涉及工程建设的顺利进行和施工现场作业人员的安全，也影响到周边区域人们的安全或是正常的工作生活，并需要有关方面给予支持和配合。为此，建设单位应当依法向有关部门申请办理批准手续。

11.2.2 勘察、设计、工程监理单位的安全责任

建设工程安全生产是一个大的系统工程。工程勘察、设计作为工程建设的重要环节，对于保障安全施工有着重要影响。

11.2.2.1 勘察单位的安全责任

（1）确保勘察文件的质量，以保证后续工作的安全

勘察单位应当按照法律、法规和工程建设强制性标准进行勘察，提供的勘察文件应当真实、准确，满足建设工程安全生产的需要。

工程勘察是工程建设的先行官。工程勘察成果是建设工程项目规划、选址、设计的重要依据，也是保证施工安全的重要因素和前提条件。因此，勘察单位必须按照法律、法规的规定以及工程建设强制性标准的要求进行勘察，并提供真实、准确的勘察文件，不能弄虚作假。

（2）科学勘察，保证周边建筑物的安全

勘察单位在勘察作业时，应当严格执行操作规程，采取措施保证各类管线、设施和周边建筑物、构筑物的安全。

勘察单位在进行勘察作业时，也易发生安全事故。为了保证勘察作业的安全，要求勘察人员必须严格执行操作规程，并应采取措施保证各类管线、设施和周边建筑物、构筑物的安全，为保障施工作业人员和相关人员的安全提供必要条件。

11.2.2.2 设计单位的安全责任

工程设计是工程建设的灵魂。在建设工程项目确定后，工程设计便成为工程建设中最重要、最关键的环节，对安全施工有着重要影响。

（1）按照法律、法规和工程建设强制性标准进行设计

《建设工程安全生产管理条例》规定，设计单位应当按照法律、法规和工程建设强制性标准进行设计，防止因设计不合理导致生产安全事故的发生。

（2）提出防范生产安全事故的指导意见和措施建议

《建设工程安全生产管理条例》规定，设计单位应当考虑施工安全操作和防护的需要，

对涉及施工安全的重点部位和环节在设计文件中注明,并对防范生产安全事故提出指导意见。采用新结构、新材料、新工艺的建设工程和特殊结构的建设工程,设计单位应当在设计中提出保障施工作业人员安全和预防生产安全事故的措施建议。

设计单位的工程设计文件对保证建设工程结构安全至关重要。

(3) 对设计成果承担责任

《建设工程安全生产管理条例》规定,设计单位和注册建筑师等注册执业人员应当对其设计负责。

按照"谁设计谁负责"的国际通行做法,设计单位和注册建筑师等注册执业人员应当对其设计负责。设计单位的责任主要是指由于设计责任造成事故的,设计单位除承担行政责任外,还要对造成的损失进行赔偿;注册执业人员应当在设计文件上签字,对设计文件负责。

11.2.2.3 工程监理单位的安全责任

(1) 对安全技术措施或专项施工方案进行审查

《建设工程安全生产管理条例》规定,工程监理单位应当审查施工组织设计中的安全技术措施或者专项施工方案是否符合工程建设强制性标准。

施工组织设计中应当包括安全技术措施和施工现场临时用电方案,对基坑支护与降水工程、土方开挖工程、模板工程、起重吊装工程、脚手架工程、拆除、爆破工程等达到一定规模的危险性较大的分部分项工程,还应当编制专项施工方案。工程监理单位要对这些安全技术措施和专项施工方案进行审查,重点审查是否符合工程建设强制性标准;对于达不到强制性标准的,应当要求施工单位进行补充和完善。

(2) 依法对施工安全事故隐患进行处理

《建设工程安全生产管理条例》规定,工程监理单位在实施监理过程中,发现存在安全事故隐患的,应当要求施工单位整改;情况严重的,应当要求施工单位暂时停止施工,并及时报告建设单位。施工单位拒不整改或者不停止施工的,工程监理单位应当及时向有关主管部门报告。

(3) 承担建设工程安全生产的监理责任

《建设工程安全生产管理条例》规定,工程监理单位和监理工程师应当按照法律、法规和工程建设强制性标准实施监理,并对建设工程安全生产承担监理责任。

11.2.3 建设工程施工企业的安全责任

施工单位是建设工程施工活动的主体,是企业生产经营的主体,在施工安全生产中处于核心地位。必须加强对施工安全生产的管理,落实施工安全生产的主体责任。

《建筑法》规定,建筑施工企业必须依法加强对建筑安全生产的管理,执行安全生产责任制度,采取有效措施,防止伤亡和其他安全生产事故的发生。

11.2.3.1 施工总承包和分包单位的安全生产责任

《建筑法》规定,施工现场安全由建筑施工企业负责。实行施工总承包的,由总承包单位负责。分包单位向总承包单位负责,服从总承包单位对施工现场的安全生产管理。

(1) 总承包单位应当承担的法定安全生产责任

施工总承包是由一个施工单位对建设工程施工全面负责。该总承包单位不仅要负责建设工程的施工质量、合同工期、成本控制,还要对施工现场组织和安全生产进行统一协调管理。

① 分包合同应当明确总包、分包双方的安全生产责任。《建设工程安全生产管理条例》

规定,总承包单位依法将建设工程分包给其他单位的,分包合同中应当明确各自的安全生产方面的权利、义务。

施工总承包单位与分包单位的安全生产责任,可分为法定责任和约定责任。所谓法定责任,即法律法规中明确规定的总承包单位、分包单位各自的安全生产责任。所谓约定责任,即总承包单位与分包单位通过协商,在分包合同中约定各自应当承担的安全生产责任。但是,安全生产的约定责任不能与法定责任相抵触。

② 统一组织编制建设工程生产安全应急救援预案。《建设工程安全生产管理条例》规定,施工单位应当根据建设工程施工的特点、范围,对施工现场易发生重大事故的部位、环节进行监控,制定施工现场生产安全事故应急救援预案。实行施工总承包的,由总承包单位统一组织编制建设工程生产安全事故应急救援预案,工程总承包单位和分包单位按照应急救援预案,各自建立应急救援组织或者配备应急救援人员,配备救援器材、设备,并定期组织演练。

③ 负责上报施工生产安全事故。《建设工程安全生产管理条例》规定,实行施工总承包的建设工程,由总承包单位负责上报事故。据此,一旦发生施工生产安全事故,施工总承包单位应当依法向有关主管部门报告事故的基本情况。

④ 自行完成建设工程主体结构的施工。《建设工程安全生产管理条例》规定,总承包单位应当自行完成建设工程主体结构的施工。这是为了落实施工总承包单位的安全生产责任,防止因转包和违法分包等行为导致施工生产安全事故的发生。

⑤ 承担连带责任。《建设工程安全生产管理条例》规定,总承包单位和分包单位对分包工程的安全生产承担连带责任。此规定既强化了总承包单位和分包单位双方的安全生产责任意识,也有利于保护受损害者的合法权益。

(2) 分包单位应当承担的法定安全生产责任

《建筑法》规定,分包单位向总承包单位负责,服从总承包单位对施工现场的安全生产管理。《建设工程安全生产管理条例》进一步规定,分包单位应当服从总承包单位的安全生产管理,分包单位不服从管理导致生产安全事故的,由分包单位承担主要责任。

11.2.3.2 施工单位主要负责人的安全责任

加强对施工单位安全生产的管理,首先要明确责任人。《建筑法》第44条规定"建筑施工企业的法定代表人对本企业的安全生产负责";《安全生产法》第5条规定"生产经营单位的主要负责人对本单位的安全生产工作全面负责";《建设工程安全生产管理条例》第21条规定"施工单位主要负责人依法对本单位的安全生产工作全面负责"。《国务院关于坚持科学发展安全发展促进安全生产形势持续稳定好转的意见》进一步指出,企业主要负责人、实际控制人要切实承担安全生产第一责任人的责任,带头执行现场带班制度,加强现场安全管理。

施工单位主要负责人,并不仅限于施工单位的法定代表人,而是指对施工单位全面负责,有生产经营决策权的人。具体说,可以是施工企业的董事长,也可以是总经理或总裁等。

根据《建设工程安全生产管理条例》的有关规定,施工单位主要负责人在安全生产方面的主要职责包括:

① 建立健全安全生产责任制度和安全生产教育培训制度;
② 制定安全生产规章制度和操作规程;
③ 保证本单位安全生产条件所需资金的投入;

④ 对所承建的建设工程进行定期和专项安全检查，并做好安全检查记录。

11.2.3.3 施工项目负责人的安全生产责任

施工项目负责人是指建设工程项目的项目经理。施工单位不同于一般的生产经营单位，通常会同时承建若干建设工程项目，且异地承建施工的现象很普遍。为了加强对施工现场的管理，施工单位都要对每个建设工程项目委派一名项目负责人即项目经理，由他对该项目的施工管理全面负责。

《建设工程安全生产管理条例》规定，施工单位的项目负责人应当由取得相应执业资格的人员担任，对建设工程项目的安全施工负责，落实安全生产责任制度、安全生产规章制度和操作规程，确保安全生产费用的有效使用，并根据工程的特点组织制定安全施工措施，消除安全事故隐患，及时、如实报告生产安全事故。

(1) 施工项目负责人的安全生产责任

施工项目负责人经施工单位法定代表人的授权，要选配技术、生产、材料、成本等管理人员组成项目管理班子，代表施工单位在本建设工程项目上履行管理职责。施工项目负责人的安全生产责任主要是：

① 对建设工程项目的安全施工负责；
② 落实安全生产责任制度、安全生产规章制度和操作规程；
③ 确保安全生产费用的有效使用；
④ 根据工程的特点组织制定安全施工措施，消除安全事故隐患；
⑤ 及时、如实报告生产安全事故情况。

(2) 施工单位项目负责人施工现场带班制度

《建筑施工企业负责人及项目负责人施工现场带班暂行办法》规定，项目负责人是工程项目质量安全管理的第一责任人，应对工程项目落实带班制度负责。项目负责人带班生产是指项目负责人在施工现场组织协调工程项目的质量安全生产活动。

项目负责人在同一时期只能承担一个工程项目的管理工作。项目负责人带班生产时，要全面掌握工程项目质量安全生产状况，加强对重点部位、关键环节的控制，及时消除隐患。要认真做好带班生产记录并签字存档备查。项目负责人每月带班生产时间不得少于本月施工时间的80%。因其他事务需离开施工现场时，应向工程项目的建设单位请假，经批准后方可离开。离开期间应委托项目相关负责人负责其外出时的日常工作。

11.2.3.4 安全生产管理机构和专职安全生产管理人员的安全责任

《建设工程安全生产管理条例》第23条规定："施工单位应当设立安全生产管理机构，配备专职安全生产管理人员。专职安全生产管理人员负责对安全生产进行现场监督检查。发现安全事故隐患，应当及时向项目负责人和安全生产管理机构报告；对违章指挥、违章操作的，应当立即制止。"

(1) 建筑施工企业安全生产管理机构的设立及其职责

安全生产管理机构是指建筑施工企业设置的负责安全生产管理工作的独立职能部门。根据住建部《建筑施工企业安全生产管理机构设置及专职安全生产管理人员配备办法》（建质[2008]91号）的规定，建筑施工企业应当依法设置安全生产管理机构，在企业主要负责人的领导下开展本企业的安全生产管理工作。

安全生产管理机构的职责主要包括：①宣传和贯彻国家有关安全生产法律法规和标准；②编制并适时更新安全生产管理制度并监督实施；③组织或参与企业生产安全事故应急救援预案的编制及演练；④组织开展安全教育培训与交流；⑤协调配备项目专职安全生产管理人

员；⑥制订企业安全生产检查计划并组织实施；⑦监督在建项目安全生产费用的使用；⑧参与危险性较大工程安全专项施工方案专家论证会；⑨通报在建项目违规违章查处情况；⑩组织开展安全生产评优评先表彰工作；⑪建立企业在建项目安全生产管理档案；⑫考核评价分包企业安全生产业绩及项目安全生产管理情况；⑬参加生产安全事故的调查和处理工作；⑭企业明确的其他安全生产管理职责。

(2) 建筑施工企业安全生产管理机构专职安全生产管理人员的职责

建筑施工企业安全生产管理机构专职安全生产管理人员在施工现场检查过程中应履行以下职责：①查阅在建项目安全生产有关资料、核实有关情况；②检查危险性较大工程安全专项施工方案落实情况；③监督项目专职安全生产管理人员履责情况；④监督作业人员安全防护用品的配备及使用情况；⑤对发现的安全生产违章违规行为或安全隐患，有权当场予以纠正或作出处理决定；⑥对不符合安全生产条件的设施、设备、器材，有权当场作出查封的处理决定；⑦对施工现场存在的重大安全隐患有权越级报告或直接向建设主管部门报告；⑧企业明确的其他安全生产管理职责。

(3) 建设工程项目专职安全生产管理人员的职责

建筑施工企业应当实行建设工程项目专职安全生产管理人员委派制度。建设工程项目的专职安全生产管理人员应当定期将项目安全生产管理情况报告企业安全生产管理机构。

建设工程项目专职安全生产管理人员具有以下主要职责：①负责施工现场安全生产日常检查并做好检查记录；②现场监督危险性较大工程安全专项施工方案实施情况；③对作业人员违规违章行为有权予以纠正或查处；④对施工现场存在的安全隐患有权责令立即整改；⑤对于发现的重大安全隐患，有权向企业安全生产管理机构报告；⑥依法报告生产安全事故情况。

(4) 建设工程项目安全生产领导小组的职责

建筑施工企业应当在建设工程项目组建安全生产领导小组。建设工程实行施工总承包的，安全生产领导小组由总承包企业、专业承包企业和劳务分包企业项目经理、技术负责人和专职安全生产管理人员组成。

建设工程项目安全生产领导小组应履行以下职责：①贯彻落实国家有关安全生产法律法规和标准；②组织制定项目安全生产管理制度并监督实施；③编制项目生产安全事故应急救援预案并组织演练；④保证项目安全生产费用的有效使用；⑤组织编制危险性较大工程安全专项施工方案；⑥开展项目安全教育培训；⑦组织实施项目安全检查和隐患排查；⑧建立项目安全生产管理档案；⑨及时、如实报告安全生产事故。

(5) 专职安全生产管理人员的配备要求

根据住建部《建筑施工企业安全生产管理机构设置及专职安全生产管理人员配备办法》的规定，建筑施工企业安全生产管理机构专职安全生产管理人员的配备应满足下列要求，并应根据企业经营规模、设备管理和生产需要予以增加：

① 建筑施工总承包资质序列企业专职安全生产管理人员的配备要求：

特级资质不少于6人；一级资质不少于4人；二级和二级以下资质企业不少于3人。

② 建筑施工专业承包资质序列企业专职安全生产管理人员的配备要求：

一级资质不少于3人；二级和二级以下资质企业不少于2人。

③ 建筑施工劳务分包资质序列企业的专职安全生产管理人员不少于2人。

④ 建筑施工企业的分公司、区域公司等较大的分支机构应依据实际生产情况配备不少于2人的专职安全生产管理人员。

⑤ 总承包单位配备项目专职安全生产管理人员应当满足下列要求：

a. 建筑工程、装修工程按照建筑面积配备：ⅰ.1万平方米以下的工程不少于1人；ⅱ.（1～5）万平方米的工程不少于2人；ⅲ.5万平方米及以上的工程不少于3人，且按专业配备专职安全生产管理人员。

　　b. 土木工程、线路管道、设备安装工程按照工程合同价配备：ⅰ.5000万元以下的工程不少于1人；ⅱ.（0.5～1）亿元的工程不少于2人；ⅲ.1亿元及以上的工程不少于3人，且按专业配备专职安全生产管理人员。

　　⑥ 分包单位配备项目专职安全生产管理人员应当满足下列要求：

　　a. 专业承包单位应当配置至少1人，并根据所承担的分部分项工程的工程量和施工危险程度增加。

　　b. 劳务分包单位施工人员在50人以下的，应当配备1名专职安全生产管理人员；50～200人的，应当配备2名专职安全生产管理人员；200人及以上的，应当配备3名及以上专职安全生产管理人员，并根据所承担的分部分项工程施工危险实际情况增加，不得少于工程施工人员总人数的5%。

　　⑦ 采用新技术、新工艺、新材料或致害因素多、施工作业难度大的工程项目，项目专职安全生产管理人员的数量应当根据施工实际情况，在以上规定的配备标准上增加。

　　施工作业班组可以设置兼职安全巡查员，对本班组的作业场所进行安全监督检查。建筑施工企业应当定期对兼职安全巡查员进行安全教育培训。

11.2.3.5　施工单位应采取的安全措施

（1）编制安全技术措施

《建设工程安全生产管理条例》第26条规定：施工单位应当在施工组织设计中编制安全技术措施和施工现场临时用电方案。

（2）编制施工现场临时用电方案

施工现场露天的作业环境，决定了施工现场临时用电工程的复杂性和危险性。因此，施工单位应当根据工程项目的实际情况编制施工现场临时用电施工方案。

（3）对达到一定规模的危险性较大的分部分项工程编制专项施工方案

根据《建设工程安全生产管理条例》第26条的规定，对达到一定规模的危险性较大的分部分项工程要编制专项施工方案，并附具安全验算结果，经施工单位技术负责人、总监理工程师签字后实施，由专职安全生产管理人员进行现场监督。

这些工程主要包括：①基坑支护与降水工程；②土方开挖工程；③模板工程；④起重吊装工程；⑤脚手架工程；⑥拆除、爆破工程；⑦其他危险性较大的工程。

对以上所列工程中涉及深基坑、地下暗挖工程、高大模板工程的专项施工方案，施工单位还应当组织专家进行论证、审查。

① 安全专项施工方案的编制。住建部《危险性较大的分部分项工程安全管理办法》规定，施工单位应当在危险性较大的分部分项工程施工前编制专项方案；对于超过一定规模的危险性较大的分部分项工程（可查阅《危险性较大的分部分项工程安全管理办法》的附件1、附件2），施工单位应当组织专家对专项方案进行论证。

建筑工程实行施工总承包的，专项方案应当由施工总承包单位组织编制。其中，起重机械安装拆卸工程、深基坑工程、附着式升降脚手架等专业工程实行分包的，其专项方案可由专业承包单位组织编制。

② 安全专项施工方案的审核。专项方案应当由施工单位技术部门组织本单位施工技术、安全、质量等部门的专业技术人员进行审核。经审核合格的，由施工单位技术负责人签字。

实行施工总承包的，专项方案应当由总承包单位技术负责人及相关专业承包单位技术负责人签字。经施工单位审核合格后报监理单位，由项目总监理工程师审核签字。

超过一定规模的危险性较大的分部分项工程专项方案应当由施工单位组织召开专家论证会。实行施工总承包的，由施工总承包单位组织召开专家论证会。施工单位应当根据论证报告修改完善专项方案，并经施工单位技术负责人、项目总监理工程师、建设单位项目负责人签字后，方可组织实施。

实行施工总承包的，应当由施工总承包单位、相关专业承包单位技术负责人签字。专项方案经论证后需做重大修改的，施工单位应当按照论证报告修改，并重新组织专家进行论证。

③ 安全专项施工方案的实施。施工单位应当严格按照专项方案组织施工，不得擅自修改、调整专项方案。如因设计、结构、外部环境等因素发生变化确需修改的，修改后的专项方案应当按规定重新审核。对于超过一定规模的危险性较大工程的专项方案，施工单位应当重新组织专家进行论证。

施工单位应当指定专人对专项方案实施情况进行现场监督和按规定进行监测。发现不按照专项方案施工的，应当要求其立即整改；发现有危及人身安全紧急情况的，应当立即组织作业人员撤离危险区域。施工单位技术负责人应当定期巡查专项方案实施情况。

对于按规定需要验收的危险性较大的分部分项工程，施工单位、监理单位应当组织有关人员进行验收。验收合格的，经施工单位项目技术负责人及项目总监理工程师签字后，方可进入下一道工序。

11.2.3.6 施工单位应当建立健全有关安全生产的各项制度

《建设工程安全生产管理条例》第21条规定：施工单位应当建立健全安全生产责任制度和安全生产教育培训制度。制定安全生产规章制度和操作规程，保证本单位安全生产条件所需资金的投入，对所承担的建设工程进行定期和专项安全检查，并做好安全检查记录。

11.2.3.7 严格履行安全生产义务，维护施工作业人员的合法权益

根据《建筑法》第47条和《建设工程安全生产管理条例》第32条的规定，建筑施工企业和作业人员在施工过程中，应当遵守有关安全生产的法律、法规，遵守建筑行业安全施工的强制性标准、规章制度和操作规程，不得违章指挥或者违章作业。作业人员应正确使用安全防护用具、机械设备等。

施工单位应当向作业人员提供安全防护用具和安全防护服装，并书面告知危险岗位的操作规程和违章操作的危害。作业人员有权对施工现场的作业条件、作业程序和作业方式中存在的安全问题提出批评、检举和控告，有权拒绝违章指挥和强令冒险作业。在施工中发生危及人身安全的紧急情况时，作业人员有权立即停止作业或者在采取必要的应急措施后撤离危险区域。

11.2.4 机械设备、检验检测等单位的安全责任

（1）工程设备检验检测单位的安全责任

《建设工程安全生产管理条例》规定，检验检测机构对检测合格的施工起重机械和整体提升脚手架、模板等自升式架设设施，应当出具安全合格证明文件，并对检测结果负责。

《特种设备安全监察条例》规定，特种设备的监督检验、定期检验、型式试验和无损检测应当由经核准的特种设备检验检测机构进行。

（2）提供机械设备和配件单位的安全责任

《建设工程安全生产管理条例》规定，为建设工程提供机械设备和配件的单位，应当按

照安全施工的要求配备齐全有效的保险、限位等安全设施和装置。

（3）出租机械设备和施工机具及配件单位的安全责任

《建设工程安全生产管理条例》规定，出租的机械设备和施工机具及配件，应当具有生产（制造）许可证、产品合格证。出租单位应当对出租的机械设备和施工机具及配件的安全性能进行检测，在签订租赁协议时，应当出具检测合格证明。禁止出租检测不合格的机械设备和施工机具及配件。

（4）施工起重机械和自升式架设设施安装、拆卸单位的安全责任

施工起重机械，是指施工中用于垂直升降或者垂直升降并水平移动重物的机械设备，如塔式起重机、施工外用电梯、物料提升机等。自升式架设设施，是指通过自有装置可将自身升高的架设设施，如整体提升脚手架、模板等。

施工起重机械和自升式架设设施等的安装、拆卸属于特殊专业安装，具有高度危险性，容易造成重大伤亡事故。

① 安装、拆卸施工起重机械和自升式架设设施必须具备相应的资质。《建设工程安全生产管理条例》规定，在施工现场安装、拆卸施工起重机械和整体提升脚手架、模板等自升式架设设施，必须由具有相应资质的单位承担。

② 编制安装、拆卸方案，并进行现场监督。《建设工程安全生产管理条例》规定，安装、拆卸施工起重机械和整体提升脚手架、模板等自升式架设设施，应当编制拆装方案、制定安全施工措施，并由专业技术人员现场监督。

《建筑起重机械安全监督管理规定》进一步规定，建筑起重机械使用单位和安装单位应当在签订的建筑起重机械安装、拆卸合同中明确双方的安全生产责任。实行施工总承包的，施工总承包单位应当与安装单位签订建筑起重机械安装、拆卸工程安全协议书。

③ 出具自检合格证明、进行安全使用说明、办理验收手续的责任。《建设工程安全生产管理条例》规定，施工起重机械和整体提升脚手架、模板等自升式架设设施安装完毕后，安装单位应当自检，出具自检合格证明，并向施工单位进行安全使用说明，办理验收手续并签字。

《建筑起重机械安全监督管理规定》进一步规定，建筑起重机械安装完毕后，安装单位应当按照安全技术标准及安装使用说明书的有关要求对建筑起重机械进行自检、调试和试运转。自检合格的，应当出具自检合格证明，并向使用单位进行安全使用说明。建筑起重机械安装完毕后，使用单位应当组织出租、安装、监理等有关单位进行验收，或者委托具有相应资质的检验检测机构进行验收。建筑起重机械经验收合格后方可投入使用，未经验收或者验收不合格的不得使用。实行施工总承包的，由施工总承包单位组织验收。

④ 依法对施工起重机械和自升式架设设施进行检测。施工起重机械和整体提升脚手架、模板等自升式架设设施在使用过程中，应当按照规定进行定期检测，并及时进行全面检修保养。对于达到国家规定的检验检测期限的，必须经具有专业资质的检验检测机构检测。经检测不合格的，不得继续使用。

根据国务院《特种设备安全监察条例》的规定，从事施工起重机械定期检验、监督检验、型式试验以及专门为特种设备生产、使用、检验检测提供无损检测服务的特种设备检验检测机构，应当经国务院特种设备安全监督管理部门核准。

11.2.5 建设工程从业人员安全生产的权利和义务

建设工程生产经营单位的从业人员，是指该单位从事生产经营活动各项工作的所有人员，包括管理人员、技术人员和各岗位的工人，也包括生产经营单位临时聘用的人员。《安

全生产法》《建筑法》以及《建设工程安全生产管理条例》规定了他们在从业过程中依法享有权利,并承担义务。

11.2.5.1 安全生产中从业人员的权利

(1) 施工安全生产的知情权和建议权

施工作业人员是施工单位运行和施工生产活动的主体。充分发挥施工作业人员在企业中的主人翁作用,是搞好施工安全生产的重要保障。因此,施工作业人员对施工安全生产拥有知情权,并享有改进安全生产工作的建议权。

《安全生产法》规定,生产经营单位的从业人员有权了解其作业场所和工作岗位存在的危险因素、防范措施及事故应急措施,有权对本单位的安全生产工作提出建议。

《建筑法》规定,作业人员有权对影响人身健康的作业程序和作业条件提出改进意见。

《建设工程安全生产管理条例》则进一步规定,施工单位应当向作业人员提供安全防护用具和安全防护服装,并书面告知危险岗位的操作规程和违章操作的危害。

(2) 批评、检举、控告权及拒绝违章指挥权

《建筑法》规定,作业人员对危及生命安全和人身健康的行为有权提出批评、检举和控告。

《安全生产法》规定,从业人员有权对本单位安全生产工作中存在的问题提出批评、检举、控告;有权拒绝违章指挥和强令冒险作业。生产经营单位不得因从业人员对本单位安全生产工作提出批评、检举、控告或者拒绝违章指挥、强令冒险作业而降低其工资、福利等待遇或者解除与其订立的劳动合同。

《建设工程安全生产管理条例》进一步规定,作业人员有权对施工现场的作业条件、作业程序和作业方式中存在的安全问题提出批评、检举和控告,有权拒绝违章指挥和强令冒险作业。

(3) 紧急避险权

《安全生产法》规定,从业人员发现直接危及人身安全的紧急情况时,有权停止作业或者在采取可能的应急措施后撤离作业场所。生产经营单位不得因从业人员在上述紧急情况下停止作业或者采取紧急撤离措施而降低其工资、福利等待遇或者解除与其订立的劳动合同。

《建设工程安全生产管理条例》也规定,在施工中发生危及人身安全的紧急情况时,作业人员有权立即停止作业或者在采取必要的应急措施后撤离危险区域。

(4) 请求赔偿权

因生产安全事故受到损害的从业人员,除依法享有工伤社会保险外,依照有关民事法律尚有获得赔偿的权利的,有权向本单位提出赔偿要求。

发生生产安全事故后,受到损害的从业人员按照劳动合同和工伤社会保险合同的约定,享有请求相应赔偿的权利。如果工伤保险赔偿金不足以补偿受害人的损失,受害人还可以依照有关民事法律的规定,向其所在的生产经营单位提出赔偿要求。

为了切实保护从业人员的该项权利,《安全生产法》第49条第2款还规定:"生产经营单位不得以任何形式与从业人员订立协议,免除或者减轻其对从业人员因生产安全事故伤亡依法应承担的责任。"

(5) 获得劳动防护用品的权利

《安全生产法》规定,生产经营单位必须为从业人员提供符合国家标准或者行业标准的劳动防护用品,并监督、教育从业人员按照使用规则佩戴、使用。

《建筑法》规定,作业人员有权获得安全生产所需的防护用品。

《建设工程安全生产管理条例》进一步规定,施工单位应当向作业人员提供安全防护用

具和安全防护服装。

(6) 获得安全生产教育和培训的权利

生产经营单位应当对从业人员进行安全生产教育和培训，保证从业人员具备必要的安全生产知识，熟悉有关的安全生产规章制度和安全操作规程，掌握本岗位的安全操作技能。

11.2.5.2 安全生产中从业人员的义务

(1) 守法遵章和正确使用安全防护用具等的义务

《建筑法》规定，建筑施工企业和作业人员在施工过程中，应当遵守有关安全生产的法律、法规和建筑行业安全规章、规程，不得违章指挥或者违章作业。

《安全生产法》规定，从业人员在作业过程中，应当遵守本单位的安全生产规章制度和操作规程，服从管理，正确佩戴和使用劳动防护用品。

《建设工程安全生产管理条例》进一步规定，作业人员应当遵守安全施工的强制性标准、规章制度和操作规程，正确使用安全防护用具、机械设备等。

(2) 接受安全生产教育培训，学习安全生产知识的义务

《安全生产法》规定，从业人员应当接受安全生产教育和培训，掌握本职工作所需的安全生产知识，提高安全生产技能，增强事故预防和应急处理能力。

《建设工程安全生产管理条例》也规定，作业人员进入新的岗位或者新的施工现场前，应当接受安全生产教育培训。未经教育培训或者教育培训考核不合格的人员，不得上岗作业。

(3) 事故隐患报告的义务

《安全生产法》规定，从业人员发现事故隐患或者其他不安全因素，应当立即向现场安全生产管理人员或者本单位负责人报告；接到报告的人员应当及时予以处理。

11.3 建设工程施工过程中的安全生产管理

11.3.1 施工现场的安全生产管理基本制度

《建筑法》第45条，《建设工程安全生产管理条例》第27条、第35条及有关法规对施工现场的安全生产管理制度作出了明确的规定，这些制度包括安全防护设备管理制度、现场安全技术交底制度、施工起重机械和整体提升脚手架、模板等自升式架设设施的检验、验收、登记备案制度和安全检查制度等。

(1) 安全防护设备管理制度

施工单位采购、租赁的安全防护用具、机械设备、施工机具及配件，应当具有生产（制造）许可证、产品合格证，并在进入施工现场前进行查验。

施工现场的安全防护用具、机械设备、施工机具及配件必须由专人管理，定期进行检查、维修和保养，建立相应的资料档案，并按照国家有关规定及时报废。

作业人员应当遵守安全施工的强制性标准、规章制度和操作规程，正确使用安全防护用具、机械设备等。

(2) 现场安全技术交底制度

《建设工程安全生产管理条例》第27条规定："建设工程施工前，施工单位负表项目管理的技术人员应当对有关安全施工的技术要求向施工作业班组、作业人员作出详细说明，并由双方签字确认。"

施工前对有关安全施工的技术要求作出详细说明，就是通常说的安全技术交底。它有助

于作业班组和作业人员尽快了解工程概况、施工方法、安全技术措施等情况，掌握操作方法和注意事项，以保护作业人员的人身安全。

安全技术交底，通常有施工工种安全技术交底、分部分项工程施工安全技术交底、大型特殊工程单项安全技术交底、设备安装工程技术交底以及采用新工艺、新技术、新材料施工的安全技术交底等。

① 安全技术交底的基本要求。安全技术交底，是指将预防和控制安全事故发生及减少其危害的技术以及工程项目、分部分项工程概况，向作业人员作出说明，即工程项目在进行分部分项工程作业前和每天作业前，工程项目的技术人员和各施工班组长将工程项目和分部分项工程概况、施工方法、安全技术措施及要求向全体施工人员进行说明。

安全技术交底的基本要求如下：a. 逐级交底，由总承包单位向分包单位、分包单位工程项目的技术人员向施工班组长、施工班组长向作业人员分别进行交底；b. 交底必须具体、明确、针对性强；c. 技术交底的内容应针对分部分项工程施工给作业人员带来的潜在危险因素和存在的问题；d. 应优先采用新的安全技术措施；e. 各工种的安全技术交底一般与分部分项安全技术交底同步进行；对施工工艺复杂、施工难度较大或作业条件危险的，应当单独进行各工种的安全技术交底；f. 交底应当采用书面形式，即将每天参加交底的人员名单和交底内容记录在班组活动记录中。

② 安全技术交底的主要内容。安全技术交底的主要内容包括：a. 工程项目和分部分项工程的概况；b. 工程项目和分部分项工程的危险部位；c. 针对危险部位采取的具体预防措施；d. 作业中应注意的安全事项；e. 作业人员应遵守的安全操作规程和规范；f. 作业人员发现事故隐患应采取的措施和发生事故后应及时采取的躲避和急救措施。

（3）施工起重机械和整体提升脚手架、模板等自升式架设设施的检验、验收、登记备案制度

施工单位在使用施工起重机械和整体提升脚手架、模板等自升式架设设施前，应当组织有关单位进行验收，也可以委托具有相应资质的检验检测机构进行验收；使用承租的机械设备和施工机具及配件的，由施工总承包单位、分包单位、出租单位和安装单位共同进行验收。验收合格的方可使用。

《特种设备安全监察条例》规定的施工起重机械，应当符合安全技术规范要求。投入使用前，使用单位应当核对其是否附有本条例第 15 条规定的相关文件；在投入使用前或者投入使用后 30 日内，使用单位应当向直辖市或者设区的市的特种设备安全监督管理部门登记。登记标志应当置于或者附着于该特种设备的显著位置。

（4）对验收合格的施工起重机械和整体提升脚手架、模板等自升式架设设施，施工单位向建设行政主管部门或者其他有关部门登记制度

施工起重机械和整体提升脚手架、模板等自升式架设设施属危险性较大的设备、设施，特别是在高层、超高层工程项目上使用时，其带来的不安全因素尤为突出。为加强对施工起重机械和整体提升脚手架、模板等自升式架设设施的管理，法规规定，施工单位应当自施工起重机械和整体提升脚手架、模板等自升式架设设施验收合格之日起 30 日内，向建设行政主管部门或者其他有关部门登记。

建设行政主管部门或者其他有关部门对施工单位的申请登记资料进行审核，合格的，发给登记标志。施工单位应当按照规定将登记标志置于或者附着于该设备（设施）的显著位置。

（5）施工现场生活区和作业区环境的管理制度

《建设工程安全生产管理条例》第 29 条规定："施工单位应当将施工现场的办公、生活区与作业区分开设置，并保持安全距离；办公、生活区的选址应当符合安全性要求。职工的

膳食、饮水、休息场所等应当符合卫生标准。施工单位不得在尚未竣工的建筑物内设置员工集体宿舍。施工现场临时搭设的建筑物应当符合安全使用要求。施工现场使用的装配式活动房屋应当具有产品合格证。"

住建部对《建筑施工安全检查标准》进行了修订，修订后的《建筑施工安全检查标准》自2012年7月1日实施。施工现场的安全、办公、生活区、临时设施和员工的生活条件，除应当符合新修订的该标准外，还要符合《建筑施工现场环境与卫生标准》。

（6）现场安全检查制度

施工现场除应经常进行安全生产检查外，还应组织定期检查、突击性检查、专业性检查、季节性和节假日前后的检查。

（7）工艺、设备、材料淘汰制度

国家对严重危及施工安全的工艺、设备、材料实行淘汰制度。建筑施工单位不得使用国家明令淘汰、禁止使用的危及生产安全的工艺、设备、材料。

11.3.2 施工现场安全防护管理制度

《建筑法》规定，建筑施工企业应当在施工现场采取维护安全、防范危险、预防火灾等措施；有条件的，应当对施工现场实行封闭管理。施工现场对毗邻的建筑物、构筑物和特殊作业环境可能造成损害的，建筑施工企业应当采取安全防护措施。

（1）危险部位设置安全警示标志

《建设工程安全生产管理条例》规定，施工单位应当在施工现场入口处、施工起重机械、临时用电设施、脚手架、出入通道口、楼梯口、电梯井口、孔洞口、桥梁口、隧道口、基坑边沿、爆破物及有害危险气体和液体存放处等危险部位，设置明显的安全警示标志。

安全警示标志必须符合国家标准。所谓危险部位，是指存在着危险因素，容易造成施工作业人员或者其他人员伤亡的地点。尽管工地现场的情况千差万别，不同施工现场的危险源不尽相同，但施工现场入口处、施工起重机械、临时用电设施、脚手架、出入通道口、楼梯口、电梯井口、孔洞口、桥梁口、隧道口、基坑边沿、爆破物及有害危险气体和液体存放处等，通常都是容易出现生产安全事故的危险部位。

安全警示标志，则是指提醒人们注意的各种标牌、文字、符号以及灯光等，一般由安全色、几何图形和图形符号构成。安全警示标志须符合国家标准《安全标志及其使用导则》(GB 2894—2008)的有关规定。

（2）不同施工阶段和暂停施工应采取的安全施工措施

《建设工程安全生产管理条例》规定，施工单位应当根据不同施工阶段和周围环境及季节、气候的变化，在施工现场采取相应的安全施工措施。

施工现场暂时停止施工的，施工单位应当做好现场防护，所需费用由责任方承担，或者按照合同约定执行。

由于施工作业的风险性较大，在地下施工、高处施工等不同的施工阶段要采取相应安全措施，并应根据周围环境和季节、气候变化，加强季节性安全防护措施。例如，夏季要防暑降温，在特别高温的天气下要调整施工时间、改变施工方式等；冬季要防寒防冻，防止煤气中毒，还应专门制定保证施工安全的安全技术措施；夜间施工应有足够的照明，在深坑、陡坡等危险地段应增设红灯标志；雨期和冬期施工时，应对道路采取防滑措施；傍山沿河地区应制定防滑坡、防泥石流、防汛措施；大风、大雨期间应暂停施工等。

（3）对施工现场周边的安全防护措施

《建设工程安全生产管理条例》规定，施工单位对因建设工程施工可能造成损害的毗邻建筑物、构筑物和地下管线等，应当采取专项防护措施。

在城市市区内的建设工程，施工单位应当对施工现场实行封闭围挡。位于一般路段的围挡应高于1.8米，在市区主要路段的围挡应高于2.5米。施工现场应采用密目式安全网、围墙、围栏等封闭起来。

(4) 危险作业的施工现场安全管理

《安全生产法》规定，生产经营单位进行爆破、吊装等危险作业，应当安排专门人员进行现场安全管理，确保操作规程的遵守和安全措施的落实。

(5) 安全防护设备、机械设备等的安全管理

《建设工程安全生产管理条例》规定，施工单位采购、租赁的安全防护用具、机械设备、施工机具及配件，应当具有生产（制造）许可证、产品合格证，并在进入施工现场前进行查验。

施工现场的安全防护用具、机械设备、施工机具及配件必须由专人管理，定期进行检查、维修和保养，建立相应的资料档案，并按照国家有关规定及时报废。

(6) 施工起重机械设备等的安全使用管理

《建设工程安全生产管理条例》规定，施工单位在使用施工起重机械和整体提升脚手架、模板等自升式架设设施前，应当组织有关单位进行验收，也可以委托具有相应资质的检验检测机构进行验收；使用承租的机械设备和施工机具及配件的，由施工总承包单位、分包单位、出租单位和安装单位共同进行验收。验收合格的方可使用。

近些年来，由于对施工现场使用的起重机械、整体提升脚手架、模板（主要指提升或滑升模板）等自升式架设设施管理不善或使用不当等，所造成的重大伤亡事故时有发生。因此，必须依法对其加强使用管理。特别是施工起重机械，是《特种设备安全监察条例》所规定的特种设备，使用单位应当按照安全技术规范的定期检验要求，在安全检验合格有效期届满前1个月向特种设备检验检测机构提出定期检验要求。未经定期检验或者检验不合格的特种设备，不得继续使用。

11.3.3 施工现场的消防管理制度

近年来，施工现场的火灾时有发生，甚至出现了特大恶性火灾事故。因此，施工单位必须建立健全消防安全责任制，加强消防安全教育培训，严格消防安全管理，确保施工现场消防安全。

11.3.3.1 施工单位消防安全责任人和消防安全职责

(1) 施工单位消防安全责任人

《国务院关于加强和改进消防工作的意见》(国发[2011]46号)中规定，机关、团体、企业事业单位法定代表人是本单位消防安全第一责任人。各单位要依法履行职责，保障必要的消防投入，切实提高检查消除火灾隐患、组织扑救初起火灾、组织人员疏散逃生和消防宣传教育培训的能力。

(2) 机关、团体、企业、事业等单位的消防安全职责

《中华人民共和国消防法》(简称《消防法》)规定，机关、团体、企业、事业等单位应当履行下列消防安全职责：①落实消防安全责任制，制定本单位的消防安全制度、消防安全操作规程，制定灭火和应急疏散预案；②按照国家标准、行业标准配置消防设施、器材，设置消防安全标志，并定期组织检验、维修，确保完好有效；③对建筑消防设施每年至少进行一次全面检测，确保完好有效，检测记录应当完整准确，存档备查；④保障疏散通道、安全出

口、消防车通道畅通,保证防火防烟分区、防火间距符合消防技术标准;⑤组织防火检查,及时消除火灾隐患;⑥组织进行有针对性的消防演练;⑦法律、法规规定的其他消防安全职责。

(3) 重点工程施工现场的消防安全职责

重点工程的施工现场多定为消防安全重点单位,按照《消防法》的规定,除应当履行所有单位都应当履行的职责外,还应当履行下列消防安全职责:①确定消防安全管理人,组织实施本单位的消防安全管理工作;②建立消防档案,确定消防安全重点部位,设置防火标志,实行严格管理;③实行每日防火巡查,并建立巡查记录;④对职工进行岗前消防安全培训,定期组织消防安全培训和消防演练。

《建设工程安全生产管理条例》还规定,施工单位应当在施工现场建立消防安全责任制度,确定消防安全责任人,制定用火、用电、使用易燃易爆材料等各项消防安全管理制度和操作规程,设置消防通道、消防水源,配备消防设施和灭火器材,并在施工现场入口处设置明显标志。

11.3.3.2 施工现场的消防安全要求

《国务院关于加强和改进消防工作的意见》规定,公共建筑在营业、使用期间不得进行外保温材料施工作业,居住建筑进行节能改造作业期间应撤离居住人员,并设消防安全巡逻人员,严格分离用火用焊作业与保温施工作业,严禁在施工建筑内安排人员住宿。

新建、改建、扩建工程的外保温材料一律不得使用易燃材料,严格限制使用可燃材料。建筑室内装饰装修材料必须符合国家、行业标准和消防安全要求。

公安部、住房城乡建设部《关于进一步加强建设工程施工现场消防安全工作的通知》(公消[2009]131号)规定,施工单位应当在施工组织设计中编制消防安全技术措施和专项施工方案,并由专职安全管理人员进行现场监督。

施工现场要设置消防通道并确保畅通。建筑工地要满足消防车通行、停靠和作业要求。在建建筑内应设置标明楼梯间和出入口的临时醒目标志,视情况安装楼梯间和出入口的临时照明,及时清理建筑垃圾和障碍物,规范材料堆放,保证发生火灾时,现场施工人员疏散和消防人员扑救快捷畅通。

施工现场要按有关规定设置消防水源。应当在建设工程平地阶段按照总平面设计设置室外消火栓系统,并保持充足的管网压力和流量。根据在建工程施工进度,同步安装室内消火栓系统或设置临时消火栓,配备水枪水带,消防干管设置水泵接合器,满足施工现场火灾扑救的消防供水要求。

施工现场应当配备必要的消防设施和灭火器材。施工现场的重点防火部位和在建高层建筑的各个楼层,应在明显和方便取用的地方配置适当数量的手提式灭火器、消防沙袋等消防器材。

动用明火必须实行严格的消防安全管理,禁止在具有火灾、爆炸危险的场所使用明火;需要进行明火作业的,动火部门和人员应当按照用火管理制度办理审批手续,落实现场监护人,在确认无火灾、爆炸危险后方可动火施工;动火施工人员应当遵守消防安全规定,并落实相应的消防安全措施;易燃易爆危险物品和场所应有具体防火防爆措施;电焊、气焊、电工等特殊工种人员必须持证上岗;将容易发生火灾、一旦发生火灾后果严重的部位确定为重点防火部位,实行严格管理。施工现场的办公、生活区与作业区应当分开设置,并保持安全距离;施工单位不得在尚未竣工的建筑物内设置员工集体宿舍。

11.3.3.3 施工单位消防安全自我评估和防火检查

《国务院关于加强和改进消防工作的意见》中指出,要建立消防安全自我评估机制,消防安全重点单位每季度、其他单位每半年自行或委托有资质的机构对本单位进行一次消防安全检查评估，做到安全自查、隐患自除、责任自负。

公安部、住房和城乡建设部《关于进一步加强建设工程施工现场消防安全工作的通知》规定，施工单位应及时纠正违章操作行为，及时发现火灾隐患并采取防范、整改措施。国家、省级等重点工程的施工现场应当进行每日防火巡查，其他施工现场也应根据需要组织防火巡查。

施工单位防火检查的内容应当包括：火灾隐患的整改情况以及防范措施的落实情况，疏散通道、消防车通道、消防水源情况，灭火器材配置及有效情况，用火、用电有无违章情况，重点工种人员及其他施工人员消防知识掌握情况，消防安全重点部位管理情况，易燃易爆危险物品和场所防火防爆措施落实情况，防火巡查落实情况等。

11.3.3.4 建设工程消防施工的质量和安全责任

根据公安部《建设工程消防监督管理规定》，建设工程的消防设计、施工必须符合国家工程建设消防技术标准。

施工单位应当承担下列消防施工的质量和安全责任：

① 按照国家工程建设消防技术标准和经消防设计审核合格或者备案的消防设计文件组织施工，不得擅自改变消防设计进行施工，降低消防施工质量；

② 查验消防产品和具有防火性能要求的建筑构件、建筑材料及装修材料的质量，使用合格产品，保证消防施工质量；

③ 建立施工现场消防安全责任制度，确定消防安全负责人。加强对施工人员的消防教育培训，落实动火、用电、易燃可燃材料等消防管理制度和操作规程。保证在建工程竣工验收前消防通道、消防水源、消防设施和器材、消防安全标志等完好有效。

11.3.3.5 施工单位的消防安全教育培训和消防演练

《国务院关于加强和改进消防工作的意见》指出，要加强对单位消防安全责任人、消防安全管理人、消防控制室操作人员和消防设计、施工、监理人员及保安、电（气）焊工、消防技术服务机构从业人员的消防安全培训。

公安部、住房和城乡建设部等9部委颁布的《社会消防安全教育培训规定》（公安部令第109号）中规定，在建工程的施工单位应当开展下列消防安全教育工作：①建设工程施工前应当对施工人员进行消防安全教育；②在建设工地醒目位置、施工人员集中住宿场所设置消防安全宣传栏，悬挂消防安全挂图和消防安全警示标识；③对明火作业人员进行经常性的消防安全教育；④组织灭火和应急疏散演练。

公安部、住房和城乡建设部《关于进一步加强建设工程施工现场消防安全工作的通知》规定，施工人员上岗前的安全培训应当包括以下消防内容：有关消防法规、消防安全制度和保障消防安全的操作规程，本岗位的火灾危险性和防火措施，有关消防设施的性能、灭火器材的使用方法，报火警、扑救初起火灾以及自救逃生的知识和技能等，保障施工现场人员具有相应的消防常识和逃生自救能力。

施工单位应当根据国家有关消防法规和建设工程安全生产法规的规定，建立施工现场消防组织，制定灭火和应急疏散预案，并至少每半年组织一次演练，提高施工人员及时报警、扑灭初期火灾和自救逃生能力。

11.3.4 房屋拆除的安全管理制度

房屋拆除是建筑活动的一项重要内容。近年来，随着国民经济增长，旧城改造任务扩大,拆除工程逐渐增多。在房屋拆除作业中,因拆除施工造成的倒塌、伤亡事故时有发生。

为了进一步加强房屋拆除的安全管理,《建筑法》第50条、《建设工程安全生产管理条例》第20条都对此作了专门规定,原建设部发布了《建筑拆除工程安全技术规范》,自2005年3月1日实施。上述法条的主要含义包括:

(1) 房屋拆除由具备安全拆除条件的单位承担

房屋拆除由具备保证房屋拆除安全条件的建筑施工单位承担,不具备保证房屋拆除安全条件的建筑施工单位和非建筑施工单位不得承担房屋拆除任务。这里的安全条件主要包括:有编制房屋拆除安全技术措施的能力;有相应的专业技术人员;有相应的机械设备等。

(2) 建筑施工单位负责人对房屋拆除的安全负责

建筑施工单位的负责人是建筑施工企业的行政管理人员,他不仅对拆除业务活动负责,还应当对拆除过程中的安全负责。为了保证安全,建筑施工企业必须执行国家的有关安全的规定;必须对拆除人员进行安全教育;必须为拆除人员准备防护用品等。在施工前,要组织技术人员和工人学习施工组织设计和安全操作规程;必须对拆除工程的施工进行统一领导和经常监督。

(3) 爆破作业要报请主管部门批准

对于一些需要爆破作业的特殊拆除工程,必须按照现行国家标准《爆破安全规程》(GB 6722—2014)的规定执行。进行大型爆破作业,或在城镇与其他居民聚居的地方、风景名胜区和重要工程设施附近进行控制爆破作业,施工单位必须事先将爆破作业方案报县、市以上主管部门批准,并征得所在地县、市公安局同意,方准爆破作业。

11.4 建设工程安全事故的应急救援和调查处理

建设工程中生产安全事故的发生目前还不可能完全杜绝,在加强施工安全监督管理、坚持预防为主的同时,为了减少建设工程安全事故中的人员伤亡和财产损失,还必须建立建设工程生产安全事故的应急救援制度。

安全事故人命关天,任何的拖延和耽误都有可能导致生命和财产安全的威胁,都有可能导致损失的扩大。因此,必须在事故发生以前,未雨绸缪,制定好应急救援的措施,一旦发生事故,可以在最短的时间内,将损失降低到最小。

安全事故都是严重的责任事故,事故发生后,首先,施工单位应按规定及时上报有关部门。实行总承包的项目,由总承包单位负责上报,接到报告的部门应按规定如实上报。在发生安全事故的现场,施工单位应当采取有效的措施。然后,在调查清楚事故原因的基础上,对相关责任人的责任作出明确的界定,只有这样才能避免类似事故的重复发生。

11.4.1 安全事故应急救援预案的制定

11.4.1.1 政府相关部门应制定本行政区域内生产安全事故应急救援预案

《安全生产法》第76条规定,国家加强生产安全事故应急能力建设,在重点行业、领域建立应急救援基地和应急救援队伍,鼓励生产经营单位和其他社会力量建立应急救援队伍,配备相应的应急救援装备和物资,提高应急救援的专业化水平。

国务院安全生产监督管理部门建立全国统一的生产安全事故应急救援信息系统,国务院有关部门建立健全相关行业、领域的生产安全事故应急救援信息系统。

《安全生产法》第77条规定:"县级以上地方各级人民政府应当组织有关部门制定本行政区域内生产安全事故应急救援预案,建立应急救援体系。"

生产安全事故往往具有突发性、紧迫性的特点,如没有事先做好充分的应急准备工作,很难在短时间内组织起有效的抢救,防止事故扩大或减少人员伤亡和财产损失。因此,事先制定应急救援预案,形成应急救援体系的工作十分重要。

应急救援预案是指事先制订的关于生产安全事故发生时进行紧急救援的组织、程序、措施、责任以及协调等方面的方案和计划。

11.4.1.2 施工单位生产安全事故应急救援预案的编制和责任的落实

(1) 施工生产安全事故应急救援预案的编制

自 2007 年 11 月 1 日起施行的《中华人民共和国突发事件应对法》(简称《突发事件应对法》)第 18 条规定:"应急预案应当根据本法和其他有关法律、法规的规定,针对突发事件的性质、特点和可能造成的社会危害,具体规定突发事件应急管理工作的组织指挥体系与职责和突发事件的预防与预警机制、处置程序、应急保障措施以及事后恢复与重建措施等内容。"

《建设工程安全生产管理条例》规定,施工单位应当根据建设工程施工的特点、范围,对施工现场易发生重大事故的部位、环节进行监控,制定施工现场生产安全事故应急救援预案。

国家应急管理部新修订的《生产安全事故应急预案管理办法》(2019 年 6 月)进一步规定,生产经营单位的应急预案按照针对情况的不同,分为综合应急预案、专项应急预案和现场处置方案。生产经营单位编制的综合应急预案、专项应急预案和现场处置方案之间应当相互衔接,并与所涉及的其他单位的应急预案相互衔接。

(2) 施工生产安全事故应急预案的培训和演练

《生产安全事故应急预案管理办法》规定,生产经营单位应当制定本单位的应急预案演练计划,根据本单位的事故风险重点,每年至少组织一次综合应急预案演练或者专项应急预案演练,每半年至少组织一次现场处置方案演练。

(3) 施工单位在施工现场落实应急预案责任的划分

为了贯彻安全第一、预防为主的安全生产方针,施工单位应当根据建设工程施工的特点、范围,对施工现场易发生重大事故的部位、环节进行监控,制定施工现场生产安全事故应急救援预案。

实行施工总承包的,由总承包单位统一组织编制建设工程生产安全事故应急救援预案,工程总承包单位和分包单位按照应急救援预案,各自建立应急救援组织或者配备应急救援人员,配备救援器材、设备,并定期组织演练。

11.4.2 安全事故的报告制度

11.4.2.1 生产安全事故的等级

(1) 生产安全事故等级的划分标准

根据国务院颁布的《生产安全事故报告和调查处理条例》(国务院令第 493 号,2007 年 4 月 9 日),生产安全事故(以下简称事故)依据造成的人员伤亡或者直接经济损失划分为以下等级:

① 特别重大事故,是指造成 30 人以上死亡,或者 100 人以上重伤(包括急性工业中毒,下同),或者 1 亿元以上直接经济损失的事故;

② 重大事故,是指造成 10 人以上 30 人以下死亡,或者 50 人以上 100 人以下重伤,或

者 5000 万元以上 1 亿元以下直接经济损失的事故；

③ 较大事故，是指造成 3 人以上 10 人以下死亡，或者 10 人以上 50 人以下重伤，或者 1000 万元以上 5000 万元以下直接经济损失的事故；

④ 一般事故，是指造成 3 人以下死亡，或者 10 人以下重伤，或者 1000 万元以下直接经济损失的事故。

(2) 事故等级划分的补充性规定

《生产安全事故报告和调查处理条例》规定，国务院安全生产监督管理部门可以会同国务院有关部门，制定事故等级划分的补充性规定。由于不同行业和领域的事故各有特点，发生事故的原因和损失情况也差异较大，很难用同一标准来划分不同行业或者领域的事故等级，授权国务院安全生产监督管理部门可以会同国务院有关部门，针对某些特殊行业或者领域的实际情况来制定事故等级划分的补充性规定，这是十分必要的。

11.4.2.2 生产安全事故报告制度

《建筑法》第 51 条规定："施工中发生事故时，建筑施工企业应当采取紧急措施减少人员伤亡和事故损失，并按照国家有关规定及时向有关部门报告。"

《安全生产法》第 80 条规定："生产经营单位发生生产安全事故后，事故现场有关人员应当立即报告本单位负责人。单位负责人接到事故报告后，应当迅速采取有效措施，组织抢救，防止事故扩大，减少人员伤亡和财产损失，并按照国家有关规定立即如实报告当地负有安全生产监督管理职责的部门，不得隐瞒不报、谎报或者迟报，不得故意破坏事故现场、毁灭有关证据。"

《建设工程安全生产管理条例》第 50 条规定："施工单位发生生产安全事故，应当按照国家有关伤亡事故报告和调查处理的规定，及时、如实地向负责安全生产监督管理的部门、建设行政主管部门或者其他有关部门报告；特种设备发生事故的，还应当同时向特种设备安全监督管理部门报告。接到报告的部门应当按照国家有关规定，如实上报。实行施工总承包的建设工程，由总承包单位负责上报事故。"

根据上述法条，在建筑施工中发生事故时，建筑施工企业除必须依法立即采取减少人员伤亡和财产损失的紧急措施外，还必须按照国家有关规定及时向有关主管部门报告，不得隐瞒不报、谎报或者迟报，不得故意破坏事故现场、毁灭有关证据。

国务院颁布的《生产安全事故报告和调查处理条例》对事故报告的时间及程序、事故报告的内容和接到事故报告后应采取的措施均作出了明确规定。

(1) 事故报告的时间及程序

事故发生后，事故现场有关人员应当立即向本单位负责人报告；单位负责人接到报告后，应当于 1 小时内向事故发生地县级以上人民政府安全生产监督管理部门和负有安全生产监督管理职责的有关部门报告。

情况紧急时，事故现场有关人员可以直接向事故发生地县级以上人民政府安全生产监督管理部门和负有安全生产监督管理职责的有关部门报告。

安全生产监督管理部门和负有安全生产监督管理职责的有关部门接到事故报告后，应当依照下列规定上报事故情况，并通知公安机关、劳动保障行政部门、工会和人民检察院：

① 特别重大事故、重大事故逐级上报至国务院安全生产监督管理部门和负有安全生产监督管理职责的有关部门；

② 较大事故逐级上报至省、自治区、直辖市人民政府安全生产监督管理部门和负有安全生产监督管理职责的有关部门；

③ 一般事故上报至设区的市级人民政府安全生产监督管理部门和负有安全生产监督管

理职责的有关部门。

安全生产监督管理部门和负有安全生产监督管理职责的有关部门依照前款规定上报事故情况,应当同时报告本级人民政府。国务院安全生产监督管理部门和负有安全生产监督管理职责的有关部门以及省级人民政府接到发生特别重大事故、重大事故的报告后,应当立即报告国务院。

必要时,安全生产监督管理部门和负有安全生产监督管理职责的有关部门可以越级上报事故情况。

安全生产监督管理部门和负有安全生产监督管理职责的有关部门逐级上报事故情况,每级上报的时间不得超过2小时。

特种设备发生事故时,应当同时向特种设备安全监督管理部门报告。

对于接到报告的部门,应当按照国家有关规定,如实、及时上报。

实行施工总承包的,在总承包工程中发生伤亡事故,应由总承包单位负责统计上报事故情况。

（2）事故报告的内容

报告事故应当包括下列内容：①事故发生单位概况；②事故发生的时间、地点以及事故现场情况；③事故的简要经过；④事故已经造成或者可能造成的伤亡人数（包括下落不明的人数）和初步估计的直接经济损失；⑤已经采取的措施；⑥其他应当报告的情况。

事故发生单位概况,应当包括单位的全称、所处地理位置、所有制形式和隶属关系、生产经营范围和规模、持有各类证照情况、单位负责人基本情况以及近期生产经营状况等。该部分内容应以全面、简洁为原则。

报告事故发生的时间应当具体；报告事故发生的地点要准确,除事故发生的中心地点外,还应当报告事故所波及的区域；报告事故现场的情况应当全面,包括现场的总体情况、人员伤亡情况和设备设施的毁损情况,以及事故发生前后的现场情况,便于比较分析事故原因。

对于人员伤亡情况的报告,应当遵守实事求是的原则,不作无根据的猜测,更不能隐瞒实际伤亡人数。对直接经济损失的初步估算,主要指事故所导致的建筑物毁损、生产设备设施和仪器仪表损坏等。

已经采取的措施,主要是指事故现场有关人员、事故单位负责人以及已经接到事故报告的安全生产管理部门等,为减少损失、防止事故扩大和便于事故调查所采取的应急救援和现场保护等具体措施。

其他应当报告的情况,则应根据实际情况而定。如较大以上事故,还应当报告事故所造成的社会影响、政府有关领导和部门现场指挥等有关情况。

（3）事故补报的要求

《生产安全事故报告和调查处理条例》规定,事故报告后出现新情况的,应当及时补报。自事故发生之日起30日内,事故造成的伤亡人数发生变化的,应当及时补报。道路交通事故、火灾事故自发生之日起7日内,事故造成的伤亡人数发生变化的,应当及时补报。

11.4.2.3 发生施工生产安全事故后应采取的相应措施

（1）组织应急抢救工作

① 事故发生单位负责人接到事故报告后,应当立即启动事故相应应急预案,或者采取有效措施,组织抢救,防止事故扩大,减少人员伤亡和财产损失。实行总承包的项目,总承包单位应统一组织事故的抢救工作。

② 事故发生地有关地方人民政府、安全生产监督管理部门和负有安全生产监督管理职

责的有关部门接到事故报告后,其负责人应当立即赶赴事故现场,组织事故救援。

(2) 妥善保护事故现场

① 事故发生后,有关单位和人员应当妥善保护事故现场以及相关证据,任何单位和个人不得破坏事故现场、毁灭相关证据。

② 因抢救人员、防止事故扩大以及疏通交通等原因,需要移动事故现场物件的,应当做出标志,绘制现场简图并做出书面记录,妥善保存现场重要痕迹、物证。

③ 事故发生地公安机关根据事故的情况,对涉嫌犯罪的,应当依法立案侦查,采取强制措施和侦查措施。犯罪嫌疑人逃匿的,公安机关应当迅速追捕归案。

④ 安全生产监督管理部门和负有安全生产监督管理职责的有关部门应当建立值班制度,并向社会公布值班电话,受理事故报告和举报。

11.4.3 安全事故调查

新修订的《安全生产法》第83条规定:"事故调查处理应当按照科学严谨、依法依规、实事求是、注重实效的原则,及时、准确查清事故原因,查明事故性质和责任,总结事故教训,提出整改措施,并对事故责任者提出处理意见。事故调查报告应当依法及时向社会公布。事故调查和处理的具体办法由国务院制定。

事故发生单位应当及时全面落实整改措施,负有安全生产监督管理职责的部门应当加强监督检查。"

11.4.3.1 事故调查的管辖

① 特别重大事故由国务院或者国务院授权有关部门组织事故调查组进行调查。

② 重大事故、较大事故、一般事故分别由事故发生地省级人民政府、设区的市级人民政府、县级人民政府负责调查。省级人民政府、设区的市级人民政府、县级人民政府可以直接组织事故调查组进行调查,也可以授权或者委托有关部门组织事故调查组进行调查。

③ 未造成人员伤亡的一般事故,县级人民政府也可以委托事故发生单位组织事故调查组进行调查。上级人民政府认为必要时,可以调查由下级人民政府负责调查的事故。

④ 自事故发生之日起30日内(道路交通事故、火灾事故自发生之日起7日内),因事故伤亡人数变化导致事故等级发生变化,依照《生产安全事故报告和调查处理条例》规定应当由上级人民政府负责调查的,上级人民政府可以另行组织事故调查组进行调查。

⑤ 特别重大事故以下等级事故,事故发生地与事故发生单位不在同一个县级以上行政区域的,由事故发生地人民政府负责调查,事故发生单位所在地人民政府应当派人参加。

11.4.3.2 事故调查组的组成与职责

(1) 事故调查组的组成

事故调查组的组成应当遵循精简、效能的原则。根据事故的具体情况,事故调查组由有关人民政府、安全生产监督管理部门、负有安全生产监督管理职责的有关部门、监察机关、公安机关以及工会派人组成,并应当邀请人民检察院派人参加。事故调查组可以聘请有关专家参与调查。

事故调查组组长由负责事故调查的人民政府指定。事故调查组组长主持事故调查组的工作。事故调查组成员应当具有事故调查所需要的知识和专长,并与所调查的事故没有直接利害关系。

(2) 事故调查组的职责

事故调查组应当履行下列职责:①查明事故发生的经过、原因、人员伤亡情况及直接经济损失；②认定事故的性质和事故责任；③提出对事故责任者的处理建议；④总结事故教训，提出防范和整改措施；⑤提交事故调查报告。

11.4.3.3 事故调查组的权利与纪律

事故调查组有权向有关单位和个人了解与事故有关的情况，并要求其提供相关文件、资料，有关单位和个人不得拒绝。事故发生单位的负责人和有关人员在事故调查期间不得擅离职守，并应当随时接受事故调查组的询问，如实提供有关情况。事故调查中发现涉嫌犯罪的，事故调查组应当及时将有关材料或者其复印件移交司法机关处理。

事故调查中需要进行技术鉴定的，事故调查组应当委托具有国家规定资质的单位进行技术鉴定。必要时，事故调查组可以直接组织专家进行技术鉴定。技术鉴定所需时间不计入事故调查期限。

事故调查组成员在事故调查工作中应当诚信公正、恪尽职守，遵守事故调查组的纪律，保守事故调查的秘密。未经事故调查组组长允许，事故调查组成员不得擅自发布有关事故的信息。

11.4.3.4 事故调查报告的期限与内容

（1）事故调查报告的期限

事故调查组应当自事故发生之日起60日内提交事故调查报告；特殊情况下，经负责事故调查的人民政府批准，提交事故调查报告的期限可以适当延长，但延长的期限最长不超过60日。

（2）事故调查报告的内容

事故调查报告应当包括下列内容：①事故发生单位概况；②事故发生经过和事故救援情况；③事故造成的人员伤亡和直接经济损失；④事故发生的原因和事故性质；⑤事故责任的认定以及对事故责任者的处理建议；⑥事故防范和整改措施。

事故调查报告应当附具有关证据材料。事故调查组成员应当在事故调查报告上签名。

事故调查报告报送负责事故调查的人民政府后，事故调查工作即告结束。事故调查的有关资料应当归档保存。

11.4.4 安全事故处理

（1）事故处理时限和落实批复

《生产安全事故报告和调查处理条例》规定，重大事故、较大事故、一般事故，负责事故调查的人民政府应当自收到事故调查报告之日起15日内做出批复；特别重大事故，30日内做出批复，特殊情况下，批复时间可以适当延长，但延长的时间最长不超过30日。

有关机关应当按照人民政府的批复，依照法律、行政法规规定的权限和程序，对事故发生单位和有关人员进行行政处罚，对负有事故责任的国家工作人员进行处分。事故发生单位应当按照负责事故调查的人民政府的批复，对本单位负有事故责任的人员进行处理。负有事故责任的人员涉嫌犯罪的，依法追究刑事责任。

（2）事故发生单位的整改措施

事故发生单位应当认真吸取事故教训，落实防范和整改措施，防止事故再次发生。防范和整改措施的落实情况应当接受工会和职工的监督。安全生产监督管理部门和负有安全生产监督管理职责的有关部门应当对事故发生单位落实防范和整改措施的情况进行监督检查。

（3）处理结果的公布

事故处理的情况由负责事故调查的人民政府或者其授权的有关部门、机构向社会公布，依法应当保密的除外。

11.5 法律责任

11.5.1 《安全生产法》规定的法律责任

2014 年修订的《安全生产法》加大了对违法行为和事故责任的追究力度。

11.5.1.1 生产经营单位的法律责任

① 生产经营单位有下列行为之一的，责令限期改正，可以处 5 万元以下的罚款；逾期未改正的，责令停产停业整顿，并处 5 万元以上 10 万元以下的罚款，对其直接负责的主管人员和其他直接责任人员处 1 万元以上 2 万元以下的罚款：

  a. 未按照规定设置安全生产管理机构或者配备安全生产管理人员的；

  b. 危险物品的生产、经营、储存单位以及矿山、金属冶炼、建筑施工、道路运输单位的主要负责人和安全生产管理人员未按照规定经考核合格的；

  c. 未按照规定对从业人员、被派遣劳动者、实习学生进行安全生产教育和培训，或者未按照规定如实告知有关的安全生产事项的；

  d. 未如实记录安全生产教育和培训情况的；

  e. 未将事故隐患排查治理情况如实记录或者未向从业人员通报的；

  f. 未按照规定制定生产安全事故应急救援预案或者未定期组织演练的；

  g. 特种作业人员未按照规定经专门的安全作业培训并取得相应资格，上岗作业的。

② 生产经营单位有下列行为之一的，责令停止建设或者停产停业整顿，限期改正；逾期未改正的，处 50 万元以上 100 万元以下的罚款，对其直接负责的主管人员和其他直接责任人员处 2 万元以上 5 万元以下的罚款；构成犯罪的，依照刑法有关规定追究刑事责任：

  a. 未按照规定对矿山、金属冶炼建设项目或者用于生产、储存、装卸危险物品的建设项目进行安全评价的；

  b. 矿山、金属冶炼建设项目或者用于生产、储存、装卸危险物品的建设项目没有安全设施设计或者安全设施设计未按照规定报经有关部门审查同意的；

  c. 矿山、金属冶炼建设项目或者用于生产、储存、装卸危险物品的建设项目的施工单位未按照批准的安全设施设计施工的；

  d. 矿山、金属冶炼建设项目或者用于生产、储存危险物品的建设项目竣工投入生产或者使用前，安全设施未经验收合格的。

③ 生产经营单位有下列行为之一的，责令限期改正，可以处 5 万元以下的罚款；逾期未改正的，处 5 万元以上 20 万元以下的罚款，对其直接负责的主管人员和其他直接责任人员处 1 万元以上 2 万元以下的罚款；情节严重的，责令停产停业整顿；构成犯罪的，依照刑法有关规定追究刑事责任：

  a. 未在有较大危险因素的生产经营场所和有关设施、设备上设置明显的安全警示标志的；

  b. 安全设备的安装、使用、检测、改造和报废不符合国家标准或者行业标准的；

  c. 未对安全设备进行经常性维护、保养和定期检测的；

  d. 未为从业人员提供符合国家标准或者行业标准的劳动防护用品的；

  e. 危险物品的容器、运输工具，以及涉及人身安全、危险性较大的海洋石油开采特种设备和矿山井下特种设备未经具有专业资质的机构检测、检验合格，取得安全使用证或者安全标志，投入使用的；

　　f. 使用应当淘汰的危及生产安全的工艺、设备的。

　④ 生产经营单位有下列行为之一的，责令限期改正，可以处 10 万元以下的罚款；逾期未改正的，责令停产停业整顿，并处 10 万元以上 20 万元以下的罚款，对其直接负责的主管人员和其他直接责任人员处 2 万元以上 5 万元以下的罚款；构成犯罪的，依照刑法有关规定追究刑事责任：

　　a. 生产、经营、运输、储存、使用危险物品或者处置废弃危险物品，未建立专门安全管理制度、未采取可靠的安全措施的；

　　b. 对重大危险源未登记建档，或者未进行评估、监控，或者未制定应急预案的；

　　c. 进行爆破、吊装以及国务院安全生产监督管理部门会同国务院有关部门规定的其他危险作业，未安排专门人员进行现场安全管理的；

　　d. 未建立事故隐患排查治理制度的。

　⑤ 生产经营单位未采取措施消除事故隐患的，责令立即消除或者限期消除；生产经营单位拒不执行的，责令停产停业整顿，并处 10 万元以上 50 万元以下的罚款，对其直接负责的主管人员和其他直接责任人员处 2 万元以上 5 万元以下的罚款。

　⑥ 生产经营单位将生产经营项目、场所、设备发包或者出租给不具备安全生产条件或者相应资质的单位或者个人的，责令限期改正，没收违法所得；违法所得 10 万元以上的，并处违法所得 2 倍以上 5 倍以下的罚款；没有违法所得或者违法所得不足 10 万元的，单处或者并处 10 万元以上 20 万元以下的罚款；对其直接负责的主管人员和其他直接责任人员处 1 万元以上 2 万元以下的罚款；导致发生生产安全事故给他人造成损害的，与承包方、承租方承担连带赔偿责任。

　生产经营单位未与承包单位、承租单位签订专门的安全生产管理协议或者未在承包合同、租赁合同中明确各自的安全生产管理职责，或者未对承包单位、承租单位的安全生产统一协调、管理的，责令限期改正，可以处 5 万元以下的罚款，对其直接负责的主管人员和其他直接责任人员可以处 1 万元以下的罚款；逾期未改正的，责令停产停业整顿。

　⑦ 两个以上生产经营单位在同一作业区域内进行可能危及对方安全生产的生产经营活动，未签订安全生产管理协议或者未指定专职安全生产管理人员进行安全检查与协调的，责令限期改正，可以处 5 万元以下的罚款，对其直接负责的主管人员和其他直接责任人员可以处 1 万元以下的罚款；逾期未改正的，责令停产停业。

　⑧ 生产经营单位有下列行为之一的，责令限期改正，可以处 5 万元以下的罚款，对其直接负责的主管人员和其他直接责任人员可以处 1 万元以下的罚款；逾期未改正的，责令停产停业整顿；构成犯罪的，依照刑法有关规定追究刑事责任：

　　a. 生产、经营、储存、使用危险物品的车间、商店、仓库与员工宿舍在同一座建筑内，或者与员工宿舍的距离不符合安全要求的；

　　b. 生产经营场所和员工宿舍未设有符合紧急疏散需要、标志明显、保持畅通的出口，或者锁闭、封堵生产经营场所或者员工宿舍出口的。

　⑨ 生产经营单位与从业人员订立协议，免除或者减轻其对从业人员因生产安全事故伤亡依法应承担的责任的，该协议无效；对生产经营单位的主要负责人、个人经营的投资人处 2 万元以上 10 万元以下的罚款。

　⑩ 生产经营单位拒绝、阻碍负有安全生产监督管理职责的部门依法实施监督检查的，责令改正；拒不改正的，处 2 万元以上 20 万元以下的罚款；对其直接负责的主管人员和其他直接责任人员处 1 万元以上 2 万元以下的罚款；构成犯罪的，依照刑法有关规定追究刑事

责任。

⑪ 生产经营单位发生生产安全事故造成人员伤亡、他人财产损失的，应当依法承担赔偿责任；拒不承担或者其负责人逃匿的，由人民法院依法强制执行。

生产安全事故的责任人未依法承担赔偿责任，经人民法院依法采取执行措施后，仍不能对受害人给予足额赔偿的，应当继续履行赔偿义务；受害人发现责任人有其他财产的，可以随时请求人民法院执行。

⑫ 生产经营单位不具备本法和其他有关法律、行政法规和国家标准或者行业标准规定的安全生产条件，经停产停业整顿仍不具备安全生产条件的，予以关闭；有关部门应依法吊销其有关证照。

⑬ 发生生产安全事故，对负有责任的生产经营单位除要求其依法承担相应的赔偿等责任外，由安全生产监督管理部门依照下列规定处以罚款：

a. 发生一般事故的，处 20 万元以上 50 万元以下的罚款；

b. 发生较大事故的，处 50 万元以上 100 万元以下的罚款；

c. 发生重大事故的，处 100 万元以上 500 万元以下的罚款；

d. 发生特别重大事故的，处 500 万元以上 1000 万元以下的罚款；情节特别严重的，处 1000 万元以上 2000 万元以下的罚款。

11.5.1.2 生产经营单位主要负责人的法律责任

① 生产经营单位的决策机构、主要负责人或者个人经营的投资人不依照本法规定保证安全生产所必需的资金投入，致使生产经营单位不具备安全生产条件的，责令限期改正，提供必需的资金；逾期未改正的，责令生产经营单位停产停业整顿。

有前款违法行为，导致发生生产安全事故的，对生产经营单位的主要负责人给予撤职处分，对个人经营的投资人处 2 万元以上 20 万元以下的罚款；构成犯罪的，依照刑法有关规定追究刑事责任。

② 生产经营单位的主要负责人未履行本法规定的安全生产管理职责的，责令限期改正；逾期未改正的，处 2 万元以上 5 万元以下的罚款，责令生产经营单位停产停业整顿。

生产经营单位的主要负责人有前款违法行为，导致发生生产安全事故的，给予撤职处分；构成犯罪的，依照刑法有关规定追究刑事责任。

生产经营单位的主要负责人依照前款规定受刑事处罚或者撤职处分的，自刑罚执行完毕或者受处分之日起，5 年内不得担任任何生产经营单位的主要负责人；对重大、特别重大生产安全事故负有责任的，终身不得担任本行业生产经营单位的主要负责人。

③ 生产经营单位的主要负责人未履行本法规定的安全生产管理职责，导致发生生产安全事故的，由安全生产监督管理部门依照下列规定处以罚款：

a. 发生一般事故的，处上一年年收入 30% 的罚款；

b. 发生较大事故的，处上一年年收入 40% 的罚款；

c. 发生重大事故的，处上一年年收入 60% 的罚款；

d. 发生特别重大事故的，处上一年年收入 80% 的罚款。

④ 生产经营单位的主要负责人在本单位发生生产安全事故时，不立即组织抢救或者在事故调查处理期间擅离职守或者逃匿的，给予降级、撤职的处分，并由安全生产监督管理部门处上一年年收入 60% 至 100% 的罚款；对逃匿的处 15 日以下拘留；构成犯罪的，依照刑法有关规定追究刑事责任。

生产经营单位的主要负责人对生产安全事故隐瞒不报、谎报或者迟报的，依照前款规定处罚。

11.5.1.3 生产经营单位相关人员的法律责任

① 生产经营单位的安全生产管理人员未履行本法规定的安全生产管理职责的，责令限期改正；导致发生生产安全事故的，暂停或者撤销其与安全生产有关的资格；构成犯罪的，依照刑法有关规定追究刑事责任。

② 生产经营单位的从业人员不服从管理，违反安全生产规章制度或者操作规程的，由生产经营单位给予批评教育，依照有关规章制度给予处分；构成犯罪的，依照刑法有关规定追究刑事责任。

11.5.1.4 政府及相关部门的法律责任

① 负有安全生产监督管理职责的部门的工作人员，有下列行为之一的，给予降级或者撤职的处分；构成犯罪的，依照刑法有关规定追究刑事责任：

a. 对不符合法定安全生产条件的涉及安全生产的事项予以批准或者验收通过的；

b. 发现未依法取得批准、验收的单位擅自从事有关活动或者接到举报后不予取缔或者不依法予以处理的；

c. 对已经依法取得批准的单位不履行监督管理职责，发现其不再具备安全生产条件而不撤销原批准或者发现安全生产违法行为不予查处的；

d. 在监督检查中发现重大事故隐患，不依法及时处理的。

负有安全生产监督管理职责的部门的工作人员有前款规定以外的滥用职权、玩忽职守、徇私舞弊行为的，依法给予处分；构成犯罪的，依照刑法有关规定追究刑事责任。

② 负有安全生产监督管理职责的部门，要求被审查、验收的单位购买其指定的安全设备、器材或者其他产品的，在对安全生产事项的审查、验收中收取费用的，由其上级机关或者监察机关责令改正，责令退还收取的费用；情节严重的，对直接负责的主管人员和其他直接责任人员依法给予处分。

③ 承担安全评价、认证、检测、检验工作的机构，出具虚假证明的，没收违法所得；违法所得在10万元以上的，并处违法所得2倍以上5倍以下的罚款；没有违法所得或者违法所得不足10万元的，单处或者并处10万元以上20万元以下的罚款；对其直接负责的主管人员和其他直接责任人员处2万元以上5万元以下的罚款；给他人造成损害的，与生产经营单位承担连带赔偿责任；构成犯罪的，依照刑法有关规定追究刑事责任。

对有前款违法行为的机构，吊销其相应资质。

④ 有关地方人民政府、负有安全生产监督管理职责的部门，对生产安全事故隐瞒不报、谎报或者迟报的，对直接负责的主管人员和其他直接责任人员依法给予处分；构成犯罪的，依照刑法有关规定追究刑事责任。

11.5.1.5 擅自生产、经营、储存危险物品的法律责任

未经依法批准，擅自生产、经营、运输、储存、使用危险物品或者处置废弃危险物品的，依照有关危险物品安全管理的法律、行政法规的规定予以处罚；构成犯罪的，依照刑法有关规定追究刑事责任。

11.5.2 《建设工程安全生产管理条例》规定的法律责任

11.5.2.1 建设单位的违法行为及其法律责任

① 根据《安全生产管理条例》第54条，建设单位未提供建设工程安全生产作业环境及

安全施工措施所需费用的，责令限期改正；逾期未改正的，责令该建设工程停止施工。

建设单位未将保证安全施工的措施或者拆除工程的有关资料报送有关部门备案的，责令限期改正，给予警告。

② 根据《安全生产管理条例》第55条，建设单位在安全生产中违反规定，有下列行为之一的，责令限期改正，处20万元以上50万元以下的罚款；造成重大安全事故，构成犯罪的，对直接责任人员，依照刑法有关规定追究刑事责任；造成损失的，依法承担赔偿责任：

　　a. 对勘察、设计、施工、工程监理等单位提出不符合安全生产法律、法规和强制性标准规定的要求的；

　　b. 要求施工单位压缩合同约定的工期的；

　　c. 将拆除工程发包给不具有相应资质等级的施工单位的。

11.5.1.2　勘察、设计单位的违法行为及其法律责任

根据《安全生产管理条例》第56条，勘察单位、设计单位在勘察、设计中违反规定，有下列行为之一的，责令限期改正，处10万元以上30万元以下的罚款；情节严重的，责令停业整顿，降低资质等级，直至吊销资质证书；造成重大安全事故，构成犯罪的，对直接责任人员，依照刑法有关规定追究刑事责任；造成损失的，依法承担赔偿责任：

① 未按照法律、法规和工程建设强制性标准进行勘察、设计的；

② 采用新结构、新材料、新工艺的建设工程和特殊结构的建设工程，设计单位未在设计中提出保障施工作业人员安全和预防生产安全事故的措施建议的。

11.5.1.3　工程监理单位的违法行为及其法律责任

根据《安全生产管理条例》第57条，工程监理单位在实施监理工作中违反规定，有下列行为之一的，责令限期改正；逾期未改正的，责令停业整顿，并处10万元以上30万元以下的罚款；情节严重的，降低资质等级，直至吊销资质证书；造成重大安全事故，构成犯罪的，对直接责任人员，依照刑法有关规定追究刑事责任；造成损失的，依法承担赔偿责任：

① 未对施工组织设计中的安全技术措施或者专项施工方案进行审查的；

② 发现安全事故隐患未及时要求施工单位整改或者暂时停止施工的；

③ 施工单位拒不整改或者不停止施工，未及时向有关主管部门报告的；

④ 未依照法律、法规和工程建设强制性标准实施监理的。

11.5.1.4　建筑施工企业的违法行为及其法律责任

(1) 施工单位未履行法定安全义务的法律责任

根据《安全生产管理条例》第62条，施工单位未履行法定的安全义务，有下列行为之一的，责令限期改正；逾期未改正的，责令停业整顿，依照《安全生产法》的有关规定处以罚款；造成重大安全事故，构成犯罪的，对直接责任人员，依照刑法有关规定追究刑事责任：

① 未设立安全生产管理机构、配备专职安全生产管理人员或者分部分项工程施工时无专职安全生产管理人员现场监督的；

② 施工单位的主要负责人、项目负责人、专职安全生产管理人员、作业人员或者特种作业人员，未经安全教育培训或者经考核不合格即从事相关工作的；

③ 未在施工现场的危险部位设置明显的安全警示标志，或者未按照国家有关规定在施工现场设置消防通道、消防水源、配备消防设施和灭火器材的；

④ 未向作业人员提供安全防护用具和安全防护服装的；

⑤ 未按照规定在施工起重机械和整体提升脚手架、模板等自升式架设设施验收合格后

登记的；

⑥ 使用国家明令淘汰、禁止使用的危及施工安全的工艺、设备、材料的。

(2) 施工单位挪用有关安全费用的法律责任

根据《安全生产管理条例》第63条，施工单位违反规定，挪用列入建设工程概算的安全生产作业环境及安全施工措施所需费用的，责令限期改正，处挪用费用20%以上50%以下的罚款；造成损失的，依法承担赔偿责任。

(3) 施工单位未采取安全技术措施、环境保护措施等的法律责任

根据《安全生产管理条例》第64条，施工单位违反规定，有下列行为之一的，责令限期改正；逾期未改正的，责令停业整顿，并处5万元以上10万元以下的罚款；造成重大安全事故，构成犯罪的，对直接责任人员，依照刑法有关规定追究刑事责任：

① 施工前未对有关安全施工的技术要求作出详细说明的；

② 未根据不同施工阶段和周围环境及季节、气候的变化，在施工现场采取相应的安全施工措施，或者在城市市区内的建设工程的施工现场未实行封闭围挡的；

③ 在尚未竣工的建筑物内设置员工集体宿舍的；

④ 施工现场临时搭建的建筑物不符合安全使用要求的；

⑤ 未对因建设工程施工可能造成损害的毗邻建筑物、构筑物和地下管线等采取专项防护措施的。

施工单位有前款规定第4项、第5项行为，造成损失的，依法承担赔偿责任。

(4) 施工单位施工过程中的违法行为及法律责任

根据《安全生产管理条例》第65条，施工单位在施工过程中违反规定，有下列行为之一的，责令限期改正；逾期未改正的，责令停业整顿，并处10万元以上30万元以下的罚款；情节严重的，降低资质等级，直至吊销资质证书；造成重大安全事故，构成犯罪的，对直接责任人员，依照刑法有关规定追究刑事责任；造成损失的，依法承担赔偿责任：

① 安全防护用具、机械设备、施工机具及配件在进入施工现场前未经查验或者查验不合格即投入使用的；

② 使用未经验收或者验收不合格的施工起重机械和整体提升脚手架、模板等自升式架设设施的；

③ 委托不具有相应资质的单位承担施工现场安装、拆卸施工起重机械和整体提升脚手架、模板等自升式架设设施的；

④ 在施工组织设计中未编制安全技术措施、施工现场临时用电方案或者专项施工方案的。

(5) 施工单位负责人、作业人等有关人员的违法行为及法律责任

根据《安全生产管理条例》第60条，施工单位的主要负责人、项目负责人未履行安全生产管理职责的，责令限期改正；逾期未改正的，责令施工单位停业整顿；造成重大安全事故、重大伤亡事故或者其他严重后果，构成犯罪的，依照刑法有关规定追究刑事责任。

作业人员不服管理、违反规章制度和操作规程冒险作业造成重大伤亡事故或者其他严重后果，构成犯罪的，依照刑法有关规定追究刑事责任。

施工单位的主要负责人、项目负责人有上述违法行为，尚不够刑事处罚的，处2万元以上20万元以下的罚款或者按照管理权限给予撤职处分；自刑罚执行完毕或者受处分之日起，5年内不得担任任何施工单位的主要负责人、项目负责人。

(6) 施工单位不具备安全生产条件的法律责任

根据《安全生产管理条例》第67条的规定，施工单位取得资质证书后，降低安全生产

条件的，责令限期改正；经整改仍未达到与其资质等级相适应的安全生产条件的，责令停业整顿，降低其资质等级，直至吊销资质证书。

11.5.1.5 其他情况的违法行为和法律责任

（1）行政管理部门及其工作人员的违法行为及其法律责任

根据《安全生产管理条例》第53条，县级以上人民政府建设行政主管部门或者其他有关行政管理部门的工作人员，违反规定，有下列行为之一的，应当承担降级或者撤职的行政处分；构成犯罪的，依照刑法有关规定追究刑事责任：

① 对不具备安全生产条件的施工单位颁发资质证书的；

② 对没有安全施工措施的建设工程颁发施工许可证的；

③ 发现违法行为不予查处的；

④ 不依法履行监督管理职责的其他行为。

（2）注册执业人员的违法行为及其法律责任

根据《安全生产管理条例》第58条，注册执业人员在执业中未执行法律、法规和工程建设强制性标准的，责令停止执业3个月以上1年以下；情节严重的，吊销执业资格证书，5年内不予注册；造成重大安全事故的，终身不予注册；构成犯罪的，依照刑法有关规定追究刑事责任。

（3）为建设工程提供机械设备和配件的单位的违法行为及其法律责任

根据《安全生产管理条例》第59条，为建设工程提供机械设备和配件的单位，违反《安全生产管理条例》第15条的规定，未按照安全施工的要求配备齐全有效的保险、限位等安全设施和装置的，责令限期改正，处合同价款1倍以上3倍以下的罚款；造成损失的，依法承担赔偿责任。

（4）机械设备和施工机具及配件的出租单位的违法行为及其法律责任

根据《安全生产管理条例》第60条，出租单位违反《安全生产管理条例》第16条的规定，出租未经安全性能检测或者经检测不合格的机械设备和施工机具及配件的，责令停业整顿，并处5万元以上10万元以下的罚款；造成损失的，依法承担赔偿责任。

（5）施工起重机械和整体提升脚手架、模板等自升式架设设施安装、拆卸单位的违法行为及其法律责任

根据《建设工程安全生产管理条例》第61条，施工起重机械和整体提升脚手架、模板等自升式架设设施安装、拆卸单位，违反《建设工程安全生产管理条例》第17条的规定，有下列行为之一的，责令限期改正，处5万元以上10万元以下的罚款；情节严重的，责令停业整顿，降低资质等级，直至吊销资质证书；造成损失的，依法承担赔偿责任：

① 未编制拆装方案、制定安全施工措施的；

② 未由专业技术人员现场监督的；

③ 未出具自检合格证明或者出具虚假证明的；

④ 未向施工单位进行安全使用说明，办理移交手续的。

施工起重机械和整体提升脚手架、模板等自升式架设设施安装、拆卸单位有上述规定的第①项、第③项行为，经有关部门或者单位职工提出后，对事故隐患仍不采取措施，因而发生重大伤亡事故或者造成其他严重后果，构成犯罪的，对直接责任人员，依照刑法有关规定

追究刑事责任。

11.5.3 《安全生产许可证条例》规定的法律责任

11.5.3.1 建筑生产企业的违法行为和法律责任

（1）未取得安全生产许可证擅自进行生产的法律责任

《安全生产许可证条例》规定，未取得安全生产许可证擅自进行生产的，责令停止生产，没收违法所得，并处10万元以上50万元以下的罚款；造成重大事故或者其他严重后果，构成犯罪的，依法追究刑事责任。

（2）安全生产许可证有效期满未办理延期手续继续从事施工活动应承担的法律责任

《安全生产许可证条例》规定，安全生产许可证有效期满未办理延期手续，继续进行生产的，责令停止生产，限期补办延期手续，没收违法所得，并处5万元以上10万元以下的罚款；逾期仍不办理延期手续，继续进行生产的，依照未取得安全生产许可证擅自进行生产的规定处罚。

（3）转让安全生产许可证等应承担的法律责任

《安全生产许可证条例》规定，转让安全生产许可证的，没收违法所得，处10万元以上50万元以下的罚款，并吊销其安全生产许可证；构成犯罪的，依法追究刑事责任；接受转让的，依照未取得安全生产许可证擅自进行生产的规定处罚。

（4）冒用或伪造安全生产许可证的法律责任

《安全生产许可证条例》规定，冒用安全生产许可证或者使用伪造的安全生产许可证进行生产的，责令停止生产，没收违法所得，并处10万元以上50万元以下的罚款；造成重大事故或者其他严重后果，构成犯罪的，依法追究刑事责任。

（5）以不正当手段取得安全生产许可证应承担的法律责任

《建筑施工企业安全生产许可证管理规定》中规定，建筑施工企业隐瞒有关情况或者提供虚假材料申请安全生产许可证的，不予受理或者不予颁发安全生产许可证，并给予警告，1年内不得申请安全生产许可证。建筑施工企业以欺骗、贿赂等不正当手段取得安全生产许可证的，撤销安全生产许可证，3年内不得再次申请安全生产许可证；构成犯罪的，依法追究刑事责任。

（6）暂扣安全生产许可证并限期整改的规定

《建筑施工企业安全生产许可证管理规定》中规定，取得安全生产许可证的建筑施工企业，发生重大安全事故的，暂扣安全生产许可证并限期整改。建筑施工企业不再具备安全生产条件的，暂扣安全生产许可证并限期整改；情节严重的，吊销安全生产许可证。

11.5.3.2 安全生产许可证颁发管理机关工作人员的法律责任

《安全生产许可证条例》规定，安全生产许可证颁发管理机关工作人员有下列行为之一的，给予降级或者撤职的行政处分；构成犯罪的，依法追究刑事责任：

① 向不符合本条例规定的安全生产条件的企业颁发安全生产许可证的；

② 发现企业未依法取得安全生产许可证擅自从事生产活动，不依法处理的；

③ 发现取得安全生产许可证的企业不再具备本条例规定的安全生产条件，不依法处理的；

④ 接到对违反本条例规定行为的举报后，不及时处理的；

⑤ 在安全生产许可证颁发、管理和监督检查工作中，索取或者接受企业的财物，或者谋取其他利益的。

11.5.4 《生产安全事故报告和调查处理条例》规定的法律责任

11.5.4.1 事故发生单位主要负责人的违法行为和法律责任

① 事故发生单位主要负责人有下列行为之一的,处上一年年收入 40% 至 80% 的罚款;属于国家工作人员的,并依法给予处分;构成犯罪的,依法追究刑事责任:
  a. 不立即组织事故抢救的;
  b. 迟报或者漏报事故的;
  c. 在事故调查处理期间擅离职守的。

② 事故发生单位主要负责人未依法履行安全生产管理职责,导致事故发生的,依照下列规定处以罚款;属于国家工作人员的,并依法给予处分;构成犯罪的,依法追究刑事责任:
  a. 发生一般事故的,处上一年年收入 30% 的罚款;
  b. 发生较大事故的,处上一年年收入 40% 的罚款;
  c. 发生重大事故的,处上一年年收入 60% 的罚款;
  d. 发生特别重大事故的,处上一年年收入 80% 的罚款。

11.5.4.2 事故发生单位及其有关人员的违法行为和法律责任

① 事故发生单位对事故发生负有责任的,由有关部门依法暂扣或者吊销其有关证照;事故发生单位负有事故责任的有关人员,依法暂停或者撤销其与安全生产有关的执业资格、岗位证书;事故发生单位主要负责人受到刑事处罚或者撤职处分的,自刑罚执行完毕或者受处分之日起,5 年内不得担任任何生产经营单位的主要负责人。同时对事故发生单位依照下列规定处以罚款:
  a. 发生一般事故的,处 10 万元以上 20 万元以下的罚款;
  b. 发生较大事故的,处 20 万元以上 50 万元以下的罚款;
  c. 发生重大事故的,处 50 万元以上 200 万元以下的罚款;
  d. 发生特别重大事故的,处 200 万元以上 500 万元以下的罚款。

为发生事故的单位提供虚假证明的中介机构,由有关部门依法暂扣或者吊销其有关证照及其相关人员的执业资格;构成犯罪的,依法追究刑事责任。

② 事故发生单位及其有关人员有下列行为之一的,对事故发生单位处 100 万元以上 500 万元以下的罚款;对主要负责人、直接负责的主管人员和其他直接责任人员处上一年年收入 60% 至 100% 的罚款;属于国家工作人员的,并依法给予处分;构成违反治安管理行为的,由公安机关依法给予治安管理处罚;构成犯罪的,依法追究刑事责任:
  a. 谎报或者瞒报事故的;
  b. 伪造或者故意破坏事故现场的;
  c. 转移、隐匿资金、财产,或者销毁有关证据、资料的;
  d. 拒绝接受调查或者拒绝提供有关情况和资料的;
  e. 在事故调查中作伪证或者指使他人作伪证的;
  f. 事故发生后逃匿的。

11.5.4.3 政府及有关部门的违法行为和法律责任

① 有关地方人民政府、安全生产监督管理部门和负有安全生产监督管理职责的有关部门有下列行为之一的,对直接负责的主管人员和其他直接责任人员依法给予处分;构成犯罪的,依法追究刑事责任:

a. 不立即组织事故抢救的；
b. 迟报、漏报、谎报或者瞒报事故的；
c. 阻碍、干涉事故调查工作的；
d. 在事故调查中作伪证或者指使他人作伪证的。

② 违反本条例规定，有关地方人民政府或者有关部门故意拖延或者拒绝落实经批复的对事故责任人的处理意见的，由监察机关对有关责任人员依法给予处分。

11.5.4.4 参与事故调查的人员的违法行为和法律责任

参与事故调查的人员在事故调查中有下列行为之一的，依法给予处分；构成犯罪的，依法追究刑事责任：

① 对事故调查工作不负责任，致使事故调查工作有重大疏漏的；
② 包庇、袒护负有事故责任的人员或者借机打击报复的。

复习思考题

一、单项选择题

1. 我国《建设工程安全生产管理条例》规定，对没有安全施工措施的建设项目，建设行政主管部门不予颁发（　　）。
   A. 建设工程规划许可证　　　　　B. 施工许可证
   C. 建设用地规划许可证　　　　　D. 安全许可证

2. 确定建设工程安全作业环境及安全施工措施所需的费用，应当包括在（　　）内。
   A. 建设单位编制的工程概算　　　B. 建设单位编制的工程估算
   C. 施工单位编制的工程概算　　　D. 施工单位编制的工程预算

3. 某建筑施工企业的主要负责人，未履行《安全生产法》规定的安全生产管理职责，并且构成犯罪，被追究刑事责任。依据我国《安全生产法》的规定，该负责人自刑罚执行完毕之日起，不得担任任何生产经营单位的主要负责人的时限是（　　）。
   A. 2 年内　　　　　　　　　　　B. 3 年内
   C. 4 年内　　　　　　　　　　　D. 5 年内

4. 调查中发现，某建筑施工企业曾因未依法对从业人员进行安全生产教育和培训而被责令限期改正，但在限期内未改正。有关部门将依据我国《安全生产法》的规定，责令其停产停业整顿并罚款，其额度是（　　）。
   A. 1 万元以上 5 万元以下　　　　B. 5 万元以上 10 万元以下
   C. 10 万元以上 15 万元以下　　　D. 15 万元以上 20 万元以下

5. 我国《安全生产法》规定，未为从业人员提供符合国家标准或者行业标准的劳动防护用品的，责令限期改正；逾期未改正的，处以罚款，其额度是（　　）。
   A. 1 万元以上 5 万元以下　　　　B. 5 万元以上 10 万元以下
   C. 5 万元以上 15 万元以下　　　　D. 5 万元以上 20 万元以

6. 施工现场暂时停止施工的，施工单位应当做好现场防护，所需费用按照合同约定执行，或者由（　　）。
   A. 总包方承担　　　　　　　　　B. 建设方承担

C. 分包方承担　　　　　　　　　D. 责任方承担

7. 甲建设单位委托乙施工单位进行工业厂房建设，乙施工单位组成项目经理部，任命李强为项目经理。该项目部的材料管理员王亮的工伤社会保险费的缴纳者是（　　）。

A. 甲建设单位　　　　　　　　　B. 李强
C. 乙施工单位　　　　　　　　　D. 王亮

8. 甲建设单位与乙施工单位签订了施工总承包合同，乙施工单位将其中的一部分工程分包给丙施工单位。在丙负责的施工现场由于升降机失控，造成5人死亡事故。根据《建设工程安全生产管理条例》，负责将该事故向有关政府部门上报的单位是（　　）。

A. 县级以上人民政府　　　　　　B. 乙施工单位
C. 劳动部门　　　　　　　　　　D. 项目经理部

9. 某道路施工中发生边坡滑坡事故，20人被埋，经抢救15人生还，5人死亡。该事故属于（　　）。

A. 特别重大事故　　　　　　　　B. 重大事故
C. 较大事故　　　　　　　　　　D. 一般事故

10. 某市地铁建设项目K标段施工任务由甲企业承担。2017年5月1日施工作业面上方突然发生路面大面积塌陷事故。当时20人在该施工段内作业。事故发生后有11人被救出，其余人员被埋，两天后挖出7具尸体，两人下落不明，施工单位随即向有关部门作了报告。事故发生第4天又挖出两具尸体。该事故死亡人数的变化情况，最迟的补报日期为（　　）。

A. 2017年5月6日　　　　　　　B. 2017年5月8日
C. 2017年5月15日　　　　　　　D. 2017年5月31日

11. 针对第10题的背景，对于该事故，有关部门给予该企业的罚款额度是（　　）。

A. 10万元以上20万元以下　　　　B. 20万元以上50万元以下
C. 50万元以上100万元以下　　　 D. 100万元以上500万元以下

12. 针对第10题的背景，对于该事故，有关部门将给予该企业总经理处以罚款，额度是其（　　）。

A. 上一年年收入的30%　　　　　B. 上一年年收入的40%
C. 上一年年收入的60%　　　　　D. 上一年年收入的80%

二、多项选择题

1. 根据《安全生产法》的规定，一般从业人员上岗作业之前，须（　　）。

A. 接受安全生产教育和培训　　　B. 掌握本单位的全部安全生产知识
C. 了解有关的安全生产规章制度　D. 熟悉有关的安全操作规程
E. 掌握本岗位的安全操作技能

2. 生产经营单位的主要负责人未履行安全生产管理职责，导致发生生产安全事故，尚不够刑事处罚的，按照《安全生产法》的规定，可给予的处分有（　　）。

A. 警告　　　　　　　　　　　　B. 撤职
C. 罚款　　　　　　　　　　　　D. 刑事
E. 开除

3. 生产经营单位有下列行为之一的，责令限期改正，可以处10万元以下的罚款；逾期未改正的，责令停产停业整顿，并处10万元以上20万元以下的罚款，对其直接负责的主管人员和其他直接责任人员处2万元以上5万元以下的罚款；构成犯罪的，依照刑法有关规定追究刑事责任。这些行为有（　　）。

A. 对重大危险源未登记建档
B. 未对安全设备进行经常性维护
C. 对重大危险源未进行评估和监控
D. 对重大危险源未制定应急预案
E. 进行爆破作业，未安排专门管理人员进行现场安全管理

4. 施工作业人员享有的主要安全生产权利有( )。
A. 获得劳动防护用品权   B. 检举权
C. 收益权   D. 获得工伤保险赔偿权
E. 紧急避险权

5. 根据《安全生产法》的规定，生产经营单位的临时聘用的从业人员所享有的安全生产权利有( )
A. 有权了解其作业场所和工作岗位存在的危险因素
B. 有权了解其作业场所和工作岗位危险防范措施
C. 有权了解其作业场所和工作岗位事故应急措施
D. 遵守安全生产操作规程
E. 向安全生产管理人员报告安全事故隐患

6. 根据《建设工程安全生产管理条例》，建设单位应当在拆除工程施工15日前，将( )报送工程所在地县级以上建设行政主管部门备案。
A. 施工单位资质等级证明
B. 拟拆除建筑物、构筑物及可能危及毗邻建筑的说明
C. 相邻建筑物、构筑物及地下工程的有关资料
D. 拆除施工组织方案
E. 堆放、清除废弃物的措施

7. 根据《建设工程安全生产管理条例》及相关规定，下列说法正确的有( )。
A. 建设单位不得向有关单位提出影响安全生产的违法要求
B. 监理单位应当审查专项施工方案
C. 工程监理单位对建设工程安全生产不承担责任
D. 总承包单位应当自行完成建设工程主体结构的施工
E. 分包单位只接受总承包单位的安全生产管理

8. 根据《建设工程安全生产管理条例》的规定，应编制专项施工方案并附具安全验算结果的分部分项工程包括( )。
A. 深基坑工程   B. 脚手架工程
C. 楼地面工程   D. 高大模板工程
E. 起重吊装工程

9. 施工单位采购、租赁的安全防护用具、机械设备、施工机具及配件，应当具有( )。
A. 生产(制造)许可证   B. 生产合格证
C. 准入许可证   D. 产品合格证
E. 产品许可证

10. 下列建设工程安全生产责任中，属于工程监理单位安全职责的有( )。
A. 审查安全技术措施或专项施工方案
B. 编制安全技术措施或专项施工方案

C. 对施工现场的安全生产负总责

D. 对施工安全事故隐患提出整改要求

E. 出现安全事故，负责成立事故调查组

11. 取得安全生产许可证的条件是（　　）。

A. 特种作业人经考核合格　　　　B. 职工参加工伤保险

C. 通过了安全生产管理体系认证　　D. 进行了安全评价

E. 已办理安全监督手续

12. 根据《建设工程安全生产管理条例》，施工企业的项目负责人在安全生产方面的主要职责有（　　）。

A. 对建设工程项目的安全生产负总责

B. 落实安全生产责任制

C. 制定安全生产规章制度和操作规程

D. 确保安全生产费用的专项使用

E. 根据工作特点组织制定安全施工措施

三、简答题

1. 建设工程安全生产管理的基本制度有哪些？
2. 简述建设单位、设计单位、建筑施工企业、工程监理单位的安全生产责任。
3. 从业人员在安全生产中享有哪些权利，应当履行哪些义务？
4. 简述施工现场消防管理的内容。
5. 施工现场安全防护管理制度有哪些？
6. 简述房屋拆除的安全生产管理内容。
7. 生产安全事故分为哪几个等级？
8. 简述生产安全事故的报告程序和要求。
9. 简述生产安全事故的调查程序和处理。

第 11 章答案与解析

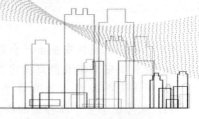

第12章 建设工程纠纷处理法规

教学目标

通过本章学习，使学生掌握解决建设工程纠纷的途径；掌握作为法律概念的调解类型；掌握仲裁的范围、特点和程序；掌握民事诉讼的特点和管辖；掌握第一审普通程序。熟悉行政强制的范围和程序、行政复议的范围和程序；熟悉行政诉讼的范围和程序；熟悉证据的种类；证据的保全和应用。掌握建设工程施工合同纠纷案件的司法解释。能依据建设工程纠纷处理法规解决处理工程建设中的一般纠纷，争取合法权益。

纠纷从发生的类型来看，主要有民事纠纷、经济纠纷、劳动纠纷和行政纠纷；其中，民事纠纷是最为复杂和多样的。比如：因借贷引起的纠纷；因交通事故引起的赔偿纠纷；因离婚产生的纠纷；因卖房、租房引起的纠纷等等。

纠纷从解决的角度来看，可以分为：由法律调整的纠纷；非法律调整的纠纷。前者又可分为民事纠纷、刑事纠纷和行政纠纷，分别由民事法律规范、刑事法律规范和行政法律规范调整。后者如朋友之间的争吵、夫妻之间的口角等，法律规范并不涉及。

12.1 建设工程纠纷的主要类型和法律解决途径

12.1.1 建设工程纠纷的主要类型

建设工程项目通常具有投资规模大、建造周期长、技术要求高、合同关系复杂和政府监管严格等特点，因而在建设工程领域里常见的是民事纠纷和行政纠纷。

12.1.1.1 建设工程民事纠纷

在建设工程领域，较为普遍和重要的民事纠纷主要是合同纠纷、侵权纠纷。

（1）合同纠纷

合同纠纷是指因合同的生效、解释、履行、变更、终止等行为而引起的合同当事人之间的所有争议。合同纠纷的内容，主要表现在争议主体对于导致合同法律关系产生、变更与消灭的法律事实以及法律关系的内容有着不同的观点与看法。合同纠纷的范围涵盖了一项合同从成立到终止的整个过程。

建设工程合同纠纷主要有工程总承包合同纠纷、工程勘察合同纠纷、工程设计合同纠纷、工程施工合同纠纷、工程监理合同纠纷、工程分包合同纠纷、材料设备采购合同纠纷等。

(2) 侵权纠纷

侵权纠纷是指一方当事人不法侵害他人财产权或者人身权而产生的纠纷。建设工程领域常见的侵权纠纷，如施工中造成对他人财产或者人身损害而产生的侵权纠纷，未经许可使用他人的专利、工法等而造成的知识产权侵权纠纷等。发包人和承包人就有关工期、质量、造价等产生的建设工程合同争议，是建设工程领域最常见的民事纠纷。

12.1.1.2 建设工程行政纠纷

建设工程行政纠纷，是在建设工程活动中行政机关之间或行政机关同公民、法人和其他组织之间由于行政行为而引起的纠纷，包括行政争议和行政案件。

在行政法律关系中，一方面行政机关对公民、法人和其他组织行使行政管理职权，应当依法行政；另一方面公民、法人和其他组织也应当依法约束自己的行为，做到自觉守法。

(1) 建设工程行政纠纷的类别

① 因行政机关超越职权、滥用职权、行政不作为、违反法定程序、事实认定错误、适用法律错误等所引起的纠纷；

② 因公民、法人或其他组织逃避监督管理、非法抗拒监督管理或误解法律规定等而产生的纠纷。

(2) 建设工程领域易引发行政纠纷的行政行为

在建设工程领域，行政机关易引发行政纠纷的具体行政行为主要有如下几种：

① 行政许可。常见的行政许可为施工许可、专业人员执业资格注册、企业资质等级核准、安全生产许可等。

行政许可易引发的行政纠纷通常是行政机关的行政不作为、违反法定程序等。

② 行政处罚。常见的行政处罚为警告、罚款、没收违法所得、取消投标资格、责令停止施工、责令停业整顿、降低资质等级、吊销资质证书等。

行政处罚易导致的行政纠纷，通常是行政处罚超越职权、滥用职权、违反法定程序、事实认定错误、适用法律错误等。

③ 行政强制。行政强制易引发的行政纠纷，通常是违反程序、滥用职权、事实认定错误、行政不作为等。

④ 行政裁决。行政裁决易引发的行政纠纷，通常是行政裁决违反法定程序、事实认定错误、适用法律错误等。

12.1.2 建设工程纠纷的法律解决途径

《合同法》第128条规定：当事人可以通过和解或者调解解决合同争议。当事人不愿和解、调解或者和解、调解不成的，可以根据仲裁协议向仲裁机构申请仲裁。当事人没有订立仲裁协议或者仲裁协议无效的，可以向人民法院起诉。当事人应当履行发生法律效力的判决、仲裁裁决、调解书；拒不履行的，对方可以请求人民法院执行。

由此可知，民事纠纷的法律解决途径主要有四种，即和解、调解、仲裁、诉讼。和解、调解、仲裁、诉讼各有特点，正确把握其特点，才能根据具体纠纷的情况，选择合适的处理方式。

12.2 和解与调解

12.2.1 和解

(1) 和解的概念

和解，是指合同当事人依据有关法律规定和合同约定，在自愿友好的基础上，互相谅解，就已经发生的争议进行协商并达成协议，从而自行解决合同争议的一种方法。和解应以合法、自愿、平等为原则。

和解达成的协议不具有强制执行的效力。但是可以成为原合同的补充部分。当事人不按照和解达成的协议执行，另一方当事人不可以申请强制执行，但是却可以追究其违约责任。

(2) 和解的适用

和解可以在民事纠纷的任何阶段进行，无论是否已经进入诉讼或仲裁程序，只要终审裁判未生效或者仲裁裁决未作出，当事人均可自行和解。

① 未经仲裁和诉讼的和解。发生争议后，当事人可以自行和解。如果达成一致意见，就无需仲裁或诉讼。

和解成立后，当事人不得任意反悔要求撤销。但是，如果事后发现和解所依据的文件是伪造或涂改的，或者当事人对重要的争执有重大误解而达成和解协议的，当事人都可以要求撤销和解协议。

② 申请仲裁后和解。申请仲裁后和解是指仲裁当事人通过协商，自行解决已提交仲裁的争议事项的行为。

当事人申请仲裁后，可以自行和解。和解是双方当事人的自愿行为，不需要仲裁庭的参与。《中华人民共和国仲裁法》(简称《仲裁法》)规定，当事人申请仲裁后，可以自行和解。当事人达成和解协议的，可以请求仲裁庭根据和解协议作出裁决书，也可以撤回仲裁申请。如果当事人撤回仲裁申请后反悔的，则可以仍根据原仲裁协议申请仲裁。

③ 诉讼中的和解。诉讼中的和解是当事人在诉讼进行中互相协商，达成协议，解决双方的争执。这种和解在法院作出判决前，当事人都可以进行。当事人可以就全部诉讼请求达成和解协议，也可以就个别诉讼请求达成和解协议。

当事人达成和解协议后，原告既可以撤诉，双方也可以请求人民法院对和解事项制作调解书，经当事人签名盖章产生法律效力。

④ 执行中的和解。执行中的和解，是人民法院在执行已发生法律效力的民事判决、裁定过程中，当事人自行达成协议，自动履行生效和解协议的行为。《中华人民共和国民事诉讼法》(简称《民事诉讼法》)规定，在执行中，双方当事人自行和解达成协议的，执行员应当将协议内容记入笔录，由双方当事人签名或者盖章。一方当事人不履行和解协议的或者反悔的，对方当事人可以申请人民法院按照原生效法律文书强制执行。

(3) 和解的效力

和解达成的协议不具有强制执行效力，如果一方当事人不按照和解协议履行，另一方当事人不可以请求人民法院强制履行，但可以向法院提起诉讼，也可以根据约定申请仲裁。法院或仲裁庭通过对和解协议的审查，对于意思真实而又不违反法律强制性或禁止性规定的和解协议予以支持，也可以支持遵守协议方要求违反协议方就不执行该和解协议承担违约责任的请求。但是，对于一方非自愿作出的或者违反法律强制性或禁止性规定的和解协议，不予支持。

12.2.2 调解

调解，是在第三方的主持下，通过对当事人进行说服教育，促使双方互相作出适当的让步，自愿达成协议，从而解决合同争议的方法。调解也是以合法、自愿、平等为原则。

根据调解人的不同，我国调解的形式主要有人民调解、行政调解、仲裁调解、法院调解和专业机构调解等。

(1) 人民调解

自 2011 年 1 月 1 日起施行的《中华人民共和国人民调解法》(简称《人民调解法》)规定，人民调解是指人民调解委员会通过说服、疏导等方式，促使当事人在平等协商基础上自愿达成调解协议，解决民间纠纷的活动。

人民调解制度作为一种司法辅助制度，是人民群众自己解决纠纷的法律制度，也是一种具有中国特色的司法制度。

① 人民调解的程序。人民调解应当遵循的程序主要是：a. 当事人申请调解；b. 人民调解委员会主动调解；c. 指定调解员或由当事人选定调解员进行调解；d. 达成协议；e. 调解结束。

② 调解协议。经人民调解委员会调解达成调解协议的，可以制作调解协议书。当事人认为无需制作调解协议的，可以采取口头协议的方式，人民调解员应当记录协议内容。经人民调解委员会调解达成的调解协议对当事人双方具有法律约束力，当事人应当履行。

当事人就调解协议的履行或者调解协议的内容发生争议的，一方当事人可以向法院提起诉讼；经人民调解委员会调解达成调解协议后，双方当事人认为有必要的，可以按照《民事诉讼法》的规定，自调解协议生效之日起 30 日内共同向调解组织所在地基层人民法院申请司法确认调解协议。人民法院受理申请后，经审查，符合法律规定的，裁定调解协议有效，一方当事人拒绝履行或者未全部履行的，对方当事人可以向人民法院申请强制执行；不符合法律规定的，裁定驳回申请，当事人可以通过调解方式变更原调解协议或者达成新的调解协议，也可以向人民法院起诉。

(2) 行政调解

行政调解是指有关国家行政机关应纠纷当事人的请求，依据法律、法规、规章和政策，对属于其职权管辖范围内的纠纷，通过耐心的说服教育，使纠纷的双方互相谅解，在平等协商的基础上达成一致协议，促成当事人解决纠纷。

行政调解可分为：基层人民政府，即乡、镇人民政府对一般民间纠纷的调解；国家行政机关依照法律规定对某些特定民事纠纷、经济纠纷或劳动纠纷等进行的调解。行政调解达成的协议也不具有强制约束力。

(3) 仲裁调解

仲裁调解是仲裁机构对受理的仲裁案件进行的调解。仲裁庭在作出裁决前，可以先行调解。当事人自愿调解的，仲裁庭应当调解。调解不成的，应当及时作出裁决。调解达成协议的，仲裁庭应当制作调解书或者根据协议的结果制作裁决书。

调解书与裁决书具有同等法律效力。调解书经双方当事人签收后，即发生法律效力。在调解书签收前当事人反悔的，仲裁庭应当及时作出裁决。仲裁与调解相结合是中国仲裁制度的特点。该做法将仲裁和调解各自的优点结合起来，不仅有助于解决当事人之间的争议，还有助于保持当事人的友好合作关系，具有很大的灵活性和便利性。

(4) 法院调解

法院调解是人民法院对受理的民事案件、经济纠纷案件和轻微刑事案件在双方当事人自愿的基础上进行的调解，是诉讼内调解。法院调解书经双方当事人签收后，即具有法律效力，效力与判决书相同。

在民事诉讼中，除适用特别程序的案件和当事人有严重违法行为需给予行政处罚的经济纠纷案件的情形外，其他案件均可适用调解。

① 调解方法。《民事诉讼法》规定，人民法院进行调解，可以由审判员一人主持，也可

以由合议庭主持,并尽可能就地进行。人民法院进行调解,可以邀请有关单位和个人协助。被邀请的单位和个人,应当协助人民法院进行调解。

② 调解协议。调解达成协议,必须双方自愿,不得强迫。调解协议的内容不得违反法律规定。

调解达成协议,人民法院应当制作调解书。调解书应当写明诉讼请求、案件的事实和调解结果。调解书由审判员、书记员署名,加盖人民法院印章,送达双方当事人。调解书经双方当事人签收后,即具有法律效力。

调解未达成协议或者调解书送达前一方反悔的,人民法院应当及时判决。

(5) 专业机构调解

《人民调解法》实施以来,我国出现了一批处理民商事法律纠纷的专业调解机构,如中国国际商会(中国贸促会)调解中心、北京仲裁委员会调解中心等。

专业机构调解是当事人在发生争议前或争议后,协议约定由依法成立的具有独立调解规则的机构按照其调解规则进行调解。所谓调解规则,是指调解机构、调解员以及调解当事人之间在调解过程中所应遵守的程序性规范。

专业调解机构备有调解员名单,供当事人在个案中选定。调解员由专业调解机构聘请经济、贸易、金融、投资、知识产权、工程承包、运输、保险、法律等领域里具有专门知识及实际经验、公道正派的人士担任。专业调解机构进行调解达成的调解协议对当事人双方均有约束力。

【案例12-1】 恰当选择纠纷处理方式,灵活处理建设工程纠纷

原告:某建设发展有限公司,以被告A——某有限公司甲、被告B——某有限公司乙,拖欠工程款为由,诉至法院,要求两被告支付工程款及违约金。后经法院审理,两被告表示同意支付。最后经法院主持调解,双方当事人自愿达成还款协议。

本案中原告与被告A在2016年1月29日签订建筑装饰工程施工合同,工程总价款为395.0万元人民币,工程竣工后被告尚有实际决算余款46.75万元未支付,但因原告所建工程存在漏水等质量问题致被告损失,原被告双方协议从该工程余款中扣除4万元作为对被告的补偿,并约定被告分期付款计划为:2018年8月29日支付人民币2.75万元整;2018年9月10日支付人民币10万元整;2018年9月30日支付人民币15万元整;2018年10月20日支付人民币15万元整。

同时补充协议明确约定被告A如不按其中任何一期约定履约付款则视为整体逾期,被告将承担应付款日起,至付款即日止的利息并支付全部工程未付款总额的5‰的违约金;协议还约定由被告B对工程款的清偿进行连带保证给付。

协议到期后因被告还有30万元未清偿,原告于2018年12月12日向上海市××区人民法院起诉要求追究被告违约责任,原告诉讼请求为:

(1) 工程款30万元;

(2) 利息5859元;

(3) 违约金20.6万元;

(4) 被告承担诉讼费。

【纠纷处理过程】

上海××律师事务所律师陈××接受被告委托后作为被告方代理律师。经过查阅

卷宗发现：双方约定应于争议发生后先行协商调解，协商不成时则向上海市仲裁委员会申请仲裁。原告向法院提出诉讼与约定争议解决方式不符，按法律规定，××区人民法院对此案无管辖权而不应受理。此外我国《仲裁法》第5条规定：当事人达成仲裁协议，一方向人民法院起诉的，人民法院不予受理，但仲裁协议无效的除外。本案中约定仲裁条款为真实、合法、有效合同条款内容之一，其效力应无任何异议，当事人双方都应受该仲裁条款约束。

另《仲裁法》第26条还规定：当事人达成仲裁协议，一方向人民法院起诉未声明有仲裁协议，人民法院受理后，另一方在首次开庭前提交仲裁协议的，人民法院应当驳回起诉，但仲裁协议无效的除外；另一方在首次开庭前未对人民法院受理该案提出异议的，视为放弃仲裁协议，人民法院应当继续审理。

因此，根据法律规定本案代理律师基本确定代理方案如下：

(1) 依法在开庭前提出法院受理存在异议，主张应驳回原告起诉；

(2) 考虑到如原告即使撤诉亦可继续申请仲裁，且约定的违约责任是当事人双方真实意思表示，对于我方当事人也有较大的法律风险；原告亦通过法院冻结本律师所代理的两被告银行账户，不及时结案不利于我方当事人的外对经营，且违约行为的持续违约金亦会不断增加。因此决定采取避轻就重策略将压力回加于原告，告知其本案诉讼存在以下法律后果应慎重考虑调解结案：

① 原告诉讼将被法院依法驳回；
② 原告对申请采取财产保全事项承担损害赔偿责任；
③ 因本案原告将败诉，诉讼费用将由原告自行承担；
④ 即使在败诉后另行申请仲裁，又将在仲裁程序及时间上耗费很多精力；
⑤ 在仲裁时原告所有仲裁请求能否得到支持还未知，原告违约金诉求在本案中占有很大比例（20.6万元），即我方可以违约金过高向仲裁委员会要求减少降低违约金数额。

(3) 因此，本案最有利于双方是调解结案，且调解时并不影响我方对法院受理案件提出异议。即使一审法院对我方异议不予理会，我方在二审程序中将继续提出，而根据最高院关于适用民事诉讼意见的司法解释第186条之规定：在二审程序中，人民法院认为依法不应由法院受理的案件，可由第二审法院直接裁定撤销原判，驳回起诉。

最后通过代理律师与对方原告取得联系，并告知其利害关系，对方原告经过权衡利弊，同意达成前述调解协议，代理律师为两被告挽回经济损失近15万元。

12.3 仲裁

12.3.1 仲裁的概念、范围、特点和制度

仲裁，亦称"公断"，是指发生争议的双方当事人在合同争议发生前或争议发生后达成协议，自愿将该争议提交中立的第三者（仲裁机构）作出裁决，并负有自觉履行义务的一种解决争议的方式。

在我国，《中华人民共和国仲裁法》是调整和规范仲裁制度的基本法律。

12.3.1.1 仲裁的范围

《仲裁法》第2条规定："平等主体的公民、法人和其他组织之间发生的合同纠纷和其他财产权益纠纷可适用仲裁。"

根据《仲裁法》第3条的规定，下列纠纷不能仲裁：①婚姻、收养、监护、扶养、继承

纠纷；②依法应当由行政机关处理的行政争议。

根据《仲裁法》第77条的规定，劳动争议与农业集体经济组织内部的农业承包合同纠纷不受《仲裁法》的调整。

12.3.1.2 仲裁的特点

作为一种解决财产权益纠纷的民间性裁判制度，仲裁既不同于解决同类争议的司法、行政途径，也不同于人民调解委员会的调解和当事人的自行和解。其具有以下特点：

① 自愿性。当事人的自愿性是仲裁最突出的特点。仲裁以双方当事人的自愿为前提，即当事人之间的纠纷是否提交仲裁，交与谁仲裁，仲裁庭如何组成，由谁组成，以及仲裁的审理方式、开庭形式等都是在当事人自愿的基础上，由双方当事人协商确定的。因此，仲裁是最能充分体现当事人意思自治原则的争议解决方式。

② 专业性。专家裁案，是民商事仲裁的重要特点之一。民事、商事纠纷往往涉及特殊的知识领域，如建设工程纠纷的处理不仅涉及与工程建设有关的法律法规，还常常需要运用大量的工程造价、工程质量方面的专业知识以及建筑业自身特有的交易习惯和行业惯例。故专家裁判更能体现专业权威性。因此，具有一定专业水平和能力的专家担任仲裁员，对当事人之间的纠纷进行裁决是仲裁公正性的重要保障。

③ 灵活性。由于仲裁充分体现当事人的意思自治，仲裁中的许多具体程序都是由当事人协商确定和选择的，因此，与诉讼相比，仲裁程序更加灵活更具弹性。

④ 保密性。仲裁以不公开审理为原则。有关的仲裁法律和仲裁规则也同时规定了当事人及其代理人、证人、翻译、仲裁员、仲裁庭咨询的专家和指定的鉴定人、仲裁委员会有关工作人员仲裁员及仲裁秘书人员的保密义务，不得对外界透露案件实体和程序的有关情况。因此，可以有效地保护当事人的商业秘密和商业信誉。

⑤ 快捷性。仲裁实行一裁终局制，仲裁裁决一经仲裁庭作出即发生法律效力。这使当事人之间的纠纷能够迅速得以解决。

⑥ 经济性。由于时间上的快捷性使得仲裁所需费用相对减少，往往低于诉讼费。

⑦ 独立性。仲裁机构独立于行政机构，仲裁机构之间也无隶属关系，仲裁庭独立进行仲裁，不受任何机关、社会团体和个人的干涉，不受仲裁机构的干涉，显示出最大的独立性。

⑧ 执行的强制性和广泛性。对于生效的仲裁裁决书和调解书，当事人有权向人民法院申请强制执行。中国是《承认和执行外国仲裁裁决公约》（简称《纽约公约》）的缔约国。根据该公约，中国仲裁机构作出的涉外仲裁裁决书和调解书，可在所有缔约国之间得到承认和执行。

12.3.1.3 仲裁制度

仲裁是解决民商事纠纷的重要方式之一。我国仲裁活动主要的法律依据有：《中华人民共和国仲裁法》《民事诉讼法》、最高人民法院《关于适用〈中华人民共和国仲裁法〉若干问题的解释》（以下简称《仲裁法》司法解释），以及我国签署加入的国际公约《承认和执行外国仲裁裁决公约》（也称《纽约公约》）。

仲裁有下列3项基本制度：

（1）协议仲裁制度

仲裁协议是当事人自愿原则的体现，当事人申请仲裁、仲裁委员会受理仲裁以及仲裁庭对仲裁案件的审理和裁决，都必须以当事人依法订立的仲裁协议为前提。《仲裁法》规定，没有仲裁协议，一方申请仲裁的，仲裁委员会不予受理。

（2）或裁或审制度

仲裁和诉讼是两种不同的争议解决方式，当事人只能选用其中的一种。《仲裁法》规定："当事人达成仲裁协议，一方向人民法院起诉的，人民法院不予受理，但仲裁协议无效的除外。"因此，有效的仲裁协议可以排除法院对案件的司法管辖权，只有在没有仲裁协议或者仲裁协议无效的情况下，法院才可以对当事人的纠纷予以受理。

（3）一裁终局制度

仲裁实行一裁终局的制度。裁决作出后，当事人就同一纠纷再申请仲裁或者向人民法院起诉的，仲裁委员会或者人民法院不予受理。但是，裁决被人民法院依法撤销或者不予执行的，当事人就该纠纷可以根据双方重新达成的仲裁协议申请仲裁，也可以向人民法院起诉。

12.3.2 仲裁协议

在民事、商事仲裁中，仲裁协议是仲裁的前提，没有仲裁协议，就不存在有效的仲裁。

（1）仲裁协议的形式

《仲裁法》规定："仲裁协议包括合同中订立的仲裁条款和其他以书面形式在纠纷发生前或者纠纷发生后达成的请求仲裁的协议。"据此，仲裁协议应当采用书面形式，口头方式达成的仲裁意思表示无效。仲裁协议既可以表现为合同中的仲裁条款，也可以表现为独立于合同而存在的仲裁协议书。实践中，在合同中约定仲裁条款的形式最为常见。

（2）仲裁协议的内容

合法有效的仲裁协议应当具备以下法定内容：

① 请求仲裁的意思表示。请求仲裁的意思表示，是指条款中应该有"仲裁"两字，表明当事人的仲裁意愿。该意愿应当是确定的，而不是模棱两可的。有的当事人在合同中约定发生争议可以提交仲裁，也可以提交诉讼，根据这种约定就无法判定当事人有明确的仲裁意愿。因此，《仲裁法》司法解释规定，这样的仲裁协议无效。

② 仲裁事项。仲裁事项是当事人提交仲裁的具体争议事项。仲裁庭只能在仲裁协议确定的仲裁事项的范围内进行仲裁，超出这一范围进行仲裁，所作的仲裁裁决，经一方当事人申请，法院可以不予执行或者撤销。按照我国《仲裁法》的规定，对仲裁事项没有约定或者约定不明的，当事人应就此达成补充协议，达不成补充协议的，仲裁协议无效。

③ 选定的仲裁委员会。选定的仲裁委员会，是指仲裁协议中约定的仲裁委员会的名称应该准确。

《仲裁法》司法解释规定，仲裁协议约定的仲裁机构名称不准确，但能够确定具体的仲裁机构的，应当认定选定了仲裁机构。仲裁协议约定两个以上仲裁机构的，当事人可以协议选择其中的一个仲裁机构申请仲裁；当事人不能就仲裁机构选择达成一致的，仲裁协议无效。仲裁协议约定由某地的仲裁机构仲裁且该地仅有一个仲裁机构的，该仲裁机构视为约定的仲裁机构。该地有两个以上仲裁机构的，当事人可以协议选择其中的一个仲裁机构申请仲裁；当事人不能就仲裁机构选择达成一致的，仲裁协议无效。上述三项内容必须同时具备，仲裁协议才能有效。

（3）仲裁协议的法律效力

仲裁协议是指当事人自愿将他们之间已经发生或者可能发生的争议提交仲裁解决的协议。仲裁协议法律效力表现为：

① 对双方当事人的法律效力。仲裁协议是双方当事人就纠纷解决方式达成的一致意思表示。发生纠纷后，当事人只能通过向仲裁协议中所确定的仲裁机构申请仲裁的方式解决纠纷，而丧失了就该纠纷提起诉讼的权利。如果一方当事人违背仲裁协议就该争议起诉的，另

一方当事人有权要求法院停止诉讼，法院也应当驳回当事人的起诉。

② 对法院的法律效力。有效的仲裁协议排除了人民法院对仲裁协议约定的争议事项的司法管辖权。

《仲裁法》规定，当事人达成仲裁协议，一方向人民法院起诉未声明有仲裁协议，人民法院受理后，另一方在首次开庭前提交仲裁协议的，人民法院应当驳回起诉，但仲裁协议无效的除外。

③ 对仲裁机构的效力。仲裁协议是仲裁委员会受理仲裁案件的依据。没有仲裁协议就没有仲裁机构对案件的管辖权。同时，仲裁机构的管辖权又受到仲裁协议的严格限制。仲裁庭只能对当事人在仲裁协议中约定的争议事项进行仲裁，而对仲裁协议约定范围之外的其他争议无权仲裁。

④ 仲裁协议的独立性。仲裁协议独立存在，合同的变更、解除、终止或者无效，以及合同成立后未生效、被撤销等，均不影响仲裁协议的效力。当事人在订立合同时就争议达成仲裁协议的，合同未成立也不影响仲裁协议的效力。

(4) 仲裁协议效力的确认

当事人对仲裁协议效力有异议的，应当在仲裁庭首次开庭前提出。当事人既可以请求仲裁委员会作出决定，也可以请求人民法院裁定。一方请求仲裁委员会作出决定，另一方请求人民法院作出裁定的，由人民法院裁定。当事人向人民法院申请确认仲裁协议效力的案件，由仲裁协议约定的仲裁机构所在地的中级人民法院管辖；仲裁协议约定的仲裁机构不明确的，由仲裁协议签订地或者被申请人住所地的中级人民法院管辖。

仲裁协议在下列情形下无效：

① 以口头方式订立的仲裁协议无效。仲裁协议必须以书面方式订立，以口头方式订立的仲裁协议不受法律保护。

② 约定的仲裁事项超过法律规定的仲裁范围。根据法律规定，婚姻、收养、监护、扶养、继承纠纷以及依法应当由行政机关处理的行政争议不能仲裁。

③ 无民事行为能力人或者限制行为能力人订立的仲裁协议无效。

④ 一方采取胁迫手段，迫使对方订立仲裁协议的，该仲裁协议无效。

⑤ 仲裁协议对仲裁事项、仲裁委员会没有约定或者约定不明确，当事人对此又达不成补充协议的，仲裁协议无效。

仲裁协议无效，使得仲裁协议不再具有约束力。当事人之间的纠纷既可以通过诉讼方式解决，也可以重新达成仲裁协议以仲裁的方式解决。对于法院来说，由于排斥司法管辖权的原因已经消失，法院对于当事人的纠纷恢复了管辖权，而仲裁机构则因仲裁协议的无效不能对当事人之间的纠纷进行审理和裁决。

12.3.3 仲裁受理

(1) 申请仲裁的条件

当事人申请仲裁，应当符合下列条件：①有效的仲裁协议；②有具体的仲裁请求和事实、理由；③属于仲裁委员会的受理范围。

(2) 申请仲裁的方式

当事人申请仲裁，应当向仲裁委员会递交仲裁协议或者合同仲裁条款、仲裁申请书及副本。

仲裁申请书应当载明的事项包括：

① 当事人的姓名、性别、年龄、职业、工作单位和住所，法人或者其他组织的名称、

住所和法定代表人或者主要负责人的姓名、职务；
②仲裁请求和所依据的事实、理由；
③证据和证据来源、证人姓名和住所。

对于申请仲裁的具体要求和审查标准，各仲裁机构在《仲裁法》规定的范围内会有所不同，一般可以登录其网站进行查询。

(3) 审查与受理

仲裁委员会收到仲裁申请书之日起5日内经审查认为符合受理条件的，应当受理，并通知当事人；认为不符合受理条件的，应当书面通知当事人不予受理，并说明理由。

仲裁委员会受理仲裁申请后，应当在仲裁规则规定的期限内将仲裁规则和仲裁员名册送达申请人，并将仲裁申请书副本和仲裁规则、仲裁员名册送达被申请人。

被申请人收到仲裁申请书副本后，应当在仲裁规则规定的期限内向仲裁委员会提交答辩书。仲裁委员会收到答辩书后，应当在仲裁规则规定的期限内将答辩书副本送达申请人。被申请人未提交答辩书的，不影响仲裁程序的进行。被申请人有权在答辩期内提出反请求。

(4) 财产保全和证据保全

为保证仲裁程序顺利进行、仲裁案件公正审理以及仲裁裁决有效执行，当事人有权申请财产保全和证据保全。当事人要求采取保全措施的，应向仲裁委员会提出书面申请，由仲裁委员会将保全申请转交被申请人住所地或其财产所在地或证据所在地有管辖权的人民法院作出裁定；当事人也可以直接向有管辖权的人民法院提出保全申请。

申请人在人民法院采取保全措施后30日内不依法申请仲裁的，人民法院应当解除保全。

12.3.4 仲裁审理程序

仲裁审理的法定程序主要包括仲裁庭的组成、开庭和审理、仲裁和解与调解、仲裁裁决等过程。

12.3.4.1 组成仲裁庭

仲裁庭是行使仲裁权的主体。在我国，仲裁庭的组成形式有两种，即合议仲裁庭和独任仲裁庭。仲裁庭的组成必须按照法定程序进行。

(1) 仲裁庭组成形式的确定

当事人收到仲裁委员会的仲裁规则和仲裁员名册后，应约定仲裁庭的组成形式，并在仲裁规则规定的期间内加以确定。对于仲裁庭的组成形式，当事人既可以选择合议仲裁庭，也可以选择独任仲裁庭。如果当事人没有在仲裁规则规定的期限内约定仲裁庭形式，则由仲裁委员会主任指定。

(2) 仲裁员的产生

① 合议仲裁庭仲裁员的产生。根据《仲裁法》，当事人约定由3名仲裁员组成仲裁庭的，应当各自选定或者各自委托仲裁委员会主任指定1名仲裁员，第3名仲裁员由当事人共同选定或者共同委托仲裁委员会主任指定。第3名仲裁员是首席仲裁员。

② 独任仲裁庭仲裁员的产生。独任仲裁员应当由当事人共同选定或者共同委托仲裁委员会主任指定该独任仲裁员。

当事人没有在规定期限内选定的，由仲裁委员会主任指定。

(3) 仲裁员的回避

仲裁员有下列情形之一的，必须回避，当事人也有权提出回避申请：①是本案当事人或者当事人、代理人的近亲属；②与本案有利害关系；③与本案当事人、代理人其他关系，可能影响公正仲裁的；④私自会见当事人、代理人，或者接受当事人、代理人的请客送礼的。

当事人提出回避申请，应当说明理由，在首次开庭前提出。回避事由在首次开庭后知道的，可以在最后一次开庭结束前提出。

12.3.4.2 仲裁审理

仲裁审理的主要任务是审查、核实证据，查明案件事实，分清是非责任，正确适用法律，确认当事人之间的权利义务关系，解决当事人之间的纠纷。

（1）仲裁审理的方式

仲裁审理的方式可以分为开庭审理和书面审理两种。

① 开庭审理。开庭审理不公开进行，当事人协议公开的，可以公开进行，但涉及国家秘密的除外。

② 书面审理。是指在双方当事人及其他仲裁参与人不到庭参加审理的情况下，仲裁庭根据当事人提供的仲裁申请书、答辩书以及其他书面材料作出裁决的过程。书面审理是开庭审理的必要补充。

（2）开庭审理程序

开庭审理程序包括：①开庭通知；②开庭仲裁；③开庭调查；④当事人辩论。

12.3.4.3 仲裁裁决

仲裁裁决是指仲裁庭对当事人之间所争议的事项进行审理后所作出的终局的权威性判定。仲裁裁决的作出，标志着当事人之间的纠纷的最终解决。

仲裁裁决是由仲裁庭作出的。独任仲裁庭审理的案件由独任仲裁员作出仲裁裁决。合议仲裁庭审理的案件由3名仲裁员集体做出仲裁裁决。当仲裁庭成员不能形成一致意见时，按多数仲裁员的意见作出仲裁裁决；在仲裁庭无法形成多数意见时，按首席仲裁员的意见作出裁决。

仲裁裁决书是仲裁庭对纠纷案件作出裁决的法律文书。根据《仲裁法》第54条的规定，仲裁裁决书应当写明仲裁请求、争议事实、裁决理由、裁决结果、仲裁费用的负担和裁决日期。如果当事人协议不愿写明争议事实和裁决理由的，可以不写。仲裁裁决书由仲裁员签名，加盖仲裁委员会的印章。对仲裁裁决持不同意见的仲裁员可以不签名。

仲裁裁决从裁决书作出之日起发生法律效力。其效力体现在以下几点：①当事人不得就已经裁决的事项再行申请仲裁，也不得就此提起诉讼；②仲裁机构不得随意变更已经生效的仲裁裁决；③其他任何机关或个人均不得变更仲裁裁决；④仲裁裁决具有执行力。

12.3.5 仲裁裁决的执行

仲裁裁决能否得以执行事关当事人实体权利的实现。在裁决履行期限内，若义务方不履行仲裁裁决，权利方可申请人民法院强制执行，义务方也可提出证明仲裁裁决有法定不予执行的情形，请求人民法院不予执行。

（1）仲裁裁决的执行

仲裁裁决的执行，是指人民法院经当事人申请，采取强制措施将仲裁裁决书中的内容付诸实现的行为和程序。

仲裁裁决作出后，当事人应当履行裁决。一方当事人不履行的，另一方当事人可以依照我国《民事诉讼法》的规定，向人民法院申请执行。

申请仲裁裁决强制执行必须在法律规定的期限内提出（按照《民事诉讼法》的规定，申请执行的期间为2年）。申请执行时效的中止、中断，适用法律有关诉讼时效中止、中断的规定。申请仲裁裁决强制执行的 2 年期间,自仲裁裁决书规定履行期限或仲裁机构的仲裁规则规定履行期间的最后 1 日起计算。仲裁裁决书规定分期履行的,依规定的每次履行期间的最后 1 日起计算。

(2) 仲裁裁决的不予执行

人民法院接到当事人的执行申请后,应当及时按照仲裁裁决予以执行。但是,如果被申请执行人提出证据证明仲裁裁决有法定不予执行情形的,被申请执行人可以请求人民法院不予执行该仲裁裁决,人民法院组成合议庭审查核实后,裁定不予执行。

根据《仲裁法》和《民事诉讼法》的规定,不予执行仲裁裁决的情形包括:
① 当事人在合同中没有仲裁条款或者事后没有达成书面仲裁协议的;
② 裁决的事项不属于仲裁协议的范围或者仲裁机构无权仲裁的;
③ 仲裁庭的组成或者仲裁的程序违反法定程序的;
④ 裁决所根据的证据是伪造的;
⑤ 对方当事人向仲裁机构隐瞒了足以影响公正裁决的证据的;
⑥ 仲裁员在仲裁该案时有索贿受贿、徇私舞弊、枉法裁决行为的。

12.3.6 仲裁时效

所谓仲裁时效,是指当事人在法定申请仲裁的期限内没有将其纠纷提交仲裁机关进行仲裁的,即丧失请求仲裁机关保护其权利的权利。在明文约定合同纠纷由仲裁机关仲裁的情况下,若合同当事人在法定提出仲裁申请的期限内没有依法申请仲裁的,则该权利人的民事权利不受法律保护,债务人可以依法免于履行债务。

我国《仲裁法》第 74 条规定,法律对仲裁时效有规定的,适用该规定,法律对仲裁时效没有规定的,适用诉讼时效的规定。关于诉讼时效,详见 12.4.4。

与工程建设有关的仲裁时效期间和诉讼时效期间为:
① 追索工程款、勘察费、设计费,仲裁时效期间和诉讼时效期间均为 2 年,从工程竣工之日起计算,双方对付款时间有约定的,从约定的付款期限届满之日起计算。

工程因建设单位的原因中途停工的,仲裁时效期间和诉讼时效期间应当从工程停工之日起计算。

工程竣工或工程中途停工,施工单位应当积极主张权利。实践中,施工单位提出工程竣工结算报告,对停工提出中间工程竣工结算报告,系施工单位主张权利的基本方式,可引起诉讼时效的中断。

② 追索材料款、劳务款,仲裁时效期间和诉讼时效期间亦为 2 年,从双方约定的付款期间届满之日起计算;没有约定期限的,从购方验收之日起计算,或从劳务工作完成之日起计算。

③ 出售质量不合格的商品未声明的,仲裁时效期间和诉讼时效期间均为 1 年,从商品售出之日起计算。

12.4 民事诉讼

12.4.1 民事诉讼的概念和特点

民事诉讼即老百姓所讲的"打官司",是指法院在当事人和其他诉讼参与人的参加下,以审理、判决、执行等方式解决民事纠纷的活动。

建设工程纠纷主要表现为合同纠纷。由于合同争议往往具有法律性质,涉及到当事人的切身利益，通过诉讼，当事人的权利可以得到法律的严格保护，尤其是当事人发生争议后，在缺少或达不成仲裁协议的情况下，诉讼也就成了必不可少的补救手段了。

在我国，《中华人民共和国民事诉讼法》是调整和规范法院和诉讼参与人的各种民事诉讼活动的基本法律。

诉讼参与人包括原告、被告、第三人、证人、鉴定人、勘验人等。

民事诉讼与调解、仲裁这些非诉讼解决纠纷的方式相比，有如下特征：

(1) 公权性

民事诉讼是由人民法院代表国家意志行使司法审判权，通过司法手段解决平等民事主体之间的纠纷。它既不同于群众自治组织性质的人民调解委员会以调解方式解决纠纷，也不同于由民间性质的仲裁委员会以仲裁方式解决纠纷。

(2) 程序性

民事诉讼是依照法定程序进行的诉讼活动，无论是法院还是当事人或者其他诉讼参与人，都应按照《民事诉讼法》设定的程序实施诉讼行为，违反诉讼程序常常会引起一定的法律后果或者达不到诉讼目的。民事诉讼分为一审程序、二审程序和执行程序三大诉讼阶段。并非每个案件都要经过这三个阶段，有的案件一审就终结，有的经过二审终结，有的不需要启动执行程序。但如果案件要经历诉讼全过程，就要按照上述顺序依次进行。

(3) 强制性

强制性是公权力的重要属性。民事诉讼的强制性既表现在案件的受理上，又反映在裁判的执行上。调解、仲裁均建立在当事人自愿的基础上，只要有一方不愿意选择上述方式解决争议，调解、仲裁就无从进行。民事诉讼则不同，只要原告起诉符合民事诉讼法规定的条件，无论被告是否愿意，诉讼均会发生。同时，若当事人不自动履行生效裁判所确定的义务，法院可以依法强制执行。

12.4.2 民事诉讼的法院管辖

诉讼所遵循的是司法程序，较之仲裁有很大的不同。向人民法院提起诉讼，应当遵循地域管辖、级别管辖和专属管辖的原则。民事诉讼中的管辖，是指各级法院之间和同级法院之间受理第一审民事案件的分工和权限。当事人在不违反级别管辖和专属管辖原则的前提下，可以选择管辖法院。任何一方当事人都有权起诉，而无须征得对方当事人同意。人民法院审理案件，实行两审终审制度。当事人对人民法院作出的一审判决、裁定不服的，有权上诉。对生效判决、裁定不服的，尚可向人民法院申请再审。

12.4.2.1 级别管辖

级别管辖，是指按照一定的标准，划分上下级法院之间受理第一审民事案件的分工和权限。我国法院有4级，分别是：基层人民法院、中级人民法院、高级人民法院和最高人民法院，每一级均受理一审民事案件。

2017年6月经第3次修订后发布的《民事诉讼法》主要根据案件的性质、复杂程度和案件影响来确定级别管辖。各级人民法院都管辖第一审民事案件。

① 基层人民法院管辖第一审民事案件，法律另有规定除外。

② 中级人民法院管辖下列第一审民事案件：a. 重大涉外案件；b. 在本辖区有重大影响的案件；c. 最高人民法院确定由中级人民法院管辖的案件。

③ 高级人民法院管辖在本辖区有重大影响的第一审民事案件。

④ 最高人民法院管辖下列第一审民事案件：a. 在全国有重大影响的案件；b. 认为应当

由本院审理的案件。

12.4.2.2 地域管辖

地域管辖，就是按照各人民法院的辖区范围和民事案件的隶属关系，划分同级人民法院之间受理第一审民事案件的权限。级别管辖则是确定民事案件由哪一级人民法院管辖。就是说，级别管辖是确定纵向的审判分工，地域管辖是确定横向的审判分工。

地域管辖主要包括如下几种情况：

（1）一般地域管辖

一般地域管辖，是以当事人与法院的隶属关系来确定诉讼管辖，通常实行"原告就被告"原则，即以被告住所地作为确定管辖的标准。

① 对公民提起的民事诉讼，由被告住所地人民法院管辖。被告住所地与经常居住地不一致的，由经常居住地人民法院管辖。其中，公民的住所地是指该公民的户籍所在地。经常居住地是指公民离开住所至起诉时已连续居住满1年的地方，但公民住院就医的地方除外。

② 对法人或者其他组织提起的民事诉讼，由被告住所地人民法院管辖。被告住所地是指法人或者其他组织的主要办事机构所在地或者主要营业地。

③ 同一诉讼的几个被告住所地、经常居住地在两个以上人民法院辖区的，原告可以向任何一个被告住所地或经常居住地人民法院起诉。

（2）特殊地域管辖

特殊地域管辖，是指以被告住所地，诉讼标的所在地，引起民事法律关系发生、变更、消灭的法律事实所在地划分确定的管辖。我国《民事诉讼法》规定了10种特殊地域管辖，其中与工程建设领域关系最为密切的是因合同纠纷提起诉讼的管辖。

《民事诉讼法》规定，因合同纠纷提起的诉讼，由被告住所地或者合同履行地人民法院管辖。

合同履行地是指合同约定的履行义务的地点，主要是指合同标的的交付地点。合同履行地应当在合同中明确约定，没有约定或约定不明的，当事人既不能协商确定，又不能按照合同有关条款和交易习惯确定的，按照《合同法》第62条的有关规定确定。

对于购销合同纠纷，《最高人民法院关于在确定经济纠纷案件管辖中如何确定购销合同履行地的规定》中规定："对当事人在合同中明确约定履行地点的，以约定的履行地点为合同履行地。当事人在合同中未明确约定履行地点的，以约定的交货地点为合同履行地。合同中约定的货物到达地、到站地、验收地、安装调试地等，均不应视为合同履行地。"

对于建设工程施工合同纠纷，《最高人民法院关于审理建设工程施工合同纠纷案件适用法律问题的解释》中规定："建设工程施工合同纠纷以施工行为地为合同履行地。"

12.4.2.3 专属管辖

专属管辖，是指法律规定某些特殊类型的案件专门由特定的法院管辖。专属管辖是排他性管辖，排除了诉讼当事人协议选择管辖法院的权利。专属管辖与一般地域管辖和特殊地域管辖的关系是：凡法律规定为专属管辖的诉讼，均适用专属管辖。

我国《民事诉讼法》规定了3种适用专属管辖的案件。其中，因不动产纠纷提起的诉讼，由不动产所在地人民法院管辖，如房屋买卖纠纷、土地使用权转让纠纷等。

12.4.2.4 协议管辖

发生合同纠纷或者其他财产权益纠纷的，《民事诉讼法》还规定了协议管辖制度。所谓协议管辖，是指合同当事人在纠纷发生前后，在法律允许的范围内，以书面形式约定案件的管辖法院。协议管辖适用于合同纠纷或者其他财产权益纠纷，其他财产权益纠纷包括因物权、知识产权中的财产权而产生的民事纠纷管辖。

《民事诉讼法》规定，合同或者其他财产权益纠纷的当事人可以书面协议选择被告住所地、合同履行地、合同签订地、原告住所地、标的物所在地等与争议有实际联系的地点的人民法院管辖，但不得违反本法对级别管辖和专属管辖的规定。

应当注意的是，建设工程施工合同纠纷适用合同纠纷的地域管辖原则，即由被告住所地或合同履行地人民法院管辖。

发包人和承包人也可根据《民事诉讼法》的规定，在发包人住所地、承包人住所地、合同签订地、施工行为地（工程所在地）的范围内，通过协议确定管辖法院。

12.4.2.5 移送管辖和指定管辖

（1）移送管辖

人民法院发现受理的案件不属于本院管辖的，应当移送有管辖权的人民法院，受移送的人民法院应当受理。受移送的人民法院认为受移送的案件依照规定不属于本院管辖的，应当报请上级人民法院指定管辖，不得再自行移送。

移送管辖有两种：一种是同级人民法院间的移送管辖，一般是由于地域管辖的原因引起的；另一种是上下级人民法院间的移送管辖，一般是由于级别管辖的原因引起的。

（2）指定管辖

有管辖权的人民法院由于特殊原因，不能行使管辖权的，由上级人民法院指定管辖。人民法院之间因管辖权发生争议，由争议双方协商解决；协商解决不了的，报请它们的共同上级人民法院指定管辖。

12.4.2.6 管辖权转移

所谓管辖权转移，是指上级人民法院有权审理下级人民法院管辖的第一审民事案件；确有必要将本院管辖的第一审民事案件交下级人民法院审理的，应当报请其上级人民法院批准。下级人民法院对它所管辖的第一审民事案件，认为需要由上级人民法院审理的，可以报请上级人民法院审理。

管辖权转移与移送管辖的区别是：①移送管辖是没有管辖权的法院把案件移送给有管辖权的法院审理，而管辖权转移是有管辖权的法院把案件转移给原来没有管辖权的法院审理；②移送管辖可能在上下级法院之间或者在同级法院间发生，而管辖权转移仅限于上下级法院之间；③二者在程序上不完全相同。

12.4.2.7 管辖权异议

管辖权异议是指当事人向受诉人民法院提出的该法院对案件无管辖权的主张。

《民事诉讼法》规定，人民法院受理案件后，当事人对管辖权有异议的，应当在提交答辩状期间提出。人民法院对当事人提出的异议，应当审查。异议成立的，裁定将案件移交有管辖权的人民法院；异议不成立的，裁定驳回。

一般来说，当事人可以就以下情形提出管辖权异议：就地域管辖权提出异议；就级别管辖权提出异议；仲裁协议或仲裁条款有效的，为排除法院管辖而提出异议等。

另外，《民事诉讼法》还规定了应诉管辖制度，即当事人未提出管辖权异议并应诉答辩的，视为受诉人民法院有管辖权，但违反级别管辖和专属管辖规定的除外。根据《最高人民法院关于审理民事级别管辖异议案件若干问题的规定》，受诉人民法院应当在受理异议之日起15日内作出裁定；对人民法院就级别管辖异议作出的裁定，当事人不服提起上诉的，第二审人民法院应当依法审理并作出裁定。

12.4.3 民事诉讼的当事人、代理人及诉讼回避制度

（1）当事人

民事诉讼中的当事人，是指因民事权利和义务发生争议，以自己的名义进行诉讼，请求人民法院进行裁判的公民、法人或其他组织。狭义的民事诉讼当事人包括原告和被告。广义的民事诉讼当事人包括原告、被告、共同诉讼人和第三人。外国人、无国籍人、外国企业和组织在人民法院起诉、应诉，同中华人民共和国公民、法人和其他组织有同等的诉讼权利义务。

外国法院对中华人民共和国公民、法人和其他组织的民事诉讼权利加以限制的，中华人民共和国人民法院对该国公民、企业和组织的民事诉讼权利，实行对等原则。

① 原告和被告。原告，是指维护自己的权益或自己所管理的他人权益，以自己名义起诉，从而引起民事诉讼程序的当事人。被告，是指原告诉称侵犯原告民事权益而由法院通知其应诉的当事人。

《民事诉讼法》规定，公民、法人和其他组织可以作为民事诉讼的当事人。法人由其法定代表人进行诉讼，其他组织由其主要负责人进行诉讼。

② 共同诉讼人。共同诉讼人，是指当事人一方或双方为二人以上（含二人），其诉讼标的是共同的，或者诉讼标的是同一种类、人民法院认为可以合并审理并经当事人同意，共同在人民法院进行诉讼的人。

③ 第三人。第三人，是指对他人争议的诉讼标的有独立的请求权，或者虽无独立的请求权，但案件的处理结果与其有法律上的利害关系，而参加到原告、被告已经开始的诉讼中进行诉讼的人。

《民事诉讼法》规定，对当事人双方的诉讼标的，第三人认为有独立请求权的，有权提起诉讼。对当事人双方的诉讼标的，第三人虽然没有独立请求权，但案件处理结果同他有法律上的利害关系的，可以申请参加诉讼，或者由人民法院通知他参加诉讼。人民法院判决承担民事责任的第三人，有当事人的诉讼权利义务。

以上规定的第三人，因不能归责于本人的事由未参加诉讼，但有证据证明发生法律效力的判决、裁定、调解书的部分或者全部内容错误，损害其民事权益的，可以自知道或者应当知道其民事权益受到损害之日起六个月内，向作出该判决、裁定、调解书的人民法院提起诉讼。人民法院经审理，诉讼请求成立的，应当改变或者撤销原判决、裁定、调解书；诉讼请求不成立的，驳回诉讼请求。

（2）诉讼代理人

诉讼代理人，是指根据法律规定或当事人的委托，代理当事人进行民事诉讼活动的人。民事法律行为代理分为法定代理、委托代理和指定代理。与此相对应，民事诉讼代理人也可分为法定诉讼代理人、委托诉讼代理人和指定诉讼代理人。在建设工程领域的民事诉讼代理中，最常见的是委托诉讼代理人。

当事人、法定代理人可以委托1～2人作为其诉讼代理人。新修订的《民事诉讼法》规定，下列人员可以被委托为诉讼代理人：

① 律师、基层法律服务工作者；

② 当事人的近亲属或工作人员；

③ 当事人所在社区、单位以及有关社会团体推荐的公民。

（3）诉讼回避制度

审判人员、书记员、翻译人员、鉴定人、勘验人有下列情形之一的，应当自行回避，当

事人有权用口头或者书面方式申请他们回避：①是本案当事人或者当事人、诉讼代理人近亲属的；②与本案有利害关系的；③与本案当事人、诉讼代理人有其他关系，可能影响对案件公正审理的。

审判人员接受当事人、诉讼代理人请客送礼，或者违反规定会见当事人、诉讼代理人的，当事人有权要求他们回避。

当事人提出回避申请，应当说明理由，在案件开始审理时提出；回避事由在案件开始审理后知道的，也可以在法庭辩论终结前提出。

被申请回避的人员在人民法院作出是否回避的决定前，应当暂停参与本案的工作，但案件需要采取紧急措施的除外。

院长担任审判长时的回避，由审判委员会决定；审判人员的回避，由院长决定；其他人员的回避，由审判长决定。

人民法院对当事人提出的回避申请，应当在申请提出的 3 日内，以口头或者书面形式作出决定。申请人对决定不服的，可以在接到决定时申请复议 1 次。复议期间，被申请回避的人员，不停止参与本案的工作。人民法院对复议申请，应当在 3 日内作出复议决定，并通知复议申请人。

12.4.4 民事诉讼时效

12.4.4.1 诉讼时效的概念

诉讼时效，是指权利人在法定的时效期间内，未向法院提起诉讼请求保护其权利时，依据法律规定消灭其胜诉权的制度。

超过诉讼时效期间，在法律上发生的效力是权利人的胜诉权消灭。超过诉讼时效期间权利人起诉，如果符合《民事诉讼法》规定的起诉条件，法院仍然应当受理。如果法院经受理后查明无中止、中断、延长事由的，判决驳回诉讼请求。

依照《最高人民法院关于审理民事案件适用诉讼时效制度若干问题的规定》，当事人未提出诉讼时效抗辩，法院不应对诉讼时效问题进行释明，以及主动适用诉讼时效的规定进行裁判。当事人违反法律规定，约定延长或者缩短诉讼时效期间、预先放弃诉讼时效利益的，法院不予认可。

应当注意的是，根据新颁布的《中华人民共和国民法总则》的规定，诉讼时效期间届满后，义务人同意履行的，不得以诉讼时效期间届满为由抗辩；义务人已自愿履行的，不得请求返还。

12.4.4.2 诉讼时效期间的种类

根据我国《民法总则》及相关法律的规定，诉讼时效期间通常可划分为以下 4 类：

（1）普通诉讼时效

《民法总则》第 188 条规定，向人民法院请求保护民事权利的诉讼时效期间为 3 年。法律另有规定的，依照其规定。

（2）短期诉讼时效

下列诉讼时效期间为 1 年：①身体受到伤害要求赔偿的；②延付或拒付租金的；③出售质量不合格的商品未声明的；④寄存财物被丢失或损毁的。

（3）特殊诉讼时效

特殊诉讼时效不是由民法规定的，而是由特别法规定的诉讼时效。例如，《合同法》规定，因国际货物买卖合同和技术进出口合同争议的时效期间为 4 年；《环境保护法》规定，因环境污染损害赔偿提起诉讼的时效期间为3年,从当事人知道或者应当知道受到污染损害起时计算。《中华人民共和国海商法》(简称《海商法》)规定,有关船舶发生油污损害的请求权,时效期间为3年,自损害发生之日起计算;但是,在任何情况下时效期间不得超过从造成损害的事故发生之日起6年。

(4) 权利的最长保护期限

诉讼时效期间从知道或应当知道权利被侵害时起计算。但是,从权利被侵害之日起超过20年的,人民法院不予保护。有特殊情况的,人民法院可以根据权利人的申请决定延长。

12.4.4.3 诉讼时效期间的计算原则

诉讼时效期间从当事人知道或者应当知道权利被侵害时起计算。

根据《民法总则》,民法所称的期间按照公历年、月、日、小时计算。

① 按照年、月、日计算期间的,开始的当日不计入,自下一日开始计算。
② 按照小时计算期间的,自法律规定或者当事人约定的时间开始计算。
③ 按照年、月计算期间的,到期月的对应日为期间的最后一日;没有对应日的,月末日为期间的最后一日。
④ 期间的最后一日是法定休假日的,以法定休假日结束的次日为期间的最后一日。

期间的最后一日的截止时间为二十四时;有业务时间的,停止业务活动的时间为截止时间。

⑤ 期间的计算方法依照本法的规定,但是法律另有规定或者当事人另有约定的除外。

12.4.4.4 诉讼时效中止和中断

(1) 诉讼时效中止

《民法总则》第194条规定,在诉讼时效期间的最后六个月内,因下列障碍,不能行使请求权的,诉讼时效中止:

① 不可抗力;
② 无民事行为能力人或者限制民事行为能力人没有法定代理人,或者法定代理人死亡、丧失民事行为能力、丧失代理权;
③ 继承开始后未确定继承人或者遗产管理人;
④ 权利人被义务人或者其他人控制;
⑤ 其他导致权利人不能行使请求权的障碍。

自中止时效的原因消除之日起满六个月,诉讼时效期间届满。

(2) 诉讼时效中断

《民法总则》第195条规定,有下列情形之一的,诉讼时效中断,从中断、有关程序终结时起,诉讼时效期间重新计算:

① 权利人向义务人提出履行请求;
② 义务人同意履行义务;
③ 权利人提起诉讼或者申请仲裁;
④ 与提起诉讼或者申请仲裁具有同等效力的其他情形。

12.4.5 民事诉讼的审判程序

审判程序是民事诉讼法规定的最为重要的内容,可以分为第一审程序、第二审程序和审判监督程序。

12.4.5.1 第一审程序

一审程序包括普通程序和简易程序,普通程序是指人民法院审理第一审民事案件通常适用的程序。普通程序是第一审程序中最基本的程序,具有独立性和广泛性,是整个民事审判程序的基础。普通程序分以下几个阶段。

(1) 起诉

起诉,是指公民、法人和其他组织在其民事权益受到侵害或者发生争议时,请求人民法院通过审判给予司法保护的诉讼行为。起诉是当事人获得司法保护的手段,也是人民法院对民事案件行使审判权的前提。

起诉的条件有:①原告是与本案有直接利害关系的公民、法人和其他组织;②有明确的被告;③有具体的诉讼请求、事实和理由;④属于人民法院受理民事诉讼的范围和受诉人民法院管辖的范围。

起诉的方式分书面形式和口头形式两种。起诉应向人民法院递交起诉状。起诉状应当写明当事人的姓名、住所地等基本情况,并写明诉讼请求和所根据的事实理由,以及证据和证据来源、证人姓名和住所。起诉状应按被告人数递交副本。

(2) 审查与受理

人民法院对原告的起诉情况进行审查后,认为符合起诉条件的,即应在7日内立案,并通知当事人。认为不符合起诉条件的,应当在7日内裁定不予受理,原告对不予受理裁定不服的,可以提起上诉。如果人民法院在立案后发现起诉不符合法定条件的,裁定驳回起诉,当事人对驳回起诉不服的,可以上诉。

① 审理前的主要准备工作

审理前的准备工作,主要是送达起诉状副本和提出答辩状,告知当事人诉讼权利义务及组成合议庭等。

② 开庭前的准备

开庭前的准备程序,是整个民事诉讼程序的重要组成部分,是建立以庭审为中心的现代化民事诉讼程序结构的重要基础。

《民事诉讼法》规定,人民法院对受理的案件,分别情形,予以处理:a. 当事人没有争议,符合督促程序规定条件的,可以转入督促程序;b. 开庭前可以调解的,采取调解方式及时解决纠纷;c. 根据案件情况,确定适用简易程序或者普通程序;d. 需要开庭审理的,通过要求当事人交换证据等方式,明确争议焦点。

(3) 开庭审理

开庭审理是指人民法院在当事人和其他诉讼参与人参加下,对案件进行实体审理的诉讼活动。

开庭审理根据是否向公众和社会公开,分为公开审理和不公开审理。其中,公开审理是人民法院审理案件的一项基本原则,只有在例外情形下,才可以不公开审理。

《民事诉讼法》规定,人民法院审理民事案件,除涉及国家秘密、个人隐私或者法律另有规定的以外,应当公开进行。离婚案件,涉及商业秘密的案件,当事人申请不公开审理的,可以不公开审理。

开庭审理主要有以下几个步骤:① 准备开庭;② 法庭调查;③ 法庭辩论;④ 法庭笔录。

(4) 宣判

法庭辩论终结,应当依法作出判决。判决前能够调解的,还可以进行调解,调解不成的,应当及时判决。

原告经传票传唤，无正当理由拒不到庭的，或者未经法庭许可中途退庭的，可以按撤诉处理；被告反诉的，可以缺席判决。

被告经传票传唤，无正当理由拒不到庭的，或者未经法庭许可中途退庭的，可以缺席判决。

宣判前，原告申请撤诉的，是否准许，由人民法院裁定。人民法院裁定不准许撤诉的，原告经传票传唤，无正当理由拒不到庭的，可以缺席判决。

人民法院对公开审理或者不公开审理的案件，一律公开宣告判决。当庭宣判的，应当在10日内发送判决书；定期宣判的，宣判后立即发给判决书。宣告判决时，必须告知当事人上诉权利、上诉期限和上诉的法院。

最高人民法院的判决、裁定，以及超过上诉期没有上诉的判决、裁定，是发生法律效力的判决、裁定。

人民法院适用普通程序审理的案件，应当在立案之日起6个月内审结。有特殊情况需要延长的，由本院院长批准，可以延长6个月；还需要延长的，报请上级人民法院批准。

（5）简易程序

按照《民事诉讼法》的规定，基层人民法院和它派出的法庭适用简易程序审理事实清楚、权利义务关系明确、争议不大的简单民事案件，标的额为各省、自治区、直辖市上年度就业人员年平均工资30%以下的，实行一审终审。人民法院在审理过程中，发现案件不宜适用简易程序的，裁定转为普通程序。

适用简易程序审理的案件，由审判员一人独任审理，可以用简便方式传唤当事人和证人、送达诉讼文书、审理案件，但应当保障当事人陈述意见的权利。

12.4.5.2 第二审程序

第二审程序（又称上诉程序或终审程序），是指由于民事诉讼当事人不服地方各级人民法院尚未生效的第一审判决或裁定，在法定上诉期间内，向上一级人民法院提起上诉而引起的诉讼程序。由于我国实行两审终审制，上诉案件经二审法院审理后作出的判决、裁定为终审的判决、裁定，诉讼程序即告终结。

第二审程序并不是每一个民事案件的必经程序，如果当事人在案件一审过程中达成调解协议或者在上诉期内未提起上诉，一审法院的裁判就发生法律效力，第二审程序也因无当事人的上诉而无从发生，当事人的上诉是第二审程序发生的前提。

12.4.5.3 特别程序

特别程序是人民法院依照《民事诉讼法》审理特殊类型案件的一种程序。它审理的对象不是解决当事人之间的民事权利义务争议，而是确认某种法律事实是否存在，确认某种权利的实际状态。

适用特别程序审理的案件，实行一审终审，并且应当在立案之日起30日内或者公告期满后30日内审结。与建设工程相关的特别程序，主要指当事人向人民法院申请司法确认调解协议案和实现担保物权案。

（1）申请司法确认调解协议案

申请司法确认调解协议，由双方当事人依照《人民调解法》等法律，自调解协议生效之日起30日内，共同向调解组织所在地基层人民法院提出。人民法院受理申请后，经审查，符合法律规定的，裁定调解协议有效。一方当事人拒绝履行或者未全部履行的，对方当事人可以向人民法院申请执行；不符合法律规定的，裁定驳回申请，当事人可以通过调解方式变更原调解协议或者达成新的调解协议，也可以向人民法院提起诉讼。

(2) 申请实现担保物权案

申请实现担保物权,由担保物权人以及其他有权请求实现担保物权的人依照《物权法》等法律,向担保财产所在地或者担保物权登记地基层人民法院提出。人民法院受理申请后,经审查符合法律规定的,裁定拍卖、变卖担保财产,当事人依据该裁定可以向人民法院申请执行;不符合法律规定的,裁定驳回申请,当事人可以向人民法院提起诉讼。

12.4.5.4 审判监督程序

审判监督程序即再审程序,是指由有审判监督权的法定机关和人员提起,或由当事人申请,由人民法院对发生法律效力的判决、裁定、调解书再次审理的程序。

(1) 人民法院提起再审的程序

① 人民法院提起再审的条件。人民法院提起再审,必须是已经发生法律效力的判决、裁定、调解书确有错误。

② 人民法院提起再审的程序。各级人民法院院长对本院已经发生法律效力的判决、裁定、调解书,发现确有错误,认为需要再审的,应当提交审判委员会讨论决定。

最高人民法院对地方各级人民法院已经生效的判决、裁定、调解书,上级人民法院对下级人民法院已生效的判决、裁定、调解书,发现确有错误的,有权提审或指令下级人民法院再审。再审的裁定中同时写明中止原判决、裁定的执行。

③ 再审后的法律效力和审理方式。人民法院按照审判监督程序再审的案件,发生法律效力的判决、裁定、调解书是由第一审法院作出的,按照第一审程序审理,对所作的判决、裁定,当事人可以上诉。

发生法律效力的判决、裁定是由第二审法院作出的,按照第二审程序审理,所作的判决、裁定是发生法律效力的判决、裁定。

上级人民法院按照审判监督程序提审的,按照第二审程序审理,所作的判决、裁定是发生法律效力的判决、裁定。

《最高人民法院关于适用<中华人民共和国民事诉讼法>审判监督程序若干问题的解释》中规定,人民法院审理再审案件应当开庭审理。但按照第二审程序审理的,双方当事人已经由其他方式充分表达意见,且书面同意不开庭审理的除外。

(2) 当事人申请再审的程序

《民事诉讼法》规定,当事人对已经发生法律效力的判决、裁定,认为有错误的,可以向上一级人民法院申请再审;当事人一方人数众多或者当事人双方为公民的案件,也可以向原审人民法院申请再审。

当事人申请再审的,不停止判决、裁定的执行。人民法院应当自收到再审申请书之日起3个月内审查,符合本法规定的,裁定再审;不符合本法规定的,裁定驳回申请。有特殊情况需要延长的,由本院院长批准。

(3) 人民检察院抗诉提起再审的程序

抗诉是指人民检察院对人民法院发生法律效力的判决、裁定、调解书,发现有提起抗诉的法定情形,提请人民法院对案件重新审理。

① 最高人民检察院对各级人民法院已经发生法律效力的判决、裁定,上级人民检察院对下级人民法院已经发生法律效力的判决、裁定,发现有本法第200条规定情形之一的,或者发现调解书损害国家利益、社会公共利益的,应当提出抗诉。

② 地方各级人民检察院对同级人民法院已经发生法律效力的判决、裁定,发现有本法第200条规定情形之一的,或者发现调解书损害国家利益、社会公共利益的,可以向同级人民法院提出检察建议,并报上级人民检察院备案;也可以提请上级人民检察院向同级人民法

院提出抗诉。

③ 有下列情形之一的,当事人可以向人民检察院申请检察建议或者抗诉:a. 人民法院驳回再审申请的;b. 人民法院逾期未对再审申请作出裁定的;c. 再审判决、裁定有明显错误的。

人民检察院对当事人的申请应当在3个月内进行审查,作出提出或者不予提出检察建议或者抗诉的决定。当事人不得再次向人民检察院申请检察建议或者抗诉。

12.4.6 民事诉讼的执行程序

审判程序与执行程序是并列的独立程序。审判程序是产生裁判书的过程,执行程序是实现裁判书内容的过程。

执行程序,是指人民法院的执行机构依照法定的程序,对发生法律效力并具有给付内容的法律文书,以国家强制力为后盾,依法采取强制措施,迫使具有给付义务的当事人履行其给付义务的行为。

(1) 执行根据

执行根据是当事人申请执行、人民法院移交执行以及人民法院采取强制措施的依据。执行根据是执行程序发生的基础,没有执行根据,当事人不能向人民法院申请执行,人民法院也不得采取强制措施。

执行根据主要有:①人民法院制作的发生法律效力的民事判决书、裁定书以及生效的调解书等;②人民法院作出的具有财产给付内容的发生法律效力的刑事判决书、裁定书;③仲裁机构制作的依法由人民法院执行的生效仲裁裁决书、仲裁调解书;④公证机关依法作出的赋予强制执行效力的公证债权文书;⑤人民法院作出的先予执行的裁定、执行回转的裁定以及承认并协助执行外国判决、裁定或裁决的裁定;⑥我国行政机关作出的法律明确规定由人民法院执行的行政决定;⑦人民法院依督促程序发布的支付令等。

(2) 执行案件的管辖

发生法律效力的民事判决、裁定,以及刑事判决、裁定中的财产部分,由第一审人民法院或者与第一审人民法院同级的被执行的财产所在地人民法院执行。法律规定由人民法院执行的其他法律文书,由被执行人住所地或者被执行的财产所在地人民法院执行。

(3) 执行程序

① 执行申请。人民法院作出的判决、裁定等法律文书,当事人必须履行。如果无故不履行,另一方当事人可向有管辖权的人民法院申请强制执行。

② 执行开始。对于具有执行内容的生效裁判文书,执行员接到申请执行书或者移交执行书,随即开始执行程序。

③ 向上一级人民法院申请执行。人民法院自收到申请执行书之日起超过6个月未执行的,申请执行人可以向上一级人民法院申请执行。上一级人民法院经审查,可以责令原人民法院在一定期限内执行,也可以决定由本院执行或者指令其他人民法院执行。

(4) 执行措施

执行措施是指人民法院依照法定程序强制执行生效法律文书的方法和手段。在执行中,执行措施和执行程序是合为一体的。执行员接到申请执行书或者移交执行书,应当向被执行人发出执行通知,并可以立即采取强制执行措施。

执行措施主要有:①查封、冻结、划拨被执行人的存款;②扣留、提取被执行人的收入;③查封、扣押、拍卖、变卖被执行人的财产;④对被执行人及其住所或财产隐匿地进行搜查;⑤强制被执行人交付法律文书指定的财物或票证;⑥强制被执行人迁出房屋或退出土地；⑦强制被执行人履行法律文书指定的行为；⑧办理财产权证照转移手续；⑨强制被执行人支付迟延履行期间的债务利息或迟延履行金；⑩债权人可以随时请求人民法院执行。

(5) 执行中止和终结

① 执行中止。有下列情况之一的，人民法院应裁定中止执行：a. 申请人表示可以延期执行的；b. 案外人对执行标的提出确有理由异议的；c. 作为一方当事人的公民死亡，需要等待继承人继承权利或承担义务的；d. 作为一方当事人的法人或其他组织终止，尚未确定权利义务承受人的；e. 人民法院认为应当中止执行的其他情形如被执行人确无财产可供执行等。

中止的情形消失后，恢复执行。

② 执行终结。有下列情况之一的，人民法院应当裁定终结执行：a. 申请人撤销申请的；b. 据以执行的法律文书被撤销的；c. 作为被执行人的公民死亡，无遗产可供执行，又无义务承担人的；d. 追索赡养费、抚养费、抚育费案件的权利人死亡的；e. 作为被执行人的公民因生活困难无力偿还借款，无收入来源且丧失劳动能力的；f. 人民法院认为应当终结执行的其他情形。

12.5 行政强制、行政复议和行政诉讼

12.5.1 行政强制的种类和法定程序

2011年6月颁布的《中华人民共和国行政强制法》（简称《行政强制法》）规定，行政强制包括行政强制措施和行政强制执行。

行政强制措施，是指行政机关在行政管理过程中，为制止违法行为、防止证据损毁、避免危害发生、控制危险扩大等情形，依法对公民的人身自由实施暂时性限制，或者对公民、法人或者其他组织的财物实施暂时性控制的行为。

行政强制执行，是指行政机关或者行政机关申请人民法院，对不履行行政决定的公民、法人或者其他组织，依法强制履行义务的行为。

12.5.1.1 行政强制的种类

行政强制的种类又包括行政强制措施的种类和行政强制执行的种类。

(1) 行政强制措施的种类

行政强制措施包括：限制公民人身自由；查封场所、设施或者财物；扣押财物；冻结存款、汇款；其他行政强制措施。

行政强制措施由法律设定；尚未制定法律，且属于国务院行政管理职权事项的，行政法规可以设定除限制公民人身自由、冻结存款、汇款和应当由法律规定的行政强制措施以外的其他行政强制措施；尚未制定法律、行政法规，且属于地方性事务的，地方性法规可以设定查封场所、设施或财物和扣押财物的行政强制措施。

法律、法规以外的其他规范性文件不得设定行政强制措施。法律对行政强制措施的对象、条件、种类作了规定的，行政法规、地方性法规不得作出扩大规定；法律中未设定行政强制措施的，行政法规、地方性法规不得设定行政强制措施。但是，法律规定特定事项由行政法规规定具体管理措施的，行政法规可以设定除限制公民人身自由、冻结存款、汇款和应当由法律规定的行政强制措施以外的其他行政强制措施。

(2) 行政强制执行的种类

行政强制执行包括：加处罚款或者滞纳金；划拨存款、汇款；拍卖或者依法处理查封、扣押的场所、设施或者财物；排除妨碍、恢复原状；代履行；其他强制执行方式。行政强制

执行由法律设定；法律没有规定行政机关强制执行的，作出行政决定的行政机关应当申请人民法院强制执行。

12.5.1.2 行政强制的法定程序

行政强制的程序包括行政强制措施的实施程序、行政强制执行的实施程序和申请法院强制执行程序。

（1）行政强制措施的实施程序

① 一般规定。行政机关履行行政管理职责，依照法律、法规的规定，实施行政强制措施。但违法行为情节显著轻微或者没有明显社会危害的，可以不采取行政强制措施。

a. 实施主体。行政强制措施由法律、法规规定的行政机关在法定职权范围内实施。行政强制措施权不得委托；依据《行政处罚法》的规定行使相对集中行政处罚权的行政机关，可以实施法律、法规规定的与行政处罚权有关的行政强制措施。此外，行政强制措施应当由行政机关具备资格的行政执法人员实施，其他人员不得实施。

b. 实施程序。行政机关实施行政强制措施应当遵守下列程序：ⅰ.实施前须向行政机关负责人报告并经批准；ⅱ.由两名以上行政执法人员实施；ⅲ.出示执法身份证件；ⅳ.通知当事人到场；ⅴ.当场告知当事人采取行政强制措施的理由、依据以及当事人依法享有的权利、救济途径；ⅵ.听取当事人的陈述和申辩；ⅶ.制作现场笔录；ⅷ.现场笔录由当事人和行政执法人员签名或者盖章，当事人拒绝的，在笔录中予以注明；ⅸ.当事人不到场的，邀请见证人到场，由见证人和行政执法人员在现场笔录上签名或者盖章；ⅹ.法律、法规规定的其他程序。

此外，依照法律规定实施限制公民人身自由的行政强制措施，还应当当场告知，或者实施行政强制措施后立即通知当事人家属关于实施行政强制措施的行政机关、地点、期限等事项；在紧急情况下当场实施行政强制措施的，在返回行政机关后，立即向行政机关负责人报告并补办批准手续，并履行法律规定的其他程序。

② 查封、扣押的实施

a. 查封、扣押主体及对象。查封、扣押由法律、法规规定的行政机关实施，其他任何行政机关或者组织不得实施。查封、扣押限于涉案的场所、设施或者财物，不得查封、扣押与违法行为无关的场所、设施或者财物，以及公民个人及其所扶养家属的生活必需品。当事人的场所、设施或者财物已被其他国家机关依法查封的，不得重复查封。

b. 查封、扣押程序及期限。行政机关决定实施查封、扣押的，应当遵守前述有关行政强制措施程序规定，制作并当场交付查封、扣押决定书和清单。查封、扣押的期限不得超过30日；情况复杂的，经行政机关负责人批准，可以延长，但是延长期限不得超过30日。法律、行政法规另有规定的除外。

c. 查封、扣押对象的保管。对查封、扣押的场所、设施或者财物，行政机关应当妥善保管，不得使用或者损毁；造成损失的，应当承担赔偿责任；对查封的场所、设施或者财物，行政机关可以委托第三人保管，第三人不得损毁或者擅自转移、处置。因第三人的原因造成的损失，行政机关先行赔付后，有权向第三人追偿。因查封、扣押发生的保管费用由行政机关承担。

d. 实施查封、扣押后的处理。行政机关采取查封、扣押措施后，应当及时查清事实，在规定期限内作出处理决定：对违法事实清楚，依法应当没收的非法财物予以没收；法律、行政法规规定应当销毁的，依法销毁；应当解除查封、扣押的，作出解除查封、扣押的决定。

③ 冻结的实施

a. 实施冻结的主体。冻结存款、汇款应当由法律规定的行政机关实施，不得委托给其他行政机关或者组织；其他任何行政机关或者组织不得冻结存款、汇款。

　　b. 冻结程序。行政机关依照法律规定决定实施冻结存款、汇款的，应当履行下列程序：ⅰ. 实施前须向行政机关负责人报告并经批准；ⅱ. 由两名以上行政执法人员实施；ⅲ. 出示执法身份证件；ⅳ. 制作现场笔录。此外，还应当向金融机构交付冻结通知书。金融机构在接到行政机关依法作出的冻结通知书后，应当立即予以冻结，不得拖延，不得在冻结前向当事人泄露信息；法律规定以外的行政机关或者组织要求冻结当事人存款、汇款的，金融机构应当拒绝。

　　c. 实施冻结后的处理。自冻结存款、汇款之日起 30 日内，行政机关应当作出处理决定或者作出解除冻结决定；情况复杂的，经行政机关负责人批准，可以延长，但是延长期限不得超过 30 日。法律另有规定的除外。延长冻结的决定应当及时书面告知当事人，并说明理由。

　　(2) 行政强制执行的实施程序

　　① 一般程序。行政机关依法作出行政决定后，当事人在行政机关决定的期限内不履行义务的，具有行政强制执行权的行政机关依照《行政强制法》规定强制执行。行政机关作出强制执行决定前，应当事先催告当事人履行义务。经催告，当事人逾期仍不履行行政决定，且无正当理由的，行政机关可以作出强制执行决定。催告期间，对有证据证明有转移或者隐匿财物迹象的，行政机关可以作出立即强制执行决定。

　　② 金钱给付义务的执行。行政机关依法作出金钱给付义务的行政决定，当事人逾期不履行的，行政机关可以依法加处罚款或者滞纳金，加处罚款或者滞纳金的标准应当告知当事人。依法实施加处罚款或者滞纳金超过 30 日，经催告当事人仍不履行的，具有行政强制执行权的行政机关可以强制执行。

　　此外，划拨存款、汇款应当由法律规定的行政机关决定，并书面通知金融机构。金融机构接到行政机关依法作出划拨存款、汇款的决定后，应当立即划拨。

　　③ 代履行的执行。行政机关依法作出要求当事人履行排除妨碍、恢复原状等义务的行政决定，当事人逾期不履行，经催告仍不履行，其后果已经或者将危害交通安全、造成环境污染或者破坏自然资源的，行政机关可以代履行，或者委托没有利害关系的第三人代履行。

　　履行应当遵守下列规定：ⅰ. 代履行前送达决定书，代履行决定书应当载明当事人的姓名或者名称、地址，代履行的理由和依据、方式和时间、标的、费用预算以及代履行人；ⅱ. 代履行 3 日前，催告当事人履行，当事人履行的，停止代履行；ⅲ. 代履行时，作出决定的行政机关应当派员到场监督；ⅳ. 代履行完毕，行政机关到场监督的工作人员、代履行人和当事人或者见证人应当在执行文书上签名或者盖章。

　　代履行不得采用暴力、胁迫以及其他非法方式。

　　(3) 申请人民法院强制执行程序。

　　当事人在法定期限内不申请行政复议或者提起行政诉讼，又不履行行政决定的，没有行政强制执行权的行政机关可以自期限届满之日起 3 个月内，按照《行政强制法》有关规定申请人民法院强制执行。

　　行政机关申请人民法院强制执行前，应当催告当事人履行义务。催告书送达 10 日后当事人仍未履行义务的，行政机关可以向所在地有管辖权的人民法院申请强制执行。执行对象是不动产的，向不动产所在地有管辖权的人民法院申请强制执行。

　　人民法院接到行政机关强制执行的申请，应当在 5 日内受理。人民法院对行政机关强制执行的申请进行书面审查，对符合强制执行规定，且行政决定具备法定执行效力的，除依法可以听取被执行人和行政机关意见的情形外，应当自受理之日起 7 日内作出执行裁定。

此外,因情况紧急,为保障公共安全,行政机关可以申请人民法院立即执行。

12.5.2 行政复议

当事人对行政处罚不服,发生争议时,根据我国《行政处罚法》的规定,有权向作出行政处罚决定的机关的上一级机关申请复议或者直接向人民法院提起行政诉讼。

行政复议,是指行政机关根据上级行政机关对下级行政机关的监督权,在当事人的申请和参加下,按照行政复议程序对具体行政行为进行合法性和适当性审查,并作出裁决解决行政侵权争议的活动。行政复议的基本法律依据是《中华人民共和国行政复议法》(简称《行政复议法》)。

12.5.2.1 行政复议的范围

行政复议的目的,是为了防止和纠正违法的或者不当的具体行政行为,保护公民、法人和其他组织的合法权益,保障和监督行政机关依法行使职权。因此,只要是公民、法人或者其他组织认为行政机关的具体行政行为侵犯其合法权益,就有权向行政机关提出行政复议申请。

(1) 可以申请行政复议的事项

根据《行政复议法》的规定,有11项可申请行政复议的情形,建设工程实践中,主要有下列7项:

① 对行政机关作出的警告、罚款、没收违法所得、没收非法财物、责令停产停业、暂扣或者吊销许可证、暂扣或者吊销执照、行政拘留等行政处罚决定不服的;

② 对行政机关作出的限制人身自由或者查封、扣押、冻结财产等行政强制措施决定不服的;

③ 对行政机关作出的有关许可证、执照、资质证、资格证等证书变更、中止、撤销的决定不服的;

④ 认为行政机关侵犯合法的经营自主权的;

⑤ 认为行政机关违法集资、征收财物、摊派费用或者违法要求履行其他义务的;

⑥ 认为符合法定条件,申请行政机关颁发许可证、执照、资质证、资格证等证书,或者申请行政机关审批、登记有关事项,行政机关没有依法办理的;

⑦ 认为行政机关的其他具体行政行为侵犯其合法权益的。

此外,公民、法人或者其他组织认为行政机关的具体行政行为所依据的下列规定不合法,在对具体行政行为申请行政复议时,可以一并向行政复议机关提出对该规定的审查申请:ⅰ.国务院部门的规定;ⅱ.县级以上地方各级人民政府及其工作部门的规定;ⅲ.乡、镇人民政府的规定。但以上规定不含国务院部、委员会规章和地方人民政府规章。规章的审查依照法律、行政法规办理。

(2) 不得申请行政复议的事项

下列事项应按规定的纠纷处理方式解决,而不能提起行政复议:

① 行政机关的行政处分或者其他人事处理决定。

② 行政机关对民事纠纷作出的调解或者其他处理。当事人不服行政机关对民事纠纷作出的调解或者处理,如建设行政管理部门对有关建设工程合同争议进行的调解、劳动部门对劳动争议的调解、公安部门对治安争议的调解等,当事人应当依法申请仲裁,或者向法院提起民事诉讼。

12.5.2.2 行政复议的程序

根据《行政复议法》的有关规定,行政复议应当遵守如下程序:

(1) 行政复议申请

当事人认为具体行政行为侵犯其合法权益的,可以自知道该具体行政行为之日起60日内提出行政复议申请,但法律规定的申请期限超过60日的除外。因不可抗力或者其他正当理由耽误法定申请期限的,申请期限自障碍消除之日起继续计算。

申请人对县级以上地方各级人民政府工作部门的具体行政行为不服的,申请人可以向该部门的本级人民政府申请行政复议,也可以向上一级主管部门申请行政复议。

(2) 行政复议受理

行政复议机关收到行政复议申请后,应当在5日内进行审查,对不符合规定的行政复议申请,决定不予受理,并书面告知申请人;对符合规定,但是不属于本机关受理的行政复议申请,应当告知申请人向有关行政复议机关提出。

依照规定接受行政复议申请的县级地方人民政府,对属于其他行政复议机关受理的行政复议申请,应当自接到该行政复议申请之日起7日内,转送有关行政复议机关,并告知申请人。接受转送的行政复议机关应当依照规定办理。

法律、法规规定应当先向行政复议机关申请行政复议、对行政复议决定不服再向人民法院提起行政诉讼的,行政复议机关决定不予受理或者受理后超过行政复议期限不作答复的,公民、法人或者其他组织可以自收到不予受理决定书之日起或者行政复议期满之日起15日内,依法向人民法院提起行政诉讼。

公民、法人或者其他组织依法提出行政复议申请,行政复议机关无正当理由不予受理的,上级行政机关应当责令其受理;必要时,上级行政机关也可以直接受理。

行政复议期间具体行政行为不停止执行。但是,有下列情形之一的,可以停止执行:①被申请人认为需要停止执行的;②行政复议机关认为需要停止执行的;③申请人申请停止执行,行政复议机关认为其要求合理,决定停止执行的;④法律规定停止执行的。

(3) 行政复议决定

行政复议机关负责法制工作的机构应当自行政复议申请受理之日起7日内,将行政复议申请书副本或者行政复议申请笔录复印件发送被申请人。被申请人应当自收到申请书副本或者申请笔录复印件之日起10日内,提出书面答复,并提交当初作出具体行政行为的证据、依据和其他有关材料。申请人、第三人可以查阅被申请人提出的书面答复,作出具体行政行为的证据、依据和其他有关材料,除涉及国家秘密、商业秘密或者个人隐私外,行政复议机关不得拒绝。

在行政复议过程中,被申请人不得自行向申请人和其他有关组织或者个人收集证据。

行政复议决定作出前,申请人要求撤回行政复议申请的,经说明理由,可以撤回;撤回行政复议申请的,行政复议终止。

行政复议机关负责法制工作的机构应当对被申请人作出的具体行政行为进行审查,提出意见,经行政复议机关的负责人同意或者集体讨论通过后,作出行政复议决定。

《行政复议法》还规定,申请人在申请行政复议时,可以一并提出行政赔偿请求。行政复议机关对于符合法律规定的赔偿要求,在作出行政复议决定时,应当同时决定被申请人依法给予赔偿。

除非法律另有规定,行政复议机关一般应当自受理申请之日起60日内作出行政复议决定。行政复议决定书一经送达,即发生法律效力。申请人不服行政复议决定的,除法律规定为最终裁决的行政复议决定外,可以根据《行政诉讼法》的规定,在法定期间内提起行政诉讼。

12.5.3 行政诉讼

行政诉讼,是指人民法院应当事人的请求,通过审查行政行为合法性的方式,解决特定范围内行政争议的活动。

最新修订的《中华人民共和国行政诉讼法》规定,公民、法人或者其他组织认为行政机关和行政机关工作人员的行政行为侵犯其合法权益,有权依照本法向人民法院提起诉讼。

行政复议与行政诉讼的基本关系是:除法律、法规规定必须先申请行政复议的以外,行政纠纷当事人可以自由选择申请行政复议还是提起行政诉讼。

12.5.3.1 行政诉讼的受理范围

(1) 予以受理的行政案件

人民法院受理公民、法人和其他组织对下列具体行政行为不服提起的诉讼:

① 对行政拘留、暂扣或者吊销许可证和执照、责令停产停业、没收违法所得、没收非法财物、罚款、警告等行政处罚不服的;

② 对限制人身自由或者对财产的查封、扣押、冻结等行政强制措施和行政强制执行不服的;

③ 申请行政许可,行政机关拒绝或者在法定期限内不予答复,或者对行政机关作出的有关行政许可的其他决定不服的;

④ 对行政机关作出的关于确认土地、矿藏、水流、森林、山岭、草原、荒地、滩涂、海域等自然资源的所有权或者使用权的决定不服的;

⑤ 对征收、征用决定及其补偿决定不服的;

⑥ 申请行政机关履行保护人身权、财产权等合法权益的法定职责,行政机关拒绝履行或者不予答复的;

⑦ 认为行政机关侵犯其经营自主权或者农村土地承包经营权、农村土地经营权的;

⑧ 认为行政机关滥用行政权力排除或者限制竞争的;

⑨ 认为行政机关违法集资、摊派费用或者违法要求履行其他义务的;

⑩ 认为行政机关没有依法支付抚恤金、最低生活保障待遇或者社会保险待遇的;

⑪ 认为行政机关不依法履行、未按照约定履行或者违法变更、解除政府特许经营协议、土地房屋征收补偿协议等协议的;

⑫ 认为行政机关侵犯其他人身权、财产权等合法权益的。

(2) 不予受理的行政案件

人民法院不予受理公民、法人或者其他组织对下列事项提起的诉讼:

① 国防、外交等国家行为的;

② 行政法规、规章或者行政机关制定、发布的具有普遍约束力的决定、命令;

③ 行政机关对行政机关工作人员的奖惩、任免等决定;

④ 法律规定由行政机关最终裁决的具体行政行为。

12.5.3.2 行政诉讼的管辖

(1) 行政诉讼的级别管辖

① 基层人民法院管辖第一审行政案件。

② 中级人民法院管辖下列第一审行政案件: i.对国务院部门或者县级以上地方人民

政府所作的行政行为提起诉讼的案件；ⅱ．海关处理的案件；ⅲ．本辖区内重大、复杂的案件；ⅳ．其他法律规定由中级人民法院管辖的案件。

③ 高级人民法院管辖本辖区内重大、复杂的第一审行政案件。

④ 最高人民法院管辖全国范围内重大、复杂的第一审行政案件。

⑤ 上级人民法院有权审理下级人民法院管辖的第一审行政案件。

(2) 行政诉讼的地域管辖

① 行政案件由最初作出行政行为的行政机关所在地人民法院管辖。经复议的案件，也可以由复议机关所在地人民法院管辖。

经最高人民法院批准，高级人民法院可以根据审判工作的实际情况，确定若干人民法院跨行政区域管辖行政案件。

② 对限制人身自由的行政强制措施不服提起的诉讼，由被告所在地或者原告所在地人民法院管辖。

因不动产提起的行政诉讼，由不动产所在地人民法院管辖。

③ 两个以上人民法院都有管辖权的案件，原告可以选择其中一个人民法院提起诉讼。原告向两个以上有管辖权的人民法院提起诉讼的，由最先立案的人民法院管辖。

(3) 行政诉讼的移送管辖和指定管辖

① 人民法院发现受理的案件不属于本院管辖的，应当移送有管辖权的人民法院，受移送的人民法院应当受理。受移送的人民法院认为受移送的案件按照规定不属于本院管辖的，应当报请上级人民法院指定管辖，不得再自行移送。

② 有管辖权的人民法院由于特殊原因不能行使管辖权的，由上级人民法院指定管辖。

人民法院对管辖权发生争议，由争议双方协商解决。协商不成的，报它们的共同上级人民法院指定管辖。

下级人民法院对其管辖的第一审行政案件，认为需要由上级人民法院审理或者指定管辖的，可以报请上级人民法院决定。

12.5.3.3 行政诉讼程序

行政诉讼程序是国家审判机关为解决行政争议，运用司法程序而依法实施的整个诉讼行为及其过程。它包括第一审程序、第二审程序和审判监督程序。但并非每个案件都必须全部经过三个程序。

(1) 第一审程序

第一审程序包括：①起诉；②受理；③审理；④判决。

(2) 第二审程序

第二审程序是人民法院对下级人民法院第一审案件所作出的判决、裁定在发生法律效力之前，基于当事人的上诉，依据事实和法律，对案件进行审理的程序。二审法院审理上诉案件，除《行政诉讼法》有特别规定外，均适用一审程序的规定。

① 上诉期限。当事人不服人民法院第一审判决的，有权在判决书送达之日起15日内向上一级人民法院提起上诉。当事人不服人民法院第一审裁定的，有权在裁定书送达之日起10日内向上一级人民法院提起上诉。逾期不提起上诉的，人民法院的第一审判决或者裁定发生法律效力。

② 审理方式。人民法院对上诉案件，认为事实清楚的，可以实行书面审理。

③ 上诉的判决。人民法院审理上诉案件，按照不同情形做出下列处理：ⅰ．维持原判；ⅱ．依法改判；ⅲ．撤销原判。

第二审判决、裁定,是终审判决、裁定。当事人对已经发生法律效力的判决、裁定,认为确有错误的,可以提出申诉,申请再审,但判决、裁定不停止执行。

12.5.3.4 执行

《行政诉讼法》规定,当事人必须履行人民法院发生法律效力的判决、裁定。原告拒绝履行判决、裁定的,被告行政机关可以向第一审法院申请强制执行,或者依法强制执行。

【案例12-2】 对记大过处理不服向法院提起行政诉讼案

某区规划局的工作人员范某在项目审批过程中存在着工作失职行为,区规划局经查实后对其作出记大过处理,但范某不服,向法院提出了行政诉讼。

范某可否申请行政诉讼?

区规划局对其工作人员范某作出的记大过处理属行政处分,不属于行政处罚措施。因此,范某不能通过行政诉讼解决,但可以依据《中华人民共和国公务员法》第90条的规定,自知道该人事处理之日起30日内向原处理机关申请复核;对复核结果不服的,可以自接到复核决定之日起15日内,按照规定向同级公务员主管部门或者作出该人事处理的机关的上一级机关提出申诉;也可以不经复核,自知道该人事处理之日起30日内直接提出申诉。对省级以下机关作出的申诉处理决定不服的,可以向作出处理决定的上一级机关提出再申诉。行政机关公务员对处分不服向行政监察机关申诉的,按照《中华人民共和国行政监察法》的规定办理。

12.5.4 行政侵权的赔偿责任

公民、法人或者其他组织的合法权益受到行政机关或者行政机关工作人员作出的具体行政行为侵犯造成损害的,有权请求赔偿。公民、法人或者其他组织单独就损害赔偿提出请求,应当先由行政机关解决。对行政机关的处理不服,可以向人民法院提起诉讼。赔偿诉讼可以适用调解。

(1) 由于侵犯人身权取得赔偿权利的情况

按照《中华人民共和国国家赔偿法》的规定,行政机关及其工作人员在行使行政职权时有下列侵犯人身权情形之一的,受害人有取得赔偿的权利:

① 违法拘留或者违法采取限制公民人身自由的行政强制措施的;

② 非法拘禁或者以其他方法非法剥夺公民人身自由的;

③ 以殴打、虐待等行为或者唆使、放纵他人以殴打、虐待等行为造成公民身体伤害或者死亡的;

④ 违法使用武器、警械造成公民身体伤害或者死亡的;

⑤ 造成公民身体伤害或者死亡的其他违法行为。

(2) 由于侵犯财产权取得赔偿权利的情况

行政机关及其工作人员在行使行政职权时有下列侵犯财产权情形之一的,受害人有取得赔偿的权利：
① 违法实施罚款、吊销许可证和执照、责令停产停业、没收财物等行政处罚的；
② 违法对财产采取查封、扣押、冻结等行政强制措施的；
③ 违法征收、征用财产的；
④ 造成财产损害的其他违法行为。

但是，属于下列情形之一的，国家不承担赔偿责任：①行政机关工作人员与行使职权无关的个人行为；②因公民、法人和其他组织自己的行为致使损害发生的；③法律规定的其他情形。

12.6 证据的保全和应用

证据，是指在诉讼中能够证明案件真实情况的各种资料。当事人要证明自己提出的主张，需要向法院提供相应的证据资料。

诉讼证据与科学研究或日常生活中的证据不同之处在于，前者是纳入国家诉讼活动的范围，并受国家的诉讼法规范所调整和制约。在诉讼中，证据是认定案情的根据，证据必须查证属实。只有正确认定案情，才能正确适用法律，从而正确处理案件。因此，证据问题历来是诉讼中的关键问题。对证据制度的研究已经形成一门学科，称为证据学或证据法学。

证据制度在中国诉讼法中占有重要地位。我国《刑事诉讼法》第一编第五章、《民事诉讼法》第一编第六章、《行政诉讼法》第五章，都对证据的种类、收集、保全和判断等问题作了专门的规定。

12.6.1 证据的种类

证据的种类是指法律上规定的证据来源表现形式的分类。

新修订的《民事诉讼法》规定证据有8种：①当事人的陈述；②书证；③物证；④视听资料；⑤电子数据；⑥证人证言；⑦鉴定意见；⑧勘验笔录。

下面简要介绍《民事诉讼法》的证据分类。

(1) 当事人的陈述

当事人陈述，是指当事人在诉讼或仲裁中，就本案的事实向法院或仲裁机构所作的陈述。《民事诉讼法》规定，人民法院对当事人的陈述，应当结合本案的其他证据，审查确定能否作为认定事实的根据。当事人拒绝陈述的，不影响人民法院根据证据认定案件事实。《最高人民法院关于民事诉讼证据的若干规定》还规定，当事人对自己的主张，只有本人陈述而不能提出其他相关证据的，其主张不予支持。但对方当事人认可的除外。

(2) 书证

书证，是指以文字、符号所记录或表示的，以证明待证事实的文书，如合同、书信、文件、票据等。书证是民事诉讼和仲裁中普遍并大量应用的一种证据。

(3) 物证

物证，是指用物品的外形、特征、质量等说明待证事实的一部分或全部的物品。在工程实践中，建筑材料、设备以及工程质量等，往往表现为物证这种形式。在民事诉讼和仲裁过程中，应当遵循"优先提供原件或者原物"原则。

《民事诉讼法》规定，"书证应当提交原件。物证应当提交原物。提交原件或者原物确有困难的，可以提交复制品、照片、副本、节录本"。

需要说明的是，根据《最高人民法院关于民事诉讼证据的若干规定》的规定，当事人

"如需自己保存证据原件、原物或者提供原件、原物确有困难的,可以提供经人民法院核对无异的复制件或者复制品"。但是,无法与原件、原物核对的复印件、复制品,不能单独作为认定案件事实的依据。

(4) 视听资料

视听资料,是指利用录音、录像等方法记录下来的有关案件事实的材料,如用录音机录制的当事人的谈话、用摄像机拍摄的人物形象及其活动等。视听资料虽然具有易于保存、生动逼真等优点,但另一方面,视听资料也有容易通过技术手段被篡改的缺点。

《民事诉讼法》规定,人民法院对视听资料,应当辨别真伪,并结合本案的其他证据,审查确定能否作为认定事实的根据。同时,《最高人民法院关于民事诉讼证据的若干规定》中规定,存有疑点的视听资料,不能单独作为认定案件事实的依据。

对于未经对方当事人同意私自录制其谈话取得的资料的效力,《最高人民法院关于民事诉讼证据的若干规定》规定,对于一方当事人提出的,有其他证据佐证并以合法手段取得的、无疑点的视听资料或者与视听资料核对无误的复制件,对方当事人提出异议但没有足以反驳的相反证据的,人民法院应当确认其证明力。

(5) 电子数据

电子数据,是指与案件事实有关的电子邮件、网上聊天记录、电子签名、网络访问记录等以电子形式存在的证据,如储存在计算机等电子设备的软盘、硬盘或光盘中的电子数据信息。

(6) 证人证言

证人证言,是指证人以口头或者书面方式向人民法院所作的对案件事实的陈述。证人所作的陈述,既可以是亲自听到、看到的,也可以是从其他人、其他地方间接得知的。人民法院认定证人证言,可以通过对证人的智力状况、品德、知识、经验、法律意识和专业、技能等的综合分析做出判断。

《民事诉讼法》规定,凡是知道案件情况的单位和个人,都有义务出庭作证。有关单位的负责人应当支持证人作证。不能正确表达意志的人,不能作证。经人民法院通知,证人应当出庭作证。

有下列情形之一的,经人民法院许可,可以通过书面证言、视听传输技术或者视听资料等方式作证:①因健康原因不能出庭的;②因路途遥远,交通不便不能出庭的;③因自然灾害等不可抗力不能出庭的;④其他有正当理由不能出庭的。

《最高人民法院关于民事诉讼证据的若干规定》还规定,与一方当事人或者其代理人有利害关系的证人出具的证言,以及无正当理由未出庭作证的证人证言,不能单独作为认定案件事实的依据。

(7) 鉴定意见

鉴定意见,是指具备相应资格的鉴定人对民事案件中出现的专门性问题,通过鉴别和判断后作出的书面意见。在建设工程领域,较常见的如工程质量鉴定、技术鉴定、工程造价鉴定、伤残鉴定、笔迹鉴定等。由于鉴定意见是运用专业知识所作出的鉴别和判断,所以,具有科学性和较强的证明力。

《民事诉讼法》规定,当事人可以就查明事实的专门性问题向人民法院申请鉴定。当事人申请鉴定的,由双方当事人协商确定具备资格的鉴定人;协商不成的,由人民法院指定。当事人未申请鉴定,人民法院对专门性问题认为需要鉴定的,应当委托具备资格的鉴定人进行鉴定。

当事人对鉴定意见有异议或者人民法院认为鉴定人有必要出庭的,鉴定人应当出庭作证。经人民法院通知，鉴定人拒不出庭作证的，鉴定意见不得作为认定事实的根据；支付鉴定费用的当事人可以要求返还鉴定费用。

(8) 勘验笔录

勘验笔录，是指人民法院为了查明案件的事实，指派勘验人员对与案件争议有关的现场、物品或物体进行查验、拍照、测量，并将查验的情况与结果制成的笔录。

《民事诉讼法》规定，勘验物证或者现场，勘验人必须出示人民法院的证件，并邀请当地基层组织或者当事人所在单位派人参加。当事人或者当事人的成年家属应当到场，拒不到场的，不影响勘验的进行。勘验笔录应由勘验人、当事人和被邀参加人签名或者盖章。

12.6.2 证据的保全

(1) 证据保全的概念和意义

证据保全是指在证据可能灭失或以后难以取得的情况下，法院根据申请人的申请或依职权，对证据加以固定和保护的制度。

《民事诉讼法》规定，在证据可能灭失或者以后难以取得的情况下，当事人可以在诉讼过程中向人民法院申请保全证据，人民法院也可以主动采取保全措施。

因情况紧急，在证据可能灭失或者以后难以取得的情况下，利害关系人可以在提起诉讼或者申请仲裁前，向证据所在地、被申请人住所地或者对案件有管辖权的人民法院申请保全证据。

(2) 证据保全的申请

《民事诉讼法》规定，当事人申请诉讼证据保全的，人民法院采取保全措施，可以责令申请人提供担保，申请人不提供担保的，裁定驳回申请。

人民法院接受当事人申请后，对情况紧急的，必须在 48 小时内作出裁定；裁定采取保全措施的，应当立即开始执行。

利害关系人申请诉前证据保全的，申请人应当提供担保，不提供担保的，裁定驳回申请。人民法院接受利害关系人申请后，必须在 48 小时内作出裁定；裁定采取保全措施的，应当立即开始执行。

申请人在人民法院采取保全措施后 30 日内不依法提起诉讼或者申请仲裁的，人民法院应当解除保全。申请有错误的，申请人应当赔偿被申请人因保全所遭受的损失。

《仲裁法》也规定，在证据可能灭失或者以后难以取得的情况下，当事人可以申请证据保全。当事人申请证据保全的，仲裁委员会应当将当事人的申请提交证据所在地的基层人民法院。

(3) 证据保全的实施

《最高人民法院关于民事诉讼证据的若干规定》中规定，人民法院进行证据保全，可以根据具体情况，采用查封、扣押、拍照、录音、录像、复制、鉴定、勘验、制作笔录等方法。人民法院进行证据保全，可以要求当事人或者诉讼代理人到场。

12.6.3 证据的应用

在诉讼或仲裁中，哪些事实需要证据证明，哪些无需证明；这些事实由谁证明；靠什么证明；怎么证明；证明到什么程度。这五个问题构成了证据应用的全部内容，即证明对象、举证责任、证据收集、证明过程、证明标准。

12.6.3.1 证明对象

证明对象，就是需要证明主体运用证据加以证明的案件事实。

（1）证明对象的范围

在民事诉讼中，需要运用证据加以证明的对象包括：①当事人主张的实体权益的法律事实。如当事人主张权利产生、变更、消灭的事实。②当事人主张的程序法事实。如当事人的资格与行为能力等问题。③证据事实。如书证是否客观真实，所反映内容与本案待证事实是否相关。④习惯、地方性法规。

（2）不需要证明的事实

根据《最高人民法院关于民事诉讼证据的若干规定》，对下列事实当事人无需举证证明：①众所周知的事实；②自然规律及定理；③根据法律规定或者已知事实和日常生活经验法则，能推定出的另一事实；④已为人民法院发生法律效力的裁判所确认的事实；⑤已为仲裁机构的生效裁决所确认的事实；⑥已为有效公正文书所证明的事实。

12.6.3.2 民事诉讼举证责任的分配原则

举证责任，又称证明责任，即当事人对自己主张的事实，应当提供证据加以证明，以及不能证明时将承担诉讼上的不利后果。

（1）一般原则

谁主张相应的事实，谁就应当对该事实加以证明。即"谁主张，谁举证"。

① 在合同纠纷诉讼中，主张合同成立并生效的一方当事人对合同订立和生效的事实承担举证责任。主张合同变更、解除、终止、撤销的一方当事人对引起合同变动的事实承担举证责任。对合同是否履行发生争议的，由负有履行义务的当事人承担举证责任。代理权发生争议的，由主张有代理权的一方当事人承担举证责任。

② 在侵权纠纷诉讼中，主张损害赔偿的权利人应当对损害赔偿请求权产生的事实加以证明，即存在侵害事实、侵害行为与侵害事实之间存在因果关系、行为具有违法性以及行为人存在过错。另一方面，关于免责事由就应由行为人加以证明。如损害是受害人的故意造成的。

③ 在劳动争议纠纷案件中，因用人单位作出开除、除名、辞退、解除劳动合同、减少劳动报酬、结算劳动者工作年限等决定而发生劳动争议的，由用人单位负举证责任。

（2）举证责任的倒置

举证责任倒置，是为了弥补一般原则的不足，针对一些特殊的案件，将按照一般原则本应由己方承担的某些证明责任，改为由对方当事人承担的证明方法。证明责任倒置必须由法律的规定，法官不可以在诉讼中任意将证明责任分配加以倒置。如，因医疗行为引起的侵权诉讼，由医疗机构就医疗行为与损害结果之间不存在因果关系及不存在医疗过错承担举证责任。

12.6.3.3 证据的收集

证据收集，是指审判人员为了查明案件事实，按照法定获取证据的行为。一般可以通过以下方法收集证据：①当事人提供证据。②人民法院认为审理案件需要，依职权主动调查收集。③当事人依法申请人民法院调查收集证据。

在证据可能灭失或以后难以取得的情况下，法院根据申请人的申请或依职权，对证据加以保全。

12.6.3.4 证明过程

证明过程是一个动态的过程。一般认为，证明过程由举证、质证与认证组成。

(1) 举证时限

所谓举证时限，是指法律规定或法院、仲裁机构指定的当事人能够有效举证的期限。举证时限是一种限制当事人诉讼行为的制度，其主要目的在于促使当事人积极举证，提高诉讼效率，防止当事人违背诚实信用原则，在证据上搞"突然袭击"或拖延诉讼。

《民事诉讼法》规定，当事人对自己提出的主张应当及时提供证据。人民法院根据当事人的主张和案件审理情况，确定当事人应当提供的证据及其期限。当事人在该期限内提供证据确有困难的，可以向人民法院申请延长期限，人民法院根据当事人的申请适当延长。当事人逾期提供证据的，人民法院应当责令其说明理由；拒不说明理由或者理由不成立的，人民法院根据不同情形可以不予采纳该证据，或者采纳该证据但予以训诫、罚款。

《最高人民法院关于民事诉讼证据的若干规定》中规定，人民法院在送达案件受理通知书和应诉通知书的同时向当事人送达举证通知书，举证通知书应载明人民法院根据案件情况指定的举证期限以及逾期提供证据的法律后果。

(2) 证据交换

我国民事诉讼中的证据交换，是指在诉讼答辩期届满后开庭审理前，在人民法院的主持下，当事人之间相互明示其持有证据的过程。证据交换制度的设立，有利于当事人之间明确争议焦点，集中辩论；有利于法院尽快了解案件争议焦点，集中审理；有利于当事人尽快了解对方的事实依据，促进当事人进行和解和调解。

《最高人民法院关于民事诉讼证据的若干规定》中规定，人民法院对于证据较多或者复杂疑难的案件，应当组织当事人在答辩期届满后、开庭审理前交换证据。人民法院组织当事人交换证据的，交换证据之日举证期限届满。当事人申请延期举证经人民法院准许的，交换证据日相应顺延。

(3) 质证

质证，是指当事人在法庭的主持下，围绕证据的真实性、合法性、关联性，针对证据证明力有无以及证明力大小，进行质疑、说明与辩驳的过程。

根据《民事诉讼法》和《最高人民法院关于民事诉讼证据的若干规定》的规定，证据应当在法庭上出示，并由当事人互相质证。对涉及国家秘密、商业秘密和个人隐私的证据应当保密，需要在法庭出示的，不得在公开开庭时出示。未经质证的证据，不能作为认定案件事实的依据。

① 书证、物证、视听资料的质证。根据《最高人民法院关于民事诉讼证据的若干规定》，对书证、物证、视听资料进行质证时，当事人有权要求出示证据的原件或者原物，但有下列情况之一的除外：ⅰ.出示原件或者原物确有困难并经法院准许出示复制件或者复制品的；ⅱ.原件或者原物已不存在，但有证据证明复制件、复制品与原件或原物一致的。

② 证人、鉴定人和勘验人的质证。《最高人民法院关于民事诉讼证据的若干规定》中规定，证人应当出庭作证。证人确有困难不能出庭的，经法院许可，证人可以提交书面证言或者视听资料或者通过双向视听传输技术手段作证。

审判人员和当事人可以对证人进行询问。证人不得旁听法庭审理；询问证人时，其他证人不得在场。法院认为有必要的，可以让证人进行对质。

鉴定人应当出庭接受当事人质询。鉴定人确因特殊原因无法出庭的，经法院准许，可以书面答复当事人的质询。经法庭许可，当事人可以向证人、鉴定人、勘验人发问。

(4) 认证

认证，即证据的审核认定，是指法院对经过质证或当事人在证据交换中认可的各种证据材料作出审查判断，确认其能否作为认定案件事实的根据。认证是正确认定案件事实的前提和基础，其具体内容是对证据有无证明力和证明力大小进行审查确认。

法院及审判人员对证据的审核认定遵循如下规则：

① 不能作为认定案件事实依据的证据：ⅰ．在诉讼中，当事人为达成调解协议或者和解目的作出妥协所涉及的对案件事实的认可，不得在其后的诉讼中作为对其不利的证据；ⅱ．以侵害他人合法权益或者违反法律禁止性规定的方法取得的证据，不能作为认定案件事实的依据；ⅲ．当事人对自己的主张，只有本人陈述而不能提出其他相关证据的，其主张不予支持（但对方当事人认可的除外）。

② 不能单独作为认定案件事实依据的证据：ⅰ．未成年人所作的与其年龄和智力状况不相当的证言；ⅱ．与一方当事人或者其代理人有利害关系的证人出具的证言；ⅲ．存有疑点的视听资料；ⅳ．无法与原件、原物核对的复印件、复制品；ⅴ．无正当理由未出庭作证的证人证言。

③ 数个证据对同一事实的证明力：ⅰ．国家机关、社会团体依职权制作的公文书证的证明力一般大于其他书证；ⅱ．物证、档案、鉴定意见、勘验笔录或者经过公证、登记的书证，其证明力一般大于其他书证、视听资料和证人证言；ⅲ．证人提供的对与其亲属或者其他密切关系的当事人有利的证言，其证明力一般小于其他证人证言。

12.7 建设工程施工合同纠纷案件的司法解释

建设工程合同履行过程中会产生大量的纠纷，有一些纠纷并不容易直接适用现有的法律条款予以解决。针对这些特殊的纠纷，可以通过相关司法解释来进行处理。2002年6月11日，最高人民法院审判委员会第1225次会议通过了《最高人民法院关于建设工程价款优先受偿权问题的批复》，2004年9月29日由最高人民法院审判委员会第1327次会议通过了《最高人民法院关于审理建设工程施工合同纠纷案件适用法律问题的解释》（下文简称《解释》）。此批复和司法解释为我们解决一些特殊的建设工程合同纠纷提供了可供遵循的原则性规定。

12.7.1 解除建设工程施工合同问题

在合同履行过程中，由于一些条件的出现会导致合同当事人解除合同，《解释》中对于解除合同的条件及其法律后果在《合同法》的基础上作出了进一步的规定。

12.7.1.1 发包人请求解除合同的条件

承包人具有下列情形之一，发包人请求解除建设工程施工合同的，应予支持：
① 明确表示或者以行为表明不履行合同主要义务的；
② 合同约定的期限内没有完工，且在发包人催告的合理期限内仍未完工的；
③ 已经完成的建设工程质量不合格，并拒绝修复的；
④ 将承包的建设工程非法转包、违法分包的。

12.7.1.2 承包人请求解除合同的条件

发包人具有下列情形之一，致使承包人无法施工，且在催告的合理期限内仍未履行相应义务，承包人请求解除建设工程施工合同的，应予支持：

① 未按约定支付工程价款的；
② 提供的主要建筑材料、建筑构配件和设备不符合强制性标准的；
③ 不履行合同约定的协助义务的。

上述三种情形均属于发包人违约。因此，合同解除后，发包人还要承担违约责任。

12.7.1.3 合同解除后的法律后果

(1)《合同法》关于合同解除的相关法律规定

《合同法》第97条规定："合同解除后，尚未履行的，终止履行；已经履行的，根据履行情况和合同性质，当事人可以要求恢复原状、采取其他补救措施，并有权要求赔偿损失。"

《合同法》第98条规定："合同的权利义务终止，不影响合同中结算和清理条款的效力。"

(2)《解释》中关于合同解除的相关规定

《解释》第10条就合同解除问题规定如下：

① 建设工程施工合同解除后，已经完成的建设工程质量合格的，发包人应当按照约定支付相应的工程价款。

② 已经完成的建设工程质量不合格的，按照下列情况处理：

a. 修复后的建设工程经竣工验收合格，发包人请求承包人承担修复费用的，应予支持。

b. 修复后的建设工程经竣工验收不合格，承包人请求支付工程价款的，不予支持。因建设工程不合格造成的损失，发包人有过错的，也应承担相应的民事责任。

c. 因一方违约导致合同解除的，违约方应当赔偿因此而给对方造成的损失。

12.7.2 建设工程质量不符合约定的责任承担问题

导致工程质量不合格的原因很多，其中有发包人的原因，也有承包商的原因。其责任的承担应该根据具体的情况分别作出处理。

(1) 因承包商过错导致质量不符合约定的处理

《合同法》第281条规定："因施工人的原因致使建设工程质量不符合约定的，发包人有权要求施工人在合理期限内无偿修理或者返工、改建。经过修理或者返工、改建后，造成逾期交付的，施工人应当承担违约责任。"

《解释》第11条规定，因承包人的过错造成建设工程质量不符合约定，承包人拒绝修理、返工或者改建，发包人请求减少支付工程价款的，应予支持。

有的时候，承包商造成工程质量不合格的原因可能会触犯法律，例如偷工减料、擅自修改图纸等。如果其行为触犯了相关的法律，还将接受法律的制裁。

《建筑法》第74条规定："建筑施工企业在施工中偷工减料的，使用不合格的建筑材料、建筑构配件和设备的，或者有其他不按照工程设计图纸或者施工技术标准施工的行为的，责令改正，处以罚款；情节严重的，责令停业整顿，降低资质等级或者吊销资质证书；造成建设工程质量不符合规定的质量标准的，负责返工、修理，并赔偿因此造成的损失；构成犯罪的，依法追究刑事责任。"

(2) 因发包人过错导致质量不符合约定的处理

在实际工作中，经常出现建设单位违反规定，造成建设工程质量缺陷的情形。这些情形的出现，有的是源于过失，有的则是建设单位出于为自身谋取利益。

《解释》第12条规定，发包人具有下列情形之一，造成建设工程质量缺陷，应当承担过错责任：

① 提供的设计有缺陷；
② 提供或者指定购买的建筑材料、建筑构配件、设备不符合强制性标准；
③ 直接指定分包人分包专业工程。
承包人有过错的，也应当承担相应的过错责任。

(3) 发包人擅自使用后出现质量问题的处理

有的时候建设单位为了能够提前投入生产，在没有经过竣工验收的前提下就擅自使用了工程。由于工程质量问题都需要经过一段时间才能显现出来，所以，这种未经竣工验收就使用工程的行为往往就导致了其后的工程质量的纠纷。

《解释》第 13 条规定："建设工程未经竣工验收，发包人擅自使用后，又以使用部分质量不符合约定为由主张权利的，不予支持；但是承包人应当在建设工程的合理使用寿命内对地基基础工程和主体结构质量承担民事责任。"

(4) 对工程质量验收不合格的规定

《解释》第 16 条规定，建设工程施工合同有效，但建设工程经竣工验收不合格的，工程价款结算参照本解释第 3 条规定处理。也即：
① 修复后的建设工程经竣工验收合格，发包人请求承包人承担修复费用的，应予支持；
② 修复后的建设工程经竣工验收不合格，承包人请求支付工程价款的，不予支持。
因建设工程不合格造成的损失，发包人有过错的，也应承担相应的民事责任。

【案例12-3】 宿舍楼工程未经验收提前占据使用案

某钢铁厂将一幢职工宿舍楼的修建工程承包给 A 建筑公司，签订了一份建筑工程施工承包合同，对工期、质量、价款、结算等作了详细规定。合同签订后，施工顺利。在宿舍楼工程的二层内装修完毕后，该厂的员工就强行搬了进去，以后每装修完一层，就住进去一层。到工程完工时，此楼已全部被该厂员工所占用。这时，钢铁厂对宿舍楼进行验收，发现一、二层墙皮脱落，门窗开关使用不便等问题，要求施工单位返工。A 建筑公司遂对门窗进行了检修，但拒绝重新粉刷墙壁，于是钢铁厂拒付剩余的工程款。A 建筑公司便向法院起诉，要求钢铁厂付清剩余的工程款。

本案中的宿舍楼工程未经验收，钢铁厂员工便提前占据使用，其质量责任该如何承担？

《建筑法》《合同法》《建设工程质量管理条例》均规定，建设工程竣工经验收合格后，方可交付使用；未经验收或验收不合格的，不得交付使用。同时，《解释》第 13 条规定："建设工程未经竣工验收，发包人擅自使用后，又以使用部分质量不符合约定为由主张权利的，不予支持；但是承包人应当在建设工程的合理使用寿命内对地基基础工程和主体结构质量承担民事责任。"本案中的宿舍楼工程未经竣工验收，发包方即钢铁厂员工就擅自使用，且该工程没有地基基础工程和主体结构的质量问题。根据上述法律和司法解释的规定，钢铁厂应当对工程质量承担相应责任，并应当尽快支付剩余的工程款。

12.7.3 对竣工日期的争议问题

竣工日期可以分为合同中约定的竣工日期和实际竣工日期。合同中约定的竣工日期是指发包人和承包人在协议书中约定的承包人完成承包范围内工程的绝对或相对的日期。实际竣工日期是指承包人全面、适当履行了施工承包合同时的日期。合同中约定的竣工日期是发包人限定的竣工日期的底线,如果承包人超过了这个日期竣工就将为此承担违约责任。而实际竣工日期则是承包人可以全面主张合同中约定的权利的开始之日,如果该日期先于合同中约定的竣工日期,承包商可以因此获得奖励。

正是由于确定实际竣工日期涉及到发包人和承包人的利益,对于工程竣工日期的争议就时有发生。

我国《建设工程施工合同》(示范文本)第32.4款规定:工程竣工验收通过,承包人送交竣工验收报告的日期为实际竣工日期。工程按发包人要求修改后通过竣工验收的,实际竣工日期为承包人修改后提请发包人验收的日期。

但是在实际操作过程中却容易出现一些特殊的情形并最终导致关于竣工日期的争议的产生。这些情形主要表现在:

(1) 由于建设单位和施工单位对于工程质量是否符合合同约定产生争议而导致对竣工日期的争议

工程质量是否合格涉及到多方面因素,当事人双方很容易就其影响因素产生争议。而一旦产生争议,就需要权威部门来鉴定。鉴定结果如果不合格就不涉及到竣工日期的争议了,而如果鉴定结果是合格的,就涉及到以哪天作为竣工日期的问题了。承包商认为应该以提交竣工验收报告之日作为竣工日期,而建设单位则认为应该以鉴定合格之日为实际竣工日期。

对此,《解释》第15条规定,建设工程竣工前,当事人对工程质量发生争议,工程质量经鉴定合格的,鉴定期间为顺延工期期间。

从这个规定我们看到,应该以提交竣工验收报告之日为实际竣工日期。

(2) 由于发包人拖延验收而产生的对实际竣工日期的争议

有的时候由于主观的或者客观的原因,发包人没能按照约定的时间组织竣工验收。最后施工单位和建设单位就实际竣工之日产生了争议。

对此,《解释》第14条规定,建设工程经竣工验收合格的,以竣工验收合格之日为竣工日期。承包人已经提交竣工验收报告,发包人拖延验收的,以承包人提交验收报告之日为竣工日期。

(3) 由于发包人擅自使用工程而产生的对于实际竣工验收日期的争议

有的时候,建设单位为了能够提前使用工程而取消了竣工验收这道法律规定的程序。而这样的后果之一就是容易对实际竣工日期产生争议,因为没有提交的竣工验收报告和竣工验收试验可供参考。

对于这种情形,《解释》第14条同时做出了下面的规定,建设工程未经竣工验收,发包人擅自使用的,以转移占有建设工程之日为竣工日期。

12.7.4 对工程价款结算的争议问题

(1) 视为发包人认可承包人的单方结算价

《解释》规定,当事人约定,发包人收到竣工结算文件后,在约定期限内不予答复,视为认可竣工结算文件的,按照约定处理。承包人请求按照竣工结算文件结算工程价款的,应予支持。

(2) 对工程量有争议的工程款结算

《解释》规定,当事人对工程量有争议的,按照施工过程中形成的签证等书面文件确认。承包人能够证明发包人同意其施工,但未能提供签证文件证明工程量发生的,可以按照当事人提供的其他证据确认实际发生的工程量。

(3) 对计价方法或者计价标准的规定

《解释》第16条规定,当事人对建设工程的计价标准或者计价方法有约定的,按照约定结算工程价款。因设计变更导致建设工程的工程量或者质量标准发生变化,当事人对该部分工程价款不能协商一致的,可以参照签订建设工程施工合同时当地建设行政主管部门发布的计价方法或者计价标准结算工程价款。

(4) 欠付工程款的利息支付

发包人拖欠承包人工程款,不仅应当支付工程款本金,还应当支付工程款利息。

《解释》规定,当事人对欠付工程价款利息计付标准有约定的,按照约定处理;没有约定的,按照中国人民银行发布的同期同类贷款利率计息。利息从应付工程价款之日计付。当事人对付款时间没有约定或者约定不明的,下列时间视为应付款时间:①建设工程已实际交付的,为交付之日;②建设工程没有交付的,为提交竣工结算文件之日;③建设工程未交付,工程价款也未结算的,为当事人起诉之日。

(5) 工程垫资的处理

《解释》规定,当事人对垫资和垫资利息有约定,承包人请求按照约定返还垫资及其利息的,应予支持,但是约定的利息计算标准高于中国人民银行发布的同期同类贷款利率的部分除外。当事人对垫资没有约定的,按照工程欠款处理。当事人对垫资利息没有约定,承包人请求支付利息的,不予支持。

(6) 合同计价方式的规定

合同价有三种方式,即固定价、可调价和成本加酬金。由于工程建设的外部环境处于不断的变化之中,这些外部条件的变化就可能会使得施工单位的成本增加,导致承包商要求建设单位支付增加部分的成本。对于上面的三种计价方式,如果采用的是可调价合同或者成本加酬金合同,建设单位就应该在合同约定的范围内支付这笔款项。但是,如果采用的是固定价合同,则建设单位就不必为此支付。

《解释》第22条规定,当事人约定按照固定价结算工程价款,一方当事人请求对建设工程造价进行鉴定的,不予支持。

【案例12-4】 先行垫资施工案

某开发商在与某建筑公司商谈建筑工程施工合同时,要求该建筑公司必须先行垫资施工。该建筑公司为了获得签约,答应了开发商的要求,但对垫资作何处理没有做出特别约定。当工程按期如约完工后,该建筑公司要求开发商除支付工程款外,还应将先前的工程垫资按照借款处理,并支付相应的利息。

该建筑公司要求开发商将工程垫资按借款处理并支付相应的利息是否可以得到法律的支持?

《最高人民法院关于审理建设工程施工合同纠纷案件适用法律问题的解释》第6条规定："当事人对垫资和垫资利息有约定，承包人请求按照约定返还垫资及其利息的，应予支持，但是约定的利息计算标准高于中国人民银行发布的同期同类贷款利率的部分除外。当事人对垫资没有约定的，按照工程欠款处理。当事人对垫资利息没有约定，承包人请求支付利息的，不予支持。"依据上述规定，该建筑公司要求开发商支付工程垫资款的要求可以得到法律支持，但是对其按借款并支付相应利息的要求不符合司法解释的规定，不能得到法律的支持。

12.7.5 对工程量的争议问题

在工程款支付的过程中，确认完成的工程量是一个重要的环节。只有确认了完成的工程量，才能进行下一步的结算。

（1）对未经签证但事实上已经完成的工程量的确认

工程量的确认应以工程师的确认为依据，只有经过工程师确认的工程量才能进行工程款的结算，否则，即使施工单位完成了相应的工程量，也由于属于单方面变更合同内容而不能得到相应的工程款。

工程师的确认以签证为依据，也就是说只要工程师对于已完工程进行了签证，建设单位就要支付这部分工程量的工程款。但是，有的时候却存在另一种情形，工程师口头同意进行某项工程的修建，但是由于主观的或者客观的原因而没能及时提供签证。对于这部分工程量的确认就很容易引起纠纷。

我国《合同法》第36条规定："法律、行政法规规定或者当事人约定采用书面形式订立合同，当事人未采用书面形式但一方已经履行主要义务，对方接受的，该合同成立。"

依据这个条款，《解释》第19条规定："当事人对工程量有争议的，按照施工过程中形成的签证等书面文件确认。承包人能够证明发包人同意其施工，但未能提供签证文件证明工程量发生的，可以按照当事人提供的其他证据确认实际发生的工程量。"

（2）对于确认工程量的时间的纠纷

如果建设单位迟迟不确认施工单位完成的工程量，就会导致施工单位不能及时得到工程款，这样就损害了施工单位的利益。

为了保护合同当事人的合法权益，《解释》第20条规定："当事人约定，发包人收到竣工结算文件后，在约定期限内不予答复，视为认可竣工结算文件的，按照约定处理。承包人请求按照竣工结算文件结算工程价款的，应予支持。"这与《建筑工程施工发包与承包计价管理办法》的规定也是一致的。

12.7.6 建设工程价款优先受偿权问题

《合同法》第286条规定，发包人未按照约定支付价款的，承包人可以催告发包人在合理期限内支付价款。发包人逾期不支付的，除按照建设工程的性质不宜折价、拍卖的以外，承包人可以与发包人协议将该工程折价，也可以申请人民法院将该工程依法拍卖。建设工程的价款就该工程折价或者拍卖的价款优先受偿。

《最高人民法院关于建设工程价款优先受偿权问题的批复》中规定：

① 人民法院在审理房地产纠纷案件和办理执行案件中，应当依照《合同法》第286条

的规定，认定建筑工程的承包人的优先受偿权优于抵押权和其他债权。

② 消费者交付购买商品房的全部或者大部分款项后，承包人就该商品房享有的工程价款优先受偿权不得对抗买受人。

③ 建筑工程价款包括承包人为建设工程应当支付的工作人员报酬、材料款等实际支出的费用，不包括承包人因发包人违约所造成的损失。

④ 建设工程承包人行使优先权的期限为6个月，自建设工程竣工之日或者建设工程合同约定的竣工之日起计算。

【案例12-5】 拒付工程价款案

某建筑公司承包了某房地产开发公司开发的商品房建设工程，并签订了施工合同，就工程价款、竣工日期等作了详细约定。该工程如期完成并经验收合格，但房地产开发公司尚欠建筑公司工程款1250万元。经建筑公司多次催要无果，便将房地产开发公司起诉至法院。在诉讼中，房地产开发公司以还欠另一公司的债务为由，拒绝支付其尚欠的工程价款。

(1) 房地产开发公司不向建筑公司支付工程价款的理由是否成立？
(2) 建筑公司应当在什么时限内向法院提起诉讼？

(1) 房地产开发公司不向建筑公司支付工程价款的理由不能成立。

我国《合同法》第286条规定："发包人未按照约定支付价款的，承包人可以催告发包人在合理期限内支付价款。发包人逾期不支付的，除按照建设工程的性质不宜折价、拍卖的以外，承包人可以与发包人协议将该工程折价，也可以申请人民法院将该工程依法拍卖。建设工程的价款就该工程折价或者拍卖的价款优先受偿。"

《最高人民法院关于建设工程价款优先受偿权问题的批复》第1条规定："人民法院在审理房地产纠纷案件和办理执行案件中，应当依照《中华人民共和国合同法》第286条的规定，认定建筑工程的承包人的优先受偿权优于抵押权和其他债权。"

依据上述规定，房地产开发公司以欠另一公司债务而不向建筑公司支付工程价款的理由不能成立，本案中建筑公司的工程款应当优先于第三方的债权。

(2)《最高人民法院关于建设工程价款优先受偿权问题的批复》第4条规定："建设工程承包人行使优先权的期限为六个月，自建设工程竣工之日或者建设工程合同约定的竣工之日起计算。"据此，建筑公司应当在建设工程竣工之日或者建设工程合同约定的竣工之日起6个月内向人民法院提起诉讼。如果过了这个时限，该建筑公司将失去建设工程价款的优先受偿权。

复习思考题

一、单项选择题

1. 下列不属于民事纠纷的是(　　)。

A. 张某因不服乡政府对其违法占道晾晒粮食的罚款而发生的纠纷

B. 因房屋的质量问题引起的纠纷

C. 因借贷引起的纠纷

D. 因交通事故引起的赔偿纠纷

2. 建设工程纠纷一般不宜采用的解决方式是(　　　)。

A. 和解　　　　　　　B. 调解

C. 仲裁　　　　　　　D. 诉讼

3. 不能作为承包人解除建设工程施工合同的特定情形的是(　　　)。

A. 发包人提供的主要建筑材料、建筑构配件和设备不符合强制性标准的

B. 发包人未按约定支付工程价款的

C. 发包人变更工程设计,而未及时通知承包人的

D. 发包人不履行合同约定的协助义务的

4. 建设单位以工程质量不合格为由,拒绝支付工程款,施工单位诉至人民法院。向人民法院提交的下列资料中,不属于证据的是(　　　)。

A. 工程质量检测机构出具的鉴定报告

B. 建设单位职工的书面证明材料

C. 建设单位与施工单位签订的施工合同

D. 建设单位提交的答辩状

5. 下列关于解决建设工程合同纠纷方式的说法中,正确的是(　　　)。

A. 对仲裁裁决不服可以再向人民法院起诉

B. 协商是解决纠纷的重要方式,和解协议具有强制执行的效力

C. 当事人可以通过调解程序解决合同争议

D. 对法院一审判决不服,可向仲裁机构申请仲裁

6. 甲公司与乙公司的监理合同纠纷一案,由某仲裁委员会开庭审理。开庭当天,接到开庭通知书的被申请人乙无正当理由拒不到庭,则仲裁庭可以(　　　)。

A. 撤销案件　　　　　　　B. 中止审理

C. 终结审理　　　　　　　D. 缺席裁决

7. 建设行政管理部门对建设工程合同争议进行调解,施工单位不服,施工单位可以采取的行为是(　　　)。

A. 申请行政复议或提起行政诉讼　　　B. 申请仲裁或提起民事诉讼

C. 申请行政复议后提起行政诉讼　　　D. 申请仲裁后提起民事诉讼

二、多项选择题

1. 建设单位因监理单位未按监理合同履行义务而受到损失,欲提起诉讼,则必须满足的条件有(　　　)。

A. 有具体的诉讼请求　　　　　　B. 有事实和理由

C. 有充分的证据　　　　　　　　D. 没有超过诉讼时效期间

E. 属于受诉法院管辖

2. 下列关于先予执行的条件,正确的有(　　　)。

A. 当事人之间权利义务关系明确　　B. 申请人有实现权利的迫切需要

C. 人民法院依职权适用 D. 被申请人有履行能力
E. 在提起诉讼之前

3. 根据《仲裁法》，在下列纠纷中，当事人可以申请仲裁的有（   ）。
A. 孙某与某建设集团公司之间的劳动争议
B. 张某与村民委员会之间土地承包经营合同纠纷
C. 王某的房屋被李某倒车时撞坏的侵权纠纷
D. 王某与其家人的遗产纠纷
E. 甲乙之间的运输合同纠纷

4. 关于仲裁协议的说法，正确的有（   ）。
A. 仲裁协议应当是书面形式
B. 仲裁协议可以是口头订立的，但需双方认可
C. 仲裁协议必须在争议发生前达成
D. 没有仲裁协议，也就无法进行仲裁
E. 仲裁协议排除了人民法院对合同争议的管辖权

5. 仲裁过程中的调解是双方解除纠纷的有效办法。关于仲裁过程中的调解，以下说法错误的有（   ）。
A. 仲裁庭在作出裁决前，必须先行调解
B. 调解不成的，应当及时作出裁决
C. 调解达成协议的，仲裁庭只能制作调解书而不能制作裁决书
D. 调解书不具备执行力
E. 在调解书签收前当事人反悔的，仲裁庭应当及时作出裁决

6. 根据《仲裁法》，仲裁裁决可能被撤销的情形有（   ）。
A. 裁决的事项超出仲裁协议预定的范围 B. 依据伪造的证据作出的裁决
C. 双方当事人均对裁决不服 D. 重大案件适用了独任庭审理
E. 没有仲裁协议

7. 可以提起行政复议的事项包括（   ）。
A. 行政处罚 B. 行政强制措施
C. 行政许可 D. 行政处分
E. 行政机关对民事纠纷作出的调解

三、简答题

1. 解决建设工程合同纠纷的途径有哪些？
2. 作为法律概念的调解，有哪些类型？
3. 简述仲裁的范围、特点和原则。
4. 仲裁协议的法律效力表现在哪些方面？
5. 简述仲裁的程序。
6. 法律规定应当撤销仲裁裁决的情形有哪些？
7. 民事诉讼有哪些特点？
8. 对于民事诉讼的管辖，法律是如何规定的？
9. 简述第一审普通程序。

10. 行政复议的范围有哪些？行政复议要遵照什么样的程序？
11. 什么情况下适用行政诉讼？行政诉讼要遵照什么样的程序？
12. 简述民事诉讼中的举证责任。
13. 证据有哪些种类？
14. 简述建设工程施工合同纠纷案件的相关司法解释。

第 12 章答案与解析

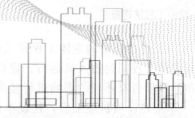

第13章 有关工程建设的其他法规知识

 教学目标

通过本章学习，使学生熟悉环境影响评价制度；掌握环境保护"三同时"制度；熟悉水污染、大气污染、固体废物污染和环境噪声污染防治法律制度；掌握建筑节能法律制度；熟悉劳动合同法律制度和劳动保护法律制度；熟悉文物保护法律制度。能够正确运用环境保护、节约能源、劳动合同和劳动保护等法律法规的基本知识解决工程建设过程中的相关法律问题，依法从事工程建设活动。

13.1 环境保护法规中与工程建设相关的内容

环境保护是我国一项基本国策。建设项目由于既要消耗大量的自然资源，又要向自然界排放大量的废水、废气、废渣以及产生噪声等，是造成环境问题的主要根源之一。因此，加强项目建设的环境保护管理，是整个环境保护工作的基础和重点。

目前我国制定的与环境保护有关的法律法规有：《中华人民共和国环境保护法》（2014年修订）；《中华人民共和国环境影响评价法》（2016年修订）；《中华人民共和国水污染防治法》（2017年修订）；《中华人民共和国大气污染防治法》（2015年修订）；《中华人民共和国环境噪声污染防治法》（1996年发布）；《中华人民共和国固体废物污染防治法》（2016年修订）；《建设项目环境保护管理条例》（2017年修订）等。由于工程建设与环境保护息息相关，所以，工程建设从业人员应当熟悉上述这些法律法规中与工程建设相关的内容。

13.1.1 环境保护"三同时"制度

所谓环境保护"三同时"制度，是指建设项目需要配套建设的环境保护设施，必须与主体工程同时设计、同时施工、同时投产使用。

2014年4月经修订后公布的《中华人民共和国环境保护法》第41条规定，建设项目中防治污染的设施，应当与主体工程同时设计、同时施工、同时投产使用。防治污染的设施应当符合经批准的环境影响评价文件的要求，不得擅自拆除或者闲置。

《建设项目环境保护管理条例》在第三章"环境保护设施建设"中，对环境保护"三同时"制度进行了详细规定：

① 建设项目的初步设计，应当按照环境保护设计规范的要求，编制环境保护篇章，并依据经批准的建设项目环境影响报告书或者环境影响报告表，在环境保护篇章中落实防治环境污染和生态破坏的措施以及环境保护设施投资概算。

② 建设项目的主体工程完工后，需要进行试生产的，其配套建设的环境保护设施必须与主体工程同时投入试运行。建设项目试生产期间，建设单位应当对环境保护设施运行情况和建设项目对环境的影响进行监测。

③ 建设项目竣工后，建设单位应当向审批环境影响评价文件的环境保护行政主管部门申请该建设项目需要配套建设的环境保护设施竣工验收。环境保护设施竣工验收，应当与主体工程竣工验收同时进行。

④ 需要进行试生产的建设项目，建设单位应当自建设项目投入试生产之日起3个月内，向审批环境影响评价文件的环境保护行政主管部门申请该建设项目需要配套建设的环境保护设施竣工验收。

环境保护行政主管部门应当自收到环境保护设施竣工验收申请之日起30日内，完成验收。建设项目需要配套建设的环境保护设施经验收合格，该建设项目方可正式投入生产或者使用。

⑤ 分期建设、分期投入生产或者使用的建设项目，其相应的环境保护设施应当分期验收。

13.1.2 环境噪声污染防治法律制度

环境噪声，是指在工业生产、建筑施工、交通运输和社会生活中所产生的干扰周围生活环境的声音。环境噪声污染，则是指产生的环境噪声超过国家规定的环境噪声排放标准，并干扰他人正常生活、工作和学习的现象。

在工程建设领域，环境噪声污染的防治主要包括两个方面：一是施工现场环境噪声污染的防治；二是建设项目环境噪声污染的防治。前者主要解决建设工程施工过程中产生的施工噪声污染问题，后者则是要解决建设项目建成后使用过程中可能产生的环境噪声污染问题。

（1）施工现场环境噪声污染的防治

施工噪声，是指在建设工程施工过程中产生的干扰周围生活环境的声音。随着城市化的持续发展和大规模的工程建设，施工噪声污染问题日益突出，尤其是在城市中心地区施工所产生的噪声污染，不仅影响周围居民的正常生活，还损害城市的环境形象。施工单位与周边居民因噪声引发的纠纷时有发生，群众投诉也日渐增多。因此，依法加强施工现场噪声管理、有效防治施工噪声污染是非常必要的。

① 建筑施工场界环境噪声排放标准的规定。《中华人民共和国环境噪声污染防治法》（简称《环境噪声污染防治法》）规定，在城市市区范围内向周围生活环境排放建筑施工噪声的，应当符合国家规定的建筑施工场界环境噪声排放标准。

建筑施工噪声，是指建筑施工过程中产生的干扰周围生活环境的声音；建筑施工场界，是指由有关主管部门批准的建筑施工场地边界或建筑施工过程中实际使用的施工场地边界。按照《建筑施工场界环境噪声排放标准》GB 12523—2011 的规定，建筑施工过程中场界环境噪声不得超过规定的排放限值。建筑施工场界环境噪声排放限值，昼间70dB（A），夜间55dB（A）。夜间噪声最大声级超过限值的幅度不得高于15dB（A）。"昼间"是指 6：00 至 22：00 之间的时段；"夜间"是指 22：00 至次日 6：00 之间的时段。县级以上人民政府为环境噪声污染防治的需要（如考虑时差、作息习惯差异等）而对昼间、夜间的划分另有规定的，应按其规定执行。

dB 是英文 decibel（分贝）的缩写，是噪声强度的单位。（A）是指频率加权特性为 A，A 计权声级是目前世界上噪声测量中应用最广泛的一种。

② 使用机械设备可能产生环境噪声污染须申报的规定。《环境噪声污染防治法》规定，

在城市市区范围内，建筑施工过程中使用机械设备，可能产生环境噪声污染的，施工单位必须在工程开工 15 日以前向工程所在地县级以上地方人民政府环境保护行政主管部门申报该工程的项目名称、施工场所和期限、可能产生的环境噪声值以及所采取的环境噪声污染防治措施的情况。

国家对环境噪声污染严重的落后设备实行淘汰制度。国务院经济综合主管部门应当会同国务院有关部门公布限期禁止生产、禁止销售、禁止进口的环境噪声污染严重的设备名录。

③ 禁止夜间进行产生环境噪声污染施工作业的规定。《环境噪声污染防治法》规定，在城市市区噪声敏感建筑物集中区域内，禁止夜间进行产生环境噪声污染的建筑施工作业，但抢修、抢险作业和因生产工艺上要求或者特殊需要必须连续作业的除外。因特殊需要必须连续作业的，必须有县级以上人民政府或者其有关主管部门的证明。以上规定的夜间作业，必须公告附近居民。

所谓噪声敏感建筑物集中区域，是指医疗区、文教科研区和以机关或者居民住宅为主的区域。所谓噪声敏感建筑物，是指医院、学校、机关、科研单位、住宅等需要保持安静的建筑物。

④ 政府监管部门现场检查的规定。《环境噪声污染防治法》规定，县级以上人民政府环境保护行政主管部门和其他环境噪声污染防治工作的监督管理部门、机构，有权依据各自的职责对管辖范围内排放环境噪声的单位进行现场检查。

被检查的单位必须如实反映情况，并提供必要的资料。检查部门、机构应当为被检查的单位保守技术秘密和业务秘密。检查人员进行现场检查，应当出示证件。

(2) 建设项目环境噪声污染的防治

城市道桥、铁路（包括轻轨）、工业厂房等建设项目，在建成后的使用过程中可能会对周围环境产生噪声污染。因此，建设单位在建设前期就须依法规定防治措施，并同步建设环境噪声污染防治设施。

《环境噪声污染防治法》规定，新建、改建、扩建的建设项目可能产生环境噪声污染的，建设单位必须提出环境影响报告书，规定环境噪声污染的防治措施，并报环境保护行政主管部门批准。环境影响报告书中，应当有该建设项目所在地单位和居民的意见。

建设项目的环境噪声污染防治设施必须与主体工程同时设计、同时施工、同时投产使用。例如，建设经过已有的噪声敏感建筑物集中区域的高速公路和城市高架、轻轨道路，有可能造成环境噪声污染的，应当设置声屏障或者采取其他有效的控制环境噪声污染的措施；在已有的城市交通干线的两侧建设噪声敏感建筑物的，建设单位应当按照国家规定间隔一定距离，并采取减轻、避免交通噪声影响的措施等。

建设项目在投入生产或者使用之前，其环境噪声污染防治设施必须经原审批环境影响报告书的环境保护行政主管部门验收；达不到国家规定要求的，该建设项目不得投入生产或者使用。

(3) 交通运输噪声污染的防治

所谓交通运输噪声，是指机动车辆、铁路机车、机动船舶、航空器等交通运输工具在运行时所产生的干扰周围生活环境的声音。由于建设工程施工有着大量的运输任务，不可避免地还会产生交通运输噪声。

《环境噪声污染防治法》规定，在城市市区范围内行驶的机动车辆的消声器和喇叭必须符合国家规定的要求。机动车辆必须加强维修和保养，保持技术性能良好，防治环境噪声污染。

警车、消防车、工程抢险车、救护车等机动车辆安装、使用警报器，必须符合国务院公安部门的规定；在执行非紧急任务时，禁止使用警报器。

（4）对产生环境噪声污染企业事业单位的规定

《环境噪声污染防治法》规定，产生环境噪声污染的企业事业单位，必须保持防治环境噪声污染的设施的正常使用；拆除或者闲置环境噪声污染防治设施的，必须事先报经所在地的县级以上地方人民政府环境保护行政主管部门批准。

产生环境噪声污染的单位，应当采取措施进行治理，并按照国家规定缴纳超标准排污费。征收的超标准排污费必须用于污染的防治，不得挪作他用。

对于在噪声敏感建筑物集中区域内造成严重环境噪声污染的企业事业单位，限期治理。被限期治理的单位必须按期完成治理任务。

13.1.3 水污染防治法律制度

水污染，是指水体因某种物质的介入，而导致其化学、物理、生物或者放射性等方面特性的改变，从而影响水的有效利用，危害人体健康或者破坏生态环境，造成水质恶化的现象。水污染防治包括江河、湖泊、运河、渠道、水库等地表水体以及地下水体的污染防治。

2017年6月经修订后发布的《中华人民共和国水污染防治法》（简称《水污染防治法》）规定，水污染防治应当坚持预防为主、防治结合、综合治理的原则，优先保护饮用水水源，严格控制工业污染、城镇生活污染，防治农业面源污染，积极推进生态治理工程建设，预防、控制和减少水环境污染和生态破坏。

（1）建设项目水污染的防治

《水污染防治法》规定，新建、改建、扩建直接或者间接向水体排放污染物的建设项目和其他水上设施，应当依法进行环境影响评价。

建设单位在江河、湖泊新建、改建、扩建排污口的，应当取得水行政主管部门或者流域管理机构同意；涉及通航、渔业水域的，环境保护主管部门在审批环境影响评价文件时，应当征求交通、渔业主管部门的意见。

建设项目的水污染防治设施，应当与主体工程同时设计、同时施工、同时投入使用。水污染防治设施应当经过环境保护主管部门验收，验收不合格的，该建设项目不得投入生产或者使用。

禁止在饮用水水源一级保护区内新建、改建、扩建与供水设施和保护水源无关的建设项目；已建成的与供水设施和保护水源无关的建设项目，由县级以上人民政府责令拆除或者关闭。

禁止在饮用水水源二级保护区内新建、改建、扩建排放污染物的建设项目；已建成的排放污染物的建设项目，由县级以上人民政府责令拆除或者关闭。

禁止在饮用水水源准保护区内新建、扩建对水体污染严重的建设项目；改建建设项目，不得增加排污量。

（2）施工现场水污染的防治

《水污染防治法》规定，排放水污染物，不得超过国家或者地方规定的水污染物排放标准和重点水污染物排放总量控制指标。直接或者间接向水体排放污染物的企业事业单位和个体工商户，应当按照国务院环境保护主管部门的规定，向县级以上地方人民政府环境保护主管部门申报登记拥有的水污染物排放设施、处理设施和在正常作业条件下排放水污染物的种类、数量和浓度，并提供防治水污染方面的有关技术资料。

① 禁止向水体排放油类、酸液、碱液或者剧毒废液。禁止在水体清洗装贮过油类或者有毒污染物的车辆和容器。禁止向水体排放、倾倒放射性固体废物或者含有高放射性和中放

射性物质的废水。向水体排放含低放射性物质的废水，应当符合国家有关放射性污染防治的规定和标准。

② 禁止向水体排放、倾倒工业废渣、城镇垃圾和其他废弃物。禁止将含有汞、镉、砷、铬、铅、氰化物、黄磷等的可溶性剧毒废渣向水体排放、倾倒或者直接埋入地下。存放可溶性剧毒废渣的场所，应当采取防水、防渗漏、防流失的措施。禁止在江河、湖泊、运河、渠道、水库最高水位线以下的滩地和岸坡堆放、存贮固体废弃物和其他污染物。

③ 在饮用水水源保护区内，禁止设置排污口。在风景名胜区水体、重要渔业水体和其他具有特殊经济文化价值的水体的保护区内，不得新建排污口。在保护区附近新建排污口，应当保证保护区水体不受污染。

④ 禁止利用渗井、渗坑、裂隙和溶洞排放、倾倒含有毒污染物的废水、含病原体的污水和其他废弃物。禁止利用无防渗漏措施的沟渠、坑塘等输送或者存贮含有毒污染物的废水、含病原体的污水和其他废弃物。

⑤ 兴建地下工程设施或者进行地下勘探、采矿等活动，应当采取防护性措施，防止地下水污染。人工回灌补给地下水，不得恶化地下水质。

13.1.4 大气污染防治法律制度

大气污染，是指有害物质进入大气，对人类和生物造成危害的现象。如果对它不加以控制和防治，将严重破坏生态系统和人类生存条件。

2018年10月经修订后发布的《中华人民共和国大气污染防治法》（简称《大气污染防治法》）规定，防治大气污染，应当以改善大气环境质量为目标，坚持源头治理，规划先行，转变经济发展方式，优化产业结构和布局，调整能源结构。

在建设工程施工现场的大气污染防治，重点是防治扬尘污染。

(1) 政府和有关部门的职责

① 地方各级人民政府应当加强对建设施工和运输的管理，保持道路清洁，控制料堆和渣土堆放，扩大绿地、水面、湿地和地面铺装面积，防治扬尘污染。

② 城市人民政府应当加强道路、广场、停车场和其他公共场所的清扫保洁管理，推行清洁动力机械化清扫等低尘作业方式，防治扬尘污染。

③ 住房城乡建设、市容环境卫生、交通运输、国土资源等有关部门，应当根据本级人民政府确定的职责，做好扬尘污染防治工作。

④ 市政河道以及河道沿线、公共用地的裸露地面以及其他城镇裸露地面，有关部门应当按照规划组织实施绿化或者透水铺装。

(2) 建设单位的职责

① 建设单位应当将防治扬尘污染的费用列入工程造价，并在施工承包合同中明确施工单位扬尘污染防治责任。施工单位应当制定具体的施工扬尘污染防治实施方案。

② 暂时不能开工的建设用地，建设单位应当对裸露地面进行覆盖；超过三个月的，应当进行绿化、铺装或者遮盖。

(3) 施工单位的职责

① 从事房屋建筑、市政基础设施建设、河道整治以及建筑物拆除等施工单位，应当向负责监督管理扬尘污染防治的主管部门备案。

② 施工单位应当在施工工地设置硬质围挡，并采取覆盖、分段作业、择时施工、洒水抑尘、冲洗地面和车辆等有效防尘降尘措施。建筑土方、工程渣土、建筑垃圾应当及时清运；在场地内堆存的，应当采用密闭式防尘网遮盖。工程渣土、建筑垃圾应当进行资源化

处理。

施工单位应当在施工工地公示扬尘污染防治措施、负责人、扬尘监督管理主管部门等信息。

(4) 运输车辆及贮存部门的职责

① 运输煤炭、垃圾、渣土、砂石、土方、灰浆等散装、流体物料的车辆应当采取密闭或者其他措施防止物料遗撒造成扬尘污染，并按照规定路线行驶。

装卸物料应当采取密闭或者喷淋等方式防治扬尘污染。

② 贮存煤炭、煤矸石、煤渣、煤灰、水泥、石灰、石膏、砂土等易产生扬尘的物料应当密闭；不能密闭，应当设置不低于堆放物高度的严密围挡，并采取有效覆盖措施防治扬尘污染。

码头、矿山、填埋场和消纳场应当实施分区作业，并采取有效措施防治扬尘污染。

13.1.5 固体废物污染防治法律制度

固体废物，是指在生产、生活和其他活动中产生的丧失原有利用价值或者虽未丧失利用价值但被抛弃或者放弃的固态、半固态和置于容器中的气态的物品、物质以及法律、行政法规规定纳入固体废物管理的物品、物质。固体废物污染环境，是指固体废物在产生、收集、贮存、运输、利用、处置的过程中产生的危害环境的现象。

经第4次修订后的《中华人民共和国固体废物污染环境防治法》（2016年11月，简称《固体废物污染环境防治法》）规定，国家对固体废物污染环境的防治，实行减少固体废物的产生量和危害性、充分合理利用固体废物和无害化处置固体废物的原则，促进清洁生产和循环经济发展。国家采取有利于固体废物综合利用活动的经济、技术政策和措施，对固体废物实行充分回收和合理利用。国家鼓励、支持采取有利于保护环境的集中处置固体废物的措施，促进固体废物污染环境防治产业发展。

(1) 建设项目固体废物污染环境的防治

《固体废物污染环境防治法》规定，建设产生固体废物的项目以及建设贮存、利用、处置固体废物的项目，必须依法进行环境影响评价，并遵守国家有关建设项目环境保护管理的规定。

建设项目的环境影响评价文件确定需要配套建设的固体废物污染环境防治设施，必须与主体工程同时设计、同时施工、同时投入使用。固体废物污染环境防治设施必须经原审批环境影响评价文件的环境保护行政主管部门验收合格后，该建设项目方可投入生产或者使用。对固体废物污染环境防治设施的验收应当与对主体工程的验收同时进行。

在国务院和国务院有关主管部门及省、自治区、直辖市人民政府划定的自然保护区、风景名胜区、饮用水水源保护区、基本农田保护区和其他需要特别保护的区域内，禁止建设工业固体废物集中贮存、处置的设施、场所和生活垃圾填埋场。

(2) 施工现场固体废物污染环境的防治

施工现场的固体废物主要是建筑垃圾和生活垃圾。固体废物又分为一般固体废物和危险废物。所谓危险废物，是指列入国家危险废物名录或者根据国家规定的危险废物鉴别标准和鉴别方法认定的具有危险特性的固体废物。

① 一般固体废物污染环境的防治。《固体废物污染环境防治法》规定，产生固体废物的单位和个人，应当采取措施，防止或者减少固体废物对环境的污染。

收集、贮存、运输、利用、处置固体废物的单位和个人，必须采取防扬散、防流失、防渗漏或者其他防止污染环境的措施；不得擅自倾倒、堆放、丢弃、遗撒固体废物。禁止任何单位或者个人向江河、湖泊、运河、渠道、水库及其最高水位线以下的滩地和岸坡等法律、法规规定禁止倾倒、堆放废弃物的地点倾倒、堆放固体废物。

转移固体废物出省、自治区、直辖市行政区域贮存、处置的，应当向固体废物移出地的省、自治区、直辖市人民政府环境保护行政主管部门提出申请。移出地的省、自治区、直辖市人民政府环境保护行政主管部门应当商经接受地的省、自治区、直辖市人民政府环境保护行政主管部门同意后，方可批准转移该固体废物出省、自治区、直辖市行政区域。未经批准的，不得转移。

工程施工单位应当及时清运工程施工过程中产生的固体废物，并按照环境卫生行政主管部门的规定进行利用或者处置。

② 危险废物污染环境防治的特别规定。对危险废物的容器和包装物以及收集、贮存、运输、处置危险废物的设施、场所，必须设置危险废物识别标志。以填埋方式处置危险废物不符合国务院环境保护行政主管部门规定的，应当缴纳危险废物排污费。危险废物排污费用于污染环境的防治，不得挪作他用。

禁止将危险废物提供或者委托给无经营许可证的单位从事收集、贮存、利用、处置的经营活动。运输危险废物，必须采取防止污染环境的措施，并遵守国家有关危险货物运输管理的规定。禁止将危险废物与旅客在同一运输工具上载运。

收集、贮存、运输、处置危险废物的场所、设施、设备和容器、包装物及其他物品转作他用时，必须经过消除污染的处理，方可使用。

产生、收集、贮存、运输、利用、处置危险废物的单位，应当制定意外事故的防范措施和应急预案，并向所在地县级以上地方人民政府环境保护行政主管部门备案；环境保护行政主管部门应当进行检查。因发生事故或者其他突发性事件，造成危险废物严重污染环境的单位，必须立即采取措施消除或者减轻对环境的污染危害，及时通报可能受到污染危害的单位和居民，并向所在地县级以上地方人民政府环境保护行政主管部门和有关部门报告，接受调查处理。

③ 施工现场固体废物的减量化和回收再利用。原建设部《绿色施工导则》规定，制定建筑垃圾减量化计划，如住宅建筑，每万平方米的建筑垃圾不宜超过 400 吨。

加强建筑垃圾的回收再利用，力争建筑垃圾的再利用和回收率达到 30%，建筑物拆除产生的废弃物的再利用和回收率大于 40%。对于碎石类、土石方类建筑垃圾，可采用地基填埋、铺路等方式提高再利用率，力争再利用率大于 50%。施工现场生活区设置封闭式垃圾容器，施工场地生活垃圾实行袋装化，及时清运。对建筑垃圾进行分类，并收集到现场封闭式垃圾站，集中运出。

13.1.6 环境保护违法行为应承担的法律责任

违反环境保护相关法律法规，则要承担法律责任。法律责任有责令改正，罚款，没收违法所得，停业整治，吊销经营许可证等行政处罚；构成犯罪的，还要追究刑事责任。因篇幅关系，这里不再一一赘述。详见《环境保护法》《环境噪声污染防治法》《固体废物污染环境防治法》《水污染防治法》《大气污染防治法》等法律法规。

13.2 节约能源法规中与工程建设相关的内容

节约资源是我国的基本国策。国家实施节约与开发并举、把节约放在首位的能源发展战略。

为了推进全社会节约能源，提高能源利用效率和经济效益，保护环境，保障国民经济和社会的发展，满足人民生活需要，我国于 1997 年 11 月 1 日发布了《中华人民共和国节约能源法》（简称《节约能源法》）。2007 年 10 月 28 日第十届全国人民代表大会常务委员会第三十次会议第 1 次修订，2016 年 7 月 2 日第十二届全国人民代表大会常务委员会第二十一次会议第 2 次修订，2018 年 10 月 26 日第十三届全国人民代表大会常务委员会第六次会议第 3 次修订。

13.2.1 建设工程项目的节能制度

（1）节能的产业政策

国家实行有利于节能和环境保护的产业政策，限制发展高耗能、高污染行业，发展节能环保型产业。国家对落后的生产能力，以及落后的耗能过高的用能产品、设备和生产工艺实行淘汰制度。禁止生产、进口、销售国家明令淘汰或者不符合强制性能源效率的用能产品、设备；禁止使用国家明令淘汰的用能设备、生产工艺。

国家鼓励、支持开发和利用新能源、可再生能源。国家鼓励企业制定严于国家标准、行业标准的企业节能标准。

（2）国家实行固定资产投资项目节能评估和审查制度

《节约能源法》规定，国家实行固定资产投资项目节能评估和审查制度。不符合强制性节能标准的项目，建设单位不得开工建设；已经建成的，不得投入生产、使用。政府投资项目不符合强制性节能标准的，依法负责项目审批的机关不得批准建设。

国家鼓励和扶持在新建建筑和既有建筑节能改造中使用新型墙体材料等节能建筑材料和节能设备，安装和使用太阳能等可再生能源利用系统。

（3）用能单位的法定义务

① 用能单位应当按照合理用能的原则，加强节能管理，制订并实施节能计划和节能技术措施，降低能源消耗。

② 用能单位应当建立节能目标责任制，对节能工作取得成绩的集体、个人给予奖励。

③ 用能单位应当定期开展节能教育和岗位节能培训，加强能源计量管理，按照规定配备和使用经依法检定合格的能源计量器具，建立能源消费统计和能源利用状况分析制度，对各类能源的消费实行分类计量和统计，并确保能源消费统计数据真实、完整。

④ 能源生产经营单位不得向本单位职工无偿提供能源。任何单位不得对能源消费实行包费制。

13.2.2 新建建筑和既有建筑的节能规定

13.2.2.1 新建建筑节能的规定

（1）节能材料与设备的使用

国家推广使用民用建筑节能的新技术、新工艺、新材料和新设备，限制使用或者禁止使用能源消耗高的技术、工艺、材料和设备。国务院节能工作主管部门、建设主管部门应当制定、公布并及时更新推广使用、限制使用、禁止使用目录。

国家限制进口或者禁止进口能源消耗高的技术、材料和设备。

建设单位、设计单位、施工单位不得在建筑活动中使用列入禁止使用目录的技术、工艺、材料和设备。

（2）建筑节能主体的节能义务

① 城乡规划主管部门与建设主管部门的节能义务。编制城市详细规划、镇详细规划，应当按照民用建筑节能的要求，确定建筑的布局、形状和朝向。城乡规划主管部门依法对民用建筑进行规划审查，对不符合民用建筑节能强制性标准的，不得颁发建设工程规划许可证。

不符合建筑节能标准的建筑工程，建设主管部门不得批准开工建设；已经开工建设的，应当责令停止施工、限期改正；已经建成的，不得销售或者使用。

② 施工图审查机构的节能义务。施工图设计文件审查机构应当按照民用建筑节能强制性标准对施工图设计文件进行审查；经审查不符合民用建筑节能强制性标准的，县级以上地方人民政府建设主管部门不得颁发施工许可证。

③ 建设单位的节能义务。建设单位不得明示或者暗示设计单位、施工单位违反民用建筑节能强制性标准进行设计、施工，不得明示或者暗示施工单位使用不符施工图设计文件要求的墙体材料、保温材料、门窗、采暖制冷系统和照明设备。

按照合同约定由建设单位采购墙体材料、保温材料、门窗、采暖制冷系统和照明设备的，建设单位应当保证其符合施工图设计文件要求。

建设单位组织竣工验收，应当对民用建筑是否符合民用建筑节能强制性标准进行查验；对不符合民用建筑节能强制性标准的，不得出具竣工验收合格报告。

房地产开发企业在销售房屋时，应当向购买人明示所售商品房的节能措施、保温工程保修期等信息，并在商品房买卖合同、质量保证书、使用说明书中载明，并对其真实性、准确性负责。

④ 设计单位、施工单位、工程监理单位的节能义务。设计单位、施工单位、工程监理单位及其注册执业人员，应当按照民用建筑节能强制性标准进行设计、施工、监理。

施工单位应当对进入施工现场的墙体材料、保温材料、门窗、采暖制冷系统和照明设备进行查验；不符合施工图设计文件要求的，不得使用。

工程监理单位发现施工单位不按照民用建筑节能强制性标准施工的，应当要求施工单位改正；施工单位拒不改正的，工程监理单位应当要求施工单及时报告建设单位，并向有关主管部门报告。

13.2.2.2 既有建筑节能的规定

既有建筑节能改造，是指对不符合民用建筑节能强制性标准的既有建筑的围护结构、供热系统、采暖制冷系统、照明设备和热水供应设施等实施节能改造的活动。

实施既有建筑节能改造，应当符合民用建筑节能强制性标准，优先采用遮阳、改善通风等低成本改造措施。既有建筑围护结构的改造和供热系统的改造应当同步进行。

13.2.3 节能中的违法行为及其法律责任

13.2.3.1 《节约能源法》规定的法律责任

① 负责审批政府投资项目的机关违反规定，对不符合强制性节能标准的项目予以批准建设的，对直接负责的主管人员和其他直接责任人员依法给予处分。

固定资产投资项目建设单位开工建设不符合强制性节能标准的项目或者将该项目投入生产、使用的，由管理节能工作的部门责令停止建设或者停止生产、使用，限期改造；不能改造或者逾期不改造的生产性项目，由管理节能工作的部门报请本级人民政府按照国务院规定的权限责令关闭。

② 生产、进口、销售国家明令淘汰的用能产品、设备的，使用伪造的节能产品认证标

志或者冒用节能产品认证标志的，依照《中华人民共和国产品质量法》的规定处罚。

③ 生产、进口、销售不符合强制性能源效率标准的用能产品、设备的，由产品质量监督部门责令停止生产、进口、销售，没收违法生产、进口、销售的用能产品、设备和违法所得，并处违法所得一倍以上五倍以下罚款；情节严重的，由工商行政管理部门吊销营业执照。

④ 使用国家明令淘汰的用能设备或者生产工艺的，由管理节能工作的部门责令停止使用，没收国家明令淘汰的用能设备；情节严重的，可以由管理节能工作的部门提出意见，报请本级人民政府按照国务院规定的权限责令停业整顿或者关闭。

⑤ 生产单位超过单位产品能耗限额标准用能，情节严重，经限期治理逾期不治理或者没有达到治理要求的，可以由管理节能工作的部门提出意见，报请本级人民政府按照国务院规定的权限责令停业整顿或者关闭。

⑥ 违反规定，应当标注能源效率标识而未标注的，由产品质量监督部门责令改正，处三万元以上五万元以下罚款。

违反规定，未办理能源效率标识备案，或者使用的能源效率标识不符合规定的，由产品质量监督部门责令限期改正；逾期不改正的，处一万元以上三万元以下罚款。

伪造、冒用能源效率标识或者利用能源效率标识进行虚假宣传的，由产品质量监督部门责令改正，处五万元以上十万元以下罚款；情节严重的，由工商行政管理部门吊销营业执照。

⑦ 用能单位未按照规定配备、使用能源计量器具的，由产品质量监督部门责令限期改正；逾期不改正的，处一万元以上五万元以下罚款。

⑧ 瞒报、伪造、篡改能源统计资料或者编造虚假能源统计数据的，依照《中华人民共和国统计法》的规定处罚。

⑨ 从事节能咨询、设计、评估、检测、审计、认证等服务的机构提供虚假信息的，由管理节能工作的部门责令改正，没收违法所得，并处五万元以上十万元以下罚款。

⑩ 违反规定，无偿向本单位职工提供能源或者对能源消费实行包费制的，由管理节能工作的部门责令限期改正；逾期不改正的，处五万元以上二十万元以下罚款。

⑪ 电网企业未按照规定安排符合规定的热电联产和利用余热余压发电的机组与电网并网运行，或者未执行国家有关上网电价规定的，由国家电力监管机构责令改正；造成发电企业经济损失的，依法承担赔偿责任。

⑫ 建设单位违反建筑节能标准的，由建设主管部门责令改正，处二十万元以上五十万元以下罚款。

设计单位、施工单位、监理单位违反建筑节能标准的，由建设主管部门责令改正，处十万元以上五十万元以下罚款；情节严重的，由颁发资质证书的部门降低资质等级或者吊销资质证书；造成损失的，依法承担赔偿责任。

⑬ 房地产开发企业违反规定，在销售房屋时未向购买人明示所售房屋的节能措施、保温工程保修期等信息的，由建设主管部门责令限期改正，逾期不改正的，处三万元以上五万元以下罚款；对以上信息作虚假宣传的，由建设主管部门责令改正，处五万元以上二十万元以下罚款。

⑭ 公共机构采购用能产品、设备，未优先采购列入节能产品、设备政府采购名录中的产品、设备，或者采购国家明令淘汰的用能产品、设备的，由政府采购监督管理部门给予警告，可以并处罚款；对直接负责的主管人员和其他直接责任人员依法给予处分，并予通报。

⑮ 重点用能单位未按照规定报送能源利用状况报告或者报告内容不实的，由管理节能

工作的部门责令限期改正；逾期不改正的，处一万元以上五万元以下罚款。

⑯ 重点用能单位无正当理由拒不落实法律规定的整改要求或者整改没有达到要求的，由管理节能工作的部门处十万元以上三十万元以下罚款。

⑰ 重点用能单位未按照规定设立能源管理岗位，聘任能源管理负责人，并报管理节能工作的部门和有关部门备案的，由管理节能工作的部门责令改正；拒不改正的，处一万元以上三万元以下罚款。

⑱ 以上所有企事业单位或个人，违反《节约能源法》规定，构成犯罪的，均须依法追究刑事责任。

⑲ 国家工作人员在节能管理工作中滥用职权、玩忽职守、徇私舞弊，构成犯罪的，依法追究刑事责任；尚不构成犯罪的，依法给予处分。

13.2.3.2 《民用建筑节能条例》规定的法律责任

(1) 建设单位的法律责任

① 建设单位对不符合民用建筑节能强制性标准的民用建筑项目出具竣工验收合格报告的，由县级以上地方人民政府建设主管部门责令改正，处民用建筑项目合同价款2%以上4%以下的罚款；造成损失的，依法承担赔偿责任。

② 建设单位有下列行为之一的，由县级以上地方人民政府建设主管部门责令改正，处20万元以上50万元以下的罚款：a. 明示或者暗示设计单位、施工单位违反民用建筑节能强制性标准进行设计、施工的；b. 明示或者暗示施工单位使用不符合施工图设计文件要求的墙体材料、保温材料、门窗、采暖制冷系统和照明设备的；c. 采购不符合施工图设计文件要求的墙体材料、保温材料、门窗、采暖制冷系统和照明设备的；d. 使用列入禁止使用目录的技术、工艺、材料和设备的。

(2) 设计单位的法律责任

设计单位未按照民用建筑节能强制性标准进行设计，或者使用列入禁止使用目录的技术、工艺、材料和设备的，由县级以上地方人民政府建设主管部门责令改正，处10万元以上30万元以下的罚款；情节严重的，由颁发资质证书的部门责令停业整顿，降低资质等级或者吊销资质证书；造成损失的，依法承担赔偿责任。

(3) 施工单位的法律责任

① 施工单位未按照民用建筑节能强制性标准进行施工的，由县级以上地方人民政府建设主管部门责令改正，处民用建筑项目合同价款2%以上4%以下的罚款；情节严重的，由颁发资质证书的部门责令停业整顿，降低资质等级或者吊销资质证书；造成损失的，依法承担赔偿责任。

② 施工单位有下列行为之一的，由县级以上地方人民政府建设主管部门责令改正，处10万元以上20万元以下的罚款；情节严重的，由颁发资质证书的部门责令停业整顿，降低资质等级或者吊销资质证书；造成损失的，依法承担赔偿责任：①未对进入施工现场的墙体材料、保温材料、门窗、采暖制冷系统和照明设备进行查验的；②使用不符合施工图设计文件要求的墙体材料、保温材料、门窗、采暖制冷系统和照明设备的；③使用列入禁止使用目录的技术、工艺、材料和设备的。

(4) 工程监理单位的法律责任

① 对不符合施工图设计文件要求的墙体材料、保温材料、门窗、采暖制冷系统和照明设备，按照符合施工图设计文件要求签字的，责令改正，处50万元以上100万元以下的罚款，降低资质等级或者吊销资质证书；有违法所得的，予以没收；造成损失的，承担连带赔偿责任。

② 工程监理单位有下列行为之一的，由县级以上地方人民政府建设主管部门责令限期改正；逾期未改正的，处 10 万元以上 30 万元以下的罚款；情节严重的，由颁发资质证书的部门责令停业整顿，降低资质等级或者吊销资质证书；造成损失的，依法承担赔偿责任：a. 未按照民用建筑节能强制性标准实施监理的；b. 墙体、屋面的保温工程施工时，未采取旁站、巡视和平行检验等形式实施监理的。

（5）注册执业人员的法律责任

违反规定，注册执业人员未执行民用建筑节能强制性标准的，由县级以上人民政府建设主管部门责令停止执业 3 个月以上 1 年以下；情节严重的，由颁发资格证书的部门吊销执业资格证书，5 年内不予注册。

【案例13-1】 建筑材料不符合质量要求案

案情

某小区 1 号、2 号楼工程完成设计并开始施工。在施工过程中，建设单位按设计图纸规定的规格、数量要求采购了墙体材料、保温材料、采暖制冷系统等，并声称是优质产品；施工单位在以上材料设备进入施工现场后，便直接用于该项目的施工并形成工程实体，导致 1 号、2 号楼工程验收不合格。经有关部门检验，建设单位购买的墙体材料、保温材料、采暖制冷系统存在严重质量问题，用保温材料所作的墙体出现了结露、发霉等现象，不符合该项目设计图纸规定的质量要求。

问题

① 施工单位有何违法行为？
② 施工单位应承担哪些法律责任？

评析

① 《民用建筑节能条例》第 16 条规定："施工单位应当对进入施工现场的墙体材料、保温材料、门窗、采暖制冷系统和照明设备进行查验；不符合施工图设计文件要求的，不得使用。"本案中，施工单位未对进入施工现场的墙体材料、保温材料、采暖制冷系统等进行查验，导致不符合施工图设计文件要求的墙体材料等用于该项目的施工，构成了违法行为。

此外，建设单位也有违法行为。《民用建筑节能条例》第 14 条第 2 款规定："按照合同约定由建设单位采购墙体材料、保温材料、门窗、采暖制冷系统和照明设备的，建设单位应当保证其符合施工图设计文件要求。"

② 根据《民用建筑节能条例》第 41 条的规定，当地建设主管部门应当依法责令该施工单位改正，处 10 万元以上 20 万元以下的罚款。

13.3 劳动法规中与工程建设相关的内容

《中华人民共和国劳动法》(简称《劳动法》)于 1994 年 7 月 5 日首次发布，2009 年 8 月 27 日第十一届全国人民代表大会常务委员会第十次会议修订。

《中华人民共和国劳动合同法》(简称《劳动合同法》)于 2007 年 6 月 29 日第十届全国人民代表大会常务委员会第 28 次会议通过，自 2008 年 1 月 1 日起施行。2012 年 12 月 28 日第十一届全国人民代表大会常务委员会第三十次会议对其作了修订,修订后的《劳动合同法》于 2013年7月1日起施行。

《中华人民共和国劳动争议调解仲裁法》于 2007年12月29日第十届全国人民代表大会常务委员会第 31 次会议通过,自 2008年5月1日起施行。

这三部法律的立法目的均在于保护劳动者的合法权益,构建和发展和谐的劳动关系。

13.3.1 劳动合同的概念和类型

(1) 劳动合同的概念

劳动合同是在市场经济体制下,用人单位与劳动者进行双向选择、确定劳动关系、明确双方权利与义务的协议,是保护劳动者合法权益的基本依据。

所谓劳动关系,是指劳动者与用人单位在实现劳动过程中建立的社会经济关系。由于存在着劳动关系,劳动者和用人单位都要受劳动法律的约束与规范。

订立劳动合同,应当遵循合法、公平、平等自愿、协商一致、诚实信用的原则。

用人单位招用劳动者时,应当如实告知劳动者工作内容、工作条件、工作地点、职业危害、安全生产状况、劳动报酬,以及劳动者要求了解的其他情况;用人单位有权了解劳动者与劳动合同直接相关的基本情况,劳动者应当如实说明。

用人单位招用劳动者,不得扣押劳动者的居民身份证和其他证件,不得要求劳动者提供担保或者以其他名义向劳动者收取财物。

(2) 劳动合同的类型

劳动合同分为固定期限劳动合同、无固定期限劳动合同和以完成一定工作任务为期限的劳动合同。

① 劳动合同期限。劳动合同的期限是指劳动合同的有效时间,是劳动关系当事人双方享有权利和履行义务的时间。它一般始于劳动合同的生效之日,终于劳动合同的终止之时。

劳动合同期限由用人单位和劳动者协商确定,是劳动合同的一项重要内容。无论劳动者与用人单位建立何种期限的劳动关系,都需要双方将该期限用合同的方式确认下来,否则就不能保证劳动合同内容的实现,劳动关系将会处于一个不确定状态。劳动合同期限是劳动合同存在的前提条件。

② 固定期限劳动合同。固定期限劳动合同,是指用人单位与劳动者约定合同终止时间的劳动合同,即劳动合同双方当事人在劳动合同中明确规定了合同效力的起始和终止的时间。劳动合同期限届满,劳动关系即告终止。

③ 无固定期限劳动合同。无固定期限劳动合同,是指用人单位与劳动者约定无确定终止时间的劳动合同。无确定终止时间的劳动合同并不是没有终止时间,一旦出现了法定的解除情形(如到了法定退休年龄)或者双方协商一致解除的,无固定期限劳动合同同样可以解除。用人单位与劳动者协商一致,可以订立无固定期限劳动合同。

有下列情形之一,劳动者提出或者同意续订、订立劳动合同的,除劳动者提出订立固定期限劳动合同外,应当订立无固定期限劳动合同:①劳动者在该用人单位连续工作满 10 年的;②用人单位初次实行劳动合同制度或者国有企业改制重新订立劳动合同时,劳动者在该用人单位连续工作满 10 年且距法定退休年龄不足 10 年的;③连续订立 2 次固定期限劳动合同,且劳动者没有《劳动合同法》第 39 条和第 40 条第 1 项、第 2 项规定的情形,续订劳动合同的。

需要注意的是,用人单位自用工之日起满 1 年不与劳动者订立书面劳动合同的,则视为用人单位与劳动者已订立无固定期限劳动合同。

④ 以完成一定工作任务为期限的劳动合同。以完成一定工作任务为期限的劳动合同，是指用人单位与劳动者约定以某项工作的完成为合同期限的劳动合同。用人单位与劳动者协商一致，可以订立以完成一定工作任务为期限的劳动合同。

13.3.2 劳动合同的订立

13.3.2.1 劳动合同订立的形式

根据《劳动合同法》的规定，除了非全日制用工（即以小时计酬为主，劳动者在同一用人单位一般平均每日工作时间不超过 4 小时，每周工作时间累计不超过 24 小时的用工形式）可以订立口头协议外，建立劳动关系应当订立书面劳动合同。如果没有订立书面合同，不订立书面合同的一方将要承担相应的法律后果。劳动合同文本由用人单位和劳动者各执一份。

13.3.2.2 劳动合同的必备条款

劳动合同的条款，一般分为必备条款和可备条款。劳动合同的必备条款是法律规定的生效劳动合同所必须具备的条款。可备条款是劳动合同的约定条款，是除法定必备条款外劳动合同当事人可以协商约定、也可以不约定的条款，一般包括试用期条款、培训条款、保守秘密条款、补充保险和福利待遇等其他事项条款。约定条款的缺少，并不影响劳动合同的成立。

《劳动合同法》第 17 条规定了劳动合同的必备条款：①用人单位的名称、住所和法定代表人或者主要负责人；②劳动者的姓名、住址和居民身份证或者其他有效身份证件号码；③劳动合同期限；④工作内容和工作地点；⑤工作时间和休息休假；⑥劳动报酬；⑦社会保险；⑧劳动保护、劳动条件和职业危害防护；⑨法律、法规规定应当纳入劳动合同的其他事项。

劳动合同对劳动报酬和劳动条件等标准约定不明确，引发争议的，用人单位与劳动者可以重新协商；协商不成的，适用集体合同规定；没有集体合同或者集体合同未规定劳动报酬的，实行同工同酬；没有集体合同或者集体合同未规定劳动条件等标准的，适用国家有关规定。

13.3.2.3 劳动合同的生效与无效劳动合同

（1）劳动合同的生效

由用人单位与劳动者协商一致，并经用人单位与劳动者在劳动合同文本上签字或者盖章生效。双方当事人签字或者盖章时间不一致的，以最后一方签字或者盖章的时间为准；如果一方没有写签字时间，则另一方写明的签字时间就是合同生效时间。

（2）劳动合同的无效

下列劳动合同无效或者部分无效：

① 以欺诈、胁迫的手段或者乘人之危，使对方在违背真实意思的情况下订立或者变更劳动合同的；

② 用人单位免除自己的法定责任、排除劳动者权利的；

③ 违反法律、行政法规强制性规定的。

劳动合同部分无效，不影响其他部分效力的，其他部分仍然有效。

劳动合同被确认无效，劳动者已付出劳动的，用人单位应当向劳动者支付劳动报酬。劳动报酬的数额，参照本单位相同或者相近岗位劳动者的劳动报酬确定。

对劳动合同的无效或者部分无效有争议的，由劳动争议仲裁机构或者人民法院确认。

13.3.2.4 订立劳动合同应当注意的事项

(1) 建立劳动关系即应订立劳动合同

用人单位自用工之日起即与劳动者建立劳动关系。《劳动合同法》规定，建立劳动关系，应当订立书面劳动合同。已建立劳动关系，未同时订立书面劳动合同的，应当自用工之日起1个月内订立书面劳动合同。用人单位未在用工的同时订立书面劳动合同，与劳动者约定的劳动报酬不明确的，新招用的劳动者的劳动报酬应当按照企业的或者同行业的集体合同规定的标准执行；没有集体合同的，用人单位应当对劳动者实行同工同酬。用人单位与劳动者在用工前订立劳动合同的，劳动关系自用工之日起建立。

(2) 劳动报酬和试用期劳动合同

对劳动报酬和劳动条件等标准约定不明确，引发争议的，用人单位与劳动者可以重新协商；协商不成的，适用集体合同规定；没有集体合同或者集体合同未规定劳动报酬的，实行同工同酬；没有集体合同或者集体合同未规定劳动条件等标准的，适用国家有关规定。劳动合同期限3个月以上不满1年的，试用期不得超过1个月；劳动合同期限1年以上不满3年的，试用期不得超过2个月；3年以上固定期限和无固定期限的劳动合同，试用期不得超过6个月。

同一用人单位与同一劳动者只能约定1次试用期。以完成一定工作任务为期限的劳动合同或者劳动合同期限不满3个月的，不得约定试用期。试用期包含在劳动合同期限内。劳动合同仅约定试用期的，试用期不成立，该期限为劳动合同期限。劳动者在试用期的工资不得低于本单位相同岗位最低档工资或者劳动合同约定工资的80%，并不得低于用人单位所在地的最低工资标准。在试用期中，除劳动者有《劳动合同法》第39条和第40条第1项、第2项规定的情形外，用人单位不得解除劳动合同。用人单位在试用期解除劳动合同的，应当向劳动者说明理由。

13.3.3 劳动合同的履行、变更

13.3.3.1 劳动合同的履行

劳动合同一经依法订立便具有法律效力。用人单位与劳动者应当按照劳动合同的约定，全面履行各自的义务。当事人双方既不能只履行部分义务，也不能擅自变更合同，更不能任意不履行合同或者解除合同，否则将承担相应的法律责任。

(1) 用人单位应当履行向劳动者支付劳动报酬的义务

用人单位应当按照劳动合同约定和国家规定，向劳动者及时足额支付劳动报酬。

劳动报酬是指劳动者为用人单位提供劳动而获得的各种报酬，通常包括三个部分：

① 货币工资，包括各种工资、奖金、津贴、补贴等；

② 实物报酬，即用人单位以免费或低于成本价提供给劳动者的各种物品和服务等；

③ 社会保险，即用人单位为劳动者支付的医疗、失业、养老、工伤等保险金。用人单位和劳动者可以在法律允许的范围内对劳动报酬的金额、支付时间、支付方式等进行平等协商。

(2) 依法限制用人单位安排劳动者的加班

用人单位应当严格执行劳动定额标准，不得强迫或者变相强迫劳动者加班。用人单位安排加班的，应当按照国家有关规定向劳动者支付加班费。

(3) 劳动者有权拒绝违章指挥、冒险作业

《劳动合同法》规定，劳动者对危害生命安全和身体健康的劳动条件，有权对用人单位

提出批评、检举和控告。劳动者拒绝用人单位管理人员违章指挥、强令冒险作业的,不视为违反劳动合同。

(4) 用人单位发生变动不影响劳动合同的履行

用人单位如果变更名称、法定代表人、主要负责人或者投资人等事项,不影响劳动合同的履行。用人单位发生合并或者分立等情况,原劳动合同继续有效,劳动合同由承继其权利和义务的用人单位继续履行。

13.3.3.2 劳动合同的变更

用人单位与劳动者协商一致,可以变更劳动合同约定的内容。变更劳动合同,应当采用书面形式。变更后的劳动合同文本由用人单位和劳动者各执一份。

变更劳动合同时应当注意:

① 必须在劳动合同依法订立之后,在合同没有履行或者尚未履行完毕之前的有效时间内进行;

② 必须坚持平等自愿、协商一致的原则,即须经用人单位和劳动者双方当事人的同意;

③ 不得违反法律法规的强制性规定;

④劳动合同的变更须采用书面形式。

13.3.4 劳动合同的解除、终止与经济补偿

13.3.4.1 劳动合同的解除

劳动合同的解除是指劳动合同当事人在劳动合同期限届满之前依法提前终止劳动合同关系的行为。劳动合同的解除可分为协商解除、劳动者单方解除和用人单位单方解除等。

(1) 协商解除劳动合同

用人单位与劳动者协商一致,可以解除劳动合同。用人单位向劳动者提出解除劳动合同并与劳动者协商一致解除劳动合同的,用人单位应当向劳动者给予经济补偿。

劳动者提前30日以书面形式通知用人单位,可以解除劳动合同。劳动者在试用期内提前3日通知用人单位,可以解除劳动合同。

(2) 劳动者可以单方解除劳动合同的情形

《劳动合同法》第38条规定,用人单位有下列情形之一的,劳动者可以解除劳动合同,用人单位应当向劳动者支付经济补偿:

① 未按照劳动合同约定提供劳动保护或者劳动条件的;

② 未及时足额支付劳动报酬的;

③ 未依法为劳动者缴纳社会保险费的;

④ 用人单位的规章制度违反法律、法规的规定,损害劳动者权益的;

⑤ 因《劳动合同法》第26条第1款(即以欺诈、胁迫的手段或者乘人之危,使对方在违背真实意思的情况下订立或者变更劳动合同的)规定的情形致使劳动合同无效的;

⑥ 法律、行政法规规定劳动者可以解除劳动合同的其他情形。

用人单位以暴力、威胁或者非法限制人身自由的手段强迫劳动者劳动的,或者用人单位违章指挥、强令冒险作业危及劳动者人身安全的,劳动者可以立即解除劳动合同,不需事先告知用人单位。

(3) 用人单位可以单方解除劳动合同的情形

具备法律规定的条件时,用人单位享有单方解除权,无须双方协商达成一致意见。用人单位单方解除劳动合同,应当事先将理由通知工会。用人单位违反法律、行政法规规定或者劳动合同约定的,工会有权要求用人单位纠正。用人单位应当研究工会的意见,并将处理结

果书面通知工会。

用人单位单方解除劳动合同有以下3种情形：

① 随时解除。因劳动者有过错时，用人单位有权单方解除劳动合同，且用人单位无须支付劳动者解除劳动合同的经济补偿金。

《劳动合同法》第39条规定，劳动者有下列情形之一的，用人单位可以解除劳动合同：a. 在试用期间被证明不符合录用条件的；b. 严重违反用人单位的规章制度的；c. 严重失职，营私舞弊，给用人单位造成重大损害的；d. 劳动者同时与其他用人单位建立劳动关系，对完成本单位的工作任务造成严重影响，或者经用人单位提出，拒不改正的；e. 因劳动者以欺诈、胁迫的手段或者乘人之危，使对方在违背真实意思的情况下订立或者变更劳动合同的情形致使劳动合同无效的；f. 被依法追究刑事责任的。

② 预告解除。《劳动合同法》第40条规定：有下列情形之一的，用人单位提前30日以书面形式通知劳动者本人或者额外支付劳动者1个月工资后，可以解除劳动合同，同时用人单位还应当承担向劳动者支付经济补偿金的义务：

a. 劳动者患病或者非因工负伤，在规定的医疗期满后不能从事原工作，也不能从事由用人单位另行安排的工作的；

b. 劳动者不能胜任工作，经过培训或者调整工作岗位，仍不能胜任工作的；

c. 劳动合同订立时所依据的客观情况发生重大变化，致使劳动合同无法履行，经用人单位与劳动者协商，未能就变更劳动合同内容达成协议的。

用人单位依照此规定，选择额外支付劳动者1个月工资解除劳动合同的，其额外支付的工资应当按照该劳动者上1个月的工资标准确定。

③ 经济性裁员。裁员是指用人单位为降低劳动成本，改善经营管理，因经济或技术等原因裁减一定数量的劳动者。

《劳动合同法》第41条规定，有下列情形之一，需要裁减人员20人以上或者裁减不足20人但占企业职工总数10%以上的，用人单位提前30日向工会或者全体职工说明情况，听取工会或者职工的意见后，裁减人员方案经向劳动行政部门报告，可以裁减人员，用人单位应当向劳动者支付经济补偿：a. 依照企业破产法规定进行重整的；b. 生产经营发生严重困难的；c. 企业转产、重大技术革新或者经营方式调整，经变更劳动合同后，仍需裁减人员的；d. 其他因劳动合同订立时所依据的客观经济情况发生重大变化，致使劳动合同无法履行的。

裁减人员时，应当优先留用下列人员：a. 与本单位订立较长期限的固定期限劳动合同的；b. 与本单位订立无固定期限劳动合同的；c. 家庭无其他就业人员，有需要抚养的老人或者未成年人的。

用人单位依照企业破产法规定进行重整后，在6个月内重新招用人员的，应当通知被裁减的人员，并在同等条件下优先招用被裁减的人员。

（4）用人单位不得解除劳动合同的情形

为了保护劳动者的合法权益，防止用人单位滥用解除权，法律还规定了用人单位不得解除劳动合同的情形。

劳动者有下列情形之一的，用人单位不得依照《劳动合同法》第40条、第41条的规定解除劳动合同：①从事接触职业病危害作业的劳动者未进行离岗前职业健康检查，或者疑似职业病病人在诊断或者医学观察期间的；②在本单位患职业病或者因工负伤并被确认丧失或者部分丧失劳动能力的；③患病或者非因工负伤，在规定的医疗期内的；④女职工在孕期、产期、哺乳期的；⑤在本单位连续工作满15年，且距法定退休年龄不足5年的；⑥法律、行政法规规定的其他情形。

13.3.4.2 劳动合同的终止

劳动合同的终止,是指符合法律规定情形时,双方当事人的权利和义务不复存在,劳动合同的法律效力即行消灭。

有下列情形之一的,劳动合同终止:①劳动合同期满的;②劳动者开始依法享受基本养老保险待遇的;③劳动者死亡,或者被人民法院宣告死亡或者宣告失踪的;④用人单位被依法宣告破产的;⑤用人单位被吊销营业执照、责令关闭、撤销或者用人单位决定提前解散的;⑥法律、行政法规规定的其他情形。

《劳动合同法》为了对某些特殊劳动者进行保护,规定:劳动合同期满,有本法第42条(即用人单位不得解除劳动合同的规定)规定情形之一的,劳动合同应当续延至相应的情形消失时终止。但是,本法第42条第2项规定丧失或者部分丧失劳动能力劳动者的劳动合同的终止,按照国家有关工伤保险的规定执行。

《工伤保险条例》规定:①劳动者因工致残被鉴定为1级至4级伤残的,即丧失劳动能力的,保留劳动关系,退出工作岗位,用人单位不得终止劳动合同;②劳动者因工致残被鉴定为5级、6级伤残的,即大部分丧失劳动能力的,经工伤职工本人提出,该职工可以与用人单位解除或者终止劳动关系,否则,用人单位不得终止劳动合同;③职工因工致残被鉴定为7级至10级伤残的,即部分丧失劳动能力的,劳动合同期满终止。

13.3.4.3 解除和终止劳动合同的经济补偿

经济补偿是用人单位解除或终止劳动合同时,给予劳动者的一次性货币补偿。经济补偿的目的在于从经济方面制约用人单位的解雇行为,对失去工作的劳动者给予经济上的补偿,并解决劳动合同短期化问题。

(1) 经济补偿的情形

根据《劳动合同法》第46条规定,用人单位应当在下列情形下向劳动者支付经济补偿金。

① 因用人单位违法、违约迫使劳动者依照《劳动合同法》第38条规定(即劳动者单方解除劳动合同的情形)解除劳动合同的;

② 用人单位向劳动者提出解除劳动合同并与劳动者协商一致解除劳动合同的;

③ 用人单位依照《劳动合同法》第40条规定(即预告解除)解除劳动合同的;

④ 用人单位依照《劳动合同法》第41条第一款规定解除劳动合同的(即以裁员的方式解除劳动合同);

⑤ 劳动合同期满,除用人单位维持或者提高劳动合同约定条件续订劳动合同,劳动者不同意续订的情形外,依照《劳动合同法》第44条第一项规定终止固定期限劳动合同的(即在劳动合同期满时,用人单位以低于原劳动合同约定的条件要求与劳动者续订劳动合同,而劳动者不同意续订);

⑥ 依照《劳动合同法》第44条第四项、第五项规定终止劳动合同的(即用人单位因被依法宣告破产、被吊销营业执照、责令关闭、撤销或者用人单位决定提前解散而终止劳动合同);

⑦ 法律、行政法规规定的其他情形。

(2) 经济补偿的标准

《劳动合同法》第47条规定了终止劳动合同的补偿标准:

① 经济补偿按劳动者在本单位工作的年限,每满1年支付1个月工资的标准向劳动者

支付。6个月以上不满1年的，按1年计算；不满6个月的，向劳动者支付半个月工资的经济补偿。

② 劳动者月工资高于用人单位所在直辖市、设区的市级人民政府公布的本地区上年度职工月平均工资3倍的，向其支付经济补偿的标准按职工月平均工资3倍的数额支付，向其支付经济补偿的年限最高不超过12年。

③ 本条所称月工资是指劳动者在劳动合同解除或者终止前12个月的平均工资。按照劳动者应得工资计算，包括计时工资或者计件工资以及奖金、津贴和补贴等货币性收入。劳动者在劳动合同解除或者终止前12个月的平均工资低于当地最低工资标准的，按照当地最低工资标准计算。劳动者工作不满12个月的，按照实际工作的月数计算平均工资。

(3) 工伤职工的劳动合同终止的补偿

用人单位依法终止工伤职工的劳动合同的，除依照《劳动合同法》第47条的规定支付经济补偿外，还应当依照国家有关工伤保险的规定支付一次性工伤医疗补助金和伤残就业补助金。

(4) 违反劳动合同法的规定解除或者终止劳动合同的补偿

用人单位违反《劳动合同法》的规定解除或者终止劳动合同，劳动者要求继续履行劳动合同的，用人单位应当继续履行；劳动者不要求继续履行劳动合同或者劳动合同已经不能继续履行的，用人单位应当依照本法第47条（即经济补偿额的计算）规定的经济补偿标准的2倍向劳动者支付赔偿金。

13.3.5 关于集体合同、劳务派遣、非全日制用工的法律规定

13.3.5.1 集体合同

集体合同是指企业职工一方与用人单位就劳动报酬、工作时间、休息休假、劳动安全卫生、保险福利等事项，通过平等协商达成的书面协议。集体合同实际上是一种特殊的劳动合同。

(1) 集体合同的当事人

集体合同的当事人一方是由工会代表的企业职工，另一方当事人是用人单位。

集体合同草案应当提交职工代表大会或者全体职工讨论通过。集体合同由工会代表企业职工一方与用人单位订立，尚未建立工会的用人单位，由上级工会指导劳动者推举的代表与用人单位订立。

(2) 集体合同的分类

集体合同可分为专项集体合同、行业性集体合同和区域性集体合同。

企业职工一方与用人单位可以订立劳动安全卫生、女职工权益保护、工资调整机制等专项集体合同。

在县级以下区域内，建筑业、采矿业、餐饮服务业等行业可以由工会与企业方面代表订立行业性集体合同，或者订立区域性集体合同。

(3) 集体合同的效力

① 集体合同的生效。集体合同订立后，应当报送劳动行政部门；15日内未提出异议的，集体合同即行生效。

② 集体合同的约束范围。依法订立的集体合同对用人单位和劳动者具有约束力。行业性、区域性集体合同对当地本行业、本区域的用人单位和劳动者具有约束力。

③ 集体合同中劳动报酬和劳动条件条款的效力。集体合同中劳动报酬和劳动条件等标准不得低于当地人民政府规定的最低标准；用人单位与劳动者订立的劳动合同中劳动报酬和

劳动条件等标准不得低于集体合同规定的标准。

④ 集体合同的维权。用人单位违反集体合同，侵犯职工劳动权益的，工会可以依法要求用人单位承担责任；因履行集体合同发生争议，经协商解决不成的，工会可以依法申请仲裁、提起诉讼。

13.3.5.2 劳务派遣

劳务派遣是指劳务派遣单位与被派遣劳动者订立劳动合同后，将该劳动者派遣到用工单位从事劳动的一种特殊的用工形式。

《劳动合同法》规定，劳动合同用工是我国的企业基本用工形式。劳务派遣用工是补充形式，只能在临时性、辅助性或者替代性的工作岗位上实施。

前款规定的临时性工作岗位是指存续时间不超过6个月的岗位；辅助性工作岗位是指为主营业务岗位提供服务的非主营业务岗位；替代性工作岗位是指用工单位的劳动者因脱产学习、休假等原因无法工作的一定期间内，可以由其他劳动者替代工作的岗位。

《劳动合同法》同时规定，经营劳务派遣业务，应当向劳动行政部门依法申请行政许可；经许可的，依法办理相应的公司登记。未经许可，任何单位和个人不得经营劳务派遣业务。

(1) 劳务派遣当事人

劳务派遣当事人包括劳务派遣单位、劳动者和用工单位。

劳务派遣单位指的是将劳动者派遣到用工单位的单位，是《劳动合同法》中所指的用人单位。用人单位或者其所属单位出资或者合伙设立的劳务派遣单位，不得向本单位或者所属单位派遣劳动者。

劳动者是指被劳务派遣单位派遣到用工单位工作的人。

用工单位是指接受劳务派遣单位派遣的劳动者的劳动并为其支付劳动报酬的单位。

(2) 劳务派遣的劳动合同

劳务派遣的劳动合同由劳务派遣单位与劳动者签订。该劳动合同除了应当具备一般劳动合同应当具备的条款外，还应当载明被派遣劳动者的用工单位以及派遣期限、工作岗位等情况。

劳务派遣单位应当与被派遣劳动者订立2年以上的固定期限劳动合同，按月支付劳动报酬；被派遣劳动者在无工作期间，劳务派遣单位应当按照所在地人民政府规定的最低工资标准，向其按月支付报酬。

(3) 劳务派遣协议

劳务派遣单位派遣劳动者应当与接受以劳务派遣形式用工的单位订立劳务派遣协议。劳务派遣协议应当约定派遣岗位和人员数量、派遣期限、劳动报酬和社会保险费的数额与支付方式以及违反协议的责任。

用工单位应当根据工作岗位的实际需要与劳务派遣单位确定派遣期限，不得将连续用工期限分割订立数个短期劳务派遣协议。

(4) 劳务派遣单位的权利与义务

① 劳务派遣单位依照《劳动合同法》有关规定，享有与劳动者解除劳动合同的权利。

② 劳务派遣单位应当履行以下义务：a. 劳务派遣单位应当将劳务派遣协议的内容告知被派遣劳动者；b. 劳务派遣单位不得克扣用工单位按照劳务派遣协议支付给被派遣劳动者的劳动报酬；c. 劳务派遣单位和用工单位不得向被派遣劳动者收取费用。

(5) 用工单位的权利与义务

① 被派遣劳动者有劳务派遣单位可以与劳动者解除劳动合同的情形的，用工单位有权将劳动者退回劳务派遣单位。

② 用工单位应当履行下列义务：a. 执行国家劳动标准，提供相应的劳动条件和劳动保护；b. 告知被派遣劳动者的工作要求和劳动报酬；c. 支付加班费、绩效奖金，提供与工作岗位相关的福利待遇；d. 对在岗被派遣劳动者进行工作岗位所必需的培训；e. 连续用工的，实行正常的工资调整机制；f. 用工单位不得将被派遣劳动者再派遣到其他用人单位。

（6）被派遣劳动者的权利

被派遣劳动者享有以下权利：

① 享有与用工单位的劳动者同工同酬的权利。用工单位应当按照同工同酬原则，对被派遣劳动者与本单位同类岗位的劳动者实行相同的劳动报酬分配办法。用工单位无同类岗位劳动者的，参照用工单位所在地相同或者相近岗位劳动者的劳动报酬确定。

② 参加或者组织工会的权利。被派遣劳动者有权在劳务派遣单位或者用工单位依法参加或者组织工会，维护自身的合法权益。

③ 依法解除劳动合同的权利。被派遣劳动者可以依照《劳动合同法》第 36 条、第 38 条的规定与劳务派遣单位解除劳动合同。

13.3.5.3 非全日制用工

非全日制用工，是指以小时计酬为主，劳动者在同一用人单位一般平均每日工作时间不超过 4 小时，每周工作时间累计不超过 24 小时的用工形式。

《劳动合同法》对非全日制用工作出了如下特别规定：①非全日制用工双方当事人可以订立口头协议。②从事非全日制用工的劳动者可以与一个或者一个以上用人单位订立劳动合同；但是，后订立的劳动合同不得影响先订立的劳动合同的履行。③非全日制用工双方当事人不得约定试用期。④非全日制用工双方当事人任何一方都可以随时通知对方终止用工。终止用工，用人单位不向劳动者支付经济补偿。⑤非全日制用工小时计酬标准不得低于用人单位所在地人民政府规定的最低小时工资标准。⑥非全日制用工劳动报酬结算支付周期最长不得超过 15 日。

13.3.6 劳动保护法律制度

《劳动法》对劳动者的工作时间、休息休假、工资、劳动安全卫生、女职工和未成年工特殊保护、社会保险和福利等作了法律规定。

13.3.6.1 劳动者的工作时间和休息休假时间

劳动时间是指法律规定的劳动者在一昼夜和一周内从事生产、劳动或工作的时间。休息休假时间，是指劳动者在国家规定的法定工作时间外，不从事生产、劳动或工作而由自己自行支配的时间，包括劳动者每天休息的时数、每周休息的天数、节假日、年休假、探亲假等。

（1）工作时间

《中华人民共和国劳动法》第 36 条、第 38 条规定，国家实行劳动者每日工作时间不超过 8 小时、平均每周工作时间不超过 44 小时的工时制度。

《国务院关于职工工作时间的规定》中规定，自 1995 年 5 月 1 日起，职工每日工作 8 小时，每周工作 40 小时。

① 特殊条件下从事劳动和有特殊情况可以缩短工作日。《国务院关于职工工作时间的规定》中规定："在特殊条件下从事劳动和有特殊情况，需要适当缩短工作时间的，按照国家有关规定执行。"目前，我国实行缩短工作时间的主要是：从事矿山、高山、有毒、有害、特别繁重和过度紧张的体力劳动职工，以及纺织、化工、建筑冶炼、地质勘探、森林采伐、

装卸搬运等行业或岗位的职工;从事夜班工作的劳动者;在哺乳期工作的女职工;16至18岁的未成年劳动者等。

② 综合计算工作日。综合计算工作日,即分别以周、月、季、年等为周期综合计算工作时间,但其平均日工作时间和平均周工作时间应与法定标准工作时间基本相同。按规定,企业对交通、铁路等行业中因工作性质特殊需连续作业的职工,地质及资源勘探、建筑等受季节和自然条件限制的行业的部分职工等,可实行综合计算工作日。

③ 计件工资时间。对实行计件工作的劳动者,用人单位应当根据《劳动法》第36条规定的工时制度合理确定其劳动定额和计件报酬标准。

(2) 休息休假

《劳动法》规定,用人单位在下列节日期间应当依法安排劳动者休假:①元旦;②春节;③国际劳动节;④国庆节;⑤法律、法规规定的其他休假节日。

目前,法律、法规规定的其他休假节日有:全体公民放假的节日是清明节、端午节和中秋节;部分公民放假的节日及纪念日是妇女节、青年节、儿童节、中国人民解放军建军纪念日。

劳动者连续工作1年以上的,享受带薪年休假。此外,劳动者按有关规定还可以享受探亲假、婚丧假、生育(产)假、节育手术假等。

用人单位由于生产经营需要,经与工会和劳动者协商可以延长工作时间,一般每日不得超过1小时;因特殊原因需要延长工作时间的,在保障劳动者身体健康的条件下延长工作时间每日不得超过3小时,但每月不得超过36小时。在发生自然灾害、事故等需要紧急处理,或者生产设备、交通运输线路、公共设施发生故障必须及时抢修等法律、行政法规规定的特殊情况的,延长工作时间不受上述限制。

用人单位应当按照下列标准支付高于劳动者正常工作时间工资的工资报酬:安排劳动者延长工作时间的,支付不低于工资150%的工资报酬;休息日安排劳动者工作又不能安排补休的,支付不低于工资200%的工资报酬;法定休假日安排劳动者工作的,支付不低于工资300%的工资报酬。

13.3.6.2 劳动者的工资

工资,是指用人单位依据国家有关规定和劳动关系双方的约定,以货币形式支付给劳动者的劳动报酬,如计时工资、计件工资、奖金、津贴和补贴等。

(1) 工资基本规定

《劳动法》规定,工资分配应当遵循按劳分配原则,实行同工同酬。工资水平在经济发展的基础上逐步提高。国家对工资总量实行宏观调控。用人单位根据本单位的生产经营特点和经济效益,依法自主确定本单位的工资分配方式和工资水平。

工资应当以货币形式按月支付给劳动者本人。不得克扣或者无故拖欠劳动者的工资。

(2) 最低工资保障制度

最低工资标准,是指劳动者在法定工作时间或依法签订的劳动合同约定的工作时间内提供了正常劳动的前提下,用人单位依法应支付的最低劳动报酬。所谓正常劳动,是指劳动者按依法签订的劳动合同约定,在法定工作时间或劳动合同约定的工作时间内从事的劳动。

劳动者依法享受带薪年休假、探亲假、婚丧假、生育(产)假、节育手术假等国家规定的假期期间,以及法定工作时间内依法参加社会活动期间,视为提供了正常劳动。

《劳动法》规定,国家实行最低工资保障制度。最低工资的具体标准由省、自治区、直辖市人民政府规定,报国务院备案。用人单位支付劳动者的工资不得低于当地最低工资标准。

根据劳动和社会保障部《最低工资规定》，在劳动者提供正常劳动的情况下，用人单位应支付给劳动者的工资在剔除下列各项以后，不得低于当地最低工资标准：①延长工作时间工资；②中班、夜班、高温、低温、井下、有毒有害等特殊工作环境、条件下的津贴；③法律、法规和国家规定的劳动者福利待遇等。实行计件工资或提成工资等工资形式的用人单位，在科学合理的劳动定额基础上，其支付劳动者的工资不得低于相应的最低工资标准。

13.3.6.3 劳动安全卫生制度

《劳动法》规定，用人单位必须建立、健全劳动安全卫生制度，严格执行国家劳动安全卫生规程和标准，对劳动者进行劳动安全卫生教育，防止劳动过程中的事故，减少职业危害。劳动安全卫生设施必须符合国家规定的标准。

新建、改建、扩建工程的劳动安全卫生设施必须与主体工程同时设计、同时施工、同时投入生产和使用。用人单位必须为劳动者提供符合国家规定的劳动安全卫生条件和必要的劳动防护用品，对从事有职业危害作业的劳动者应当定期进行健康检查。从事特种作业的劳动者必须经过专门培训并取得特种作业资格。劳动者在劳动过程中必须严格遵守安全操作规程，对用人单位管理人员违章指挥、强令冒险作业，有权拒绝执行；对危害生命安全和身体健康的行为，有权提出批评、检举和控告。

13.3.6.4 女职工和未成年工的特殊保护

国家对女职工和未成年工实行特殊劳动保护。

(1) 女职工的特殊保护

根据《劳动法》，对女职工的特殊保护规定主要包括：①禁止安排女职工从事矿山井下、国家规定的第4级体力劳动强度的劳动和其他禁忌从事的劳动。②不得安排女职工在经期从事高处、低温、冷水作业和国家规定的第三级体力劳动强度的劳动。③不得安排女职工在怀孕期间从事国家规定的第3级体力劳动强度的劳动和孕期禁忌从事的劳动。对怀孕7个月以上的女职工，不得安排其延长工作时间和夜班劳动。④女职工生育享受不少于90天的产假。⑤不得安排女职工在哺乳未满1周岁的婴儿期间从事国家规定的第3级体力劳动强度的劳动和哺乳期禁忌从事的其他劳动，不得安排其延长工作时间和夜班劳动。

按照《体力劳动强度分级》，体力劳动强度按劳动强度指数大小分为4级。

2012年4月经修订后颁布的《女职工劳动保护特别规定》还规定，用人单位应当遵守女职工禁忌从事的劳动范围的规定。用人单位应当将本单位属于女职工禁忌从事的劳动范围的岗位书面告知女职工。用人单位不得因女职工怀孕、生育、哺乳降低其工资、予以辞退、与其解除劳动或者聘用合同。女职工生育享受98天产假，其中产前可以休假15天；难产的，增加产假15天；生育多胞胎的，每多生育1个婴儿，增加产假15天。女职工怀孕未满4个月流产的，享受15天产假；怀孕满4个月流产的，享受42天产假。用人单位违反本规定，侵害女职工合法权益的，女职工可以依法投诉、举报、申诉，依法向劳动人事争议调解仲裁机构申请调解仲裁，对仲裁裁决不服的，依法向人民法院提起诉讼。

(2) 未成年工的特殊保护

未成年工的特殊保护是针对未成年工处于生长发育期的特点，以及接受义务教育的需要，采取的特殊劳动保护措施。未成年工是指年满16周岁未满18周岁的劳动者。

根据《劳动法》，对未成年工的特殊保护规定主要包括：①不得安排未成年工从事矿山井下、有毒有害、国家规定的第四级体力劳动强度的劳动和其他禁忌从事的劳动。②用人单位应当对未成年工定期进行健康检查。

原劳动部《未成年工特殊保护规定》中规定，用人单位应根据未成年工的健康检查结果安排其从事适合的劳动,对不能胜任原劳动岗位的,应根据医务部门的证明,予以减轻劳动量或安排其他劳动。

对未成年工的使用和特殊保护实行登记制度。用人单位招收未成年工除符合一般用工要求外,还须向所在地的县级以上劳动行政部门办理登记。

13.3.6.5 劳动者的社会保险与福利

《中华人民共和国社会保险法》(简称《社会保险法》)规定,国家建立基本养老保险、基本医疗保险、工伤保险、失业保险、生育保险等社会保险制度,保障公民在年老、疾病、工伤、失业、生育等情况下依法从国家和社会获得物质帮助的权利。

(1) 基本养老保险

职工应当参加基本养老保险,由用人单位和职工共同缴纳基本养老保险费。用人单位应当按照国家规定的本单位职工工资总额的比例缴纳基本养老保险费,记入基本养老保险统筹基金。职工应当按照国家规定的本人工资的比例缴纳基本养老保险费,记入个人账户。

参加基本养老保险的个人,达到法定退休年龄时累计缴费满15年的,按月领取基本养老金。参加基本养老保险的个人,达到法定退休年龄时累计缴费不足15年的,可以缴费至满15年,按月领取基本养老金;也可以转入新型农村社会养老保险或者城镇居民社会养老保险,按照国务院规定享受相应的养老保险待遇。

参加基本养老保险的个人,因病或者非因工死亡的,其遗属可以领取丧葬补助金和抚恤金;在未达到法定退休年龄时因病或者非因工致残完全丧失劳动能力的,可以领取病残津贴。所需资金从基本养老保险基金中支付。

个人跨统筹地区就业的,其基本养老保险关系随本人转移,缴费年限累计计算。个人达到法定退休年龄时,基本养老金分段计算、统一支付。

(2) 基本医疗保险

职工应当参加职工基本医疗保险,由用人单位和职工按照国家规定共同缴纳基本医疗保险费。医疗机构应当为参保人员提供合理、必要的医疗服务。

参加职工基本医疗保险的个人,达到法定退休年龄时累计缴费达到国家规定年限的,退休后不再缴纳基本医疗保险费,按照国家规定享受基本医疗保险待遇;未达到国家规定年限的,可以缴费至国家规定年限。

(3) 工伤保险

职工应当参加工伤保险,由用人单位缴纳工伤保险费,职工不缴纳工伤保险费。此外,《建筑法》还规定:"鼓励企业为从事危险作业的职工办理意外伤害保险,支付保险费。"

(4) 失业保险

《社会保险法》规定,职工应当参加失业保险,由用人单位和职工按照国家规定共同缴纳失业保险费。职工跨统筹地区就业的,其失业保险关系随本人转移,缴费年限累计计算。

(5) 生育保险

《社会保险法》规定,职工应当参加生育保险,由用人单位按照国家规定缴纳生育保险费,职工不缴纳生育保险费。用人单位已经缴纳生育保险费的,其职工享受生育保险待遇;职工未就业配偶按照国家规定享受生育医疗费用待遇。所需资金从生育保险基金中支付。生育保险待遇包括生育医疗费用和生育津贴。

(6) 福利

《劳动法》规定,国家发展社会福利事业,兴建公共福利设施,为劳动者休息、休养和疗养提供条件。用人单位应当创造条件,改善集体福利,提高劳动者的福利待遇。

13.3.7 劳动争议的解决

劳动争议，又称劳动纠纷，是指劳动关系当事人之间关于劳动权利和义务的争议。

13.3.7.1 劳动争议的范围

按照《中华人民共和国劳动争议调解仲裁法》(简称《劳动争议调解仲裁法》)的规定，劳动争议的范围主要是：①因确认劳动关系发生的争议；②因订立、履行、变更、解除和终止劳动合同发生的争议；③因除名、辞退和辞职、离职发生的争议；④因工作时间、休息休假、社会保险、福利、培训以及劳动保护发生的争议；⑤因劳动报酬、工伤医疗费、经济补偿或者赔偿金等发生的争议；⑥法律、法规规定的其他劳动争议。

13.3.7.2 劳动争议的解决方式

我国《劳动法》第 77 条明确规定："用人单位与劳动者发生劳动争议，当事人可以依法申请调解、仲裁、提起诉讼，也可以协商解决。"

2008 年 5 月 1 日开始施行的《中华人民共和国劳动争议调解仲裁法》第 5 条进一步规定：发生劳动争议，当事人不愿协商、协商不成或者达成和解协议后不履行的，可以向调解组织申请调解；不愿调解、调解不成或者达成调解协议后不履行的，可以向劳动争议仲裁委员会申请仲裁；对仲裁裁决不服的，除本法另有规定的外，可以向人民法院提起诉讼。

(1) 通过协商解决劳动争议

协商，是指当事人各方在自愿、互谅的基础上，按照法律、政策的规定，通过摆事实讲道理解决纠纷的一种方法。协商的方法是一种简便易行、最有效、最经济的方法，能及时解决争议，消除分歧，提高办事效率，节省费用，也有利于双方的团结和相互的协作关系。

《劳动争议调解仲裁法》第 4 条规定：发生劳动争议，劳动者可以与用人单位协商，也可以请工会或者第三方共同与用人单位协商，达成和解协议。

(2) 通过调解解决劳动争议

发生劳动争议，当事人可以到下列调解组织申请调解：①企业劳动争议调解委员会；②依法设立的基层人民调解组织；③在乡镇、街道设立的具有劳动争议调解职能的组织。

经调解达成协议的，应当制作调解协议书。调解协议书由双方当事人签名或者盖章，经调解员签名并加盖调解组织印章后生效，对双方当事人具有约束力，当事人应当履行。

自劳动争议调解组织收到调解申请之日起 15 日内未达成调解协议的，当事人可以依法申请仲裁。

因支付拖欠劳动报酬、工伤医疗费、经济补偿或者赔偿金事项达成调解协议，用人单位在协议约定期限内不履行的，劳动者可以持调解协议书依法向人民法院申请支付令。人民法院应当依法发出支付令。

(3) 通过劳动争议仲裁委员会裁决解决劳动争议

对于调解不成，当事人一方要求仲裁的，可以向劳动争议仲裁委员会申请仲裁。当事人一方也可以直接向劳动争议仲裁委员会申请仲裁。

劳动争议仲裁委员会由劳动行政部门代表、同级工会代表、用人单位方面的代表组成。劳动争议仲裁委员会主任由劳动行政部门代表担任。

① 劳动争议仲裁的原则。劳动争议仲裁原则是劳动争议仲裁的特有原则，反映了劳动争议仲裁的本质要求。

a. 一次裁决原则。即劳动争议仲裁实行一个裁级一次裁决制度，一次裁决即为终局裁决。当事人如不服仲裁裁决，只能依法向人民法院起诉，不得向上一级仲裁委员会申请复议或要求重新处理。

b. 合议原则。仲裁庭裁决劳动争议案件,实行少数服从多数的原则。

c. 强制原则。主要表现为:当事人申请仲裁无须双方达成一致协议,只要一方申请,仲裁委员会即可受理;在仲裁庭对争议调解不成时,无须得到当事人的同意,可直接行使裁决权;对发生法律效力的仲裁文书,可申请人民法院强制执行。

② 劳动争议仲裁的申请。《劳动争议调解仲裁法》第27条规定,劳动争议申请仲裁的时效期间为1年。仲裁时效期间从当事人知道或者应当知道其权利被侵害之日起计算。

前款规定的仲裁时效,因当事人一方向对方当事人主张权利,或者向有关部门请求权利救济,或者对方当事人同意履行义务而中断。从中断时起,仲裁时效期间重新计算。

因不可抗力或者有其他正当理由,当事人不能在本条第一款规定的仲裁时效期间申请仲裁的,仲裁时效中止。从中止时效的原因消除之日起,仲裁时效期间继续计算。

劳动关系存续期间因拖欠劳动报酬发生争议的,劳动者申请仲裁不受本条第一款规定的仲裁时效期间的限制;但是,劳动关系终止的,应当自劳动关系终止之日起1年内提出。

③ 劳动争议仲裁的受理。劳动争议仲裁委员会收到仲裁申请之日起5日内,认为符合受理条件的,应当受理,并通知申请人;认为不符合受理条件的,应当书面通知申请人不予受理,并说明理由。对劳动争议仲裁委员会不予受理或者逾期未作出决定的,申请人可以就该劳动争议事项向人民法院提起诉讼。

④ 开庭和裁决

a. 仲裁庭应当在开庭5日前,将开庭日期、地点书面通知双方当事人。仲裁庭应当将开庭情况记入笔录。笔录由仲裁员、记录人员、当事人和其他仲裁参加人签名或者盖章。

b. 当事人申请劳动争议仲裁后,可以自行和解。达成和解协议的,可以撤回仲裁申请。

c. 仲裁庭在作出裁决前,应当先行调解。调解达成协议的,仲裁庭应当制作调解书。调解书由仲裁员签名,加盖劳动争议仲裁委员会印章,送达双方当事人。调解书经双方当事人签收后,发生法律效力。调解不成或者调解书送达前,一方当事人反悔的,仲裁庭应当及时作出裁决。

d. 仲裁庭裁决劳动争议案件,应当自劳动争议仲裁委员会受理仲裁申请之日起45日内结束。案情复杂需要延期的,经劳动争议仲裁委员会主任批准,可以延期并书面通知当事人,但是延长期限不得超过15日。逾期未作出仲裁裁决的,当事人可以就该劳动争议事项向人民法院提起诉讼。

(4) 通过向人民法院提起诉讼解决劳动争议

人民法院受理劳动争议案件的前提条件是:①争议案件已经过劳动争议仲裁委员会仲裁;②争议案件的当事人在接到仲裁决定书之日起15日内向法院提起诉讼。人民法院处理劳动争议适用《民事诉讼法》规定的程序,由各级人民法院受理,实行两审终审。参见民事诉讼法的有关规定。

13.3.7.3 集体合同争议的解决

因签订集体合同发生争议,当事人协商解决不成的,当地人民政府劳动行政部门可以组织有关各方协调处理。因履行集体合同发生争议,当事人协商解决不成的,可以向劳动争议仲裁委员会申请仲裁;对仲裁裁决不服的,可以自收到仲裁裁决书之日起15日内向人民法院提起诉讼。

 【案例13-2】 解除劳动合同案

案情

王某2019年1月进入某IT公司工作,并与该IT公司签订了劳动合同。由于王某自行开发了一个新的软件,并保留了该软件的源代码且没有上交公司。按照公司的规章制度要求,任何员工开发的软件其知识产权均属公司所有,不得被个人保留。但王某以此为条件,要求公司为其上涨工资否则不交出软件源代码。公司没有答应王某的要求,告知王某的行为已违反了公司的规章制度,将与他解除劳动合同,并要求王某赔偿由其行为给公司造成的经济损失。双方僵持不下,王某向该IT公司所在地的劳动争议仲裁委员会提出了仲裁申请,要求公司因解除劳动合同对其支付经济补偿和赔偿金。该公司认为对王某的行为公司有权解除劳动合同,并对王某给公司造成的损失提出了反请求。

【问题】

(1) 王某的行为是否属于劳动争议的范围?
(2) 该公司是否可以解除与王某的劳动合同?
(3) 该公司对王某给公司造成的损失该如何处理?

【评析】

(1) 王某的上述请求属于劳动仲裁的范围。根据《劳动争议调解仲裁法》和《最高人民法院关于审理劳动争议案件适用法律若干问题的解释》的规定,因订立、履行、变更、解除和终止劳动合同发生的争议属于劳动争议的范围。因此,劳动争议仲裁委员会受理了王某的劳动仲裁申请。

(2) 王某不上交源代码的行为违反了公司的规章制度,根据《劳动合同法》第39条规定,该IT公司可以解除与王某的劳动合同。

(3) 该IT公司对王某给公司造成的损失可以向法院提起民事诉讼,要求王某赔偿因其行为给公司造成的经济损失。

13.3.8 劳动合同及劳动保护中的违法行为及其法律责任

劳动合同及劳动关系中违法行为应承担的主要法律责任如下:

13.3.8.1 劳动合同订立中的违法行为应承担的法律责任

《劳动合同法》第81条至89条规定了用人单位在劳动合同订立中的违法行为及其应承担的法律责任。

① 用人单位提供的劳动合同文本未载明本法规定的劳动合同必备条款或者用人单位未将劳动合同文本交付劳动者的,由劳动行政部门责令改正;给劳动者造成损害的,应当承担赔偿责任。

② 用人单位自用工之日起超过1个月不满1年未与劳动者订立书面劳动合同的,应当向劳动者每月支付2倍的工资。

③ 用人单位自用工之日起满1年不与劳动者订立书面劳动合同的,视为用人单位与劳动者已订立无固定期限劳动合同。用人单位违反本法规定不与劳动者订立无固定期限劳动合同的,自应当订立无固定期限劳动合同之日起向劳动者每月支付2倍的工资。

④ 劳动合同依照本法第26条规定被确认无效,给对方造成损害的,有过错的一方应当承担赔偿责任。

13.3.8.2 劳动合同履行、变更、解除和终止中违法行为应承担的法律责任

(1) 用人单位应承担的法律责任

①《劳动合同法》规定,用人单位有下列情形之一的,由劳动行政部门责令限期支付劳动报酬、加班费或者经济补偿;劳动报酬低于当地最低工资标准的,应当支付其差额部分;

逾期不支付的，责令用人单位按应付金额50%以上100%以下的标准向劳动者加付赔偿金：
  a. 未按照劳动合同的约定或者国家规定及时足额支付劳动者劳动报酬的；
  b. 低于当地最低工资标准支付劳动者工资的；
  c. 安排加班不支付加班费的；
  d. 解除或者终止劳动合同，未依照本法规定向劳动者支付经济补偿的。
  ②《劳动合同法》规定，用人单位有下列情形之一的，依法给予行政处罚；构成犯罪的，依法追究刑事责任；给劳动者造成损害的，应当承担赔偿责任：
  a. 以暴力、威胁或者非法限制人身自由的手段强迫劳动的；
  b. 违章指挥或者强令冒险作业危及劳动者人身安全的；
  c. 侮辱、体罚、殴打、非法搜查或者拘禁劳动者的；
  d. 劳动条件恶劣、环境污染严重，给劳动者身心健康造成严重损害的。
  用人单位违反本法规定解除或者终止劳动合同的，应当依照本法第47条规定的经济补偿标准的2倍向劳动者支付赔偿金。用人单位违反本法规定未向劳动者出具解除或者终止劳动合同的书面证明，由劳动行政部门责令改正；给劳动者造成损害的，应当承担赔偿责任。
  ③《劳动合同法》规定，用人单位招用与其他用人单位尚未解除或者终止劳动合同的劳动者，给其他用人单位造成损失的，应当承担连带赔偿责任。
  （2）劳务派遣单位违法行为应承担的法律责任
  违反《劳动合同法》规定，未经许可，擅自经营劳务派遣业务的，由劳动行政部门责令停止违法行为，没收违法所得，并处违法所得1倍以上5倍以下的罚款；没有违法所得的，可以处5万元以下的罚款。
  劳务派遣单位、用工单位违反有关劳务派遣规定的，由劳动行政部门责令限期改正；逾期不改正的，以每人5000元到1万元的标准处以罚款，对劳务派遣单位，吊销其劳务派遣业务经营许可证。用工单位给被派遣劳动者造成损害的，劳务派遣单位与用工单位承担连带赔偿责任。
  （3）劳动者违法行为应承担的法律责任
  《劳动合同法》规定，劳动者违反本法规定解除劳动合同，或者违反劳动合同中约定的保密义务或者竞业限制，给用人单位造成损失的，应当承担赔偿责任。

13.3.8.3 劳动保护违法行为应承担的法律责任

  《劳动法》规定，用人单位违反本法规定，延长劳动者工作时间的，由劳动行政部门给予警告，责令改正，并可以处以罚款。
  用人单位的劳动安全设施和劳动卫生条件不符合国家规定或者未向劳动者提供必要的劳动保护用品和劳动保护设施的，由劳动行政部门或者有关部门责令改正，可以处以罚款；情节严重的，提请县级以上人民政府决定责令停产整顿；对事故隐患不采取措施，致使发生重大事故，造成劳动者生命和财产损失的，对责任人员依照刑法有关规定追究刑事责任。
  用人单位非法招用未满16周岁的未成年人的，由劳动行政部门责令改正，处以罚款；情节严重的，由工商行政管理部门吊销营业执照。
  用人单位违反本法对女职工和未成年工的保护规定，侵害其合法权益的，由劳动行政部门责令改正，处以罚款；对女职工或者未成年工造成损害的，应当承担赔偿责任。
  用人单位无故不缴纳社会保险费的，由劳动行政部门责令其限期缴纳，逾期不缴纳的，可以加收滞纳金。

13.4 文物保护法规中与工程建设相关的内容

我国地域辽阔,历史悠久,是世界上文化传统不曾中断的多民族统一国家。历史遗存至今的大量文物古迹,形象地记载着中华民族形成发展的进程,不但是认识历史的证据,也是增强民族凝聚力、促进民族文化可持续发展的基础。中国优秀的文物古迹,不但是中国各族人民的,也是全人类共同的财富。切实加强对文物的保护、有效管理和合理利用,对于传承和弘扬优秀传统文化,满足广大人民群众精神文化需求,增强民族自尊心和自豪感,对于巩固民族团结,维护祖国统一,捍卫国家主权和领土完整,都具有十分重要的意义。

13.4.1 在文物保护单位保护范围内和建设控制地带内从事建设活动的规定

《中华人民共和国文物保护法》(简称《文物保护法》)规定,一切机关、组织和个人都有依法保护文物的义务。

(1) 文物保护单位的保护范围

2013 年 12 月 7 日经修订后发布的《中华人民共和国文物保护法实施条例》(简称《文物保护法实施条例》)规定,文物保护单位的保护范围,是指对文物保护单位本体及周围一定范围实施重点保护的区域。文物保护单位的保护范围,应当根据文物保护单位的类别、规模、内容以及周围环境的历史和现实情况合理划定,并在文物保护单位本体之外保持一定的安全距离,确保文物保护单位的真实性和完整性。

(2) 文物保护单位的建设控制地带

《文物保护法实施条例》规定,文物保护单位的建设控制地带,是指在文物保护单位的保护范围外,为保护文物保护单位的安全、环境、历史风貌对建设项目加以限制的区域。文物保护单位的建设控制地带,应当根据文物保护单位的类别、规模、内容以及周围环境的历史和现实情况合理划定。

(3) 在文物保护单位保护范围和建设控制地带内从事建设活动的相关规定

① 在文物保护单位的保护范围和建设控制地带内,不得建设污染文物保护单位及其环境的设施,不得进行可能影响文物保护单位安全及其环境的活动。对已有的污染文物保护单位及其环境的设施,应当限期治理。

② 在文物保护单位的保护范围内不得进行其他建设工程或者爆破、钻探、挖掘等作业。但是,因特殊情况需要在文物保护单位的保护范围内进行其他建设工程或者爆破、钻探、挖掘等作业的,必须保证文物保护单位的安全,并经核定公布该文物保护单位的人民政府批准,在批准前应当征得上一级人民政府文物行政部门同意。

③ 在全国重点文物保护单位的保护范围内进行其他建设工程或者爆破、钻探、挖掘等作业的,必须经省、自治区、直辖市人民政府批准,在批准前应当征得国务院文物行政部门同意。

④ 在文物保护单位的建设控制地带内进行建设工程,不得破坏文物保护单位的历史风貌;工程设计方案应当根据文物保护单位的级别,经相应的文物行政部门同意后,报城乡建设规划部门批准。

⑤ 承担文物保护单位的修缮、迁移、重建工程的单位,应当同时取得文物行政主管部门发给的相应等级的文物保护工程资质证书和建设行政主管部门发给的相应等级的资质证书。其中,不涉及建设活动的文物保护单位的修缮、迁移、重建,应当由取得文物行政主管部门发给的相应等级的文物保护工程资质证书的单位承担。

13.4.2 历史文化名城名镇名村的保护

《文物保护法》规定,保存文物特别丰富并且具有重大历史价值或者革命纪念意义的城市,由国务院核定公布为历史文化名城。

保存文物特别丰富并且具有重大历史价值或者革命纪念意义的城镇、街道、村庄,由省、自治区、直辖市人民政府核定公布为历史文化街区、村镇,并报国务院备案。

(1) 历史文化名城名镇名村的申报

《历史文化名城名镇名村保护条例》进一步规定,具备下列条件的城市、镇、村庄,可以申报历史文化名城、名镇、名村:①保存文物特别丰富;②历史建筑集中成片;③保留着传统格局和历史风貌;④历史上曾经作为政治、经济、文化、交通中心或者军事要地,或者发生过重要历史事件,或者其传统产业、历史上建设的重大工程对本地区的发展产生过重要影响,或者能够集中反映本地区建筑的文化特色、民族特色。

(2) 在历史文化名城名镇名村保护范围内从事建设活动的规定

① 禁止进行的建设活动。《历史文化名城名镇名村保护条例》规定,在历史文化名城、名镇、名村保护范围内禁止进行下列活动:a. 开山、采石、开矿等破坏传统格局和历史风貌的活动;b. 占用保护规划确定保留的园林绿地、河湖水系、道路等;c. 修建生产、储存爆炸性、易燃性、放射性、毒害性、腐蚀性物品的工厂、仓库等;d. 在历史建筑上刻划、涂污。

② 经批准后可以进行的建设活动。经城市、县人民政府城乡规划主管部门会同同级文物主管部门批准,并按规定办理相关手续后,可以在历史文化名城、名镇、名村保护范围内进行下列建设活动,但要制定保护方案:

a. 改变园林绿地、河湖水系等自然状态的活动;

b. 在核心保护范围内进行影视摄制、举办大型群众性活动;

c. 其他影响传统格局、历史风貌或者历史建筑的活动。

(3) 在历史文化街区、名镇、名村核心保护范围内进行建设活动的规定

在历史文化街区、名镇、名村核心保护范围内,不得进行新建、扩建活动。但是,新建、扩建必要的基础设施和公共服务设施除外。

在历史文化街区、名镇、名村核心保护范围内,拆除历史建筑以外的建筑物、构筑物或者其他设施的,应当经城市、县人民政府城乡规划主管部门会同同级文物主管部门批准。任何单位或者个人不得损坏或者擅自迁移、拆除历史建筑。

13.4.3 施工中发现文物进行报告和予以保护的规定

《文物保护法》规定,地下埋藏的文物,任何单位或者个人都不得私自发掘。考古发掘的文物,任何单位或者个人不得侵占。

(1) 配合建设工程进行考古发掘工作的规定

进行大型基本建设工程,建设单位应当事先报请省、自治区、直辖市人民政府行政部门组织从事考古发掘的单位在工程范围内有可能埋藏文物的地方进行考古调查、勘探。确因建设工期紧迫或者有自然破坏危险,对古文化遗址、古墓葬急需进行抢救发掘的,由省、自治区、直辖市人民政府文物行政部门组织发掘,并同时补办审批手续。

(2) 施工发现文物的报告和保护

《文物保护法》规定,在进行建设工程或者在农业生产中,任何单位或者个人发现文物,

应当保护现场，立即报告当地文物行政部门，文物行政部门接到报告后，如无特殊情况，应当在 24 小时内赶赴现场，并在 7 日内提出处理意见。依照以上规定发现的文物属于国家所有，任何单位或者个人不得哄抢、私分、藏匿。

《文物保护法实施细则》进一步规定，在进行建设工程中发现古遗址、古墓葬必须发掘时，由省、自治区、直辖市人民政府文物行政管理部门组织力量及时发掘；特别重要的建设工程和跨省、自治区、直辖市的建设工程范围内的考古发掘工作，由国家文物局组织实施，发掘未结束前不得继续施工。在配合建设工程进行的考古发掘工作中，建设单位、施工单位应当配合考古发掘单位，保护出土文物或者遗迹的安全。

(3) 水下文物的报告和保护

《中华人民共和国水下文物保护管理条例》规定，任何单位或者个人以任何方式发现遗存于中国内水、领海内的一切起源于中国的、起源国不明的和起源于外国的文物，以及遗存于中国领海以外依照中国法律由中国管辖的其他海域内的起源于中国的和起源国不明的文物，应当及时报告国家文物局或者地方文物行政管理部门；已打捞出水的，应当及时上缴国家文物局或者地方文物行政管理部门处理。

任何单位或者个人以任何方式发现遗存于外国领海以外的其他管辖海域以及公海区域内的起源于中国的文物，应当及时报告国家文物局或者地方文物行政管理部门；已打捞出水的，应当及时提供国家文物局或者地方文物行政管理部门辨认、鉴定。

13.4.4 违法行为应承担的法律责任

对施工中文物保护违法行为应承担的主要法律责任如下：

13.4.4.1 哄抢、私分国有文物等违法行为应承担的法律责任

(1) 刑事责任

有下列行为之一，构成犯罪的，依法追究刑事责任：①盗掘古文化遗址、古墓葬的；②故意或者过失损毁国家保护的珍贵文物的；③将国家禁止出境的珍贵文物私自出售或者送给外国人的；④以牟利为目的倒卖国家禁止经营的文物的；⑤走私文物的；⑥盗窃、哄抢、私分或者非法侵占国有文物的；⑦应当追究刑事责任的其他妨害文物管理的行为。

(2) 民事责任

造成文物灭失、损毁的，依法承担民事责任。构成违反治安管理行为的，由公安机关依法给予治安管理处罚。构成走私行为，尚不构成犯罪的，由海关依照有关法律、行政法规的规定给予处罚。

(3) 行政责任

有下列行为之一，尚不构成犯罪的，由县级以上人民政府文物主管部门会同公安机关追缴文物；情节严重的，处 5000 元以上 5 万元以下的罚款：①发现文物隐匿不报或者拒不上交的；②未按照规定移交拣选文物的。

13.4.4.2 在文物保护单位的保护范围和建设控制地带内进行违法作业应承担的法律责任

① 有下列行为之一，尚不构成犯罪的，由县级以上人民政府文物主管部门责令改正，造成严重后果的，处 5 万元以上 50 万元以下的罚款；情节严重的，由原发证机关吊销资质证书：

a. 擅自在文物保护单位的保护范围内进行建设工程或者爆破、钻探、挖掘等作业的；

b. 在文物保护单位的建设控制地带内进行建设工程，其工程设计方案未经文物行政部门同意、报城乡建设规划部门批准，对文物保护单位的历史风貌造成破坏的；

c. 擅自迁移、拆除不可移动文物的；
d. 擅自修缮不可移动文物，明显改变文物原状的；
e. 擅自在原址重建已全部毁坏的不可移动文物，造成文物破坏的；
f. 施工单位未取得文物保护工程资质证书，擅自从事文物修缮、迁移、重建的。

② 刻划、涂污或者损坏文物尚不严重的，或者损毁依法设立的文物保护单位标志的，由公安机关或者文物所在单位给予警告，可以并处罚款。

③ 在文物保护单位的保护范围内或者建设控制地带内建设污染文物保护单位及其环境的设施的，或者对已有的污染文物保护单位及其环境的设施未在规定的期限内完成治理的，由环境保护行政部门依照有关法律、法规的规定给予处罚。

13.4.4.3 未取得相应资质证书违法承担文物修缮、迁移、重建工程应承担的法律责任

① 未取得相应等级的文物保护工程资质证书，擅自承担文物保护单位的修缮、迁移、重建工程的，由文物行政主管部门责令限期改正；逾期不改正，或者造成严重后果的，处5万元以上50万元以下的罚款；构成犯罪的，依法追究刑事责任。

② 未取得建设行政主管部门发给的相应等级的资质证书，擅自承担含有建筑活动的文物保护单位的修缮、迁移、重建工程的，由建设行政主管部门依照有关法律、行政法规的规定予以处罚。

【案例13-3】 施工中挖到古墓盗走文物案

案情

在某市的火车站南广场地下车库工程施工中，挖掘机司机挖到一个古墓，非但没有及时上报，而是将其重新掩埋，在晚上带人将古墓里的文物盗走，后经公安部门的努力，追回玉带18片，但其他出土文物不知去向。文物保护专家表示，该处工地发现的是明朝某位皇亲的墓。

问题

(1) 本案中哪些行为违反了《文物保护法》的规定？
(2) 施工过程中发现文物时施工单位应该采取什么措施？
(3) 对文物保护违法行为应如何处理？

评析

(1) 根据《文物保护法》第32条规定："在进行建设工程或者在农业生产中，任何单位或者个人发现文物，应当保护现场，立即报告当地文物行政部门。""任何单位或者个人不得哄抢、私分、藏匿。"本案中，挖掘机司机发现古墓之后，不仅没有依法及时报告，还伙同他人将古墓里的文物盗走，违反了《文物保护法》的上述规定。

(2) 根据《文物保护法》第32条规定和《文物保护法实施细则》第22条、第23条规定，在施工过程中发现文物时，施工单位应当保护现场，停止施工，立即报告当地文物行政部门，并应当配合考古发掘单位，保护出土文物或者遗迹的安全，在发掘未结束前不得继续施工。

(3) 依据《文物保护法》第64条、第65条规定，对于盗窃、哄抢、私分或者非法侵占国有文物，构成犯罪的，依法追究刑事责任；造成文物灭失、损毁的，依法承担民事责任；

构成违反治安管理行为的，由公安机关依法给予治安管理处罚。

复习思考题

一、单项选择题

1. 对不符合民用建筑节能强制性标准的，建设工程规划许可证（ ）颁发。
   A. 不得
   B. 可以
   C. 应当
   D. 延期
2. 按照合同约定由建设单位采购墙体材料、保温材料、门窗、采暖制冷系统和照明设备的，建设单位应当保证其符合（ ）要求。
   A. 施工图设计文件
   B. 国家标准
   C. 施工单位
   D. 企业标准
3. 施工单位未按照民用建筑节能强制性标准进行施工的，由（ ）级以上地方人民政府建设主管部门责令改正。
   A. 省
   B. 县
   C. 乡
   D. 地区

二、多项选择题

1. 依据我国《固体废物污染环境防治法》，下列对固体废物污染防治的做法中，正确的有（ ）。
   A. 运输固体废物时，采取了防扬散、防流失、防渗漏等防止污染的措施
   B. 在国家级风景名胜区，严格限制建设工业固体废物处置设施
   C. 禁止中国境外的固体废物进境倾倒、堆放、处置
   D. 限制进口可以用作原料的固体废物
   E. 施工单位及时清运、处置施工过程中产生的垃圾，并采取措施防止污染环境
2. 下列选项中，符合《劳动法》关于安全及劳动卫生规程规定的是（ ）。
   A. 用人单位必须建立健全劳动安全卫生制度
   B. 劳动安全卫生设施必须符合企业规定的标准
   C. 用人单位必须为劳动者提供符合国家规定的劳动安全卫生条件和必要的劳动防护用品
   D. 从事特种作业的劳动者必须经过专门培训并取得特种作业资格
   E. 劳动者在劳动过程中必须严格遵守安全操作规程
3. 下列选项中，符合《劳动法》对未成年工特殊保护规定的是（ ）。
   A. 不得安排未成年工从事矿山井下劳动
   B. 不得安排未成年工从事有毒有害劳动
   C. 不得安排未成年工从事国家规定的第4级体力劳动强度的劳动
   D. 不得安排未成年工从事任何强度的劳动
   E. 用人单位应当对未成年工定期进行健康检查
4. 下列选项中，符合《劳动法》对女职工特殊保护规定的是（ ）。
   A. 甲企业对从事矿山作业的女工比其他岗位工作待遇高10%
   B. 乙企业对所有女职工的工作岗位，全部限制在第3级体力劳动强度以下

C. 丙企业因为要赶订单，所以安排某怀孕8个月的女职工加夜班

D. 因工期紧张，丁企业安排为自己一周岁半的婴儿哺乳的某女工延长工作时间

E. 因某女工怀孕，所以戊企业将她从操作X光机岗位调换到档案室整理资料

5. 某建筑公司的技术员李某与公司发生劳动合同纠纷，并向劳动仲裁委员会提起仲裁，在此期间，李某对劳动仲裁制度有了下述认识，正确的是（　　）：

A. 所有的劳动争议仲裁都是遵循一裁终局的原则，当事人如果不服，另一方可申请人民法院强制执行

B. 对于发生法律效力的仲裁文书，可申请人民法院强制执行

C. 劳动仲裁实行一次裁决后，当事人不服裁决，只能依法向法院起诉

D. 仲裁庭作出裁决时，实行少数服从多数的原则，不同意见必须如实记录

E. 劳动争议发生后，当事人可以选择仲裁，或者选择诉讼

6. 某建筑公司的职工张某因劳动合同纠纷，向劳动仲裁委员会提起仲裁，甲是劳动行政主管部门的代表，乙是张某委托的律师，丙是建筑公司董事长，丁是工会代表，戊是建筑公司委托的律师。可以成为劳动仲裁委会组成人员的有（　　）。

A. 甲
B. 乙
C. 丙
D. 丁
E. 戊

7. 无效的劳动合同，从订立的时候起，就没有法律约束力。下列属于无效的劳动合同的有（　　）。

A. 报酬较低的劳动合同

B. 违反法律、行政法规的劳动合同

C. 采用欺诈、威胁等手段订立的严重损害国家利益的劳动合同

D. 未规定明确合同期限的劳动合同

E. 劳动内容约定不明确的劳动合同

8. 在下列（　　）情形下，用人单位不得解除劳动合同。

A. 劳动者被依法追究刑事责任

B. 女职工在孕期、产期、哺乳期

C. 患病或者负伤，在规定的治疗期内

D. 因工负伤并被确认丧失劳动能力

E. 劳动者不能胜任工作，经过培训，仍不能胜任工作

9. 有下列（　　）情形之一的，劳动者可以随时通知用人单位解除劳动合同。

A. 用人单位管理人员违章指挥

B. 劳动者在试用期内

C. 用人单位濒临破产

D. 用人单位未按照劳动合同约定提供劳动条件

E. 用人单位未按照劳动合同约定支付劳动报酬

10. 在进行建设工程或者在农业生产中，任何单位或者个人发现文物，应当保护现场，立即报告当地文物行政部门，文物行政部门接到报告后，如无特殊情况，在（　　）内赶赴现场是符合法律规定的。

A. 当天
B. 2天
C. 12小时
D. 24小时
E. 6小时

三、简答题

1. 在建筑施工中如何防止地表水污染、地下水污染、大气污染、施工噪声污染、固体废物污染?
2. 各参建单位的节能责任是什么?
3. 劳动合同有哪些类型?哪些情况下的合同是无效劳动合同?
4. 什么情况下劳动者可以单方解除劳动合同?
5. 什么情况下用人单位可以单方解除劳动合同?什么情况下用人单位不得解除或终止劳动合同?
6. 解除和终止劳动合同应当给予经济补偿的情形有哪些?补偿的标准是什么?
7. 简述劳动保护的内容。
8. 如何解决劳动争议?
9. 简述在文物保护单位保护范围和建设控制地带进行施工,需遵守的法律法规内容。
10. 简述违反文物法律法规应承担的法律责任。

第 13 章答案与解析

参考文献

[1] 刘凯湘. 民法学. 北京：中国法制出版社，2000.
[2] 孙镇平. 建设工程合同. 北京：人民法院出版社，2000.
[3] 中华人民共和国建设部人事教育司、政策法规司. 建设法规教程. 北京：中国计划出版社，2002.
[4] 李启明等. 工程建设合同与索赔管理. 北京：科学出版社，2002.
[5] 张文显. 法理学. 北京：高等教育出版社，2003.
[6] 叶胜川. 工程建设法规. 武汉：武汉理工大学出版社，2004.
[7] 刘文锋等. 建设法规概论. 北京：高等教育出版社，2004.
[8] 郑润梅. 建设法规概论. 北京：中国建材工业出版社，2004.
[9] 中国土木工程学会、北京交通大学. 建设工程法规及相关知识. 北京：中国建筑工业出版社，2005.
[10] 陈正. 建筑工程招投标与合同管理实务. 北京：电子工业出版社，2006.
[11] 乌云娜. 项目采购与合同管理. 北京：电子工业出版社，2006.
[12] 徐占法. 建设法规与案例分析. 北京：机械工业出版社，2007.
[13] 李春亭，李燕. 工程招投标与合同管理. 北京：中国建筑工业出版社，2007.
[14] 高正文. 建设工程法规与合同管理. 北京：机械工业出版社，2008.
[15] 黄建初等. 中华人民共和国城乡规划法解说. 北京：知识产权出版社，2008.
[16] 成虎. 建筑工程合同管理与索赔. 第4版. 南京：东南大学出版社，2008.
[17] 安建. 中华人民共和国城乡规划法释义. 北京：法律出版社，2009.
[18] 高玉兰. 建设工程法规. 北京：北京大学出版社，2010.
[19] 刘勇，黄胜方. 建筑法规概论. 第2版. 北京：中国水利水电出版社，2012.
[20] 张培新. 建筑工程法规. 第3版. 北京：中国电力出版社，2014.
[21] 全国一级建造师执业资格考试用书编写委员会. 建设工程法规及相关知识. 第4版. 北京：中国建筑工业出版社，2015.
[22] 全国人民代表大会常务委员会关于修改《中华人民共和国港口法》等七部法律的决定. 2015-04-24.
[23] 陈东佐. 建筑法规概论. 第5版. 北京：中国建筑工业出版社，2017.
[24] 中华人民共和国国务院令（第676号）. 国务院关于修改和废止部分行政法规的决定. 2017-03-01.
[25] 中华人民共和国国务院令（第687号）. 国务院关于修改部分行政法规的决定. 2017-10-07.
[26] 全国人民代表大会常务委员会关于修改《中华人民共和国招标投标法》《中华人民共和国计量法》的决定. 2017-12-27.
[27] 中华人民共和国国家发展和改革委员会令（第16号）. 必须招标的工程项目规定. 2018-03-27.
[28] 住房城乡建设部、交通运输部、水利部、人力资源社会保障部关于印发《造价工程师职业资格制度规定》《造价工程师职业资格考试实施办法》的通知（建人〔2018〕67号）. 2018-08-02.